Günter Lange

Bilder zum Glauben

Günter Lange

Bilder zum Glauben

Christliche Kunst sehen und verstehen

Kösel

1. Auflage 2002

Druck und Bindung: Kösel, Kempten
Umschlag: Kaselow Design, München
Umschlagmotiv: Robert Campin, Fragment eines Tiptychon-Flügels
(Frankfurt a. Main, Städel)
ISBN 3-466-36589-9

Inhalt

Einleitung

Ich bin nicht gelernter Kunstwissenschaftler, sondern Theologe. Ein »Liebhaber« der bildenden Kunst – das hieße auf Französisch: »Amateur«, auf Italienisch: »Dilettant«. Als Theologe vertrete ich das Fach Religionspädagogik und Katechetik, in meinem Fall richtiger gesagt: die Didaktik der Theologie. Ich bin ein Theologiedidaktiker, der sich seit langem speziell mit der Frage befasst, ob und wie Schätze der christlichen Kunst sachgerecht und zugleich spirituell anregend heutigen Adressaten vermittelt werden können.

Sind die visuellen Glaubenszeugnisse der Vergangenheit nur noch historisch und ästhetisch relevant – kunstgeschichtlich und frömmigkeitsgeschichtlich – oder kann auch für heutige Betrachter, trotz der historischen Distanz, bei einzelnen religiösen Bildern ein Glaubensfunke überspringen? Praktischer gefragt: Warum bieten wir Schülern im Religionsunterricht, den Gläubigen in Früh- und Spätschichten, in Bußandachten oder in sonstigen meditativen Gottesdiensten Bildwerke zur Betrachtung an, die fünfhundert oder sogar tausend Jahre alt sind, während niemand auf die Idee kommt, ihnen Predigten aus vergangenen Zeiten zuzumuten? Oder noch aktueller: Kann ich bei einem Besuch, sagen wir der Karolingerausstellung 1999 in Paderborn oder der Magdeburger Otto-Ausstellung 2001, als Christ auch religiös etwas gewinnen?

Zur Klarstellung sei sofort hinzugefügt: Ich möchte die religiöse Relevanz nicht einfach dem erkannten Thema eines Kunstwerks entnehmen, sie muss vielmehr aus der künstlerischen Realisierung des individuellen Objekts erwachsen. Die sichtbare Gestalt trägt den spirituellen Gehalt. Theologisches Vorwissen ist willkommen, thematisches Wiedererkennen ist erwünscht. Aber es genügt nicht. Hinzukommen muss »sehendes Sehen«, wie der Bochumer Kunsthistoriker *Max Imdahl* zu sagen pflegte. Aus der Vermittlung von »sehendem Sehen« und »wieder erkennendem Sehen« ergibt sich erst »erkennendes Sehen«. Das ist der Ansatz, auf dem die vorliegenden dreiundzwanzig Lektionen einer »Sehschule« beruhen.

Ins Praktische gewendet heißt das: Ein Religionslehrer wird mit der Einführung eines Bildes als Medium weiter zu kommen versuchen als sein Kollege, der im Kunstunterricht dasselbe Bild behandelt; er wird letztlich ein »spirituelles« Verhältnis zum Bild anzielen. Aber er darf bei seinem unterrichtlichen Vorgehen nichts tun oder versäumen, was der Kunstlehrer als unprofessionell beurteilen würde. Mit anderen Worten: Die Zusammenarbeit mit der Kunstgeschichte und ihrer Didaktik ist höchst erwünscht und sogar erforderlich. Der Theologe und Religionslehrer wird sich nicht die Professionalität eines Kunstlehrers anmaßen; er bleibt insofern »Amateur« und wäre überfordert, wenn man mehr von ihm verlangen würde. Doch kann und soll er alle Hilfen annehmen und würdigen, die ihm der Sachverstand der Nachbardisziplinen bietet.

Meistens wird das über die Kenntnisnahme der einschlägigen Literatur geschehen. Das vorliegende Buch will den lernwilligen Theologen und Theologinnen diese Vorarbeit abnehmen und sie, im Rahmen des Möglichen und in vereinfachter Form, exemplarisch mit dem vertraut machen, was man von kompetenten Autoren der Bildwissenschaften zur Vor- und Nachbereitung einer Bildbegegnung lernen kann. (Den Bildwissenschaftlern selbst vermittelt das Buch folglich eher Einblicke in die Rezeptions- und Diffusionsvorgänge ihrer Erkenntnisse.)

Bei der Auswahl der kunstwissenschaftlichen Literatur habe ich auf diejenigen Stimmen zurückgegriffen, die für mich am ehesten erreichbar waren und mir am plausibelsten schienen. Ich bekenne, dabei immer an die theologischen »Praktiker« und ihren Auftrag in Schule, Gemeinde und sonstigen Bildungseinrichtungen gedacht zu haben: Ob ihnen das Mitgeteilte genügend Motivationskraft und Anregungspotenzial bietet. Vorausgesetzt ist dabei einiges: an Sehgeduld, an Lust auf Details und an Interesse für »formale« Bildstrukturen – an theologischem Problembewusstsein sowieso. Immer ist beides beabsichtigt: Dies alles zu wecken, aber dann für die »Erweckten« auch genügend Stoff zu bieten, damit sich ihre Investition (an Zeit, Aufmerksamkeit und Geld!) gelohnt hat. Dabei habe ich auf die »Methode April« gesetzt: Die Lektüre sollte abwechslungsreich und lieber kurz- als langweilig sein.

Erst und nur wenn geklärt ist, wie ein Bild »gemacht« ist, wie es ästhetisch-sinnenfällig wirkt und was sein ursprünglicher »Sitz im Leben« ist, erst nach einer solchen »Seh-Geduldsprobe« darf die weiter gehende katechetische Reflexion einsetzen, ob dieses Gebilde uns heute noch spirituell berühren kann und also dem religiösen Lernen und Reifen eines Zeitgenossen förderlich sein könnte. Dazu möchte das vorliegende Buch vor allem behilflich sein.

Lebensgeschichtlich ist es allerdings in den meisten Fällen andersherum gelaufen: Anfangs war da ein Aufmerken beim ersten persönlichen Kontakt mit einem individuellen Bild, ein Innehalten und Berührtsein – oft erst im Nachhinein, d.h. mit einer kleinen zeitlichen Verzögerung innerseelisch wahrgenommen. Eine Art von »Liebe auf den ersten Blick«. Das genügte als Motivation, die Sache methodischer anzugehen, sich in der Fachliteratur umzuschauen, daraus zu lernen und so nach und nach die erste Naivität hinter sich zu lassen, um sich über eine ausführliche Reflexion und Erprobung einer zweiten, geläuterten Naivität im Verhältnis zum Bild anzunähern. Die meisten der hier behandelten Bildbeispiele verdanken sich dieser Vorgehensweise.

Der Titel »Bilder zum Glauben« ist gewollt mehrdeutig. *Zum Glauben* kann schlicht den Gegenstand dieses Buches angeben: Es handelt sich ausschließlich um Bilder mit christlich-religiöser Thematik. *Zum Glauben* kann aber auch das Ziel angeben, auf das alle religionspädagogisch-katechetischen Bemühungen im Umgang mit Bildern letztlich hinauslaufen: Wir hoffen, dass dabei ein Funke des Glaubens überspringt und zündet; methodisch »machen« oder gar erzwingen können wir das allerdings nicht. *Zum Glauben* kann schließlich aber auch darauf hinweisen, dass Bilder immer eine kirchliche Zugabe zum biblischen Glauben sind. In einem Glauben, der an der Bibel in ihrer letztgültigen

Gestalt Maß nimmt, sind sie eigentlich nicht vorgesehen, ja sogar verpönt. Diesem Widerspruch müssen sie standhalten. Jedes Glaubensbild muss gewissermaßen seine biblisch-theologische Unmöglichkeit widerlegen. Das macht die Sache einer theologischen Bilddidaktik so spannend.

Keine dieser dreiundzwanzig Lektionen ist im luftleeren Raum entstanden und ins Blaue geredet. Sie wurden durch Anfragen, Bitten und Aufträge initiiert. Eines kommt so im Laufe der Zeit zum anderen. Viele der Lektionen haben infolgedessen den Test auf ihre Brauchbarkeit bereits bestanden. Einzelne Beispiele wurden immer wieder in meinen Vorlesungen und Seminaren mit Studierenden in Duisburg und Bochum, in den unterschiedlichsten Veranstaltungen der Fort- und Weiterbildung zwischen Bremen und Gars am Inn mit Lehrkräften des Faches Religion, aber auch bei Einkehrtagen und Exerzitien für Priester und Laien intensiv betrachtet, bedacht und besprochen. Dabei ging es weniger um methodische Einzelfragen der Vermittlung. Das durfte offen bleiben, wenn es nur gelang, das jeweilige Bild selbst in seiner spezifischen Eigenheit den zukünftigen Vermittlern aufzuschließen und mit ihnen herauszufinden, wie »ansprechend« es ist, warum es das ist und welche Voraussetzungen erfüllt sein müssen, damit seine visuelle Botschaft die verschiedenen Adressaten erreicht. Gerade die Bildschätze der christlichen Vergangenheit stehen ja unter dem Verdacht, »verbraucht« zu sein. Umso findiger müssen Didaktiker sein, Beispiele aufzustöbern, mit denen sich dieser Verdacht widerlegen lässt. Mut machen zum Glaubens-Experiment beim Bilder-Sehen!

So gut wie alle hier versammelten Beiträge wurden überarbeitet, einige konzentrierter gefasst als bisher, manche unter neuer Fragestellung miteinander verknüpft, neuere Literatur wurde eingearbeitet. Die Reihenfolge der Kapitel ist locker zu nehmen. Grundsätzlicheres steht im Teil A (»Aus Bildern klug werden«), der jedoch demonstrativ von zwei Einzelfällen eingerahmt ist. Im Zentrum stehen Christusbilder – in der Abfolge von Geburt, Kindheit, öffentlichem Wirken, Tod und Auferstehung Christi und der dadurch eröffneten Zukunft bei Gott, Himmel genannt. Biografisch bin ich von der Bevorzugung frühmittelalterlicher Kunst über spätmittelalterliche Beispiele jetzt zu einem immer noch steigenden Interesse an Bildern der frühen Neuzeit und darüber hinaus gekommen. Da jedes Kapitel für sich genommen lesbar sein sollte, waren kleinere Überschneidungen gelegentlich nicht zu vermeiden. Ein Register der Bildthemen im Anhang macht Vorschläge für Querverbindungen, Vernetzungen und neue Arrangements des hier Vorgelegten. Anmerkungen und Literaturverweise, die oft erst das Ausmaß der Vorarbeiten dokumentieren, wurden ebenfalls in den Anhang verwiesen.

Zu danken habe ich den Herausgebern, Redaktionen und Veranstaltern, die mir zusätzlich zu meinen universitären Verpflichtungen etwas abverlangt haben. Dass das kontinuierlich geschah, war die beste Bestätigung und der stärkste Antrieb für meine Arbeit an und mit Bildern.

Im Anhang ist vollständig aufgelistet, was von alldem seit vierzig Jahren publiziert wurde. Die Liste enthält auch allerhand Variationen zu dem, was sich im vorliegenden Buch herauskristallisiert hat. Ihr ist überdies zu entnehmen, dass die Kapitel dieses Buches größtenteils auf neueren und neuesten Arbeiten beruhen, die bisher verstreut – und damit oft genug versteckt – gedruckt waren.

Dank sagen möchte ich den beiden Fakultätskollegen, die mich – angesichts des näher rückenden 70. Geburtstages – zu dem vorliegenden Buchprojekt angestiftet und ermuntert haben: Wilhelm Geerlings und Reinhard Göllner. Dank gebührt dem Kösel-Verlag, dem ich mich seit vielen Jahren verbunden fühle, vor allem dem mir aus der langjährigen Zusammenarbeit in der Redaktion der Katechetischen Blätter freundschaftlich verbundenen Lektor Winfried Nonhoff und der gegenwärtigen Redakteurin der Katechetischen Blätter, Margarete Stenger. Beide haben sich persönlich engagiert und zugleich professionell gekonnt dieses Buchprojektes angenommen. Ein herzlicher Dank gilt auch den Bischöfen von Paderborn und Essen, die durch einen Druckkostenzuschuss einen moderaten Preis für ein derart bilderreiches Buches ermöglichten.

Günter Lange

A Aus Bildern klug werden

1. Adam und Eva – schwarz auf weiß

HAP Grieshaber, Bedrohtes Paar (1949)

Wir sehen schwarze Figurationen auf einer weißen Fläche. Schwarz sei keine Farbe, sagen die Farbtheoretiker, sondern deren Abwesenheit. Schwarz-Weiß-Malerei ist verpönt, wo Differenzierung und Nuancierung nötig sind.

Es handelt sich um einen Holzschnitt. »Holzschnitt« dient uns als Metapher für Klarheit der Kontur, für Verzicht auf umständliche Details, für scharfe Kontrastwirkung, für grob und wuchtig. Ein Holzschnitt wird nicht mit dem biegsamen Pinsel, sondern mit dem starren, scharfen Messer hergestellt. Das Material leistet Widerstand; außer der künstlerischen Sensibilität braucht man handwerkliche Geschicklichkeit und Körperkraft.

Drei senkrechte »Stämme« gliedern das Blatt in einem spannungsvollen Rhythmus. Was der linke Stamm an Umfang weniger hat als die beiden rechten, wird ausgeglichen durch ein Mehr an Abstand, durch ein Mehr an Aktivität im oberen Drittel. Unten und oben gehen die drei Senkrechten ineinander über, sodass ein geschlossenes Rechteck entsteht. Dadurch bleibt die Einheit der drei Figuren gegenüber der Spannung, die zwischen der einen links und den beiden anderen rechts besteht, gewahrt. Die Sphären lassen sich nicht geometrisch exakt trennen. Im oberen Drittel überschreitet der linke Stamm die gedachte

Mittellinie, in der mittleren und unteren Region rückt das Paar ein wenig über die Mittellinie des Holzschnitts hinaus.

Die beiden rechten Stämme bilden zusammen ein Paar. Sie berühren einander nicht nur oben und unten, ihre Formen verschmelzen ebenso in der mittleren Zone. Die Grundform »Stamm« (oder auch »Vase«) wird mit sparsamsten grafischen Mitteln so variiert, dass daraus die Menschengestalt resultiert, und zwar unverkennbar rechts mit männlichen und links mit weiblichen Gestaltmerkmalen. Ihre Körper bilden einen zum Betrachter hin geöffneten Winkel. Diese Geste des Zueinanderstehens wird durch die Verschränkung der Handkonturen ornamental betont. In der Kopfpartie kommt ihre Verbundenheit noch zusätzlich durch die gemeinsame Schräge zum Ausdruck. Im Gegensatz zu den einander halbwegs zugekehrten Leibern sind die Köpfe voll uns Betrachtern zugewendet. Der Mann hat die Funktion eines Eckpfeilers. Dementsprechend »stämmig« wirkt sein klotziges Bein. Der Außenarm hängt straff und strack nach unten. So ist das Säulenhafte der Eckfigur unterstrichen; so wird der Druck von links aufgefangen.

Die Frau wirkt bewegter, das Bein leicht gewinkelt, ihr Arm angewinkelt. Einerseits muss sie »den Rücken hinhalten«; andererseits findet sie Anhalt. Dieses Paar drückt, für sich genommen, Schutzsuche vor einer Bedrohung aus, Zueinanderstehen, gelassene Sicherheit, Verlass aufeinander. Ein oft verkitschtes Thema, scheinbar verbraucht, wird hier neu zur sinnlichen Erfahrung gebracht durch die verfremdende Formensprache und durch die Herausarbeitung des Überindividuellen, Archetypischen.

Das Symbol der Bedrohung, der dritte Stamm, wirkt zunächst wie eine Nachäffung des Paars. Zu Dreivierteln Stamm, mit einem überraschenden Knick als »Schulter«. Die geometrische Form der Rechtwinkligkeit in Schulterhöhe lässt aus der organischen Gestalt plötzlich eine Angriffswaffe werden, die auf das Paar zuschießt. Der Einschnitt im unteren Drittel des Stammes markiert sozusagen die »Kniekehle«. Diese Einkerbung bildet das »Scharnier«, das den Stamm herüberkippen lassen kann und dadurch zusätzlich gefährlich macht. Die »Halspar-

Abb. 1.1: HAP Grieshaber, Bedrohtes Paar, Holzschnitt, 1949

tie« weicht schlangenhaft zurück. Sie läuft in einen Doppelkopf aus: ein monströses Gebilde, zwei isolierte, durch Pupillen geschärfte Riesenaugen. Augen ohne Gesicht üben eine magisch-suggestive Wirkung aus. Sie dämonisieren.

Dieser Kopf ist das Rätselhafteste und Beunruhigendste des ganzen Holzschnitts. Verweilt der Blick lange genug auf ihm, geschieht etwas Merkwürdiges. Die Augen sitzen so tief, sie wirken so traurig, dass dieses Monstrum auf einmal Mitleid erregt. Die scheinbare Bedrohung wandelt sich in Anlehnungsbedürfnis, die Einkerbung am Knie wird zur Verletzung. Die »Bedrohung« besteht dann in der Störung der Zweisamkeit durch die Bedürfnisse des isolierten Dritten – wer oder was immer das sein mag. Das Zueinanderstehen des Paares, eben noch als Urbild des menschlichen Widerstandes gegen die Bedrohung von außen gesehen, gerät bei dieser neuen Seheinstellung in die Schwebe. Eine Liebesbeziehung kann ja auch »Egoismus zu zweit« sein! Die Zweisamkeit ist durch das Kommunikationsbedürfnis jenes hässlichen Dritten herausgefordert. Die Gefährdung liegt jetzt darin, dass das Paar sich abkapselt, für sich sein will und alle anderen als Eindringlinge empfindet.

Das lässt sich noch weiter treiben. Das monströse Dritte vertritt dann überhaupt nicht etwas von außen Kommendes, sei es bedrohlich oder auch hilfsbedürftig, sondern den Zustand derselben Menschen ohne ein Du, das also, wovon Dusagen erlöst, das, wovon die Ich-Du-Einheit immer bedroht ist: Das Angstgespenst des Alleinseins meldet sich. Und das Gegenbild wird aufgerufen und dadurch die Paarbildung als Glücksfall eindringlicher gemacht.

Für all das – und vielleicht noch für mehr – ist dieser Holzschnitt offen. Welche Lesart das Schwergewicht erhält, liegt an den Vorerfahrungen und an der Gestimmtheit der Betrachtenden. Vor diesem Holzschnitt haben schon bewegte persönliche Gespräche stattgefunden – was das Glück, den Grund und den Sinn von Paarbindung ausmacht und welche Gefahren darin mitgegeben sind. Öfters haben die Teilnehmenden nur gesagt, wie der Holzschnitt auf sie wirkt, und doch hat jeder im Kreis gewusst: Hier spricht jemand von sich selbst. Ein solches

Gebilde reizt dazu, persönlich zu sprechen, ohne sich doch entblößen zu müssen. Subjektiv und diskret zugleich.

Bis jetzt habe ich vermieden, das Bedrohende links inhaltlich zu benennen. Die Gefährlichkeit dieser Figur hängt gerade an ihrer Undefinierbarkeit. Wenn wir sagen: Baum und Schlange in eins, haben wir eine biblische Assoziation erzeugt, haben uns an die Paradiesgeschichte der Genesis, an Adam und Eva und deren Sündenfall erinnert. Aber damit ist plötzlich der Bezug zu unseren ureigenen Erfahrungen dahin. Die biblische Beziehung scheint die anthropologische Bedeutungspotenz des Holzschnittes abzuschwächen. Erst wenn diese ganz erfasst und ausgespielt ist, kommt zusätzlich jene ins Spiel. Dann leuchtet neu auf, dass mit Mann und Frau im verlorenen Garten Eden wir selbst gemeint sind. Dann zeigt sich die anthropologische Deutungskraft jenes scheinbar verbrauchten Mythos. Mit den Augen des zeitgenössischen Holzschnitts entziffern wir den uralten Text auf erfrischende Weise.

Was sehen wir und spüren wir vor diesem Gebilde? Was ist »religiös« daran? Dass dort, wo zwei Menschen zusammenstehen, die Welt ins Lot kommt; dass eine Ich-Du-Beziehung allem Chaotischen und Dämonischen trotzen kann; und dass dies ein Geschenk ist in den Bedrohlichkeiten des Lebens, ein Geschenk und eine Hilfe, gerade weil die Zweisamkeit so zerbrechlich ist.

Letztlich hat dieses Bild selbst etwas von der kosmisierenden und stabilisierenden Macht des menschlichen Paarseins mitbekommen. Es führt Bedrohtsein vor Augen und zugleich bannt es Angst.

Nach-Sicht

Grieshaber hat unter demselben Titel »Bedrohtes Paar« eine Variante geschaffen – mit vier Figuren und einer Bedrohung »von rechts«. Im Vergleich der beiden Fassungen lässt sich die Eigenheit und Stärke der dreifigurigen Bildlösung besser erkennen. Die Vier-Figuren-Version wirkt durch ihre Symmetrie ausgewogener, harmloser; sie steht weni-

Abb. 1.2: HAP Grieshaber, Bedrohtes Paar – Variante, Holzschnitt, 1949

ger unter »Spannung«. Auch erinnert sie deutlicher an den Bibeltext. Was didaktisch günstiger oder ungünstiger sei und warum, lässt sich nach meinen Erfahrungen durch einen Vergleich zweier Versionen desselben Bildthemas und -titels gut erörtern.

2. Was heißt ein Bild sehen und deuten?

Erster Einblick

Das Sehen des Menschen ist ein leib-seelischer, nicht nur natürlicher sondern ebenso kultureller – ein ganzheitlicher Vorgang. Wir sehen nämlich nicht nur mit »bloßem Auge« und den entsprechenden Hirnpartien, sondern gleichfalls mit unserer Biografie, unserem Geschlecht, mit dem uns eigenen Wissen und dessen Voreinstellungen, mit Gefühl (»Herz«) und Wille und mit allen unseren seelischen Kräften. Sehen ist – entgegen dem naiven Augenschein – ein aktives Tun. Sehen heißt immer auch, aus einer Fülle von Eindrücken etwas Bestimmtes auswählen. Sehen ist bevorzugen. Jedes Sehen hat seine subjektiven Anteile und ist infolgedessen perspektivisch. Folglich ist die Grenze zwischen »Sehen« und »Deuten« (Beurteilen, Erklären, Verstehen, Interpretieren) fließend: Auch das scheinbar unvoreingenommenste Sehen enthält immer schon Elemente der Deutung.

Das gilt ebenso, wenn ein Kunstwerk angeschaut wird, und es gilt erst recht, wenn das Kunstwerk seinerseits anspruchsvoll, weil mehrdeutig ist – »offen« für verschiedene Zugangs- und Aneignungsweisen. Dann lernt nicht nur der Betrachter des Bildes sehend hinzu, sondern das Werk wächst gleichsam mit im Prozess seiner Wahrnehmung (vgl. *Bockemühl* 115). Mit anderen Worten: Auch das physisch intakte Auge kann noch »Sehen lernen«. Das Sehen des Betrachters kann verfeinert, vertieft oder gesteigert, jeweils bewusster und reflektierter vollzogen werden.

Die bildende Kunst setzt nicht nur eine solche Seh-Kultur voraus, sie verhilft auch dazu. Das gilt besonders für die ästhetisch reflektiertere neuzeitliche Kunst seit der Renaissance, und erst recht gilt es für die moderne Kunst, etwa seit Cézanne. *Theodor Hetzer* (1890–1954), der als bahnbrechender Giotto-Kenner gilt, ist von Cézanne zu Giotto gekommen – nicht umgekehrt! In Cézanne sei das Urphänomen des Künstlerischen zum Vorschein gekommen, »seit ihm sehen wir die alte Kunst neu« (*Hetzer* 319). Aber nicht nur (alte) Kunst lernen wir durch (neue) Kunst besser sehen. Ich erhielt zum Abitur (1952) von der Schule ein Cézanne-Buch von *Bernard Dorival*, das ich sofort studierte und heute noch in Ehren halte. Als ich anschließend mit einem Klassenkameraden in die Provence trampte und Tag und Nacht im Freien lebte, wurde evident, dass ich die dortige Landschaft mit anderen Augen wahrnahm und mit anderen Gefühlen erlebte als mein Compagnon, der Cézannes Bilder nicht in gleicher Weise verinnerlicht hatte.

Gilt dieser Effekt auch für Kunstwerke mit biblischen Themen, also für »Historienbilder«? Kann ich mit ihrer Hilfe biblische Szenen bzw. das Heilspersonal (Gott, Jesus, Maria, Heilige) neu sehen und »innern« (d.h. zu meditieren) lernen? Was wird aus den gehörten oder gelesenen Geschichten, wenn sie nicht nur mit dem inneren Auge individuell geschaut und in der durch Worte entzündeten Phantasie bildlich beheimatet werden, sondern darüber hinaus auch äußerlich, gegenständlich materialisiert werden in einem statischen Bild – flächig an der Wand, im Buch, auf einer Tafel, plastisch in Stein, Holz, Ton, Bronze, in Gold getrieben, als Mosaik oder wie immer (z.B. als Comic). Alles dies kann ja *imago* – Bild heißen, insofern es Ereignisse oder Personen der Heilsgeschichte vor das leibliche Auge stellt und damit eine kollektive Verbindlichkeit herstellt.

Um Bilder mit biblischer und sonst wie religiöser Thematik trotz des eindeutigen biblischen Bilderverbots zu rechtfertigen, wurde in der theologischen und kirchlichen Literatur von Anfang an bis vor kurzem immer wieder der Unterschied von Wort und Bild heruntergespielt. Eine neue, spirituell bedeutsame zusätzliche Erkenntnis durch Bilder war nicht vorgesehen. Es handelte sich um »ein Verständnis von Kunst, das auf das Sag- und Benennbare, auf den einen und festen Sinn hinauswill« (*Wolfgang Kemp*). Die Frage nach dem *Was*, dem *Inhalt* (Stoff, Thema, Sujet) ist dann wichtiger als die nach seinem *Wie*, nach dem durch die künstlerische Gestaltung realisierten *Gehalt* des Bildes.

Um nicht dem von Kunstkennern verächtlich gemachten »Inhaltismus« zu verfallen und stattdessen auch bei »alten« Bildern aus deren sinnenfälliger Gestalt ihren Gehalt zu erspüren, sind bestimmte Voreinstellungen und Vorgehensweisen nötig, von denen einige hier genannt seien.

- Handelt es sich um ein Original oder um eine Reproduktion? Befindet sich das Bildwerk an seiner ursprünglichen Stelle bzw. in seiner ursprünglichen Funktion? Es ist ein gravierender Unterschied, ob ich mich zu einem Bildwerk hinbewegen und in einer Kirche zu ihm aufschauen muss; ob es sich im Museum in Augenhöhe präsentiert oder ob ich zu Hause im Buch auf es herabschaue.
- Eine Reproduktion lässt uns oft im Unklaren über die Größenverhältnisse eines Bildes. Ein intimes privates Andachtsbild will aber anders wahrgenommen werden als z.B. die Madonna von Tschenstochau, bei deren »Erscheinen« im Bild Fanfaren ertönen, ein Vorhang sich öffnet und alle Anwesenden in die Knie gehen. In einem solchen Augenblick der Verehrung schmilzt alle »ästhetische Distanz« dahin.
- Die relative Autonomie auch eines vorneuzeitlichen Bibelbildes gegenüber seinem biblischen Bezugstext ist bereits durch seinen Status als Bild gegeben: Im Bild ist simultan zu sehen, was der Text nur sukzessive in der Vorstellung von Lesern und Hörern entstehen lässt. Das Bild verfremdet dadurch den Wortlaut und verdichtet ihn zugleich. Wir merken das oft nicht, weil wir schon geprägt sind durch die gewohnten Bilder und sie gleichsam automatisch in den Text hineinlesen und so mehr Bild-Text-Harmonie produzieren als tatsächlich vorliegt.
- Zur sachgemäßen Situierung eines Bildes gehört nicht nur der biblische Bezugstext, sondern (oft noch mehr) seine bisherige Rezeptionsgeschichte. Einerseits werden im Laufe der jahrhundertelangen Wirkungsgeschichte der Bibel zahlreiche weitere Texte verfasst, die

konkretisieren und veranschaulichen, was die Bibel (mit gutem Grund!) offen lässt: Apokryphe Geschichten wie das Protoevangelium Jacobi oder Legendensammlungen wie die Legenda aurea gehören ebenso dazu wie die mittelalterliche Visionsliteratur. Unser christliches Bildrepertoire spiegelt insofern weniger die »hohe Theologie« als die Volksfrömmigkeit wider. Andererseits reagieren alle Bildmacher auf ihre Vorgänger. Schon kleine Abweichungen von der geläufigen Tradition verraten spirituelle oder soziale Akzentverschiebungen.

- Um die Eigen- und Besonderheit eines individuellen Bildes herauszufinden, empfiehlt sich eine erste Annäherung durch dessen sorgfältige Beschreibung: Wie ist das Bild gebaut? Welche Auffälligkeiten zeigt es? Welche innerbildlichen Korrespondenzen oder Diskrepanzen gibt es? Ist durch die Figurenkonstellation oder die Lichtregie eine bestimmte Leserichtung (z.B. von links nach rechts) vorprogrammiert? Gibt es Figuren, die mich zur Identifikation einladen? Oder umgekehrt: Wozu nötigt mich die Frontalität einer thronenden Hauptfigur? Trete ich in Blickkontakt mit ihr – oder vielleicht eher mit einer Randfigur? Welche Figur ist dadurch »nobilitiert«, dass sie nicht durch Überschneidungen mit anderen Gestalten »desavouiert« wird? Welcher Bildausschnitt wurde gewählt? Rückt mir dadurch das Bildgeschehen auf den Leib (close-up)? Was steht im Vordergrund? Und öffnet sich der Bildhintergrund zu einer »Weltlandschaft« oder taucht er mit seinem Goldgrund das Bildgeschehen in den Lichtglanz Gottes?

Mit solchen Fragen und Impulsen wird der Wahrnehmungsprozess verlangsamt und die Bildbegegnung intensiviert. Allerdings wird so auch die ästhetische Distanz gefördert und eine direkte Einfühlung in das Bildgeschehen erschwert. Es geht dem heutigen Bild-Betrachter nicht anders als dem Bibel-Leser: Indem er sich bewusst macht, dass hier ein absichtsvoll arrangiertes, »rhetorisch« gestaltetes Gebilde vorliegt, kommt er dessen Machart und damit dessen Botschaft auf die Spur. Indem er sich gleichzeitig dafür offen hält, dass dieses Gebilde ein

»inspiriertes«, einem Geistes- oder Genieblitz entsprungenes Mysterium ist, lässt er dessen Unberechenbarkeit gelten und sich gegebenenfalls davon überwältigen. Das Erstere ist die Anstrengung der sachgemäßen Auseinandersetzung mit einem Bild, Letzteres ist ein rares, aber umso kostbareres Geschenk.

Auf jeden Fall muss vermieden werden, das Bildwerk mit sozusagen niedergeschlagenen Augen zu betrachten, also den Gehalt des Bildes an seiner visuellen Sprache vorbei zu erheben und so das Werk interpretatorisch zu »überblenden«. Der sichtbare Bestand des einzelnen Bildes ist Ausgangs- und ständiger Bezugspunkt seiner Deutung. Primär sind die Augen angesprochen; sie sollen das individuelle Gebilde im Einzelnen abtasten und im Ganzen erfassen und es dadurch ganzheitlich zur Wirkung kommen lassen. Damit ist der Übergang zur Deutung, wie anfangs beschrieben, bereits gegeben.

Am Ende einer solchen Bildbegegnung kann dann eine verbal formulierte Interpretation stehen. Mag diese noch so behutsam sein – indem sie Worte gebraucht, wendet sie gegenüber dem wortlosen Gebilde Gewalt an (bei der Interpretation von Musik leuchtet das jedem ein!). Sie wird deshalb eher bemüht sein, die Unabgeschlossenheit, die Vielschichtig- und Mehrdeutigkeit herauszustellen, als diese willkürlich in Eindeutigkeit zu überführen.

3. Zum Bildergebrauch in der theologischen Bildungsarbeit

Ein Überblick

Zur Strittigkeit von Bildern

Der Gebrauch von darstellender Kunst ist im Christentum ständig strittig gewesen; das gehört schon zum jüdischen Erbe dieser Religion. Der Dekalog enthält ein klares Verbot von Statuen und sonstigen materiellen Abbildern Gottes (Ex 20,4; Dtn 5,8), und dieses Bilderverbot wird in der frühen Kirche – bis etwa zur Mitte des 3. Jahrhunderts – voll respektiert. Das Christentum ist also ursprünglich keine Bildreligion. Seine Verkündigung ist Wortverkündigung – sowie deren Veranschaulichung im liturgischen Tun und diakonischen Handeln.

Das Bilderverbot ist nicht selbstverständlich in Israel: Exemplarisch wird in der Geschichte vom Goldenen Kalb (Ex 32) erzählt, welche Versuchung darin lag, mit Gott mittels eines prächtigen Tierbildes in Verbindung zu treten. So belehren uns die Exegeten, dass das biblische Bilderverbot in seiner kompromisslosen Härte das Ergebnis eines andauernden Kampfes und Reflexionsprozesses und Ausdruck eines reformatorischen Bemühens in Israel war. In seiner endgültigen Fassung gehört es in die Exilszeit des 6. Jahrhunderts v. Chr. Seitdem darf es, neben Sabbatgebot und Beschneidung, als eines der Konfessionsmerkmale des jüdischen Glaubens gelten.

Religionspädagogisch interessiert uns vor allem die Frage nach den Gründen und der Bedeutung dieses Bilderverbots. In aller Kürze: Zunächst ist damit ein Fremdgötterverbot gemeint. Wer Bilder benutzt, bezieht sich auf andere Gottheiten und tastet also Jahwes Einzigkeit an: »Du sollst neben mir keine anderen Götter haben.« Aber weshalb duldete man auch keine Bilder von Jahwe, dem einzigen Gott? Es muss mit der Unvergleichlichkeit dieses Gottes zu tun haben. Der Verzicht auf jegliches Gottesbild enthält ein Bekenntnis: Der Gott Israels ist unverwechselbar anders als alle anderen und als alles andere – und er selbst legt den größten Wert auf diesen Unterschied. Deshalb ist schließlich der Ort der dichtesten Gegenwart Gottes, das Allerheiligste des Tempels in Jerusalem, leer.

Vielleicht müsste man es heutigen Adressaten so erklären: Bilder sprechen unseren Seh-Sinn an. Dieser beeinflusst den Menschen stärker als alle anderen Sinne. Sehen schafft eine Evidenz, der man sich kaum entziehen kann (daher rührt ja wohl auch die überwältigende Autorität des Fernsehens heute!). Wenn die nicht anwesende Person im Bild präsent gemacht wird, erweckt das den Eindruck von »Realpräsenz«; die Verbindung zwischen Abbild und der abgebildeten Person bekommt leicht magischen Charakter.

Mit anderen Worten: Bilder können ein Mittel in der Hand der Menschen sein, Gott zu nötigen. Sie tasten dann die Freiheit des Gottes an, der sich souverän zeigt, wann und wie ER will, der bei seinem Volk ist in dessen Geschichte und im lebendigen Menschen, aber nicht in von Menschen hergestellten Gegenständen, durch die ER fixiert würde. Das Bilderverbot stellt klar, dass dieser Gott unverfügbar ist, lebendig und frei. Die Unverfügbarkeit dürfte der springende Punkt sein beim Jahwe-Bild-Verbot, nicht so sehr Gottes Geistigkeit und Transzendenz, wie später die griechisch geprägten Theologen meinten (und damit allerdings die Inkarnation implizit als Aufhebung des Bilderverbots durch Gott selbst deuten konnten).

Zur Präzisierung ist noch hinzuzufügen, dass Bildworte, also Metaphern für Gott, im Alten und Neuen Testament nicht demselben Verdikt unterliegen. Es darf von diesem Gott offensichtlich bildhaft-metaphorisch gesprochen werden – von seiner Hand und seinem Arm, von seinem Auge und seinem Ohr, von Gott als Fels und Burg, als Feuer oder Sonne, ja es kann sogar gesagt werden, dass dieser Gott mit seinem Schuh wirft (Psalm 108,10) oder dass er sich als Friseur betätigt (Jes 7,20). Aber das bleibt doch eine schwebende, subjektiv gefärbte, rein innerliche Vorstellung. Wird diese nach außen projiziert, materialisiert und damit intersubjektiv scharf umrissen und fest-gestellt, sodass die »Glaubensphantasie« dadurch ungebührlich fest-gelegt wird, so ist eine entscheidende Grenze überschritten: Bildworte, konventionelle und kühne, sind theologisch möglich, Statuen und Gemälde dagegen nicht. Das Bilderverbot darf deshalb auch nicht einfach als eine Absage an alles Künstlerisch-Ästhetische gewertet werden. Der zunehmende Bildverzicht in Israel und dessen Übernahme durch die frühe Kirche führten dazu, dass die ganze künstlerische Kraft und Kompetenz in die Gestaltung von erzählenden und poetischen Texten investiert wurde.

Auch wenn wir Christen uns mit guten Gründen, die mit der Mensch- und Sichtbarwerdung Gottes in Jesus Christus zu tun haben, nicht mehr wörtlich an das Bilderverbot halten, muss doch in aller Bilderfreude die Intention des Bilderverbots zum Zuge kommen: Gottes Freiheit nicht anzutasten und die Vorstellung von Gott offen zu halten. Es fragt sich zum Beispiel, ob die im Mittelalter im Westen üblich werdenden Gottvaterbilder nicht doch diese Grenze verletzen (vgl. dazu die folgende Lektion 5).

Während Jesus das Sabbatgebot relativiert (Mk 2,27 par) und Paulus den Heilswert der Beschneidung für Christen bestreitet (Gal 5,11), bleibt das Bilderverbot in der frühen Kirche auch nach der Trennung von der Synagoge zunächst voll gültig. Das müssen Christen heute sich und ihren Schülern ausdrücklich bewusst machen, da dieser Sachverhalt durch die Tradition verschleiert wird. In jeder katholischen Kirche beispielsweise findet sich ein Kreuzweg, dessen Bilder zur meditativen Einfühlung in den letzten Gang Jesu anregen sollen. Die 6. Station zeigt traditionell, wie Veronika Jesus das Schweißtuch reicht, in das er sein Antlitz drückt. Seit dem 5./6. Jahrhundert n. Chr. kursieren solche Legenden, die den christlichen Bildgebrauch – trotz Bilderverbot – zu autorisieren suchen, indem sie ihn auf den historischen Jesus selbst zurückführen.

Die gleiche Funktion hat im Osten die sog. Abgar-Legende. Dasselbe Legitimierungsbedürfnis zeigt sich in der Legende, der Evangelist Lukas sei Maler gewesen. Allmählich wird mithilfe solcher apokrypher Geschichten das Alter und der Rang der Bilder an das Evangelium selbst herangerückt. Authentischer kann kein Bild sein als ein direkter Abdruck im Tuch. Der prophetische Einwand, Bilder seien Machwerke von Menschen, musste hier ins Leere gehen. »Nicht-von-Hand-gemachte-Christusbilder«, sog. Acheiropoieten, werteten die einst verpönten Bilder auf. Wenn die Madonnenbilder von der Hand des Lukas stammten, sollten sie dann nicht ebenso »authentisch« und »inspiriert« sein wie dessen Evangelium? (Näheres zu diesem Aspekt in Lektion 6)

Die durch die Veronika/Abgar-Legenden legitimierten Christusbilder sind von großer Ausdrucksmacht; der überzeugende visuelle Eindruck schien das Erzählte zu beglaubigen. So wird verständlich, dass man teilweise bis in unser Jahrhundert hinein in kirchlichen Kreisen meinte, Bilder gehörten zum apostolischen Ursprung der Kirche.

Eine »liberale« Auslegung des Bilderverbots, und zwar gleichzeitig in der jüdischen wie in der christlichen Volksfrömmigkeit, erfolgt erst im Zuge der Inkulturation des biblisch begründeten Glaubens im griechisch-hellenistischen Kulturkreis. Zeugen dafür sind die Fresken in der Synagoge von Dura-Europos und in den Katakomben Roms. Diese Anfänge werden im Allgemeinen auf die Mitte des 3. Jahrhunderts (oder kurz davor) datiert. Im christlichen Bereich gilt aber, dass diese Verletzung eines bis dahin geltenden theologischen Tabus kirchenoffiziell (noch) nicht gebilligt war; im ersten Gebrauch von Bildern artikulierte sich vielmehr so etwas wie »Kirche von unten«.

Zum Verhältnis von Bild und Wort

Zur nachträglichen theologischen Legitimierung von Bildern diente ab dem 5. Jahrhundert die Gleichsetzung von Bild und Wort. Eine unreflektierte katechetische Bilddidaktik geht bis heute von dieser Gleichsetzung aus: Bilder werden angesehen wie verschlüsselte Worte. Das Ziel einer Bilderschließung bestünde demnach ausschließlich in einer Rückübersetzung der visuellen Sprache des Bildes in die verbale.

Die Versuchung, Bilder nur als Illustration des zugehörigen Textes aufzufassen, ist sicher schon dadurch gegeben, dass Bilder mit christlicher Thematik in der Regel tatsächlich »worthaltig« sind, weil sie sich auf einen bestimmten Text beziehen. Außerdem findet eine Verständigung auch über die künstlerische Realisierung eines Themas in aller Regel mit Worten statt. Aber: Die Sprache, mit der wir über das Bild sprechen, ist nicht die Sprache des Bildes. Das Bild »spricht« vielmehr nonverbal, durch Formgebung und Farbkultur, durch die körpersprachlichen Ausdrucksmöglichkeiten der dargestellten Personen oder durch visuelle Symbole. Diese Besonderheit des Mediums »Bild« wird unterschätzt, wenn Bilder nur als stumme Worte gelten – wie in der Bildertheologie des 6.–9. Jahrhunderts, die bis heute in der Kirche nachwirkt.

Im 8./9. Jahrhundert wurde die Bilderfrage in Ost- und Westkirche definitiv zugunsten der Bilder entschieden, insbesondere durch das 7. ökumenische Konzil, das 787 in Nizäa stattfand. Unumstritten waren die Bilder aber auch danach nicht und sind es bis heute nicht! Der Gleichstellung von Bildern mit dem Schriftwort kam in Streitigkeiten der Alten Kirche die allgemein gültige Ästhetik entgegen. Im Griechischen wird das Wort *graphein* für »schreiben« wie für »malen« gebraucht. Malen galt als eine Form des Umschreibens; das Lineare dominierte gegenüber dem Malerischen. Gott selbst galt als »unumschreibbar« *(aperígraptos)*; aber in Jesus Christus hatte er sich ja selbst »umschrieben« und insofern – und das heißt auch: nur insoweit – schien Gott malbar geworden zu sein durch die Inkarnation. So jedenfalls argumentierte das Bilderkonzil von 787.

Herbert Fendrich hat das Verhältnis von alter und neuer christlicher Kunst in ihrem Verhältnis zum Wort folgendermaßen auf den Punkt gebracht: »In der älteren Kunst stehen Bild und Wort in einem engen, auch vom Künstler gesuchten und gewollten Zusammenhang. Das Bild ist eindeutig ›Bild zum Text‹, ohne den Text nicht sachgerecht deutbar. Mengentheoretisch gesprochen: Die Schnittmenge von Text und Kontext im Bereich der Inhalte und Intentionen ist relativ groß. Selbstverständlich sind diese Mengen aber nicht deckungsgleich; trotz vielfältiger Bezüge und Analogien zwischen Bild und Wort sprechen sie doch eine je eigenständige Sprache. Für die Interpetation ist gerade die Spannung zwischen Korrelation und Opposition (Kongruenz/Differenz) besonders fruchtbar. Solche Bilder sind durchaus sachgerecht zu beurteilen und zu bewerten, indem man nach ihrer Brauchbarkeit fragt: Wie gut leisten sie den ›Dienst am Wort‹, lassen sich anspruchsvolle und aspektreiche inhaltliche Zielsetzungen auf der Linie der Intentionen des Bibeltextes erreichen? Zugleich muss aber auch die unverwechselbare Eigenart des Kunstwerkes mitgesehen werden, das ›Anders-Sein‹, das nicht einfach mit dem Text verrechenbar ist.

Dagegen ist in der neueren Kunst die Schnittmenge von Text und Kontext deutlich geringer, der Zusammenhang kann sich auflösen, ist vielleicht nur flüchtig. Wenn die biblische Thematik bewusst aufgenommen und berührt wird, ist nicht eine allgemein gültige Auslegung im Sinn eines dogmatischen Schriftverständnisses intendiert. Charakteristisch sind – um nur einige Stichworte zu nennen – Autonomie, Ablösung von der ikonographischen Tradition, Fremdheit, Irritation, Provokation, Authentizität, Subjektivität, Offenheit. Solche Kunst zur Bibel kann selbstverständlich nicht nach ihrer Kongruenz mit dem Text (oder mit einer verbindlichen Glaubenslehre) bewertet werden. Die Beurteilung hat in erster Linie – so schwer das ist – auf künstlerische und ästhetische Qualität ihr Augenmerk zu richten.«

Die frühere Sicht des Bildes als Quasi-Wort, als »stummes Wort«, muss heute auch deshalb neu infrage gestellt werden, weil die moderne Kunst uns das Spezifische eines künstlerischen Gebildes, die genuine Sprache der Bilder besser zu sehen und zu erfassen gelehrt hat. Mit dem an der Kunst unserer Epoche geschulten Auge sehen wir auch die christliche Kunst der Vergangenheit neu, sehen förmlich, dass auch sie mehr ist als ein schweigendes Wort, das nur als Bibelersatz für Analphabeten gedacht gewesen wäre.

Die Meinung, Bilder in den Kathedralen des Mittelalters hätten als »biblia pauperum« gedient, muss in mehreren Hinsichten hinterfragt werden: Wir wissen praktisch nichts davon, wer die des Lesens unkundigen Laien mit den Bildern vertraut gemacht haben und wie das vor sich gegangen sein sollte. Die Bildinhalte waren weitgehend Sache der gelernten Theologen. Die Bilder spiegeln offensichtlich nicht den

Wortlaut der Bibel, sondern fungieren als Predigt – als Pointierung und Aktualisierung des im Schriftwort Gehörten oder Gelesenen. Selbst die Bilderbibel, die unter dem Titel Biblia Pauperum läuft, ist nicht als Bibel für Analphabeten geeignet: Sie enthält auf jeder Seite neben den Bildern Texte (meistens sogar in lateinischer Sprache) und hat als klar erkennbare Intention, die alttestamentlichen »Vorbilder« für neutestamentliche Ereignisse aufzuzeigen. Die so genannte Armenbibel dient also dem, was wir heute typologische Exegese nennen. Bestenfalls bezeugen Bilder der christlichen Kunst der Vergangenheit also das jeweilige epochale und regionale Verständnis der Hl. Schrift; sie zeigen, was davon in der jeweiligen Situation angekommen ist und von den Gläubigen angenommen wurde. Sie gehören als Wirkungsgeschichte der Bibel eher in den Kirchengeschichtsunterricht als in den Bibelunterricht.

Zum Mehrwert von Bildern

Unsere Bilddidaktik hätte also herauszustellen, dass das Bild gegenüber dem zugehörigen Text etwas Eigen-artiges und Eigen-sinniges ist; dass die Bildsprache von genuiner Qualität ist; dass das in Farbe und Form Realisierte nicht genauso gut in Worten wiederzugeben ist. Anders gesagt: Wenn Gestalt und Gehalt eines Bildes ebenso gut mit Worten zu rekonstruieren sind, erweist es sich als schwach, letztlich als überflüssig. Gerade das, was anders ist am Bild im Vergleich zum überlieferten Text, das »Wie« seiner Gestaltung und das Neue in Bezug auf die bisherige ikonographische Tradition, machen den Reiz des Kunstwerkes und seinen Bildungswert aus.

Wenn die künstlerische Realisierung als solche, d.h. die künstlerische Form bzw. Gestalt des Bildes wahrgenommen wird, kommt der eigentliche Gehalt des Bildes gegenüber der Vorgabe des Wortes zum Vorschein. Wenn es nur um den Inhalt geht – um die möglichst rasche Erkennbarkeit des Themas, um die möglichst eindeutige Zuordnung des Bildes zu einer biblischen Perikope oder einem sonstigen Text –, bleibt der »Mehrwert« des Kunstwerkes auf der Strecke und ist der Verzweckung des Umgangs mit Bildern Tür und Tor geöffnet. Die ästhetische Besonderheit und der darin gründende »Mehrwert« der Bilder, sozusagen die (relative) Autonomie ihrer medialen Modalität, machen erst verständlich, warum es in der Kirche Bilder-Streit gab und gibt.

Allerdings gibt es auch so etwas wie katechetische Gebrauchskunst. Sie ist daran zu erkennen, dass lediglich illustriert wird, was geschrieben steht, und dass die Formelemente des Bildes leicht und manchmal sogar restlos in erklärende Worte überführt werden können. Das Gebrauchsbild leistet keinen nennenswerten Widerstand gegen seine totale Verbalisierung; es nötigt nicht zu immer neuem Sehen; sein Gehalt ist nicht unerschöpflich. Vermutlich brauchen wir in der Praxis auch handwerklich saubere Auftragskunst dieser Art; die üblichen Religionsbücher z. B. sind ein Beleg dafür. Es kommt nur darauf an, sich des Qualitätsunterschiedes bewusst zu sein und weder die katechetisch dienstbare Gebrauchskunst methodisch wie anspruchsvolle Kunst zu behandeln, noch die Kunstwerke nur »nebenbei« anzuschauen, zur methodischen Abwechslung und als bloßes Hilfsmittel.

Um den »Mehrwert« von qualitätsvollen Bildern zu erfassen, genügt nicht die schlichte Frage: Was ist hier dargestellt? Die entscheidende Frage muss lauten: Was hat der Künstler – mit Farbe und Form – aus dem Thema gemacht? Wie hat er es durch seine Formgebung akzentuiert? Und wenn der Bezugstext herangezogen wird, ist zu fragen: Welchen Augenblick hat er gewählt? Entspricht seine Wahl der Pointe des Textes? Ist das, was vorher und nachher geschieht, irgendwie simultan mit im Bild? Die mögliche Simultaneität ist ja ein wichtiges Merkmal von Bildkunst gegenüber der sukzessiven Wortfolge.

Die Adressaten der theologischen Bildungsarbeit in Schule und Gemeinde sollen in der sachgemäßen Hinführung zur Bibel lernen, dass und wie deren Texte von Autoren arrangiert sind und ihren »Sitz im Leben« haben. Das wäre nun zu übertragen, um den Bildern gerecht zu werden: Auch sie sind von Produzenten arrangiert worden und wir verstehen sie erst richtig, wenn wir durchschauen, dass es sich jeweils um ein Arrangement handelt, in dem sich die Sichtweise, die Spiritualität, das Stilempfinden der jeweiligen Macher, ihrer Auftraggeber bzw. Adressaten, ihrer Region oder Epoche, ihrer sozialen Schicht und – nicht zu vergessen – die Funktion des Bildes in der liturgischen und privaten Frömmigkeit spiegeln.

Die christlichen Bilder der Vergangenheit wurden bekanntlich nicht fürs Museum geschaffen; sie waren Auftragskunst und dienten in der Regel dem praktischen religiösen Vollzug: als Kultbild, als öffentliches oder auch privates Andachtsbild, zur Erinnerung an den zugehörigen Text bzw. die dargestellte Person, zur Steigerung der Verehrung, zur Belehrung usw. Vor allem gilt: Bildbetrachten und Beten gingen ineinander über. Das Bild soll das Heil, welches in Personen oder Ereignissen sichtbar geworden ist, vergegenwärtigen und zugleich die gläubige Antwort darauf formulieren. Der Betrachter soll mit den Augen des Glaubens am dargestellten Heil teilhaben. Diese Funktion ist durch bloße Unterrichtung nicht wiederherstellbar, zumal diese in der Regel nicht mit Originalen, sondern mit Reproduktionen arbeitet. Aber die heutigen Betrachter müssen wenigstens um den Unterschied wissen.

Da sich der spezifische Gehalt eines Kunstwerkes aus dessen Gestalt ergibt (und nicht schon aus dem theologischen Wissen um das dargestellte Thema) und da die Bildsprache von vielen unserer Adressaten wie eine Fremdsprache angesehen wird, muss auch im Bildungszusammenhang die ästhetische Machart von Bildern erlernt und durchschaut werden. Der Bildsinn soll ja – bis in die Nuancen hinein – aus Farbe und Form erhoben werden. Die subjektive Befindlichkeit darf durchaus vor einem »anrührenden« Bild in Schwingung geraten, aber sie muss ihren Grund in dieser Machart des Bildes haben und nirgendwo anders, auch nicht in der Ergriffenheit des Lehrers und seinen ergreifenden Begleitworten. *Herbert Fendrich* hat das Anliegen, der ästhetischen Realisierung auch im religiösen Zusammenhang genügend Aufmerksamkeit zu widmen, folgendermaßen zusammengefasst: »Ein Bild – das ist zunächst eine zweidimensionale, begrenzte Fläche, die ein Oben und Unten, ein Rechts und ein Links und eine Mitte hat. Auf einer solchen Fläche hat das Bild seine Inhalte zu organisieren. Die Art und Weise, wie ein Bild auf der Fläche organisiert ist, nennt man gewöhnlich seine Komposition ...«

Da wir Bilder eher von links nach rechts als umgekehrt lesen, empfinden wir z. B. eine von links oben nach rechts unten führende Schräge als »fallend« und damit als ein Signal für Abstieg, Trauer u. Ä. In Bildern der Auferstehung Christi dominiert stattdessen oft eine von links nach rechts aufsteigende Diagonale, sei es im Sargdeckel oder in der Figur des Engels oder des Auferstandenen selbst. Diese Linienführung »verkündet« bzw. unterstreicht visuell und emotional eindringlich die Botschaft: Er ist auferstanden. Ebenso kommt die bildeigene Sprache zum Zuge im Hoch- oder Querformat eines Bildes mit der Betonung der vertikalen oder der horizontalen Bildachse und den entsprechenden Folgen einer eher hierarchischen Über- und Unterordnung der Bildelemente bzw. eines Nebeneinanders. Symmetrische Anordnung bzw. Frontalität der Figuren steigert deren Würde und Feierlichkeit. Horizontale Linien vermitteln das Grundgefühl der Ruhe, vertikale Linien symbolisieren eher Erhabenheit, kurvige Linien Lebendigkeit. Das Dreieck gibt der Komposition Festigkeit, die Kreisform Geschlossenheit. Abweichungen von den Grundformen oder von der Links-Rechts-Wertigkeit werden als auffällig und damit als besonders bedeutungshaltig empfunden usw. Methodisch nützlich sind Skizzen, die die planimetrischen Strukturen und die Bewegungsrichtungen einer Komposition verdeutlichen – vor allem, wenn daraus Gewinn für die Deutung gezogen werden kann.

Dass diese spezifische Bildsprache auch von jungen Betrachtern erlernt und in ihrer Bedeutung verstanden werden kann, zeigt die Fülle der museumspädagogischen und bilddidaktischen Literatur, die inzwischen zur Verfügung steht. Für Kinder im Grundschulalter bietet sich eine narrative Erschließung der den Bildgehalt tragenden Gestaltungselemente an; auch dafür gibt es in der kunstdidaktischen Kinderliteratur gelungene Beispiele, von denen die religiöse Bilddidaktik lernen könnte.

Zur Überwindung der historischen Distanz

An und für sich wären religiöse Bilder aus unserer Zeit zu bevorzugen: An ihnen ist nicht nur die Bedeutung der Formensprache für den Gehalt des Bildes zu studieren – sie akzentuieren das Bildarrangement anders, sogar dort, wo sie scheinbar nur der Tradition folgen. In dieser Akzentuierung entsprechen sie eher der Glaubensbefindlichkeit unserer Epoche.

Wo bleiben aber bei dieser Option für die moderne Kunst die unzähligen Bilder der Vormoderne? Gehören sie auf den Müllhaufen der Unterrichtsmittel? Sind sie wirklich nur noch für den Unterricht in (Kirchen-)Geschichte und als Beleg für die einstige Wirkungsgeschichte der Bibel interessant? Diese Frage soll nicht sofort abgewimmelt werden. Besteht nicht wirklich die Gefahr, dass der Religionsunterricht schon optisch wie ein Antiquitätenladen wirkt, wenn er die Bildschätze der Vergangenheit einbezieht? Ist es nicht ein Irrtum zu meinen, alte Kunst ließe sich leichter erschließen als moderne? Dieser Irrtum beruht vermutlich auf dem »Inhaltismus«, auf den der Umgang mit alten Bildern gern reduziert wird. Schließlich: Wenn Bilder so etwas wie eine Predigt darstellen, die in der Fremdsprache von Farbe und Form reden, warum sollten wir solche visuellen Predigten aus der Zeit des *Beda Venerabilis* oder *Martin Luthers* unseren Adressaten zumuten, da doch niemand auf die Idee kommt, verbale Predigten aus jenen Zeiten unterrichtlich zu reaktivieren?

Die rechtfertigende Antwort auf solche Fragen kann nicht global gegeben werden. Bei jedem einzelnen Werk muss experimentell geprüft werden, ob es uns und mir persönlich noch etwas zu »sagen« hat. Offenbar nimmt das Auge in größerer Unmittelbarkeit wahr und ist deshalb auch über die historische Distanz hinweg direkter ansprechbar. So können Menschen, die wortsprachlich absolut nicht in der Lage sind, sich zu verständigen, dennoch gemeinsam vor einem Bild stehen und davon angesprochen sein. Die Sprache der Bilder ist in gewisser Weise universal, eine »humane Universalie«, die den Zeitabstand leichter überwinden lässt, als das bei Texten der Fall ist.

Erleichtert wird die Überwindung der Distanz durch Kenntnisse über Besonderheiten der vorneuzeitlichen Kunst. Zum Beispiel: Der Goldgrund, der ab dem 4. Jahrhundert zunehmend den naturalistischen Hintergrund von Bildern ersetzt, dient nicht nur dazu, den sakralen Bildern eine kostbare und feierliche Wirkung und den Taten und Gesten der Protagonisten Raum- und Zeitlosigkeit zu verleihen oder die dargestellte Person oder Szene zu verherrlichen. Der kundige Theologe wird den Goldglanz zusammenbringen mit dem Herrlichkeitsglanz (hebr. *kabód*, griech. *dóxa*), von dem in der Bibel überall dort die Rede ist, wo Gott sich zeigt: Goldgrund als Ausdruck für den im dargestellten Geschehen aufleuchtenden Lichtglanz Gottes, für die »Herrlichkeit« des Herrn. Die sachgemäße Frage an die Betrachter lautet: Inwiefern leuchtet im hier Dargestellten tatsächlich etwas von Gottes Glanz auf? Inwiefern lässt sich also der Goldgrund bewahrheiten? Entsprechend ist der goldene Nimbus (»Heiligenschein«) zu deuten: als symbolisches Konzentrat göttlicher Herrlichkeit, die dem Betreffenden gnadenhaft verliehen ist, ein Symbol, durch das seine spirituelle »Ausstrahlung« versinnbildet wird.

Durch verschiedene Größe der Figuren kann der mittelalterliche Künstler die gestufte Heilsbedeutung der Figuren zeigen. Christus überragt oft alle anderen – das ist nicht als anatomische, sondern als theologische Behauptung zu verstehen! Ebenso gilt: Je ranghöher eine Gestalt ist, umso weniger wird sie von anderen überschnitten (»desavouiert«), selbst in ihrer Erniedrigung. Wenn die Christusgestalt in ihrer Kontur überhaupt einmal (etwa durch die flehenden Hände eines Bittenden) überschnitten wird, so wirkt das infolgedessen besonders eindringlich.

Heutige Sehgewohnheiten lassen nicht-perspektivische Bilder als unkorrekt oder primitiv erscheinen. Damit wird aber das Kunstwollen der Zeit vor der Benutzung perspektivischer Mittel unterschätzt. Mittelalterliche Bilder (und ostkirchliche Ikonen) vermitteln keinerlei Raumillusion, sondern arrangieren die Bildobjekte so, dass ein Maximum an Überblick und Einsicht in die Bedeutung des Dargestellten möglich ist (»Bedeutungsperspektive«).

Um den historischen Abstand und die emotionale Kluft zwischen uns und den »alten« Bildern der christlichen Tradition zu überwinden, ist es ratsam, besonders auf die Gebärdensprache der Protagonisten einer bildlichen Darstellung zu achten. Zwar ist auch die menschliche Gebärdensprache epochal und regional gesellschaftlich geprägt. Dennoch hat sich gezeigt, dass die Gebärden der Figuren eines Bildes für moderne Menschen eine Zugangsmöglichkeit zum Bildsinn alter religiöser Kunst bieten. Dieser methodische Weg kommt einem spürbar gestiegenen heutigen Interesse an körpersprachlichen Ausdrucksformen entgegen.

Das gemalte Bild schweigt – es »spricht« nonverbal durch die Darstellung von innerlich (oder sogar äußerlich) nachvollziehbaren und einfühlbaren Gesten und Gebärden. In der ottonischen Buchmalerei beispielsweise ist die Christusfigur ganz und gar »Gestalt gewordene Gebärde« *(H. Jantzen)*. Im Zentrum der ansonsten ziemlich befremdlichen ostkirchlichen Anastasis-Ikone steht Christi »Griff ans Handgelenk« Adams – die Rettungs- und Erlösungsgeste schlechthin (vgl. Lektion 17). Hierhin gehören die verschiedenen Sprech-, Segens- und Gebetsgesten, die verschiedenen Arm- und Handhaltungen des Gekreuzigten, die Demutsgebärden Marias anlässlich der Verkündigung des Engels, die Gebärden des Staunens bei den Frauen am Grab usw. Tiefsinniger Tausch: Wenn der sitzende »Christus in der Rast« auf seinem Passionsweg die bekannte Melancholiegeste des Ijob auf dem Aschenhaufen übernimmt. Hier gibt die bildende Kunst eine »Antwort« auf die Theodizee-Frage, die verbal kaum einholbar ist (vgl. Lektion 6).

Heutige Betrachter sind gewohnt, seelische Regungen aus dem Mienenspiel einer Gestalt zu entnehmen. Sie empfinden Gesichter auf vorneuzeitlichen Bildern und Ikonen leicht als »streng« oder »traurig«. Es ist wichtig zu wissen, dass bis ins 14. Jahrhundert die Mimik neutral, d. h. kein Ausdrucksträger ist. Was die dargestellte Person innerlich bewegt, soll in der Regel weniger an ihrem Gesichtsaudruck und mehr an ihrer sonstigen Körpersprache, besonders an ihrer Gestik, abgelesen werden.

Zur Bedeutung der Ikonographie

Ikonographie ist die Kunde von den Bildthemen – von den dargestellten Gegenständen, den Stoffen oder Sujets der Bilder, auch von ihren Motiven. Sie ist zuständig für die Erklärung von Attributen der Heiligen, von Allegorien und Symbolen. Ikonographische Innovationen lassen häufig auf Umbrüche im Sehen, Denken, Empfinden und Glauben einer Zeit schließen. Insofern ist der Religionspädage an der Ikonographie und ihren Änderungen im Laufe der Wirkungsgeschichte der biblischen Botschaft besonders interessiert.

Der Wechsel etwa vom hoheitlichen Christusbild des 1. Jahrtausends zum Bild des mitmenschlichen, ja elenden Christus im Laufe des Mittelalters (vgl. Lektion 6) ist nicht nur unübersehbar, sondern gibt auch produktiv zu denken: Christus in Herrschertracht und -pose repräsentiert auch das Arrangement zwischen Kirche und politischer Macht; »Christus im Elend« spiegelt auch das Elend der Leute.

Ikonographische Feststellungen führen oft zu Frageimpulsen von hoher Motivationskraft: Warum ist Jona das beliebteste Thema in der Katakombenmalerei? Warum ist anfangs der tote Christus am Kreuz (Seitenwunde!) als lebender, mit offenen Augen dargestellt (vgl. Lektion 14)? Was bedeutet es in Bezug auf das Papsttum, wenn Petrus im Bild stärker hervorgehoben wird als im zugehörigen Text und umgekehrt? Was hat es zu bedeuten, wenn Gottvater eine päpstliche Tiara trägt oder eine Kaiserkrone? Seit wann und warum lassen die Maler Paulus vor Damaskus vom Pferd fallen, obwohl von einem Reittier im Text keine Rede ist? Wieso gleichen sich die Gesichtszüge Christi auf verschiedenen Bildern seit dem 5./6. Jahrhundert immer mehr? Warum ist der Schlüssel das Attribut des Petrus und das Schwert das des Paulus? Warum kommt der Engel Gabriel in der Verkündigungsszene in der Regel von links? Und was könnte dann die »Verkündigung von rechts« bedeuten? Müssen Engel Flügel haben? Aber wozu brauchen sie die »Jakobsleiter« (Gen 28,12; vgl. Lektion 21)? Und wieso wird Johannes der Täufer auf Ikonen geflügelt dargestellt? Warum trägt Mose gelegentlich Hörner auf dem Kopf (vgl. Lektion 4)? Warum wachsen auf Marienbildern ausgerechnet diese Blumen und nicht andere? Wie kommen die vier Evangelisten zu ihren Symbolen (Mensch, Löwe, Stier, Adler)? Welchen Symbolwert haben Farben? Wieso ist es denn auf etwa achtundneunzig Prozent der Schöpfungsbilder des Mittelalters nicht Gottvater, der die Welt erschafft, sondern Christus (vgl. Lektion 5)?

Die Zahl solcher Fragen ließe sich beliebig vermehren. Für die christliche Ikonographie stehen zur Klärung bewährte Nachschlagewerke zur Verfügung. Da es um Wissen geht, das dem Bild nicht direkt zu entnehmen ist, gehören ikonographische Kenntnisse zu dem, was die Lehrenden den Lernenden zur Verfügung stellen müssen. In der christlichen Kunst war der Druck der Tradition immer sehr groß. Deshalb bedürfen schon kleine Abweichungen von überlieferten Mustern der Erklärung. Als methodische Hilfe gilt der Bildvergleich (so wie in der Bibeldidaktik mithilfe des synoptischen Vergleichs das Eigenprofil einer Perikope leichter erkannt werden kann).

Ikonographische Quellen sind neben der Bibel weitere, vor allem erzählende oder betrachtende fromme Texte. Für die »Vorgeschichte« Jesu und Marias müssen u.a. die sog. Apokryphen herangezogen werden. Dort werden z. B. (unter Hinweis auf Jes 1,3) Ochs und Esel an die Krippe Jesu versetzt. In der franziskanischen Tradition oder bei *Birgitta von Schweden* und *Ludolf von Sachsen* (beide 14. Jahrhundert) wird das Leben Jesu so konkret meditiert, werden die Anschauungslücken des Evangeliums so detailliert gefüllt, dass von daher neue Darstellungsweisen in der Kunst aufkommen. So liegt das Jesuskind danach nicht mehr in Windeln gewickelt »auf Heu und auf Stroh«, sondern nackt auf dem nackten Erdboden. Bis zur Reformationszeit und im katholischen Bereich noch darüber hinaus ist damit zu rechnen, dass der lateinische Bibeltext der Vulgata für die Bilder maßgeblich ist (sie übersetzt z.B. Ex 34,29f so, dass daraus die Mose-Hörner erklärbar sind). Bis in unser Jahrhundert ist der neutestamentliche Bezugstext übrigens nach Art einer Evangelienharmonie verstanden worden, sodass es meistens wenig hilfreich ist zu fragen, beispielsweise, ob im Bild der Seesturmgeschichte die Lukas- oder die Matthäus-Version gemeint sei.

Zur Methodik der Bildbegegnung

Wenn es sich wirklich um vielschichtige (»polyvalente«), geheimnisvolle, für verschiedene Deutungen offene Bilder handelt, treten wir ihnen gegenüber, wie wenn wir einer zunächst fremden Person begegneten, mit der wir zu einer persönlichen Beziehung kommen möchten. Neugierig, wer dieser Mensch zutiefst ist, lassen wir ihn geduldig zu Wort kommen, lassen ihn sich aussprechen, fallen ihm nicht voreilig ins Wort, respektieren das, was er verschweigt, ahnen auf diese Weise allmählich etwas von der unauslotbaren Tiefe des Anderen, von seinem unaussprechlichen Persongeheimnis. »Individuum est ineffabile«, hat man im Mittelalter gewusst – was zumindest bedeutet, die jeweilige individuelle Besonderheit sei nicht auf den Begriff zu bringen, sie entziehe sich der definitorischen Genauigkeit. Dasselbe muss auf ihre Weise auch von der Bildbegegnung gelten. Jedes gelungene Bild ist ein Individuum, ein »Sonderfall«.

Damit verbietet sich eine Aufgabenstellung, die darauf hinauslaufen würde, eine einzige verbale Kurzformel für ein Bild zu suchen, die dann praktisch die »Bildaussage« ersetzt. Dagegen spricht die einfache These: Wenn man es genauso gut begrifflich sagen könnte, wäre das Bild überflüssig (überprüfbar am Beispiel des Raffael-Bildes von der Verklärung Christi: vgl. Lektion 11, Schlussabschnitt).

Damit ist aber implizit auch jener besorgte Einwand abgewiesen, den man öfters zu hören bekommt, wenn man sich bemüht, Bilder sorgfältig zu interpretieren: Ob denn das wohl wirklich vom Künstler intendiert, ob es nicht vielmehr in das Kunstwerk hineininterpretiert sei. In diesen Fall genügt eine einfach Gegenthese: Wenn wir immer nur das aus einem Bild herauslesen dürften, was der Künstler bewusst hineingelegt hat, unterschätzten wir den künstlerischen Schaffensvorgang. Wir unterstellen ja damit, ein Werk entstehe nur im Kopf und sei das Produkt eines rein rationalen Kalküls. Stattdessen gilt: Die ganze Person ist beteiligt und in der Regel ist der Anteil des schöpferischen Unterbewusstseins und seiner Intuition beim Künstler größer als der des reflektierenden Oberbewusstseins.

Ein wichtiges Mittel die Intensität der Bildbegegnung zu steigern ist die möglichst genaue Beschreibung des sichtbaren Bildbestandes vor aller Interpretation. Eine solche »verbale Rekonstruktion« kann das visuelle Kunstwerk gewiss nicht einholen und erst recht nicht ersetzen. Sie ist aber die Voraussetzung für »erkennendes Sehen« und gehört insofern zum methodischen Rüstzeug. Die geduldige, eingehende Beschreibung enthält die Einladung und den Versuch, sich auf das Gebilde voll und ganz einzulassen – so als gäbe es im Augenblick nichts anderes als dieses.

Im Grunde geht es bei der Bildbeschreibung auch um eine spirituelle Forderung: Aufmerksam zu sein mit angespannter Außen- und Innenkonzentration, Sich-Einlassen, Sich-Öffnen, Etwas-mit-sich-geschehen-Lassen. Dazu tritt dann natürlich immer auch die möglichst angemessene Reflexion über das, was als vor Augen liegend oder in die Augen springend beschrieben wurde.

Einige Einzelhinweise zur Bildbeschreibung

Wo und wie fange ich an? Wenn die Teilnehmer erst noch zu motivieren sind, empfiehlt es sich, zuerst nach dem Auffälligsten zu fragen. Strenger und konsequenter wäre es, mit dem Äußersten zu beginnen, dem Format: Hoch- oder Querformat bestimmen den Grundeindruck (von vertikaler Spannung oder von »epischer Breite«). Und wie wirkt demgegenüber eine quadratische Form, wie eine Rundform (Medaillon)?

Für eine einfache Gliederung der Beschreibung kann man gegebenenfalls vom Vordergrund über den Mittelgrund zum Hintergrund voranschreiten. Oder man könnte, entsprechend unserer Leserichtung, von links nach rechts vorgehen (in dieser Reihung sind häufig Bildvorgänge organisiert).

Die Seitenbenennungen (linke Hand, rechte Person) erfolgen grundsätzlich vom Standpunkt des Betrachters aus. Ausnahme: Plastiken, für die es ja keinen von vornherein definierten Betrachterstandort gibt. Die christliche Ikonographie kennt außerdem noch eine wichtige

Ausnahme: Bei Bildern vom gekreuzigten Christus sind »links« und »rechts« vom Kreuz aus gemeint und nicht vom Betrachtenden aus. Die den Tod anzeigende Seitenwunde befindet sich also rechts; Christus neigt sein Haupt nach rechts, wo Maria steht und wo der gute Schächer hängt usw. (vgl. Lektion 14).

Stufen der Bildbegegnung

Stärker systematisiert ist der mögliche Verlauf einer Bildbegegnung im folgenden Standardschema. Es handelt sich wirklich nur um ein Schema; vor einer »schematischen« Anwendung ist gerade deshalb zu warnen. Je mehr das Schema verinnerlicht ist, umso souveräner kann der Umgang damit sein. Die vorgeschlagene Reihenfolge ist nicht beliebig, aber auch nicht absolut zwingend, z.B. wird sich in der Praxis die Frage nach dem Thema oder Titel des Bildes – vor allem bei Ungeübten – nicht immer so lange hinausschieben lassen, und häufig wird das Bildgespräch wie bei einem Bibelgespräch einfach bei der Frage einsetzen: Was ist ungewohnt? Was ist auffällig?

1. Spontane Wahrnehmung

Was sehe ich?

Stilles Abtasten und Lesen des Bildes; spontane, unzensierte Äußerungen; im Bild spazieren gehen, hier und dort verweilen mit ungelenkter Aufmerksamkeit.

2. Analyse der Formensprache

Wie ist das Bild gebaut?

Systematische Wahrnehmung und Benennung der Syntax des Bildes, seiner Formen, Farben, Strukturen und Rhythmen. Die Einzelheiten und der Zusammenhang des ganzen sichtbaren Formbestandes. Bewusstmachung der Bildordnung. Volle Außenkonzentration.

Speziell für diesen Punkt des Schemas sind die Gesichtspunkte der sog. strukturalen Bildanalyse hilfreich, bei denen nach verschiedenen »Codes« gefragt wird: körpersprachliche, kleidersprachliche und geometrische/planimetrische Codes, Farbencode, Code der Landschaft, der Architektur, des Meublements und der Requisiten. Für Bilder der christlichen Kunst ist der kleidersprachliche Code besonders relevant. Wenn z.B. das biblische Personal nicht antik/klassisch, sondern zeitgenössisch gekleidet ist, überwiegt das Interesse an Aktualisierung gegenüber der historischen Information. Wenn Judas das gelbe Gewand und den spitzen Hut der Judenschaft trägt, ist diese mit diffamiert usw.

3. Innenkonzentration

Was löst das Bild in mir aus?

Meine Gefühle und Assoziationen. Auf welche Gestimmtheit zielt das Bild selbst? An was erinnert es mich? Anziehend oder abstoßend?

4. Analyse des Bildgehalts

Was hat das Bild zu bedeuten?

Die Thematik des Bildes. Sein Bezug zum Text der Bibel oder zu sonstigen Quellen. Sein Standort innerhalb der Ikonographie; seine Innovationen bzw. Bestätigungen der Tradition. Die Glaubenssichten und Lebenserfahrungen, individuelle oder epochale, die sich im Bild niedergeschlagen haben. Rückbindung des geistigen Gehalts an die sinnliche Gestalt: der spezifische Gehalt, den das Bild dem Thema verleiht.

5. Identifizierung mit dem Bild

Wo siedele ich mich an auf dem Bild?

Sich in das Bild hineinziehen, sich in die Geschichte verwickeln lassen. In welcher Figur finde ich mich am ehesten wieder? Wie behandelt mich das Bild als Betrachter? Was erwartet es von mir? Bewirkt es Einverständnis oder Irritation? Kann es mich unmerklich verwandeln? Zieht es mich in seinen Bann? Überlasse ich mich ihm oder sträube ich mich?

Diesem Fünf-Schritte-Schema sind die wichtigsten Anliegen dieser Lektion zu entnehmen: Dass sich ein Bildbetrachter auf die Formensprache als solche einlassen muss, »bevor« es zu gefühlsmäßigen Reaktionen kommt; dass er wirklich auf die Form reagiert; dass der spezifische Gehalt des Bildes nicht so sehr am Thema hängt, sondern an dem, was die bildnerische Realisierung des Themas daraus macht; dass infolgedessen die Besprechung des Themas bzw. der Schrift- und Traditionsquellen für das Bild möglichst hinausgeschoben wird usw. Insgesamt geht es um eine Verlangsamung des Sehens, um eine Stärkung der Sehgeduld – im Vertrauen darauf, dass sich dies bei einem Kunstwerk lohnt (und damit in Opposition zu den Sehgewohnheiten beim Fernsehen!).

Die erste, dritte und fünfte Phase sind nicht durch Vorbereitung bestimmbar. Sie hängen weitgehend ab von der Gunst des Augenblicks, von der Lernatmosphäre, vom innerlichen Mitgehen der Teilnehmer und von deren spiritueller Sensibilität. Die fünfte Phase dürfte unter heutigen schulischen Bedingungen sowieso eher ein Glücksfall als ein operationalisierbares Ziel sein.

In den Phasen zwei und vier steht das an, was der sorgfältigen Vorbereitung und Planung bedarf, was verbalisierbar und argumentativ zu erörtern ist vor einem Kunstwerk. Das Schema versucht im Wechsel die Balance zu halten zwischen Distanz und Nähe, rationaler Analyse und intuitiver Verschmelzung; und es versucht auch einen Gegenkurs zu steuern gegen beobachtbare Unarten bei kirchlichen Umgangsweisen mit Kunst.

4. Wie kommt Mose zu zwei Hörnern?

Ein ikonographischer Kasus

Die geläufigste Antwort auf die Frage nach den Hörnern des Mose heißt: Der gehörnte Mose beruht auf einem Missverständnis des hebräischen Urtextes durch die lateinische Bibelübersetzung des Hieronymus (Vulgata, 4. Jh.). Als Mose vom Berg der Gottesbegegnung mit den zwei Tafeln in der Hand herabstieg, wusste er nicht, heißt es Ex 34,29f – wörtlich aus dem Hebräischen übersetzt –, dass von seiner Gottesbegegnung »die Haut seines Antlitzes strahlte« (Buber), oder: »glänzte« (Luther), sodass die Israeliten sich fürchteten, ihm nahe zu kommen. Im Heiligkeitsglanz Gottes auf Moses Gesicht kommt seine einzigartige Gottesnähe zum Ausdruck. Es wäre im Text also eigentlich das gemeint, was später mit dem goldenen Heiligenschein (Nimbus, Gloriole, Aureole, Mandorla) in der christlichen Kunst ausgedrückt wird: Der Mensch, der von Gottes Licht berührt und erfüllt ist, wird zum Spiegel seiner Herrlichkeit (vgl. 2 Kor 3,18; 4,6).

Das hebr. Wort für strahlen *(qaran)* und das Wort Horn *(qeren)* haben denselben Stamm; griech. *kéras* und lat. *cornu* (beides = Horn) sind verwandt damit. Das tertium comparationis für diese Wortverwandtschaft von »Strahlen« und »Hörner« liegt darin, dass Tierhörner, z.B. am Helm, seit alters das Faszinierende und gleichzeitig den Schrecken versinnbildlichen, der von physischer Übermacht oder vom Übernatürlichen ausgeht. So hat Hieronymus intuitiv oder wahrscheinlich sogar bewusst den Gottesglanz auf dem Gesicht des Mose mit »facies cornuta« übersetzt und dies dementsprechend symbolisch verstanden.

Eine – umgekehrte – vergleichbare Übersetzungsstrategie finden wir heute: Wenn Zacharias, der Vater des Täufers, Gott preist, er habe »uns aufgerichtet ein Horn der Errettung« (Lk 1,69, so wörtlich im griechischen Urtext), so sagt die Einheitsübersetzung an dieser Stelle, er habe »uns einen starken Retter erweckt«. Die Übersetzung gibt gleich das mit dem Bildwort »Horn« Gemeinte (Stärke, Machtglanz o. Ä.) wieder, während Lukas, wie Hieronymus in seiner Übersetzung von Ex 34,29f, die Übertragung und Deutung von »Horn« auf »Stärke« oder »Machtglanz« den Lesern überlässt. Wer das – im Fall des Mose – jedoch nicht sinnbildlich, sondern buchstäblich las, musste sich so etwas wie ein »gehörntes Gesicht«, wie eine Tiermaske vielleicht, vorstellen.

Auffällig ist, dass die Vulgata schon Hunderte von Jahren in Gebrauch war, bevor, zuerst in England im 12. Jh., ein gehörnter Mose in der Bildkunst auftaucht und sich dann durchsetzt. Bis dahin hatte man also offensichtlich »cornuta facies« nicht wörtlich, sondern metaphorisch verstanden, nämlich als symbolischen Ausdruck für den überirdischen Machtglanz, den Mose von der Begegnung mit Gott davontrug.

Abb. 4.1: Mose und die Israeliten, Weltchronik, Deutschland, 13. Jh.

Es bleibt die Frage, warum es dann in der westlichen Ikonographie ab dem 12. Jh. zu einer wortwörtlichen ikonographischen Umsetzung des Ausdrucks »facies cornuta« kommen konnte. Jedenfalls läge demnach das »Missverständnis« wahrscheinlich nicht in der Vulgata, sondern in deren Rezeption im Mittelalter. Oder kann man den mittelalterlichen Betrachtern des gehörnten Mose unterstellen, auch sie hätten selbstverständlich im gemalten oder skulptierten Horn des Mose den »Gottesglanz« mitgesehen und nur wir wären dazu unfähig?

In manchen Darstellungen des Mittelalters (Biblia pauperum, Weltchronik) sind die Hörner sowieso durch Strahlen ersetzt, in anderen sind die Hörner vergoldet! In der hier gewählten Abb. 4.1 hat das Strahlengebilde den spitzen Judenhut des Mose verdrängt, der Hut hängt nurmehr auf seiner Schulter. Auch Chagalls Mose trägt regelmäßig zwei Strahlenbündel anstelle der Hörner.

Ruth Mellinkoff, auf deren Monographie »The Horned Moses in Medieval Art and Thought« in dieser Frage zurückzugreifen ist, hat übrigens auch darauf hingewiesen, dass bestimmte Formen der bischöflichen Mitra (von der Seite gesehen) das Horn-Motiv übernehmen. Sie meint außerdem, dass die Notwendigkeit, Mose in Mysterienspielen äußerlich zu kennzeichnen, möglicherweise Einfluss auf die neue Ikonographie des Mose mit Hörnern ausgeübt hätte.

Wie alle Symbole ist schließlich auch das des Horns ambivalent: Es kann zur Qualifizierung der Macht des »Gegengottes« Teufel dienen (vgl. Lektion 10) und müsste auch in diesem Fall von uns nicht als kurioses Requisit, sondern als Machtsymbol erschlossen werden.

B Christusbilder

5. Die Bildgeschichte Gottes, ihre Ursachen und ihre Folgen

Zur Problematik des geläufigen Gottvaterbildes

»Da trat ein Mann herein, der war größer als alle andere (sic) ...; er war aber alt und hatte einen langen weißen Bart«. – Wer ist diese anonym eingeführte Person? Es ist der Tod im »Märchen von einem, der auszog, das Fürchten zu lernen« (KHM 4). Aber ich wette, dass die meisten Zeitgenossen im übergroßen alten Mann mit dem langen weißen Bart zunächst eher den lieben Gott vermuten würden – nämlich jene sechzig bis achtzig Prozent der Deutschen, von denen *Karl Rahner* in einem Spiegel-Interview 1967 sagte, Gott sei Dank gäbe es nicht, was diese sich unter Gott vorstellten. Gott als Mann, dessen eisgrauer Vollbart hohes Alter signalisiert: Wo kommt diese öffentliche Metapher, dieses kollektive Klischee her und seit wann kommt es vor? Wie ist es theologisch und religionspädagogisch zu bewerten?

Gott als Greis, das ist scheinbar so selbstverständlich, dass Mephistopheles, kaum ist sein Dialog mit Gott im Prolog zu *Goethes* Faust beendet und der Theaterhimmel geschlossen, respektlos fortfährt: »Von Zeit zu Zeit seh' ich den Alten gern ...« *Goethe* hat den »Alten« eigenhändig als muskulösen, bärtigen Mann mit nacktem Oberkörper in der Dialog-Situation beim »Prolog im Himmel« skizziert (*Maisak* 250). Es handelt sich um eine Synthese aus antik-heidnischer und christlicher Ikonographie. Drei Putti ersetzen die »Himmlischen Heerscharen«. Der »Herr« als Halbakt trägt unverkennbar die Züge Jupiters.

Nur wenige Jahrzehnte später stellt *Schnorr von Carolsfeld*, am Anfang seiner Serie von 240 Holzschnitten zur Bibel, den Uralten als Schöpfer in überzeitlich- klassischer Gewandung und pathetischer Gestik dar.

Abb. 5.1: Julius Schnorr von Carolsfeld, Der erste Schöpfungstag, Holzschnitt, 1852–1860

Ein paar Jahrzehnte später, in der ersten Hälfte des 20.Jahrhunderts, präsentiert uns *Ernst Barlach* wiederum einen »Ewigen«, der übrigens dem Künstler selbst zu ähneln scheint. Von *Barlach* gibt es noch weitere Varianten zum Thema. Diese (und *Emil Noldes* »Großer Gärtner«) dürften wohl die letzten seriösen Versuche der anspruchsvollen Kunst des 20. Jahrhunderts sein, Gott anthropomorph darzustellen.

In der 2. Hälfte des 14. Jahrhunderts, also gut fünfhundert Jahre vorher, dichtete *Petrarca* seine Trionfi. Sie demonstrieren am Übergang vom Mittelalter zur Renaissance, was die sechs wahren Kräfte und Mächte in der Welt sind. In einer französisch-nachdichtenden illustrierten Kurzfassung der Trionfi aus dem 16. Jahrhundert sieht diese sechsstufige Hierarchie der Weltmächte dann so aus, dass zuerst Amor die Welt besiegt und dann die Tugend der Keuschheit über Amor/Cupido triumphiert; der Tod besiegt seinerseits die Keuschheit, vor ihm sind Tugend und Laster gleich wenig wert. Der Ruhm überdauert selbst den Tod; die Zeit jedoch lässt auch den Ruhm vergehen. Zuletzt triumphiert die Gottheit über alle diese – weil sie allein unbegrenzt ist: *»Zeit, Ruhm, Tod, Tugend, Liebe endet, / Ich allein bin lebend ohne Grenze«.*

Abb. 5.2: Buchmalerei zu: Francesco Petrarca, Trionfi: Sechster (letzter) Triumph, 16. Jh.

Am Schluss einer Steigerungsreihe, als buchstäbliches Nonplusultra, erscheint die göttliche Dreifaltigkeit – Gott als das, worüber hinaus definitionsgemäß nichts Größeres gedacht werden kann *(Anselm v. Canterbury)* – nichts an Dauer, an Größe, Macht und Hoheit, und offensichtlich auch nichts an Alter, Weisheit und an Ehrwürdigkeit. Gottvater zeigt sich als langhaariger, weißbärtiger Greis in einer Licht- und Wolkenaureole. Als oberste Autorität trägt er die päpstliche Tiara mit den drei übereinander liegenden Kronen. Er präsentiert das Kreuz, an dem sein blutüberströmter Sohn hängt (sog. Gnadenstuhl). Der Heilige Geist in Gestalt einer Taube zwischen ihnen vervollständigt das Trinitätsschema. Im 16. Jahrhundert war das längst schon ein traditionelles Gottesbild. Daher nochmals die Frage: Woher kommt diese Vorstellung von Gottes Aussehen und woraus bezieht sie ihre theologische Legitimität?

Hier wäre, als negative Vorgabe, zunächst an das biblische Bilderverbot zu erinnern, also an das, was zu Beginn von Lektion 3 bereits über die biblische Strittigkeit von Bildern überblickshaft ausgeführt wurde. Daraus ergibt sich: Anthropomorphe Bild-*Worte* für Gott – wie Vater, Hochbetagter – sind theologisch möglich. Deren gegenständliche Materialisierung in einer Statue oder einem sonstigem Gegenstand aber gilt als unangemessen. Das ist wichtig zu wissen, weil ja die Vater-Metapher für Gott im Alten Testament vereinzelt und im Neuen Testament massiv gebraucht wird. Ungefähr tausend Jahre lang haben die Christen diese anthropomorphe Metapher benutzt, ohne sie in eigenen Bildern zu objektivieren. Aber dann, im Hochmittelalter (12./13. Jh.), scheint die Metapher »Vater« unversehens als ausreichender Grund für die bildliche Darstellung Gottes als eines alten Mannes gegolten zu haben.

Dasselbe gilt von der Vision eines »Hochbetagten« im Danielbuch (7,9). Dieser wird leicht mit Gottvater gleichgesetzt. Viele Jahrhunderte lang haben die christlichen Theologen diese – übrigens singuläre – Vision des »Alten der Tage« als nichtmalbare Metapher verstanden bzw. sie auf Christus (als den »Platzhalter« für Gott) und nicht auf Gottvater bezogen. In der patristischen Literatur und der darauf basierenden Liturgie gibt es keinen Beleg dafür, dass das visionäre Bild des »Alten der Tage« auf Gottvater bezogen worden wäre; sowohl der »Menschensohn« als auch der »Alte« meinen Christus – jener betrifft den in der Inkarnation erniedrigten Christus, dieser den verherrlichten (*Ouspensky* 352f.; vgl. *McKay; Corell*). Doch damit habe ich schon vorgegriffen.

Die nachbiblische kirchliche Tradition ist in der Frage der Nichtdarstellbarkeit Gottes einhellig – auch als es (etwa ab dem 3. Jahrhundert) symbolische und erzählende Glaubensbilder in zunehmendem Maße gibt. Für die westliche Tradition mag *Augustinus* stehen (354–430). In seinem dogmatischen Hauptwerk »De Trinitate« befasst er sich mit den (wenigen!) Gotteserscheinungen der Bibel, z.B. mit Ex 33: »Du (Mose) kannst mein Angesicht nicht sehen; denn kein Mensch kann mich sehen und am Leben bleiben.« Es ist der versehrende Herrlichkeitsglanz Gottes gemeint (hebr. *kabód*), den der Mensch noch weniger verträgt, als wenn er mit bloßem Auge in die Mittagssonne schaut. In der Bibel gibt es ausnahmsweise ein einziges Zugeständnis für Mose. Die merkwürdige Anweisung Jahwes/Gottes lautet: »Wenn meine Herrlichkeit vorüberzieht, stelle ich dich in den Felsspalt und halte meine Hand über dich, bis ich vorüber bin. Dann ziehe ich meine Hand zurück *und du wirst meinen Rücken sehen*. Mein

Angesicht aber kann niemand sehen« (Ex 33,21f). *Augustinus* weist unter Berufung auf diesen Bibeltext jede Möglichkeit einer bildlichen Materialisierung Gottes in aller Schärfe und Deutlichkeit zurück (*Sternberg* 2001, 59ff).

Erst auf diesem Hintergrund wird die Dreistigkeit der anfangs erwähnten Gottesbilder deutlich. Was bei uns als Klischee verbreitet ist, tritt Gott zu nahe! Schon deshalb, weil Gottes Herrlichkeitsglanz darin zu kurz kommt. *Augustinus* sagt darüber hinaus: »Ferne bleibe uns die Vorstellung, das Wort und die Weisheit Gottes habe ein Antlitz und einen Rücken wie der menschliche Körper« (de trin. II, 17, 31).

Abb. 5.3: Michelangelo, Die Erschaffung der Gestirne, Fresko, Vatikan, Sixtinische Kapelle, 1511

»Der Herr möge die Herzen seiner Gläubigen von solchen Vorstellungen reinigen!«, fordert *Augustinus* (de trin. II, 15, 25). Er deutet den »Rücken« vielmehr symbolisch als Hinweis auf die Inkarnationsgestalt Gottes, d.h. er sieht darin die menschliche Gestalt Jesu Christi vorausbedeutet. Der Theologe *Augustinus* konzediert Darstellungen Christi von dessen Geburt bis zu seiner Kreuzigung. Die »menschliche Schwachheit« dürfe auch den Auferstandenen, die Himmelfahrt Christi und das endzeitliche Gericht darstellen – niemals aber dürfe man »in die Weisheit Gottes die Gestalt eines menschlichen Körpers einführen« (tract. in Joh.hom. XL, 4; vgl. *Sternberg* 1995).

Damit haben wir den springenden Punkt erreicht: Bilder des menschgewordenen Gottes, Christusbilder, sind demnach theologisch möglich und erlaubt, anthropomorphe Bilder Gottes nicht. Sie sind aber auch nicht nötig, denn Gott selbst hat sich ja in Jesus Christus gezeigt und wesenhaft ausgesprochen.

Das immer wieder zitierte Axiom nicht nur der Bilderfeinde, sondern auch der Bilderfreunde lautet: Gott ist *a-perígraptos* – unumschrieben und unumschreibbar. Der unumschreibbare Gott ist undarstellbar! Hierin sind sich westliche und östliche Tradition einig. Für die westliche Kirche zitiere ich den sog. *Römischen Katechismus des Konzils von Trient* (1566). Er antwortet auf die Frage, wie Gott durch Bilder beleidigt werden könne, dies geschehe, »wenn jemand sich erkühnen wollte, die Gestalt der Gottheit durch irgendein Kunstwerk abzubilden, gleichsam als könne sie mit leiblichen Augen gesehen, oder durch Farben und Darstellungen abgebildet werden«. Für die östliche Tradition zitiere ich hier nur den Bilderverteidiger *Germanos* im byzantinischen Bilderstreit des 8. Jahrhunderts: »Wir machen kein Bild Gottes, sondern das Bild Christi, der sich inkarniert hat« (PG 98, 157; *Dumeige* 260). Die Menschwerdung Gottes in Jesus Christus ist demnach konstitutiv für das Christusbild, aber sie ist damit auch regulativ für das Gottesbild.

So braucht uns nicht zu wundern, dass das *Große Moskauer Konzil* von 1666/67 es verboten hat, Gott den Herrn als Greis auf Ikonen darzustellen: »Den Herrn Sabaoth mit grauem Bart und den Eingeborenen (Christus) auf Seinem Schoß und die Taube zwischen Ihnen auf Ikonen zu malen, ist äußerst unsinnig und unpassend, denn niemand hat den Vater Seiner Gottheit nach je gesehen, weil der Vater keinen Leib hat und der Sohn vom Vater nicht dem Fleische nach vor allen Zeiten geboren ist ... Das vorewigkeitliche Erzeugen des Eingebornen Sohnes vom Vater gebührt uns nur im Geiste zu begreifen, es in Bildern schildern aber darf man nicht und ist auch unmöglich.«

Es bleibt die Frage, wie sich Gottes Lebendigkeit und seine aktive Zuwendung zum Volk Gottes und zur Schöpfung trotz alledem im Bild andeuten lasse. Juden wie Christen haben, als sie im 3. Jahrhundert unter dem Druck der bilderfreundlichen griechisch-römischen Kultur anfingen, Szenen aus der Bibel darzustellen, die Aktivität Gott-Jahwes mit dem Symbol der rechten Hand Gottes ausgedrückt. Damit ist gemeint: Gott greift ein, sprechend, segnend, schaffend – sich offenbarend. Die Christen haben darüber hinaus die Christusgestalt benutzt – Christus verstanden als das ewige Wort, als der präexistente Logos Gottes –, um Gottes Aktivitäten zu veranschaulichen, und zwar, wohlgemerkt, bereits vor dessen Menschwerdung in Jesus von Nazareth! Bis ins 12. Jh. hinein ist es so gut wie immer Christus, der präexistente Logos Gottes, der – auch bei alttestamentlichen Heilsereignissen – an Gottes Stelle erscheint, spricht, beruft und handelt. Und dieser präexistente Christus-Logos dürfte auch mit der ausgestreckten (Sprech-)Hand Gottes gemeint sein. Etwa 98 Prozent der Schöpfungsbilder des Mittelalters zeigen nicht Gottvater, sondern seinen Logos Christus als Schöpfer der Welt (vgl. *Zahlten* 106).

Dabei ist nicht zu vergessen, dass die Christen zur selben Zeit, und zwar schon seit ungefähr tausend Jahren, im Apostolischen Glaubensbekenntnis als ersten Satz bekannt hatten: »Ich glaube an Gott, den *Vater*, den Allmächtigen, den *Schöpfer* des Himmels und der Erde ...« Wie stark muss die Ablehnung einer Verbildlichung der Vater-Metapher gewirkt haben, wenn das Schöpfungsbild dezidiert von diesem verbalen Bekenntnis abweicht! Oder anders gesagt: Wie sehr muss man damals im Christusbild zugleich den Vater mitgesehen haben!

»Gemäß seiner Majestät ist er (Gott) unbekannt für alle, die von ihm erschaffen wurden, denn niemand steigt ihm in seine Entrücktheit nach ... Gemäß seiner Liebe aber wird er immerdar erkannt durch den, durch welchen er alles erschuf, der aber ist sein Wort, unser Herr Jesus Christus, der am Ende der Zeiten Mensch unter Menschen wurde, um das Ende dem Anfang zu verknüpfen, das heißt den Menschen mit Gott«, sagt Bischof *Irenäus* (adv. haer. IV, 20.4).

Das Christusbild als einziges christliches Gottesbild – darin besteht also die Pointe der klassischen theologischen Bilderlehre, wie sie das letzte gemeinsam von Ost- und Westkirche anerkannte Konzil, das *Bilderkonzil von 787*, in Nizäa formuliert hat (vgl. *Dumeige; Lange* 1999, 158–181; 273–275).

Im ravennatischen Mosaik aus dem 6. Jh. zeigt ein jugendlich-bartloser Christus Victor im aufgeschlagenen Buch ausdrücklich das Zitat aus

Abb. 5.4: Apsismosaik aus S. Michele in Affricisco, Ravenna, um 545 (Ausschnitt)

dem Johannesevangelium: *Qui vidit me vidit et patrem* (Wer mich gesehen hat, hat den Vater gesehen, Joh 14,9). Das ist die Antwort Jesu auf die Bitte des Philippus »Herr, zeige uns den Vater«. Außerdem steht im Codex: *Ego et Pater unum sumus* (Ich und der Vater sind eins, Joh 10,30). Das separate Gottvaterbild ist demnach überflüssig!

Auf der Stirnwand über der Apsislaibung (Triumphbogen) thront nun aber noch eine Gottesgestalt, und diese ist bärtig. Wir sind spontan geneigt, darin Gottvater zu erkennen. Aber es ist eindeutig wiederum Christus – diesmal im langhaarig-bärtigen Typus. Nicht nur das Kreuz im Nimbus kennzeichnet ihn, sondern die beiden ihm assistierenden Engel tragen auch die Leidenswerkzeuge Jesu, Schwamm und Lanze. Es ist der ehedem Gekreuzigte, der hier als Weltenrichter oder als himmlischer Liturge, sozusagen als »Gottes Platzhalter« erscheint.

Der auffällige Gegensatz zwischen jugendlichem und »altem«, bartlosem und bärtigem Jesus bedarf der Erklärung. Woher wissen wir, wie Jesus aussah? Wieso gibt es in unserem Kulturkreis überhaupt ein ziemlich eindeutiges Bild Christi, bärtig oder nicht, wo doch im Neuen Testament mit keinem Wort von seiner äußeren Erscheinung die Rede ist?

Abb. 5.5: Christus, Fresko, Rom, Katakombe Ss. Pietro e Marcellino, 4. Jh. (Ausschnitt)

Wenn wir davon ausgehen müssen, dass niemand weiß, wie Jesus wirklich aussah und dass die Vorstellungen vom bärtigen Christustyp erst nach dem ersten Konzil von Nizäa (325) und dessen Bekenntnis, Jesus Christus sei wesenseins mit dem Vater, aufkommen und also das orthodoxe Christusverständnis widerspiegeln, dann liegt es nahe, so banal es klingen mag, im Bart Christi und in der damit angedeuteten Altehrwürdigkeit sein Einssein mit Gott ausgedrückt zu finden (vgl. *Zanker*). Dann artikuliert sich in dieser »reifen Männlichkeit« womöglich das, was im Kolosserbrief steht: »In ihm (Christus) allein wohnt wirklich (oder: leibhaftig) die ganze Fülle Gottes« (Kol 2,9). So würde das, was als eigene anthropomorphe Darstellung des Vaters verpönt war, im Bild des ihm wesensgleichen Sohnes transparent werden. Das macht ein zusätzliches Gottvaterbild zwar entbehrlich, aber dieses schimmert nun gleichsam im Christusbild durch! Ein Christusbild, in welchem beispielsweise die im Mittelalter viel erörterte Frage, ob Jesus je gelacht habe – die im Klosterthriller »Der Name der Rose« ausgetauschten Argumente pro und contra sind nicht von *Umberto Eco* erfunden, sondern entsprechen den mittelalterlichen Diskussionen –, de facto negativ entschieden ist, mit der Folge, dass es kein seriöses Bild Christi gibt, auf dem dieser lacht oder auch nur lächelt (Jesus als Kind ausgenommen!).

Einige Forscher meinen, zur Betonung der Göttlichkeit Christi werde Jesus im 4. Jahrhundert, z.B. im Katakombenfresko vom Ende des

**Abb. 5.6: »Gnadenstuhl«.
Aus dem Landgrafenpsalter, um 1210**

Jahrhunderts, nach dem überlieferten ikonographischen Modell des vollbärtigen Zeus-Jupiter dargestellt (vgl. *Grabar*). »Spiritualiter Jupiter signat Christum«, heißt es schon mal im Mittelalter (*Liebesschnetz* 54). Das Modell für die Darstellung eines Philosophen mag in das »ehrwürdige« Christusbild hineinspielen (vgl. *Zanker* 272ff). Das wäre dann eine Würdigung der gelungenen Verbindung von höherem Alter und von Weisheit in Christus und auch die Einschätzung des christlichen Glaubens als neue Philosophie. Aber all das ist schwer genauer zu identifizieren. Die apokalyptischen Buchstaben Alpha und Omega neben seinem Haupt (vgl. Offb 1,8) machen jedoch die orthodoxe Interpretation eindeutig; sie stellen verbal sicher, dass dieses Antlitz auch als das Antlitz Gottes selbst gelten soll (vgl. *Schönborn*).

Nach dieser langen und ziemlich eindeutigen Vorgeschichte ist überraschend, was dann in der westlichen Kunst im Laufe des 12./13. Jahrhunderts passiert (dazu v.a. *Boespflug*): Im 12. Jahrhundert taucht in der westlichen Kunst ein bislang unerhörter neuer Bildtyp auf, eine zweite Gottesgestalt über oder neben Christus – ein erster Versuch, die Dreifaltigkeit anthropomorph darzustellen. Eigentlich handelt es sich um die Verbildlichung der Annahme des Sühneopfers Christi durch den himmlischen Vater. Die Anfänge liegen in der Illustration des lateinischen Messbuchs. Das klassische Hochgebet, also das Gebet des Priesters nach dem Sanctus/Benedictus, beginnt mit den Worten: *»Te igitur, clementissime pa-*

ter … supplices rogamus ac petimus, uti accepta habeas … haec … sancta sacrificia illabata« – »Dich, gütigster Vater, bitten wir, nimm wohlgefällig an diese heiligen, makellosen Opfergaben …« Gott stellt uns den am Kreuz geopferten Christus vor – und die Kirche bringt dieses Opfer Gott dar, nachdem dieser es ihr vorher geschenkt hat (vgl. *Braunfels* XXXVff).

Anfangs ist der kreuzhaltende »Gottvater« physiognomisch nur leicht unterschieden von seinem Sohn am Kreuz. Es ist, als ob man noch wüsste und respektieren wollte, dass es eigentlich kein eigenes anthropomorphes Gottesbild *neben* dem Christusbild geben könne und dürfe. Der »Vater« ist dementsprechend eine Art Verdoppelung der Christusgestalt. Darin wird angedeutet, »was die Kirchenväter nicht müde wurden zu wiederholen: absolut gleiche Substanz, Macht, Göttlichkeit, Ewigkeit etc.« (*Kroos* 126).

Gut zweihundert Jahre später schlägt der metaphorische »Altersunterschied« zwischen Vater und Sohn jedoch völlig durch. Gott ist tatsächlich gegenüber seinem Sohn der Ältere, die Metapher wird abbildlich (miss)verstanden. Derselbe »Alterungsprozess« Gottes lässt sich nun auch beim Thema Schöpfung beobachten. Noch im 13. Jahrhundert fungiert in der Buchmalerei der christomorphe Logos als Schöpfer – eindeutig gekennzeichnet durch Christusphysiognomie und Kreuznimbus. Danach mehren sich die Schöpfungsbilder, in denen ein – manchmal recht kraftvoller – Greis Gott repräsentiert, am suggestivsten zu Anfang des 16. Jahrhunderts von Michelangelo an der Decke der Sixtinischen Kapelle gestaltet.

Derselbe Vorgang ist im Laufe des Mittelalters beim Kreuzigungsthema zu beobachten. Wo die Nähe Gottes zur Lebenshingabe Jesu am Kreuz ausgedrückt werden soll, genügt anfangs die »Hand Gottes« über dem Kreuz. Wenn sich dann Gott selbst als persönlicher Adressat der »letzten Worte« Jesu zeigt, wird das Brustbild des »Vaters« anfangs immer noch christomorph gestaltet. Anfang des 15. Jahrhunderts jedoch erscheint auch beim Kreuz Christi ein Gottvater mit voll ausgebildetem Altersunterschied (vgl. Abb. 14.1 mit 14.3).

Mithilfe der neu entwickelten und durch den Altersunterschied profilierten Gottesgestalt lassen sich nun auch andere christliche The-

Abb. 5.8: Tilmann Riemenschneider, Gottvater-Pietà, Holzfigur, Magdalenenaltar in Münnerstadt, 1492

men in der Volksfrömmigkeit zur Anschauung bringen, die vorher undenkbar waren, z.B. die sog. Gottvater-Pietà oder »Not Gottes«, deren vielleicht ergreifendste Form Riemenschneider geschaffen hat.

Das Ergebnis der Recherche

Als Resultat lässt sich festhalten: Erst ab dem hochmittelalterlichen 13. Jahrhundert erhält Gottvater in der westlichen christlichen Kunst mehr und mehr ein anthropomorphes Eigenbild, in dem er sich zunehmend durch den Anschein eines höheren Alters von seinem Sohn unterscheidet: Gott als ehrwürdiger Greis! Die Metapher »Vater« wird dergestalt materialisiert; das menschliche Vater-Sohn-Verhältnis wird wörtlich-abbildhaft auf das Verhältnis der göttlichen Personen übertragen. Spätestens seit dem 15. Jahrhundert hat sich dieses Eigenbild Gottvaters so sehr durchgesetzt, dass es uns heute als selbstverständlich vorkommt. Erst wenn wir uns bildgeschichtlich informieren, erfahren wir, dass es eine tausend Jahre lang vermiedene Neuerung darstellt.

Merkwürdigerweise haben die Theologie und das kirchliche Lehramt des Mittelalters – soweit wir wissen – keinen Einspruch gegen den Tabubruch erhoben. Dieser muss einem volkskirchlichen Bedürfnis entgegengekommen sein: Man denke an das allgemeine Bild- und Schauverlangen zur Zeit der Gotik. In der Epoche, in der »vergessen« wurde, dass Gott per definitionem *aperígraptos* – unumschreibbar – ist, setzte sich das Schauverlangen ja auch anderwärts in den Mysterien der Kirche durch: Seit dem 13. Jahrhundert wird die konsekrierte Hostie bei der Wandlung und am Schluss des Hochgebets der Messe hochgehoben und vorgezeigt. Das Fronleichnamsfest verdankt sich diesem Schauverlangen ebenso wie die Sichtöffnungen an Reliquien und Heiligengräbern – oder beispielsweise die Anbringung des unübersehbar-riesenhaften Christophorusbildes an optisch günstigen Stellen des Kirchengebäudes (vgl. Abb. 21.1; 21.3).

Diesem mittelalterlichen Schauverlangen »verdanken« wir, generell gesprochen, letztlich die Vorstellung von Gott als dem »alten Mann mit langem weißen Bart«. Ob es noch speziellere Gründe gibt, muss offen bleiben. Denkbar wäre z.B., dass das Verlangen der Gläubigen, sich mit dem menschlich-leidenden Jesus zu identifizieren, zunahm; durch die separate Darstellung Gottvaters wäre dann das Bild Christi »entlastet« worden von der Aufgabe, zugleich Gottes Hoheit zu spiegeln. Aber was ist hier Ursache, was Wirkung? Vielleicht hat die neue Ikonographie erst dazu verholfen, den menschlichen Jesus zu entdecken?

Die Folgen der ikonographischen Innovation

Die Folgen für das Gottesverhältnis sind schnell aufgezählt:

1. Zwar gibt es raffinierte Bildstrategien, das Anderssein Gottes durch raumlogische Verunklärungen zum Ausdruck zu bringen (etwa auf *Masaccios* Trinitätsfresko von 1427/28 in Florenz; vgl. *Krüger* 34ff); dennoch weckt die Gottvaterfigur bei naiven Betrachtern den Anschein, wir könnten Gott im Letzten *über*schauen und sein Geheimnis *durch*schauen; wir könnten mit ihm umgehen wie mit unsereinem. Die absolute Andersartigkeit Gottes wird unterschlagen. Seine Nichtverfügbarkeit und Unbegreiflichkeit, also das, was mit »negativer Theologie«

Abb. 5.9: Hans Holbein d.Ä., Votivbild des Ulrich Schwarz und seiner Familie, 1508 (Ausschnitt)

gemeint ist, wird unglaubwürdig. Während die Theologie erklärt, bei allem, was wir von Gott sagen, sei die Unähnlichkeit mit der Wirklichkeit Gottes größer als die Ähnlichkeit – so das Vierte Laterankonzil (1215): »Zwischen dem Schöpfer und dem Geschöpf kann man keine so große Ähnlichkeit feststellen, dass zwischen ihnen keine noch größere Unähnlichkeit festzustellen wäre« (*Denzinger* 806) – wird im separaten Gottvaterbild das Gegenteil suggeriert. Die Festlegung Gottes auf den Archetyp »würdiger Greis« und die Monopolisierung, die sich daraus für die Metapher »Vater« ergibt, hat fatale Folgen, etwa für die weiblich-mütterlichen Aspekte, die es im jüdisch-christlichen Gottesbild doch auch gibt. Diese Seite Gottes ist dann nur noch schwer vermittelbar. Gesellschaftlicher Patriarchalismus scheint gerechtfertigt zu sein, wenn die andere Seite Gottes derart favorisiert wird.

2. Gottvater als ehrwürdiger Greis suggeriert allzuleicht das Missverständnis, Ewigkeit sei nicht so sehr eine Qualität: unbegrenzte Lebensfülle, sondern eine Quantität: unendlich verlängerte Zeit. Aus dem »langen Bart« resultiert dann – lange Weile.

Die Umgangssprache kennt freilich nur diese Art der quantitativ extrem langen Zeit als »Ewigkeit«. Zu erinnern ist an die Rätselfrage des Königs »Wie viel Sekunden hat die Ewigkeit?« und an die Antwort des weisen Hirtenbübleins (KHM 152): »In Hinterpommern liegt ein Demantberg, der hat eine Stunde in die Höhe, eine Stunde in die Breite und eine Stunde in die Tiefe; dahin kommt alle hundert Jahre ein Vögelein und wetzt sein Schnäblein daran, und wenn der ganze Berg abgewetzt ist, dann ist die erste Sekunde von der Ewigkeit vorbei.« Die Gleichsetzung der schlechthin inkommensurablen göttlichen Ewigkeit mit extrem langer Zeitdauer zeigt aber auch, wie schwer es die Volksfrömmigkeit hat, der philosophisch und theologisch reflektierten, aber unanschaulichen Definition von Ewigkeit zu folgen: Ewigkeit als gleichzeitiger (!) und vollkommener Besitz einer grenzenlosen Lebensfülle (so Boethius, de consol. philos. V,6: Aeternitas est interminabilis vitae tota simul et perfecta possessio).

3. Die Ambivalenz des separierten Gottvaterbildes können wir anschaulich erleben im sog. Interzessionsbild (Abb. 5.9). »Interzession« meint: Ein richtender Gottvater wird durch die Fürbitte Jesu (unter Hinweis auf dessen Seitenwunde) und die Fürbitte Marias (unter Hinweis auf deren Brust) dazu bewegt, von seinem gerechten Zorn abzulassen. Die unterschwellige Botschaft des Bildes lautet: Eigentlich und zutiefst ist Gott ein Feind der Menschen (das Bild hat mit den Erfahrungen der Pestzeit zu tun!); nur durch Jesus und Maria kann der Alterszorn Gottes besänftigt werden. Nur unwillig steckt Gottvater bei *Hans Holbein* sein Schwert in die Scheide. Ein solches Gottesbild verfälscht das Evangelium, nach dem Jesus Christus durch sein Wort und sein Handeln verlässlich den innersten Heilswillen Gottes selbst verkörpert, weil er mit Gott willens- und wesenseins ist (vgl. dazu *Frielingsdorf*; *Stenger*).

Zur anderen, positiven Seite der Ambivalenz des Gottvaterbildes gehört das, was wir eben an der Riemenschneider-Figur (Abb. 5.8) wahrnehmen konnten: Dadurch, dass Gott als ein Vater gezeigt wird, der vom Leiden und Sterben seines Sohnes innerlich berührt ist, erhält die Theodizee-Frage (wie ein als zugleich gut und allmächtig begriffener Schöpfergott mit den Leiden seiner Geschöpfe vereinbar sei) eine zumindest visuelle Antwort. Diese spätmittelalterliche Bilderfindung richtet sich gegen theologische Besserwisserei, die meint, Gott müsse frei von allem Leid gedacht werden. Dagegen realisiert das Bild die »Not Gottes«, die wir übrigens auch in der Beweinung Christi aus dem Rohan-Stundenbuch (s. Abb. 14.3) angedeutet sehen können. Die »Not Gottes« darf als ein eigenständiger volkskirchlicher Antwortversuch auf die quälende Theodizeefrage gelten, eine Antwort, die von der »hohen Theologie« nicht rezipiert worden ist, die aber im Geist des Evangeliums erfolgt (und eigentlich auch im Geist des Dogmas; denn wenn Jesus »eines Wesens mit dem Vater« ist, kann dieser nicht innerlich unberührt bleiben vom Leiden Jesu und damit der Menschen).

4. Gott als anthropomorphe separate Figur wird buchstäblich zu einem vergänglichen und verletzlichen und damit altersschwachen Gebilde. Wir kennen das von *Nietzsche*, von dem wohl die Metapher des Großvater-Gottes stammt: »Sie hat bei ihm einen kennzeichnenden Akzent: Der altgewordene Gott ist machtlos geworden und muss sich aufs Mitleiden beschränken; am Mitleiden geht er zugrunde« (*Werbick* 353). Also sprach Zarathustra von Gott: »Endlich aber wurde er alt und weich und mürbe und mitleidig, einem Großvater ähnlicher als einem Vater, am ähnlichsten einer wackligen alten Großmutter. Da saß er, welk, in seinem Ofenwinkel ...« (zit. n. *Werbick* 353).

In der in Abb. 5.10 gezeigten Gottvater-Figur aus dem Fleimstal/Südtirol ist er (durch Witterungseinflüsse) nur noch eine Ruine seiner selbst: Einige Zacken sind ihm aus der Krone gefallen, an Stelle von Lippen und Zähnen gähnt ein schwarzes Loch. Die Hand, die einst für Szepter oder Globus vorgesehen war, ist abgebrochen, die Segenshand verstümmelt. Die Substanz der Figur hat Risse bekommen. Sie ist von Wurmstichlöchern übersät. Der Lack ist ab. Ein Bild des Jammers.

Vermutlich haben die Weisheitslehrer und Propheten Israels so etwas vor Augen gehabt, als sie gegen Idole wetterten, die bloß ein »Machwerk von Menschenhand« seien (Ps 135,15). Einen Gott, der wackelt und den man verfeuern kann, weil er aus Holz ist, braucht man nicht zu respektieren. Eine heruntergekommene Gestalt wie diese kann uns die Gefahr vor Augen führen, die in materialisierten und fixierten Gottesbildern steckt. Andererseits denke ich aber manchmal auch: Dies ist ein kulturell

Abb. 5.7: Meister des Andreas-Altars, »Gnadenstuhl«, Temperamalerei auf Holz, um 1430

Abb. 5.10: Gottvater, Teil einer Marienkrönung, aus dem Fleimstal/Südtirol

wahres Bild, denn so senil und erbarmungswürdig, so ohnmächtig und abgetakelt kommt »Gott« heute vielen Menschen vor.

Es bleibt die Frage, ob die gegenständlichen Bilder, die wir uns von Gott machen, nicht vielleicht mit Schuld sind an der Ablehnung Gottes? Ich vermute, dass viele Zeitgenossen, die sich als Atheisten betrachten, mit eben diesem Bildangebot nichts anfangen können und sich vielleicht auch deshalb als Atheisten betrachten. Um noch einmal *Rahner* zu zitieren: Gottseidank gibt es das nicht, was sechzig bis achtzig Prozent der Zeitgenossen sich unter Gott vorstellen.

So ist Gott als der alte Mann mit dem langen weißen Bart heutzutage schließlich karikaturfähig geworden – und zwar nicht erst heute (wofür es zahlreiche Beispiele gäbe), sondern eigentlich von Anfang an.

Michelangelos von hinten gesehener Gottvater in der Sixtina (vgl. Abb. 5.3) hat schon wenige Jahre später Raffael zu einer witzigen Replik außerhalb eines Gotteshauses veranlasst (Abb. 5.11). *Bätschmann* bemerkt dazu: »Eine Verulkung Michelangelos oder seiner Figur des Gottvaters? Sobald die Verbindung wahrgenommen ist, kommt die hehre Gestalt Gottvaters unter das witzige Diktat ihrer Wiederholung und komischen Umwandlung. Der Putto wird nicht erhabener, aber für den

Abb. 5.11: Raffael, Putto mit Dreizack Neptuns, Rom, Villa Farnesina, 1517 (Nachzeichnung, 19. Jh.)

Gottvater Michelangelos hat die Wiederholung die fatale Folge, dass der Anblick von hinten ins Komische umspringt« (153).

Die Karikaturen der Gottesgestalt als alter Mann mit langem Bart lassen an die Mahnung des Theologen und Bischofs *Irenäus von Lyon* denken, der im 3. Jahrhundert – trotz aller Freude an der sichtbaren Menschwerdung Gottes – die Wahrung der *Unsichtbarkeit* Gottes befürwortete, »damit der Mensch niemals zum *Verächter* Gottes werde und immer noch *vor* sich habe, woraufhin er weiter fortschreite« (adv. haer. IV, 20.7).

Dem Kirchenvater *Augustinus* wird ein Zitat zugeschrieben, das sich leider bisher in seinen Werken nicht verifizieren ließ. Wahr ist das Zitierte trotzdem! In drei Sätzen relativiert er das Altsein Gottes. Die Sätze lauten: »Der Gottgeliebte wird mit jedem Jahr jünger: Er geht einer neuen Geburt zum ewigen Leben entgegen. Er trägt den (Gott) in sich, der jünger ist als alle.«

6. Jesus Christus im Spiegel der Kunst

Ein Durchblick

Vorübungen – noch ohne Bilder

Christusbilder als Produkte der nachbiblischen Glaubensphantasie

Zum alttestamentlichen Erbe des Neuen Testaments gehört, dass die frühe Kirche sich streng an das Bilderverbot (Ex 20,4; Dtn 5,8) gehalten hat. Nicht nur waren gemalte Bilder im Dienst der Christusverkündigung zunächst undenkbar; die kanonischen Evanglien haben auch kein Sterbenswörtchen über das Aussehen Jesu überliefert – »zum Segen ihrer Wirkung« fügt *Hans Blumenberg* dieser Feststellung hinzu. Obwohl das literarische Porträt zum festen Bestandteil der antiken Literatur gehört, gibt es in den Evangelien keinerlei Hinweise auf Jesu Aussehen, selbst beim Verfasser des Lukasevangeliums nicht, dem das am ehesten zuzutrauen wäre, und der dementsprechend später auch als malender Evangelist vorgestellt wird. Das offizielle Nebeneinander von vier gleicherweise gültigen Evangelien ist sozusagen eine neutestamentliche Form der Respektierung des Bilderverbots. Bekanntlich wollen die Evangelien kerygmatisch und nicht biografisch gelesen werden. Das heißt: Nicht die malbare leibliche Gestalt des Christus Jesus findet Interesse, sondern allein sein Auftrag, seine Sendung, sein Verhältnis zu Gott und den Menschen und zum Reich Gottes. So kann ich die Evangelien völlig zureichend verstehen, ohne mir Jesus individuell-porträthaft vorstellen zu müssen. Dass das dennoch geschieht, ist eine Folge der Suggestionskraft christlicher Kunst.

Die Geschichte des materialisierten Christusbildnisses dürfte deshalb besonders geeignet sein, historische Kontexte im Wandel des Christusglaubens auszumachen. Denn alle Christusbilder sind sozusagen Wunschbilder des nachbiblischen, kirchlichen oder persönlichen Glaubens. Sie spiegeln die Glaubensvorstellungen, -bedürfnisse und -phantasien der jeweiligen Zeit – der Auftraggeber, der Adressaten, der Produzenten –, obwohl diese durchweg meinen, nichts anderes darzustellen und zu sehen als das, was sie in der Bibel gelesen haben.

Die Verpflanzung in den hellenistischen Kontext

Der erste große Schub einer neuen Inkulturierung des Christentums erfolgte im Zuge seiner Hellenisierung. Der Christianisierung des bilderfreundlichen griechisch-römischen kulturellen Milieus entspricht die Hellenisierung des Christentums – z.B. auch durch die Indienstnahme der spätantiken Bildersprache der Kunst. Das bloße Faktum des Bildgebrauchs in der Kirche – ungefähr ab der Mitte des 3. Jahrhunderts – enthält somit bereits eine Konzession an das kulturelle Umfeld der christlichen Verkündigung. Das ist umso beachtenswerter, als sich ja diese »Liberalisierung« im Umgang mit einem bisher verpönten Medium gegen die Autorität eines Dekalogverbotes durchsetzen musste. Damit waren auf die Dauer auch gemalte oder sogar skulptierte Christusbilder angesagt.

Dem gehen theologisch-pastorale Spekulationen über das Aussehen Christi voraus, die aber zunächst der Bildwerdung nicht günstig sind; sie stellen nämlich die Hässlichkeit Christi heraus. Aufgrund des vierten Gottesknechtsliedes (Jes 53,1–9) bekennen maßgebliche Theologen des 2./3.Jahrhunderts wie *Justin, Tertullian* und *Clemens von Alexandrien*, Jesus sei von Geburt an unscheinbar, unansehnlich, ja ausgesprochen hässlich gewesen. *Clemens* weiß auch einen Grund dafür anzugeben: »... damit niemand über dem Lobe der anmutigen Erscheinung und über der Bewunderung für seine Schönheit versäume, sich um seine Worte zu kümmern.«

Der Christengegner *Celsus* macht sich (um 178) zum Anwalt des hellenistischen religiösen Empfindens, wenn er einen unansehnlichen

Gottessohn nicht für glaubwürdig hält: »Da nun ein göttlicher Geist in dem Körper war, so hätte dieser durchaus von den übrigen verschieden sein müssen entweder nach Größe oder Schönheit oder Kraft oder Stimme oder Eindruck oder Gabe der Überredung. Denn es ist unmöglich, dass ein Körper, dem etwas Göttliches mehr als den andern zu Eigen war, sich gar nicht von einem andern unterschieden hätte; dieser aber unterschied sich gar nicht von einem andern Körper, sondern war, wie sie (die Christen) sagen, klein, missgestaltet und unedel.« *Origenes* verwahrt sich dagegen und meint, Christus sei zwar missgestaltet, aber nicht unedel und klein gewesen.

Auf die Dauer hatte der volkstümliche Einwand des Celsus durchschlagenden Erfolg: In der Bildtradition dominiert bis heute der hellenistisch-schöne Christus-Typ, dessen Einssein mit Gott sich tatsächlich in »Größe, Schönheit, Kraft« zeigt. Allerdings ist auch der schöne Christus ein theologisches Konstrukt. In ihm soll sich Psalm 45,3 spiegeln: »Du bist der Schönste von allen Menschen.«

Der polymorphe Christus

Irenäus (2. Jh.) spricht sich überhaupt gegen Eindeutigkeit und Einheitlichkeit der Vorstellung aus; Christus sei wegen seiner Originalität unerschöpflich: »Das Wort des Vaters, das ja Reichtum und Vielfalt ist, wird nicht nur in *einer* Ausdrucksweise begriffen und erschien den Schauenden nicht nur in *einer* Rolle, sondern je nach den Anforderungen und Wirksamkeiten der Heilsordnung.« *Origenes* sagt unter Berufung auf die Verklärungs- bzw. Emmausperikope: »Christus erschien einem jeden nach dessen Würdigkeit ... Er konnte auf diese und jene Weise den Menschen erscheinen.« Oder wiederum *Origenes*: »Das eine Mal nimmt Christus die Gestalt an, von der gesagt ist ›Er hatte weder Gestalt noch Schönheit‹, das andere Mal eine so herrliche und Staunen erregende und wunderbare, dass vor einer solchen Schönheit die ... Jünger auf ihr Antlitz fielen.« *Augustinus* erfindet das Bild von den zwei Flöten, in die der eine Geist die zweifache Melodie von Christus bläst, die eine nach Ps 45 schöngestaltig, die andere nach Jes 53 ohne Gestalt und Schönheit. *Honorius von Autun* (12. Jh.) stellt sich vor, dass ein und derselbe Christus am Jüngsten Tag den Erwählten als Verklärter, den Verdammten als Gekreuzigter erscheine. Bei *Pascal* (17. Jh.) schließlich findet sich die Bemerkung: »Durch seine Herrlichkeit ist er alles, was groß ist ... durch sein sterbliches Leben ist er alles, was armselig und niedrig ist. Deshalb, um in allen Personen sein zu können und um Vorbild jeder Lebenslage zu sein, nahm er diese unglückliche Seinslage auf sich.«

Solche und ähnliche Vorstellungen der Variabilität im Aussehen Christi reflektieren im Grunde nur das, was *Eduard Schweizer* 1968 vom biblischen Jesus konstatierte: Er ist der Mann, der alle Schemen sprengt. Die Polymorphie soll die Universalität der Zuwendung Gottes sichern und veranschaulichen: Er ist in Christus allen alles geworden.

So erweist sich die (vor allem in den Apokryphen weiter ausgemalte) Vielgestaltigkeit Christi doch nur auf den ersten Blick als paradox (oder als doketistisch). Sie ist uns heute religionspädagogisch willkommen, aber sie ist wegen der Unbestimmtheit der Gestalt eigentlich nicht bilderfreundlich. Sie lässt erkennen, auf welche Vorbehalte ein zu eindeutiges und festgelegtes Christusporträt stoßen muss.

Ein Steckbrief Jesu

Seit dem 6. Jahrhundert kursieren Beschreibungen Jesu, in denen sich die zunehmende Vereinheitlichung seiner Physiognomie spiegelt. Damit korrespondieren Legenden, die beglaubigen sollen, dass die Christusbilder auf den Herrn selbst zurückgehen und dass deren Prototypen kein menschliches Phantasiegebilde und Machwerk seien, sondern direkter und damit authentischster Abdruck vom Antlitz Christi, entstanden durch ein Wunder: Bild und Reliquie in einem. Der östlichen Legendenversion mit König Abgar von Edessa entspricht im Westen die Veronikalegende (vgl. die 6. Kreuzwegstation in katholischen Kirchen). Hinzu kommt die Legende, Lukas sei auch Maler gewesen. Den legendarischen Beschreibungen korrespondiert der sog. acheiropoietische (= nicht-von-Menschenhand-gemachte) Christusbildtyp. In dem Maße wie solche Geschichten für historisch glaubwürdig gehalten wer-

Abb. 6.1: Diptychon mit Christusbild und Lentulusbrief, um 1500, südliche Niederlande

den, bekommt dieser Bildnistyp vor allem in der Ikonenkunst des Ostens eine nahezu exklusive Stellung.

Zur Konkretisierung diene die Personalbeschreibung des Lentulusbriefes, der im Mittelalter die westliche Spätform einer langen Tradition darbietet (zitiert z.B. in der Einleitung eines maßgeblichen Meditationsbuches des Spätmittelalters, der Vita Christi des *Ludolf von Sachsen*):

»Es erschien zu dieser Zeit und lebt noch jetzt ein Mensch – wenn es recht ist, ihn überhaupt einen Menschen zu nennen – von großer Kraft namens Christus, der Jesus heißt, der von den Leuten als Prophet der Wahrheit bezeichnet wird, den seine Schüler Sohn Gottes nennen, der Tote auferweckt und Kranke heilt, ein Mann von aufrechtem Wuchs, mittlerer Größe, von maßvollem und ehrwürdigem Aussehen, mit verehrungswürdiger Miene, mit nussbraunen Haaren, die

bis zu den Ohren glatt sind, von den Ohren an abwärts sich zu sanften Locken formen und in fülligen Locken auf die Schultern herunterwallen, mit einem Scheitel auf der Mitte des Hauptes, mit einer ebenen und klaren Stirn, mit einem Angesicht ohne Flecken und Runzeln, das mäßige Röte ziert. Nase und Mund sind ohne Tadel, er trägt einen üppigen und vollen Bart mit Haaren von gleicher Farbe, der in der Mitte zweigeteilt ist. Er hat einen einfachen und reifen Blick, mit großen graublauen Augen, mit ungemein mannigfaltiger Ausdrucksfähigkeit, beim Schelten furchtbar, bei der Ermahnung sanft und liebevoll. Er ist fröhlich im Ernst, manchmal weint er, aber niemals hat man ihn lachen sehen. Seiner körperlichen Figur nach ist er aufrecht und gerade, Hände und Arme sind wohlgestalt, in der Unterredung ist er ernst, milde und bescheiden, sodass man mit Recht auf ihn das Wort des Propheten vom ›Schönsten der Menschen‹ (Ps 45,3) anwenden kann.«

So gesehen, soll der Christus Jesus wohl die vollkommene Schönheit eines Mannes im besten Alter verkörpern. Göttliche Vollkommenheit spiegelt sich im irdischen körpersprachlichen Ausdruck. Die menschliche Schönheit Jesu resultiert aus der ebenmäßigen Proportionalität seiner Gliedmaßen, aus den Farbqualitäten von Haut und Haar und vor allem aus seinen (sanguinischen?) Charaktermerkmalen (vielleicht in Erinnerung an Adam vor seinem Sündenfall?).

Dass dies alles theologischem Wunschdenken und nicht etwa irgendwelchen Informationen über das wahre Aussehen Jesu entsprungen ist, offenbart das Psalmzitat am Schluss des Steckbriefs. Die Kunst der Verfertiger von Christusbildern etwa seit dem 6. Jahrhundert bestand darin, solchen geradezu kanonischen Vorgaben nachzukommen und dennoch je eigene Akzente zu setzen.

Einübungen – mit Bildern

»Nicht-von-Menschenhand-geschaffenes Bild Christi«

Die *vera icon*, auf die die spätmittelalterliche Beschreibung letztlich zurückgeht, ist in zahlreichen Versionen überliefert; jede Epoche hat an

Abb. 6.2: Nicht-von-Menschenhand-gemalter Erlöser (Acheiropoietos), Ikone, 12. Jh., Nowgorod

Nuancen gearbeitet. Zu erkennen und zu unterscheiden ist der Veronika-Bildnistyp daran, dass nur das Antlitz Christi gezeigt wird, ohne Hals und Schulter. Das Tuch der Legende gehört, wenn auch oft nur dezent angedeutet, ebenso dazu. Am genauesten ist das »nicht-von-Menschenhand-gemachte« Christusbild zu studieren an einer Nowgoroder Ikone des 12. Jahrhunderts.

Christus erscheint dem Betrachter frontal. Solche Frontalität entspricht der Tradition von hoheitsvollen repräsentativen (Götter- und) Herrscherbildern. Sie schafft von vornherein eine feierliche Distanz und inszeniert so Rang und Würde des Dargestellten. Zu diesem hieratischen Stil gehört ebenso die strenge Symmetrie des Antlitzes Christi; selbst der obligate Mittelscheitel ist hier einzuordnen. Sogar die Haar- und Bartenden sind symmetrisch-ornamental gestaltet.

Allerdings wird die Symmetrie nicht perfekt eingehalten. Leichte Asymmetrien finden sich z.B. durch die vier Stirnlöckchen und besonders auffällig bei den Augenbrauen und in der Stellung der Pupillen. Der Betrachter wird scharf und zupackend, aber nicht starr angeblickt. Der Effekt dieser Machart des »Porträts« besteht darin, dass Christus den Beschauer sowohl anzieht als auch Distanz zu ihm wahrt.

Das planimetrische Schema der Ikone zeigt außerdem, wie sehr dieses Haupt gleichmäßigen konzentrischen Kreisen eingeschrieben, also ideal konstruiert ist.

Was ist der theologische Mehrwert einer solchen ästhetisch ausgeklügelten Gestaltung? So befremdlich es klingen mag: Die Christusikone veranschaulicht indirekt das überlieferte Bilderverbot: In Christus – aber eben auch nur in Christus – hat Gott sich leiblich sehen lassen, er ist die *einzige* Ikone des Vaters. Das heißt: Wir sehen nicht nur das Porträt Christi. Wir sollen wahrnehmen, dass hier »authentisch« der herrschende Gott selbst repräsentiert wird, denn Christus ist »wesensgleich dem Vater« (Nizäa, 325), in seiner Person sind göttliche und menschliche Natur »unvermischt und ungetrennt« eins (Chalkedon, 451). Dieser dogmatische Kontext ist unbedingt mitzu»sehen«, da sonst die strenge Unnahbarkeit dieses Bildtyps heutigen Adressaten zum Problem werden könnte.

Abb. 6.3: Proportionsschema des acheiropoietischen Christushauptes (nach Konrad Onasch)

Christusbilder solcher Art waren bis zum 8./9. Jahrhundert wegen dieses ihres Anspruchs theologisch umstritten. Die Bildskeptiker erklärten – spitzfindig oder scharfsinnig – Christusbilder für dogmatisch unmöglich. Das Göttliche an sich sei per definitionem unumschreibbar. Folglich sei auch der in Christus menschgewordene Gott nur seiner menschlichen Natur nach darstellbar. Wer ihn darstelle, trenne demnach diesen Menschen von seiner göttlichen Natur – das sei die Häresie des Nestorianismus. Wer jedoch behaupte, in diesem Menschen sei das Göttliche mit enthalten, der vermische beide Naturen und setze sie in eins – die Häresie des Monophysitismus. Unweigerlich – so oder so – leugne also ein gemaltes Christusbild das Dogma von Chalkedon.

Jede orthodoxe Christusikone versucht durch ihre Darstellungsart diesen theologisch-intellektuellen Einspruch zu überwinden. So kann beispielsweise die Verbindung von strenger Symmetrie und leichter Unregelmäßigkeit des Antlitzes dazu dienen, die gottmenschliche Einheit der Person des Erlösers anzudeuten. Denselben Zweck verfolgen die Bildinschriften; erst sie sichern letztlich die personale Identität. Obligat ist die (in unserem Beispiel leider nur noch in Spuren zu sehende) Namensinschrift IC XC (kontrahiert griech.: **J**esu**s** **C**hristu**s**). Häufig findet sich zudem in den Kreuzbalken des Nimbus die Inschrift **O ωN** = ho On (der Seiende), entsprechend der Selbstvorstellung Jahwes Ex 3,14 LXX. Als dieser Christusbildtyp in den Katakomben erstmals im 4. Jahrhundert auftaucht (Commodilla; Pietro e Marcellino), dient die Beischrift der apokalyptischen Buchstaben Alpha und Omega (vgl. Offb 1,17) demselben Zweck der Vergewisserung, dass dieses hoheitsvolle Menschenantlitz wesenseins ist mit Gott selbst und die entsprechende Verehrung verdient (vgl. Abb. 5.5).

Letztlich heißt das: Mit visuell-künstlerisch-ästhetischen Mitteln allein lässt sich eine dogmatisch korrekte orthodoxe Bildverkündigung nicht adäquat vollziehen und sichern. Die Vereindeutigung durch das zu lesende oder zu hörende Wort muss hinzukommen (vgl. Lektion 7).

»Christus Victor« – »tretend auf Löwen und Drachen« (Ps 91,13)

In einem anderen Strang der Christusbildüberlieferung geht es mehr um die Heilsbedeutung Christi als um sein Aussehen. Das fängt mit den nichtpersonalen Symbolen (Fisch, Lamm, Anker etc.) an, auf die bereits *Clemens von Alexandrien* in seinen Siegelbildvorschlägen für Christen hinweist, und führt im sepulkralen Milieu, an den Katakombenwänden und auf Sarkophagen, zu symbolischen Bildern, bei denen das Individuelle keine Rolle spielt, sondern das Funktionelle: Christus als Lehrer, als Hirt, aber auch als Helios oder als Orpheus. Hier greift die christliche Kunst in ihren Anfängen auf kulturell plausible und vertraute Konfigurationen zurück, um zu bekennen, was Jesus Christus für den Glauben und speziell für die Hoffnung über den Tod hinaus bedeutet. Dabei wird übrigens zunächst ein jugendlich-bartloser Christustyp bevorzugt.

Das große Erlebnis der Christen im frühen 4. Jahrhundert ist das christlich gewordene Kaisertum. Seit der Machtübernahme durch Kaiser *Konstantin* griff man unbefangen auf die »weltliche« Herrscherikonographie zurück, um die Würde und den Sieg Christi auszudrücken: »Man stellt sich Christus vor, wie man den irdischen Kaiser zu sehen gewohnt war, gibt ihm die Prädikate und Insignien des irdischen Kaisers, Nimbus, erhobene Hand, Thron, Purpur usw. Die tiefere Begründung dieser Übertragung liegt in der inneren Verknüpfung beider Reiche; der irdische Kaiser ist nur ein Abbild des himmlischen Kaisers« *(Johannes Kollwitz)*.

Eine exzeptionelle Zuspitzung erfährt die Christus-Kaiser-Parallele im Bild des Christus Victor: ein jugendlicher Christus im kaiserlichen Kriegskostüm *(paludamentum)*, in Soldatenstiefeln, mit Panzerhemd und purpurfarbenem Königsmantel, das Kreuz geschultert, das Evangelienbuch vorzeigend (mit dem Offenbarungswort Joh 14,6: Ego sum Via Veritas et Vita). Dieser Feldherr Christus tritt je einem Löwen und einer Drachenschlange auf den Kopf: Christus als auferstandener Sieger über die Symbole der Urmacht des gott- und men-

Abb. 6.4: Christus Victor, Mosaik, Eingangslünette im Vorraum der Erzbischöflichen Kapelle, Ravenna, 6. Jh.

schenfeindlichen Bösen – Erlösung am Kreuz als Sieg über Sünde, Tod und Teufel!

Um dieses Sinn-Bild zu deuten, genügt nicht allein der Hinweis auf Ps 91,13. Die bildliche Version stützt sich auf vorchristliche und auch auf christlich-kaiserliche Vorbilder. Seit konstantinischer Zeit war das Motiv allgemein beliebt und verbreitet; voraus geht vermutlich die bildliche Verherrlichung des über seinen Konkurrenten *Licinius* siegreichen *Konstantin*.

Herausgegriffen sei das Einzelmotiv des Niedertretens (lat. *calcatio*). Es »gehört zu jenen Bilderfindungen der antiken Kunst, die ... in Sakral- und Herrscherikonographie gleichermaßen zur Anwendung kamen ... Seit der Regierung Trajans führten die Münzprägungen vor Augen, wie der Kaiser seinen Fuß auf den am Boden kauernden Barbaren setzt« *(Ingo Herklotz)*. Auch in der christlichen Ära sieht das kaiserliche Siegeszeremoniell vor, dass der besiegte Feind sich vor dem Thron des Kaisers niederwirft und dieser den Fuß auf seinen Nacken setzt. Dabei singt das Volk nachweislich Ps 91,13!

Die auf Christus übertragene Bildformel hatte also durchaus ihren politischen »Sitz im Leben«. Sie wurde verchristlicht, indem das Kreuz als Instrument des Sieges, das Evangelienbuch und die beiden Tiere gemäß Ps 91,13 in das Christusbildprogramm Aufnahme fanden. Der Hofbischof *Eusebius* scheut sich nicht, *Konstantins* Sieg über die Barbaren mit dem Sieg Christi über die dämonischen Mächte zu vergleichen. Von Ravenna aus wandert das Motiv weiter in die Christus-Heliand-Frömmigkeit der karolingischen Kunst, z.B. in deren Psalterillustrationen. Noch der Beau-Dieu von Amiens (13. Jh.) steht vor dem Mittelpfosten des Portals auf Löwe und Drache.

Das Tertium comparationis liegt seit Konstantin darin, dass Kaiser und Christus je in ihrer Sphäre durch den Triumph über ihre Feinde Frieden schaffen. Als biblischer Bezug für die *calcatio* wäre auf Röm 16,20 zu verweisen: »Der Gott des Friedens wird den Satan bald zertreten und unter eure Füße legen«, oder auf 1 Kor 15,25: Christus muss herrschen, »bis Gott ihm alle Feinde unter die Füße gelegt hat.« Für die Soldatenkleidung Christi und deren allegorische Deutung auf den Miles christianus ist der Aufruf zum Kampf – »nicht gegen Menschen aus Fleisch und Blut, sondern gegen ... die Beherrscher dieser finsteren Welt« – in Eph 6,10ff einschlägig.

Die Bildpointe enthält eine Provokation. Wird der eschatologische Sieg der Gnade, wird die von Jesus initiierte »Kultur der Liebe« nicht unglaubwürdig, wenn sie mit Ausdrücken der Aggression und Unterwerfung versinnbildet werden? Ist die Offenbarung Christi nicht gerade in seiner »Machtentäußerung« geschehen (Phil 2,5ff)? Sollen Christen nicht dementsprechend Gewalt in Dienst umsetzen (vgl. Mt 20,26)? Hat Jesus nicht gerade in der Bergpredigt (Mt 5,39) und in seiner eigenen Passion (vgl. Mt 26,52f) einen neuen Weg gewiesen, der Gewalt friedlich zu begegnen? Widerspricht die Bildformel nicht eklatant dem Gebot der Feindesliebe (Mt 5,44)? Zeigt die politische Herkunft der Bildformel nicht eine fatale Verquickung von weltlicher und geistlicher Macht an? Gehören die von Christus überwundenen »Mächte und Gewalten« nicht zum für uns überholten dämonistischen Weltbild der Bibel? Zeigt nicht das Verschwinden des Bildmotivs »Christus auf Löwe und Drache« nach dem 11. Jahrhundert, dass der christliche Erlösungsglaube auch ohne dieses militante Bild zulänglich ausdrückbar ist?

Solche Anfragen erhielten eine noch größere Dringlichkeit, wenn das kämpferische Bild mit den unterlegenen Löwen und Drachen im 5. Jahrhundert auf die (ravennatischen) Feinde des orthodoxen Glaubens, nämlich auf die häretischen Arianer, also auf konfessionell getrennte Mitchristen, zielen würde. Enthält aber – andererseits – das Bekenntnis zu Christus nicht immer auch ein legitimes kämpferisches Pathos? Es ist »zugleich Ermahnung zum Einsatz für das Leben und zum Kampf gegen die Mächte des Todes, gegen leibliche wie seelische Verkümmerung und Verkrüppelung, gegen Beziehungslosigkeit zwischen den Menschen wie gegen alles, was Leben verletzt, schändet und zerstört«, sagt der Katholische Erwachsenenkatechismus von 1985. – Dieselben Fragen stellen sich angesichts des Auferstehungsfreskos von Neresheim (siehe Lektion 16).

»Christus im Elend«

Abb. 6.5: Hans Leinberger, Christus im Elend, Holzfigur, um 1525

Weder Schönheit und Hoheit noch Macht verbinden sich mit diesem spätmittelalterlichen Andachtsbild – hier in der Gestaltung durch den Landshuter »pildtschnitzer« *Leinberger* (ca. 1480–1530). Ein Kontrastbild zum Bisherigen in jeder Hinsicht!

Der bildlichen Gestaltung des real leidenden, nackten, einsamen und ohnmächtigen Christus stand jahrhundertelang das Bekenntnis zu seiner göttlichen Würde im Wege. Solange die Christenheit nur über *sein* Bild verfügte, um Gott zu repräsentieren, dominierte zwangsläufig die Hoheit im Christusbild. Seitdem aber neben Christus auch der Vatergott in all seiner Würde neben Christus ins Bild gesetzt wurde (ab dem 12./13. Jh.; vgl. Lektion 5), konnte die Niedrigkeit Christi explizit dargestellt werden. (Natürlich hängt das ebenso mit dem Aufblühen der Passionsfrömmigkeit des Mittelalters zusammen, die wiederum in den Leiderfahrungen der Epoche verwurzelt ist.)

Der einsam dasitzende, nur mit Dornenkrone und dem Lendentuch »bekleidete«, ansonsten »bloßgestellte« Christus trägt schwer an seinem Leid. Er hat den Kopf in die rechte Hand gestützt – die uralte Gebärde der Trauer, des Grübelns und der Melancholie. Indem die narrativen

Begleitumstände der Passionsgeschichte ausgeblendet sind, holt dieser vereinzelte Christus unausweichlich das Leid der Menschen vor Augen und konfrontiert es dem Leiden Christi. Alle Einsamkeit und Ausgesetztheit, alle physische und psychische Leidenserfahrung ist darin versammelt und zur Zwiesprache und innigen Anteilnahme dargeboten. Das Bild fordert zur compassio auf. Es behauptet zugleich, dass sich im Dargestellten Gottes Zuwendung und Erbarmen zeige. Das ist der tiefere Grund für die Erregung und Erschütterung der Beterin oder des Beters vor solch einem Andachtsbild.

Der Bildtyp »Christus im Elend« ist nun aber keine freie Erfindung. Die Position und Haltung dieser Figur ähnelt den Darstellungen des trauernden Hiob. Dieser sitzt »in sterquilinio« (2,8 Vulgata), auf dem »Scherbenhaufen seiner Existenz« *(Gerhard Boos)*. Christus als Hiob redivivus.

Damit geschieht etwas Unerhörtes: Implizit wird eine erlösungstheologische Antwort auf das Hiobproblem gegeben, das im Hiobbuch selbst nur schöpfungstheologisch – und damit wenig zufriedenstellend – gelöst scheint. In diesem Christus übernimmt ja Gott selbst, statt auf Hiobs Vorwurf – »die Erde ist in Verbrecherhand gegeben« (9,24) – zu antworten, die Rolle des leidenden Hiob. Wenn »Christus im Elend« sich auf solche unerwartbare Weise den Anwürfen Hiobs stellt, hat dann nicht auch die quälende Hiobfrage ein neues Gesicht erhalten – anschaubar im grübelnden Christus? Mit anderen Worten: Für den Christen führt die Solidarität mit dem fragenden Hiob nicht zur Verdächtigung Gottes, sondern auf Gottes Seite, weil in Jesus Gottes persönliche Anteilnahme am Schmerz und Leid der Menschen sichtbar geworden ist.

»Christus im Elend« ist in Lateinamerika oder in der polnischen Volkskunst immer noch aktuell. Die Version, die *Leinberger* dem Motiv gegeben hat, stammt aus der Epoche der Bauernkriege. Vermutlich hat *Albrecht Dürer* in seinem Entwurf eines Bauernkriegsdenkmals aus demselben Jahr 1525 auf dieses Motiv angespielt.

Auf der Spitze einer Säule hockt ein Bauer in der Haltung des Christus (oder Hiob) im Elend. In seinem Rücken steckt ein Schwert. Er ist hinterrücks ermordet worden. Die Deutung der Zeichung ist zwar umstritten, zieht man jedoch »die Erkenntnisse der Bedeutung des ›Christus im Elend‹ in Betracht, so kann hier eindeutig keine Glorifizierung (scil. des Sieges über die Bauern) gemeint sein, sondern die erschütternde Darstellung der Unterdrückung und Ermordung der Bauern ... Das immer wieder aufgegriffene Passionsthema erlaubte es, die Leiden Christi als Leiden des Volkes unter der Willkür der feudalen Obrigkeit zu begreifen« *(S. Fehlemann)*.

Abb. 6.6: Albrecht Dürer, Entwurf einer Gedächtnissäule für den Bauernkrieg, Buchillustration, 1525

»Christus im Selbstbildnis«

Gemessen daran, wie wenig wir von *Hans Leinberger* wissen, wissen wir von seinem Zeitgenossen Albrecht Dürer fast alles. Er gilt als der größte und einflussreichste Renaissancekünstler außerhalb Italiens.

In seinem berühmten Selbstbildnis von 1500 zeigt sich der 28-jährige Künstler frontal als Halbfigur vor neutralem schwarzen Hintergrund. Seine großen, weit geöffneten Augen hat er auf den Betrachter (d.h. ursprünglich im Spiegel auf sich selbst!) gerichtet. Sein langes, sorgfältig gepflegtes Haar reicht füllig und symmetrisch bis auf den Schulterkamm. Vor dem Mittelscheitel fällt eine Haarsträhne in die hohe Stirn. Er trägt einen pelzgesäumten dunkelbraunen Überrock. Mit seiner hochgebogenen, etwas gespreizten Hand fasst er an den Pelzbesatz. Die Augen oben und, etwas schwächer, die rechte Hand unten, sind am sprechendsten.

Diesem Bild gingen in sechzehn Jahren fünf Selbstporträts voraus, sodass wir ziemlich genau wissen, wie *Dürer* ausgesehen hat bzw. wie er sich selbst sah oder gesehen werden wollte. Es gibt auch ein literarisches Porträt von ihm in der Art des Lentulusbriefes: Demnach hatte der

Künstler »einen ausdrucksvollen Kopf, blitzende Augen, eine ansehnliche Nase, einen etwas lang gestreckten Hals, eine breite Brust, einen straffen Leib, kraftvolle Oberschenkel, stämmige Beine: Aber etwas Feineres als seine Finger dürfte man nicht gesehen haben.« So hatte ihn der Humanist *Joachim Camerarius* 1532, vier Jahre nach Dürers Tod, in Erinnerung.

Das Selbstbildnis von 1500 ist *Dürer* so »ähnlich«, dass man ihn als dessen Autor identifizieren kann. Signatur und Inschrift tun ein Übriges. Dennoch ist unverkennbar, dass der Maler hier nicht nur ein naturgetreues Konterfei liefert, sondern sich entsprechend der *vera icon* Christi stilisiert und idealisiert hat – mag er auch von Natur aus schon ein wenig ausgesehen haben »wie Jesus«. Die Stirn wurde z.B. auf die Länge des Nasenrückens erhöht, dieser wurde begradigt, die Augen vergrößert und »veredelt«. Vor allem die Proportionsverwandtschaft mit dem »authentischen« Christusbild zeigt, dass hier kein autonomes Selbstbildnis vorliegt, sondern dass dieses Bild in die Kategorie des »Selbstbildnisses in einer Rolle«, nämlich in der Rolle Christi gehört. *Dürer* ist der erste Christ, der sich als Christus dargestellt hat. (Voraus geht die Franziskusverehrung, die den Heiligen als zweiten Christus sieht; später haben sich beispielsweise *van Gogh, Gauguin* und *Ensor* als Christus gemalt.) Die Frontalität des Antlitzes, »Strenge und Ernst, die ganze distanzierend-hoheitliche Silhouette – wir kennen sie eigentlich als das erhabene Schema des Christusbildes ... Dürer hat sich in das Schema hineinporträtiert, so ähnlich wie nötig, um noch wiedererkannt zu werden; und zugleich hat er seine Ähnlichkeit umgeometrisiert, soweit wie möglich, um an eine Christus-Ikone denken zu lassen« *(Ernst Rebel)*.

Das oben vorgestellte planimetrische Schema der Nowgoroder Christusikone (Abb. 6.3) lässt sich fast perfekt auf das Münchner Selbstbildnis *Dürers* übertragen. Nur der Nimbus ist entfallen, aber dessen Ausmaße sind durch die beiden symmetrischen Inschriften (rechts und links in Augenhöhe) »virtuell« zugegen. Die Übereinstimmungen gehen so weit, dass man schon vermutet hat, Dürer sei eine Abschrift des Lentulusbriefes bekannt gewesen.

Abb. 6.7: Albrecht Dürer, Selbstbildnis im Pelzrock, 67 x 49 cm, 1500

Abb. 6.8 / 6.9: Dürers Selbstbildnis von 1500 mit eingezeichnetem Formgerüst (links) bzw. Ikonenkopfschema (rechts)

Das Christomorphe dieses Selbstporträts war Absicht. Aber was hat es zu bedeuten? Welche Funktion hat hier das tradierte Christusbild – an der Schwelle zur Neuzeit? Grenzt diese Inszenierung nicht an Vermessenheit, sogar an Blasphemie?

Es handelt sich, kurz gesagt, um ein Bekenntnis zur Nachfolge Christi. Nach dem neuen humanistischen Selbstverständnis des Künstlers gehört dieser nicht mehr zur Zunft der Handwerker. Er ist schöpferisch tätig, und das ist eine göttliche Gabe. Die so auffallend vorgezeigte rechte Hand des Künstlers weist auf das ausführende Organ hin, mit dem dieser den göttlichen Schöpfungsakt auf seine Weise fortsetzt. Die erhobene Sprechhand Gottes, mit der er sich als Schöpfer betätigt, ist beim Künstler ins Selbstbezügliche gewendet. Der Schöpfergott ist Künstler (deus artifex), der Künstler ist analog ein Schöpfer (alter deus). Da alles in und durch Christus, den Logos und Gottes Ebenbild, geschaffen ist (2 Kor 4,4; Kol 1,15f; Joh 1,3), ähnelt der Künstler Christus. So dachte und sprach man in den neuplatonisch angehauchten Humanistenkreisen in Florenz und Nürnberg. Der Mensch ist nicht nur Ebenbild Gottes (Gen 1,26), er soll sich dazu auch immer mehr »bilden«. Auf ihre Weise verhilft die Kunst dazu. Christus ist ihr Vor-Bild. In ihm hat die menschliche Natur ihre vollkommenste Gestalt angenommen. Die Nachfolge Christi erhöht deshalb die Würde (dignitas) des Menschen. »Christus konform werden« lautet das Lebensziel des christlichen Humanisten. So erklärt sich die Anwesenheit Christi im Münchner Selbstbildnis *Dürers*. Dass dies Passionsnachfolge Christi einschließt, zeigt sich in einem winzigen Detail. Im rechten Auge Dürers spiegelt sich ein Fensterkreuz. Zunächst mag das ein Hilfsmittel sein, um den Eindruck des Gekrümmten und zugleich das Fensterhafte des Auges zu vermitteln. Seit der Antike gilt das Auge ja als Fenster der Seele, und denkendes Sehen ist die Voraussetzung aller Kunst *Dürers*. Es könnte darin aber auch ein Anspielung auf das Kreuz Christi zu finden sein – das Bekenntnis *Dürers*, das Kreuz Christi »im Auge behalten« zu wollen. In dieselbe Passionsrichtung weisen *Dürers* Selbstporträt als Schmerzensmann (1522) und seine Darstellung des Schweißtuchs der Veronika (1513) mit seinen eigenen Gesichtszügen im Leidensantlitz Christi. Auf die Frage, was der Zweck der Kunst überhaupt sei, gab *Dürer* einmal die bezeichnende Antwort, »dass durch Malen mag angezeigt werden das Leiden Christi«.

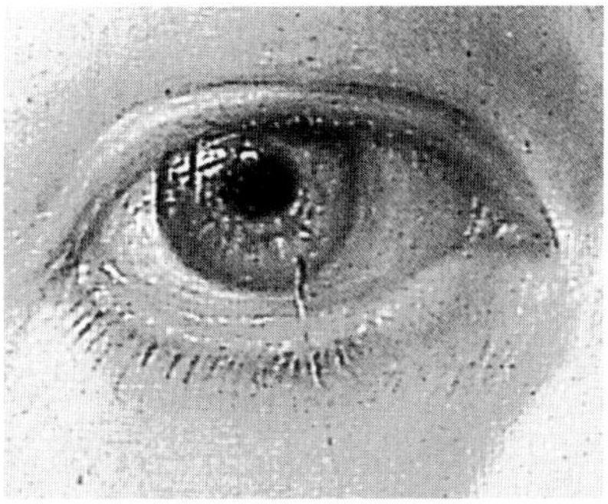

Abb. 6.10: Detail: Dürers Auge

»Christus als junger Jude«

Dürer musste die Form seines Nasenrückens begradigen, um seinen Gesichtsschnitt dem des kanonischen antikisch-schönen Christus anzunähern. Mit *Rembrandts* kleinformatigen Ölstudien aus den späten 40er-

Abb. 6.11: Rembrandt, Junger Jude als Christus, um 1655

bzw. den 50er-Jahren seines Schaffens wird diese Art der als Veredelung gemeinten Verfremdung des Juden Jesus unterlaufen. Daher rührt die – im Vergleich zur sonstigen Barockkunst – Singularität der Christusbilder aus *Rembrandts* Spätphase. Bis dahin hatte auch er sich weitgehend am traditionellen Christustypus orientiert, obwohl das eigentlich dem von ihm angestrebten Realismus widersprach.

Als *Rembrandt* (1606–1669) im Jahr 1656 Konkurs anmelden musste, wurde eines dieser neuen Christusbilder als »Gesicht Christi nach dem Leben« verzeichnet. *Rembrandt* hatte sich nämlich junge portugiesische Juden als Modell für seine Christuskopf-Studien gesucht. Vermutlich waren sie Schüler der Rabbinenschule, die sich nahe bei *Rembrandts* Haus befand. »Das Verhältnis Rembrandts zum Judentum hat ... in der älteren Forschung zumeist eine stark romantisierende Beurteilung erfahren; wenn man allzu pittoreske und fantasievolle Färbungen daraus streicht, so bleibt doch die Erkenntnis, dass der alltägliche, auch freundschaftliche Kontakt mit den Juden seiner unmittelbaren häuslichen Umgebung die Toleranz und die hohe Achtung vor dem alten Gottesvolk bewirkte, die es möglich machte, dass das Gesicht eines Juden gegen alle Tradition für Rembrandt zum Gesicht Christi werden konnte« *(Herbert Fendrich).*

Auch *Rembrandt* kann sich freilich einigen tradierten Zügen der *vera icon* nicht entziehen (vgl. die Symmetrie des Gesichts und die Haar- und Barttracht). Nur so ist Wiedererkennen überhaupt möglich. Aber das individuelle Menschsein Jesu, zugespitzt in seinem Judesein, ist hier neu entdeckt. Seine Göttlichkeit bleibt inkognito. Sie ist vorhanden in seiner »Ausstrahlung«, z.B. im Leuchten seines Gesichts und in der Helligkeit hinter seinem Haupt: »Das Leuchten der Seele bleibt im Gedächtnis des Betrachters haften« *(Wolfgang Hildesheimer)*. Die Göttlichkeit ist damit jedenfalls indirekter anwesend als bisher. Eine bekennend-identifizierende Namensinschrift ist hier ganz undenkbar; sie wäre ein Stilbruch.

Der Vermenschlichung dient auch der Verzicht auf Frontalität, die aufmerksame Zuwendung, die dadurch zum Ausdruck kommt, die sich aber auch in physiognomischen Einzelheiten ausdrückt: horchende Nachdenklichkeit – oder wie immer man diesen einfühlbaren Gesichtsausdruck deuten mag. Dass dieser individuelle Mensch etwas ganz Besonderes ist, kann man sehen; dass er willens- und wesenseins mit Gott ist, muss man wissen, wenn man es in diesem Besonderen ausgedrückt finden will.

Dabei soll der Leidenszug in seinem Gesicht nicht übersehen werden: »Rembrandts Amsterdamer Mitbürger werden in diesem Christus nicht bloß jüdische Züge schlechthin erkannt haben, sondern die konkreten Juden, die damals in ihrer Stadt eine neue Heimat gefunden hatten, weil sie vor den Verfolgungen der spanischen und portugiesischen Inquisition fliehen mussten. Das erlittene Schicksal drückt sich in den schmerzlichen ... Zügen dieser Christusbilder aus und wird von den Zeitgenossen Rembrandts umso mehr erkannt worden sein, als sie um die Leidensgeschichte der iberischen Juden wussten« *(Herbert Fendrich)*.

Rembrandts jüdischer Christus muss als Schock wirken in einer Bildtradition, in der bisher (vermeintlich) typisch jüdische Physiognomien und Kleidungsstücke ausschließlich den Feinden Christi vorbehalten waren. In *Nikolaj Leskovs* Ikonenerzählung »Der versiegelte Engel« wird als Tiefpunkt der Entartung der Ikonenmalerei hingestellt, dass es jetzt »bereits so weit gekommen (sei), dass man Christus den Erlöser als Juden malt ... Aber wir werden uns nicht vor fremden Göttern verneigen, wir werden ein jüdisches Gesicht nicht als Antlitz des Erlösers hinnehmen, sondern wir halten diese Darstellungen, und mögen sie noch so kunstvoll sein, für Unzucht und lästerliche Rohheit und wenden uns von ihnen ab.« Später heißt es in derselben Novelle, Christus stamme ja nicht von der Judenheit ab, sondern von der Gottheit, die alles erschaffen hat.

»Vor dem Christos Woskres«

An die tausend Mal hat *Alexej von Jawlensky* (1864–1941) Gesichter variiert – immer extremer reduziert auf elementare Grundformen. Die Serien heißen Mystische Köpfe, »Heilandsgesichter«, »Abstrakte Köpfe«. Zuletzt, Mitte der 30er-Jahre, nennt er die intensiv gesteigerte Machart dieser Ideogramme von Gesichtern »Meditationen« – siebenhundert an der Zahl, innerhalb von vier Jahren. Köpfe als *Jawlenskys* Lebensthema also, die »Meditationen« als ein Höhepunkt in seinem Gesamtwerk. In seinen Lebenserinnerungen, 1937 diktiert, steht: »Meine letzte Periode meiner Arbeiten hat ganz kleine Formate, aber die Bilder sind noch tiefer und geistiger, nur mit der Farbe gesprochen. Da ich gefühlt habe, dass ich in Zukunft infolge meiner Krankheit nicht mehr werde arbeiten können, arbeitete ich wie ein Besessener diese meine kleinen Meditationen.«

Begonnen hatte er 1917 mit elementarisierten Bildnissen einer befreundeten Malerin; im weiteren Verlauf der Ausarbeitung dieses Bildtyps ergibt sich die Frage, ob es sich überhaupt noch um Porträts handelt. Jedenfalls spielen individuelle Merkmale immer weniger eine Rolle. »Äpfel, Bäume, menschliche Gesichter sind für mich Hinweise, um in ihnen etwas anderes zu sehen: das Leben der Farbe, erfasst von einem Leidenschaftlichen, einem Verliebten.« »Meine Sprache ist doch die Farbe.« Zur Kunst des 20. Jahrhunderts gehört diese Priorität des Malerischen gegenüber dem dargestellten Inhalt.

Was bedeutet das für die Tradierung des Christusbildes? Die Offenheit der Bildgestalt ermöglicht legitim inhaltlich verschiedene Assoziationen und meditative Aneignungen. Dogmatische Korrektheit und Eindeutigkeit ist damit nicht zu erzielen. Für die Wahl des vorliegenden Exempels aus dem Jahr 1937 spricht zunächst nur das (vermutlich nachträglich erfundene) Etikett »Vor dem Christos Woskres«. Der Titel erinnert an den Jubelruf, mit dem in der russisch-orthodoxen Kirche die Osternachtliturgie eröffnet wird: »Christus ist auferstanden!« Das mag dem orthodoxen Christen *Jawlensky*, der sich in seinen Briefen unaufdringlich, aber deutlich als gläubig zu erkennen gibt, nahe gelegen haben (vgl. Lektion 17 zur Anastasis-Ikone). Dennoch sind die Bilder dieser Art nach seinen eigenen Worten zunächst einmal wie »Lieder ohne Worte« wahrzunehmen. Von dem, was man sieht, von Linien, Rhythmen und dem »verhaltenen Pathos« der Farben, ist demnach auszugehen.

»Harte Pinselzüge, wie gemasert, senkrecht und waagerecht, abgeschrägt an den Längsseiten, in parallelen Strichlagen, ein Fleck aus kurzen Abstrichen zuoberst: das ist die Schreibweise des Bildes, sein ›Stil‹« *(Alex Stock)*. Die Bildform beruht auf einem einfachen grafischen Liniengerüst aus schwarzen Pinselzügen. Schwarze Balken als Äquivalente für Nase, Augen, Haare und Mund. Die Augen scheinen geschlossen zu sein. Daher rührt der Eindruck meditativer Versunkenheit. Die farbigen Pinselzüge füllen die restliche Bildfläche mit »verhaltener Glut« (so der Titel einer anderen Version; vgl. *Gronert*). Auffällig ist der rote Farbtupfer auf der Stirn, oberhalb der Nase.

Je länger man hinschaut, umso mehr beginnen die Farben zu glühen. Dass die Grundform des Bildes auch als Kreuz zu lesen sei (mit dem »Mund« als Bodenfläche), ist eher unwahrscheinlich, da der Querbalken (die »Augen«striche) hier und in anderen Versionen der Serie nicht durchgezogen ist. Der Eindruck eines Gesichtes dominiert. Die Erinnerung an ein (griechisches?) Kreuz ist eher indirekt dadurch gegeben, dass – wie schon die Christen der Frühzeit interessiert feststellten – die Gesichtsachsen eines jeden Menschen als Kreuzform lesbar sind. Aber auch ohne besondere Hervorhebung der Kreuzform ist der Hinweis auf die Passion unübersehbar – durch die Schwärze der dominanten Form und die dunkle Glut der Flächenfüllung.

Diese Bildform wäre auch ohne den suggestiven Bildtitel christologisch lesbar; denn sie erinnert in ihrer Frontalität und Proportionalität an das Schema der *vera icon*. Der leuchtende Fleck auf der Stirn mag als östliches Weisheitszeichen zu deuten sein – er erinnert zugleich an die Stirnlocke, die für den kanonischen Christusbildtyp nahezu obligat ist. So kommt der Bildtitel – mag er vom Künstler selbst stammen oder von dessen Sohn Andreas – jedenfalls den Absichten *Jawlenskys* nahe.

Der Ernst seines Christusbildes wird immer wieder mit der unnahbaren Strenge der orthodoxen Christus-Ikonen verglichen. Tatsächlich bekennt *Jawlensky* von der altrussischen Kunst, den russischen Ikonen und der Byzantinischen Kunst: »Alle diese Künste hatten meine Seele immer in eine heilige Vibration gebracht, da ich dort eine tiefe geistige Sprache fühlte.« Der Ernst seiner »Meditationen« ist aber mindestens ebenso auf den »Schmerz der Passion« *(Stock)* zu beziehen. Wir wissen, dass *Jawlensky* zu der Zeit, als die »Meditationen« entstanden sind, nicht nur als Vertreter einer »entarteten Kunst« galt und dementsprechend verfemt war (mit allen wirtschaftlichen Folgen, die das hatte), sondern dass er überdies sein Alterswerk arthritisch versteiften Händen und Armen unter großen Schmerzen abringen musste. Wir wissen aus seinen Briefen aber auch, dass er diese Arbeit als seine Form des Betens, als Gottes-Dienst verstand – geschaffen, so wörtlich, aus »Sehnsucht zu Gott«.

Wie ist ein solches »Christusbild« zu bewerten? Schon dass hier der überlieferte Christustyp in die authentische Kunstsprache der Moderne transponiert wird, wäre zu würdigen. Theologisch muss uns willkommen sein, wie hier Trauer und Hoffnung, Karfreitag und Ostern miteinander verknüpft sind. Es entspricht unserem Lebensgefühl, dass der Passionsaspekt überwiegt. In diesem Christusantlitz ist der Mensch schlechthin mitgemeint; der Unterschied Mann/Frau wird irrelevant; Jesus Christus ist der universale Mensch, der wirklich »alle Schemen sprengt« *(Schweizer)*. Das menschliche Antlitz offenbart sich als Fenster zur Seele. *Jawlensky* gestaltet es als Fenster zum Göttlichen. Der Generaltitel »Meditation« lässt erkennen, wie einem solchen Christusmenschenbild adäquat zu begegnen wäre.

Abb. 6.12: Alexej Jawlensky, Vor dem Christos Woskres, 25 x 17,7 cm, 1937

Jawlenskys letzte Bilder (1974)

Mystische Glut der Farbe
hinter dem schwarzen
Doppelkreuzantlitz:
geschaffen aus Qual
aus Glauben
aus Hoffnung
Anbetung
gewirkt
aus de-profundis-Tränen
und in-excelsis-Licht

(Antonio Ribeiro, übersetzt von Kris Tanzberg)

Ansätze zu einer didaktischen Reflexion

Als Zielgruppe der vorliegenden Lektion 6 habe ich Religionslehrerinnen und -lehrer für die Sekundarstufe II vor Augen bzw. Fachdidaktiker der Theologie, die solche Lehrkräfte in der ersten oder zweiten Phase ausbilden. Ihnen möchte ich zeigen, wie man die jeweiligen Adressaten konzentriert und kompetent in die Geschichte des Christusbildes einführen kann, ohne dass sie selbst erst lang und breit die zugrunde liegende Literatur studieren und über jedes einzelne Beispiel spezielle Auskünfte einholen müssten: Ein Grundkurs, der als solcher natürlich vielfältig verändert, erweitert und vertieft, aber kaum nochmals wesentlich reduziert werden kann.

Auszugehen ist in jedem Fall vom Desinteresse der Evangelien am äußeren Erscheinungsbild ihres Protagonisten und also davon, dass jedes gegenständliche Christusbild als ein »Wunschbild« des Glaubens zu entziffern ist. Wie kommt es dennoch zu einem relativ einheitlichen Christusbild und welche Folgen hat diese Uniformität, die ja selbst in heutigen Jesusfilmen noch durchschlägt? Ohne die Klärung solcher Vorfragen bliebe die Erschließung von Beispielen vordergründig und spannungslos.

Leitmotiv ist die Frage nach der jeweiligen Akzentuierung von Hoheit und Niedrigkeit, Macht und Ohnmacht, Göttlichkeit und Menschlichkeit, physiognomischer Vertrautheit und Verfremdung, Distanz und Nähe, zugespitzt in der Frage, ob sich nicht gerade in der Ohnmacht dialektisch Gottes Nähe zeige.

Wenn alle Bildtradition zu relativieren ist, weil sich jede Zeit ihr eigenes Christusbild macht, dann führt das folgerichtig zu der Frage, was denn das Bild unserer Epoche sei. Persönlicher: Was ist mein Christusbild?

Methodisch ist denkbar, nach dem 5. Beispiel *(Rembrandt)* den Kurs zu unterbrechen mit der Frage: Welches der bisher behandelten Beispiele würden Sie für heute bevorzugen? (Oder wie müssten diese – etwa durch Übermalung nach Art von *Arnulf Rainer* – für heute sprechender gemacht werden?) Welches der bisher behandelten Bilder würden Sie beispielsweise in ihrer Wohnung oder in einem von Ihnen zu gestaltenden Meditationsraum anbringen? Es folgt die weiter gehende Frage: Und welche »Anforderungen« stellen Sie an ein Christusbild des 20./21. Jahrhunderts? Erst wenn verschiedene Alternativen ausgedacht oder beigebracht sind, käme dann das letzte Beispiel *(Jawlensky)* ins Spiel und damit die Frage: Inwiefern könnte ein solches Christusbild repräsentativ für unsere Zeit und zugleich spirituell bewegend sein?

Eine erste Erprobung und Transformierung des in diesem Kurs Gelernten könnte darin bestehen, anschließend Beispiele von *szenischen* Christusbildern nach demselben Grundmuster zusammenzustellen und sie bestimmten sowohl biblischen wie auch historisch-zeitgenössischen Kontexten zuzuordnen. Am nächstliegenden wäre die Darstellung des Gekreuzigten. Ich denke z.B. an eine Gegenüberstellung des Franziskuskreuzes von San Damiano mit dem Gekreuzigten des Isenheimer Altares. Beide Bildtypen wären dann noch einmal zu konfrontieren z.B. mit dem mexikanischen Fresko von *Jose C. Orozco* »Christus zerstört sein Kreuz«, 1932/34.

Auf jeden Fall sollte auch hier keine »Materialschlacht« stattfinden, sondern die Zahl der Beispiele überschaubar bleiben, damit sowohl eingehende Einzelbeschreibungen als auch spirituelle Berührungen möglich sind.

7. Das Bildnis Christi als »Rahmenthema«

Über die Vieldeutigkeit der Bilder und die Eindeutigkeit des Bekenntnisses

In meiner Dissertation »Wort und Bild« gibt es zum Schluss einen Exkurs mit dem Titel EPIGRAPHÉ. Dort wird die Funktion von Bildauf- und -inschriften für die tradierte Bildtheologie erörtert. Daran möchte ich hier anknüpfen.

Spezifizierende Bildaufschriften

Als ich Mitte der 60er-Jahre in München an dieser Dissertation arbeitete, besuchte ich regelmäßig die Seminare von *Klaus Wessel*. Bei der Behandlung der östlichen Pantokrator-Ikonen, über die sich *Wessel* zu dieser Zeit mehrfach geäußert hat (1966), fiel uns auf, dass derselbe Bildtyp sehr verschiedene Aufschriften tragen kann. Wir kamen zu der Erkenntnis: Zu sehen ist sozusagen das Exemplar einer Gattung, die erst durch die zu lesende Inschrift spezifiziert, und individualisiert wird. Die Gattung der Pantokrator-Ikone kann man als »sprechender bzw. segnender Christus« bezeichnen: Ein bärtiger Christus in Halbfigur mit Buch in der linken und Segensgestus der rechten Hand. Dieser Archetyp kann ausdrücklich die Inschrift tragen PANTOKRATOR – Allherrscher. Aber ebenso oder zusätzlich kann der Titel lauten »Der Barmherzige« oder »Der Wohltäter«. Dann kontrastiert der spezifische Bildtitel mit dem für unser Empfinden strengen Gesichtsschnitt und Blick Christi. Mit anderen Worten, der *eine* Bildtyp ist offen für verschiedene spezifizierende Benennungen, die dann, wenn sie entziffert werden, doch wohl auch das Sehen zu steuern vermögen.

Abb. 7.1: Christus Pantokrator als der Barmherzige,
Byzantinische Mosaik-Ikone, 1. Hälfte 12. Jh.

Abb. 7.2: Christus in der Südkuppel der Vorhalle des Chora-Klosters, Istanbul, um 1320

Noch stärker kommt die Spannung zum Ausdruck, wenn im aufgeschlagenen Buch des Allherrschers statt der nach dem Malerhandbuch (vgl. *Schäfer*) obligaten Inschrift »Ich bin das Licht der Welt« (Joh 8,12) ausgerechnet das Heilandswort Mt 11,28 zitiert wird: »Kommt her zu mir all ihr Mühseligen und Beladenen«. Erst durch die Inschrift wird in diesem Fall die theologisch erwünschte Spannungseinheit von Gerechtigkeit und Liebe, von Strenge und Wohlwollen im Bild Christi hergestellt.

Ich möchte das Gesagte am Christus Pantokrator Eleémon aus der frühchristlich-byzantinischen Sammlung in Berlin demonstrieren (1. Hälfte 12. Jh.; Abb. 7.1). Die Inschrift steht zu beiden Seiten des Nimbus, oben, waagerecht zu lesen, der kontrahierte Christus-Name **I**esou**S** **C**histo**S** (IC/XC), darunter, senkrecht zu lesen, als Beiname, Ho Eleémon – der Erbarmer. »Der Ausdruck der Figur ist weder majestätisch, drohend oder gebieterisch, noch gütig und erbarmend, wie man nach der Bezeichnung Eleémon erwarten würde: Das Antlitz ist fast ausdrucksleer, uninteressiert, allenfalls beobachtend oder sogar abweisend«, meint *Otto Demus* (30) und sieht darin einen Mangel an Qualität. *Weitzmann* spricht von einem »der Ewigkeit zugewandten Gesicht ohne menschlichen Ausdruck«, das dem Geist der komnenischen Kunst entspreche (18; 54). Ich möchte meinen, wenn es sich wirklich um Ausdrucksleere handelt, so wird gerade daran deutlich, dass erst die Inschrift diese Leere oder besser: Unbestimmtheit füllt.

Die Vieldeutigkeit der mittelbyzantinischen Pantokratorfigur, die nur scheinbar eindeutig definiert ist, hat man anscheinend immer schon empfunden. *Nikolaos Mesarites* beschreibt das Kuppelmosaik der Apostelkirche in Konstantinopel um 1200, das mit dem hier abgebildeten vergleichbar ist, folgendermaßen:

Die Kuppel zeigt uns den Gottmenschen im Bilde, wie er sich aus ihrem Scheitelpunkte wie aus dem Himmelsgewölbe herabneigt zu dem Boden der Kirche und zu allem, was in ihr ist, jedoch nicht in voller Gestalt …, weil wir einstweilen nur wie in Rätseln und wie in einem Spiegel erkennen. Wir können ihn auch sehen, um mit dem Hohen Liede zu sprechen, ›sich herabneigend durch die Fenster‹ (2,9) und sich bis zum Nabel herausneigend durch die Öffnung am Scheitelpunkt der Kuppel – gleich einem innig und stürmisch Liebenden. Seine Augen blicken denen, die ein reines Gewissen haben, gnädig und freundlich … Sanft ist sein Blick und durch und durch voll Freundlichkeit … Wer aber vom eigenen Gericht verurteilt ist, dem leuchten sie zornig und abweisend und unnahbar, der sieht das Antlitz ergrimmt, furchtbar und voll bitteren Grolles; denn so zeigt sich das Angesicht des Herrn denen, die Böses tun« (Übersetzung nach August Heisenberg, Leipzig 1908, 28–30).

Solche Doppeldeutigkeit erinnert geradezu an die von den frühen Kirchenvätern, z.B. von *Origenes* erwogene Möglichkeit, dass Jesus einem jeden nach dessen Disposition erscheine (Contra Celsum II,64; vgl. oben Lektion 6, S. 70f: Der polymorphe Christus).

Identifizierende Bildaufschriften

Die Bilder legen aber das Aussehen Christi fest, sobald Legenden von authentischen Christusbildern aufkommen und für historisch glaubwürdig gehalten werden. Seitdem meint jeder zu wissen, »wie Jesus ausgesehen hat«. Christusbilder sind dementsprechend leicht zu identifizieren. Was hat es dann aber zu bedeuten, wenn trotzdem weiterhin die Beischrift des Christusnamens auf Ikonen obligat ist? Meine These lautet: Erst die Namensaufschrift verleiht dem bekannten Bildtyp Eindeutigkeit und Identität – etwa so wie meine Bahncard trotz Foto erst durch meine zusätzliche Unterschrift Gültigkeit erhält. Was steckt dahinter?

Zunächst einmal lässt sich vermuten, dass man trotz der Legenden von acheiropoietischen Christusbildern insgeheim realisierte, dass alle Christusbilder »Wunschbilder des Glaubens« sind, wie *Alex Stock* zutreffend gesagt hat (72). Denn im Neuen Testament gibt es nicht die geringste Information über das Aussehen Jesu (auch hierzu ist der 1. Teil der Lektion 6 zu vergleichen). Die optische Wahrheit von Christusbildern ist eine fiktive, sozusagen eine »erfundene Wahrheit« (so der Titel einer Sammlung von Erzählungen, die *Marcel Reich-Ranicki* 1972 herausgegeben hat) – wie übrigens jede Kunstwahrheit. Gerade weil das angeblich kanonische Christusbild nicht authentisch ist, sondern ein Produkt der Glaubensphantasie, erweisen sich die Gesichtszüge Christi als das Idealporträt eines reifen, würdevollen Mannes. Jede Namensaufschrift erinnert – ungewollt – daran. Denn mit Christus ist ja dogmatisch mehr gemeint als ein, sagen wir, würdevoller und reifer Professor (wie auf den späten Katakombenbildern, vgl. Abb. 5.5). Damit wären wir bei einem tieferen Grund dafür, dass die Namensaufschrift für Christusbilder zwingend ist. Sie erst verleiht dem Bild den theologischen Mehrwert, der es orthodox, d.h. dogmatisch korrekt macht und es ohne Skrupel zu verehren erlaubt.

Bei einem Marienbild liegt der Fall ähnlich, aber einfacher. Als die Hoftheologen Karls des Großen Argumente suchten, um die Theologie des 2. Konzils von Nizäa, des Bilderkonzils, in der Form, wie sie ihnen überkommen war, herabzusetzen, da konstruierten sie folgenden Fall (Libri Carolini IV, 6; vgl. *Schrade* 115f): Man bringt einem Bilderliebhaber die Gemälde zweier schöner Frauen. Man sagt ihm, das eine stelle die Jungfrau Maria dar, das andere Venus. Das eine solle er also verehren, das andere wegtun. Da sich die Bilder sehr ähneln, ist der Bilderfreund verwirrt und lässt sich den jeweiligen Bildtitel sagen. Schlussfolgerung der Libri Carolini: »*Weil nun das eine Bild die Bezeichnung der Gottesgebärerin trägt, wird es aufgerichtet, geehrt und geküsst. Das andere aber wird, weil es den Namen der Venus … trägt, weggeworfen, beschimpft und verflucht. Dabei sind beide Bilder gleich an Gestalt, gleich an Farbe und aus demselben Stoff. Nur die Bezeichnung ist verschieden* (superscriptione tantum distant)«. Ich meine, dass diese Argumentation Recht hat, auch wenn ihre Konsequenz, nämlich die Ablehnung des Marienbildes, nicht annehmbar ist. Auch für ein Muttergottesbild heißt die künstlerische Aufgabe »Mutter mit Kind«, und nur unsere frommen Sehgewohnheiten erlauben uns, darin Maria von Isis beispielsweise abzuheben. Im sichtbaren Bildbestand unterscheiden sie sich nicht.

Abb. 7.3: Stillende Mutter, Grabstele einer jungen Frau, Ägypten, 4./5. Jh.

Ich demonstriere das an der ägyptischen Grabstele einer jungen Frau, die ihrem Kind die Brust reicht (4./5. Jh.; Abb. 7.3). Ursprünglich war es wohl eine »heidnische« Darstellung der Göttin Isis, die das Horuskind stillt; diese wurde möglicherweise erst nachträglich – durch Hinzufügung der beiden Kreuze – verchristlicht. Die beiden Kreuze hätten dann die Funktion einer identifizierenden und spezifizierenden Inschrift; diese würde lateinisch etwa »Maria lactans« lauten.

Für das Christusbild ist die Sachlage nun aber nicht so einfach. Denn hier gibt es den feinsinnigen dogmatischen Einwand, Jesus Christus sei nach dem Konzil von Chalkedon (451) »wahrer Mensch und wahrer Gott, ungetrennt und unvermischt«. Alle Theologen, bilderfreundliche wie -skeptische, sind sich jedoch einig darin, dass die göttliche Natur prinzipiell nicht darstellbar sei. Ein Christusbild könnte also nur die menschliche Natur Christi zeigen und sei daher von vornherein als häretisch, nämlich als nestorianisch zu qualifizieren, weil es die beiden Naturen in Christus trenne (vgl. oben Lektion 6, S. 76, zu Abb. 6.2).

Dieses Argument ist, wenn man binnendogmatisch denkt, nicht leicht zu entkräften. Eine Lösung liegt aber in der Namensgebung der Ikone, denn der Name meint ja nicht die Natur, sondern den Träger der gottmenschlichen Natur, nämlich die Person. Mit anderen Worten: Bei einem Christusbild ist mehr als bei jedem anderen Bildnis des christlichen Heilspersonals die Namensaufschrift unabdingbar. Dieselbe Funktion kann dann auch die Beischrift O ωN – ho On (gemäß Ex 3,14) oder die Beifügung von Alpha und Omega (gemäß Offb 1,8.17; vgl. Abb. 5.5) haben, nämlich die Funktion, die Gleichwesentlichkeit dieser menschlichen Figur mit Gott selbst auszudrücken.

Antiarianische Zuspitzung

Zugespitzt heißt unsere Frage, ob das erste Konzil von Nizäa (325) mit seiner Formel, Jesus Christus sei Gott wesensgleich, irgendwelche Folgen für die Gestaltung des Aussehens Christi im Bild gehabt habe. Ge-

Abb. 7.4: Brotvermehrung, Mosaik aus S. Apollinare Nuovo, Ravenna, um 520

nauer gesagt, es scheint strittig zu sein, ob wirklich bildnerische Mittel ausreichen, um den nizänisch-orthodoxen Glauben adäquat auszudrücken. Lässt sich bei einem inschriftlosen Bild Christi wirklich unterscheiden, ob es sich um ein arianisches oder um ein orthodoxes Bild Christi handelt?

Das Mosaik der Brotvermehrung (Abb. 7.4) beispielsweise stammt aus S. Apollinare Nuovo in Ravenna. Es wird auf ca. 520 datiert – also zur Zeit der Herrschaft des Arianers *Theoderich*. S. Apollinare war seine Hofkirche. Niemand kommt auf die Idee, diese Christusgestalt als »häretisch« abzuqualifizieren. Wir haben sie sogar 1979 in eine von der Deutschen Bischofskonferenz herausgegebene Schulbibel aufgenommen! Als Kaiser *Justinian* nach der Rückeroberung Ravennas die Kirche (561) den Katholiken übergab, wurden keine Veränderungen am christologischen Bildzyklus vorgenommen, während das Bild des arianischen Herrschers *Theoderich* entfernt worden ist.

Anscheinend lässt sich der feine, aber für die Dogmatik höchst relevante begriffliche Unterschied zwischen dem rechtgläubigen »homo-ousios« (wesensgleich) und dem häretischen »homoi-ousios« (wesensähnlich) mit rein bildnerischen Mitteln nicht adäquat sichtbar machen. Erst durch die Zugabe von lesbaren Worten ist in diesem Fall christologische Rechtgläubigkeit von häretischer Abweichung zu unterscheiden. Die Bilder für sich genommen sind so offen für die beiden dogmatischen Lesarten wie übrigens der Bibeltext auch. Nochmals zugespitzter gesagt: Alle Christusbilder neigen ihrem rein bildnerischen Gehalt nach zur arianischen Lesart des Dogmas, weil sie eben nur ein Geschöpf zeigen können – mag es auch alle Kennzeichen von Würde, Hoheit und Herrschaft tragen.

Für Ravenna selbst wird das deutlich am Apsismosaik der Kirche San Michele in Affricisco (s. Abb. 5.4; vgl. *Effenberger*). Überdeutlich steht im aufgeschlagenen Codex zu lesen: Qui vidit me vidit et patrem – »Wer mich sieht, sieht auch den Vater« (Joh 14,9 Vulgata), und zusätzlich: Ego et Pater unum sumus – »Ich und der Vater sind eins« (Joh 10,40). Das Mosaik von 545 bezeugt die Rückkehr zu orthodoxen, antiarianischen Verhältnissen in Ravenna. Ein Arianer hätte stattdessen vielleicht in den Codex das Schriftwort setzen lassen: »Der Vater ist größer als ich« – Pater maior me est (Joh 14,28). Aber für das Bild als Glaubensbekenntnis ist eben doch bezeichnend, dass die bloße Darstellung Christi offen ist für alternative verbale Vereindeutigungen. Oder anders gesagt: Das künstlerische Christusbild ohne Vereindeutigung durch Worte bleibt in gewisser Weise resistent gegenüber dem verbalisierten dogmatischen Zugriff!

Das Christusbild als »Rahmenthema«

Der polnische Kunsthistoriker *Jan Bialostocki* (gest. 1988) hat m.W. den Begriff »Rahmenthema« in die Kunstwissenschaft eingeführt. Ohne dass ich mich hier auf dessen Abgrenzungen genauer einlassen kann, möchte ich den Begriff übernehmen zur Kennzeichnung der bisher vorgestellten Sachverhalte. *Bialostocki* ist der Ansicht, dass es so etwas wie eine »ikonographische Schwerkraft« gibt. Diese konzentriere sich um Formen und Motive von »außerordentlich großer menschlicher Bedeutung«, in denen »sowohl christlich religiöse als auch weltliche Inhalte miteinander verschmolzen werden können«. Als Beispiel für ein solches Rahmenthema nennt er eine Heldin, die einen Mann oder einen Männerkopf mit Füßen tritt – das bekannte Motiv der *calcatio* (vgl. oben Abb. 6.4). Es fungiert als Symbol des Triumphes des Guten über das Böse. Dieses generelle Rahmenthema kann nun mit ganz verschiedenen Inhalten individualisiert werden, z.B.: Katharina tritt auf Kaiser Maxentius, Judith auf Holofernes, Maria auf eine Schlange oder einen Drachen ...

Ich möchte diese Anregung aufgreifen und abschließend behaupten, das Bildnis Christi – in welcher Variante auch immer – bildet ein Rahmenthema, das erst durch ein hinzukommendes nichtbildhaftes Element, hier durch dogmatisch festliegende und demzufolge festlegende Worte, so eindeutig wird, dass man es auch liturgisch als Christusbild ansprechen und verehren kann.

Religionspädagogische Relevanz

Jemand könnte geneigt sein, dieses Ergebnis so zu verstehen, als sei damit die Instrumentalisierung der christlich-kirchlichen Kunst besiegelt: Kunst im Dienst des Wortes (Apg 6,4). Ich möchte jedoch als Vertreter nicht der dogmatischen, sondern der praktischen Theologie den umgekehrten Schluss daraus ziehen. Die Notwendigkeit, dem Bild ein identifzierendes Wort hinzuzufügen, zeigt gerade, dass der unbefangene Blick auch im religiösen Bild zunächst ein humanes Rahmenthema, sagen wir ruhig bewusst: ein Allerweltsthema vorfindet, das dann zusätzlich anschließbar ist an die christliche Verkündigung. Die besondere Chance des Bildgebrauchs im heutigen Religionsunterricht liegt gerade darin, dass zunächst einmal die ästhetisch-künstlerische Realisierung und die anthropologisch-historisch-politischen Aspekte des Bildes wahrgenommen werden (ein anderes Beispiel dafür in diesem Buch: Abb. 1.1).

Auf das Christusbild bezogen würde das heißen: Der feine und doch gravierende Unterschied zwischen arianisch und orthodox in der Christologie spielt visuell zunächst keine Rolle. Er erreicht vermutlich überhaupt nicht die Bildschicht der Seele der Gläubigen. Wer nicht lesen kann – lateinisch oder griechisch lesen kann –, sieht keinen Unterschied. Letztlich heißt das, auch bei einem orthodoxen Christusbild sehen wir immer nur einen der menschlichen Erfahrung zugänglichen »Archetyp«. Im Fall des Christusbildes also: Hoheitlichkeit, Herrscherlichkeit, Erhabenheit oder was immer – jedenfalls ein humanes Rahmenthema, das dann durch den verbalen Verkündigungszusammenhang zusätzlich qualifiziert und eindeutig gemacht werden kann. Für den heutigen theologischen Bilddidaktiker, der sich einer »anthropologisch gewendeten Theologie« verpflichtet weiß, dürfte es wichtig sein, dass er die humanen Rahmenthemen, die der christlichen Kunst zugrunde liegen, erkennen und benennen kann. Damit kommt er den mehr oder weniger säkularisierten Subjekten der religiösen Lernprozesse, die er begleitet, menschenfreundlich entgegen, respektiert die relative Autonomie der künstlerischen Arbeit und weist der Theologie die ihr gemäße verbale Deutungskompetenz zu.

C Bilder aus dem Leben Jesu

8. Das schockierte Jesuskind

Ikone der Muttergottes von der Immerwährenden Hilfe (15. Jh.)

Ein festlicher Rahmen verschönert das Bild. Er macht uns darauf aufmerksam, dass es sich um etwas Besonderes handelt. Er hebt das Bild ab von der Alltagswelt und stimmt uns ein auf das, was uns diese Ikone »sagen« will. (Hinweis: Diese Bildpredigt bezieht sich auf ein bestimmtes Exemplar des Bildtyps der Muttergottes von der Immerwährenden Hilfe. Abb. 8.1 entspricht dem Typ, ist jedoch nicht in allen Einzelheiten identisch mit dem Exemplar, das der Prediger und seine Adressaten vor Augen hatten.)

Ein Brustbild Marias. Kopf und Hände sind das, was den Menschen auszeichnet. Ein Brustbild holt den Abgebildeten nahe heran und betont seine Würde. Dass es sich um Maria und nicht nur um irgendeine Mutter mit Kind handelt, wird sichergestellt durch die Inschriften: »Metér Theóu« steht abgekürzt links und rechts vom Haupt Marias. Das ist griechisch und heißt schlicht »Mutter Gottes«. Es besagt, dass das göttliche Wort, der ewige Logos, aus dieser Frau menschliche Natur angenommen hat und daher wahrer Mensch ist. Über ihrem Kind steht dementsprechend, wieder in griechischer Abkürzung, »Jesus Christus«. Das heißt, dieses Kind, mit Namen Jesus, ist der Messias. Mit diesen In-

Abb. 8.1: Muttergottes der Passion, Griechenland (Kreta), Ende 15. Jh. (Ikonen-Museum Recklinghausen)

schriften ist sozusagen urkundlich beglaubigt, dass, wer vor diesem Bild betet, nicht irgendwen im Sinn hat, sondern sich an Maria und ihren Sohn Jesus Christus persönlich wendet. Das Bild eröffnet gleichsam die Möglichkeit, den beiden Heilspersonen persönlich zu begegnen.

Diese Ikone ist – wie jedes Bild in der Kirche – ein Wunder. Denn eigentlich dürfte es gar keine Bilder in unseren Kirchen geben. Eigentlich steht in den Zehn Geboten: »du sollst dir kein Bild machen.« Erst langsam und mühsam hat die Kirche gelernt, dass mit der Menschwerdung Gottes auch das biblische Bilderverbot in seiner Strenge überholt ist. Gott selbst hat es überboten, indem sein Wort Fleisch angenommen hat und Mensch geworden ist. So sagten die bilderfreundlichen Christen, und so hat es die Kirche gutgeheißen.

Ohne weiteres kann man erkennen, dass es sich bei unserem Bild um eine Ikone handelt, also um ein Kultbild von der Art, wie es in der bilderseligen Ostkirche gebäuchlich ist und verehrt wird. Ein Gnadenbild. Man findet es als einzige Ikone in vielen katholischen Kirchen. Aber immer hängt es hinten im Kirchenraum, in der Nähe des Eingangs, an der Seite, in einer Nische.

Damit ist klar: Es dient nicht so sehr dem offiziellen Kult, sondern es wird aufgesucht von einzelnen Christenmenschen, die in Not sind. Sie tragen Maria und dem Jesuskind ihre persönlichsten Bitten vor. Zu meiner Kindheitserinnerung gehört, dass immer Lichter vor dieser Ikone brannten und häufig Leute mit Blick auf das Bild beteten, Menschen, die der Muttergottes ihre Nöte und Sorgen anvertrauen, weil sie wissen: Bei ihr sind meine Sorgen und Nöte gut aufgehoben.

Der Urtyp des Bildes heißt in der Ikonenkunst »Hodegétria«, das bedeutet: Maria ist als Wegweiserin dargestellt. Mit ihrer »Sprechhand«, der rechten, verweist Maria auf das Kind. Sie ist ja nur Helferin, indem sie unsere Bitten weiterleitet an den, der eigentlich dafür zuständig ist, an ihren Sohn Jesus Christus. Die katholische Volksfrömmigkeit vergisst das manchmal, deshalb ist es wichtig, auf die weisende Hand Marias zu schauen und ihrer Wegweisung zu folgen: »Was er euch sagt, das tut!«

Wir müssten nun erwarten, dass der, auf den sie hinweist, sich wie ein Herrscher zeigt, als göttliches Kind, hoheitsvoll-gnädig segnend.

Und so sind die Hodegétria-Ikonen auch in der Regel zu verstehen. Aber nun kommt erst der kleine, feine Unterschied zum Vorschein. Das Jesuskind auf unserer Ikone sucht ja selber Zuflucht. Es blickt zur Seite – empor zu den zwei Engeln, die über ihm schweben. Die Inschriften bezeugen, dass es die beiden Erzengel sind, Michael links und Gabriel rechts. Sie sind nicht zur Verschönerung da, als ob dort, wo Maria und Jesus sind, schon der Himmel anfinge. Im Gegenteil: Sie tragen die Leidenswerkzeuge der kommenden Passion Jesu herbei. Sie verweisen auf die dunkelste Stunde in der Zukunft dieses Kindes. Der eine trägt die Lanze, mit der einer dem toten Herrn die Seite öffnet, um festzustellen, dass er wirklich tot ist. Auf einem anderen Stab trägt er den Essigschwamm, der dem dürstenden Christus am Kreuz gereicht wird. Der Engel gegenüber zeigt das Kreuz vor, an dem sich das alles abspielen wird. »Das alles« heißt: Dem Jesuskind wird sein schreckliches Ende als von Gott gewolltes vor Augen geführt. Schon dem Kind auf dem Arm seiner Mutter werden die Augen geöffnet für das, was ihm bevorsteht. Einem Kind!

Und dem entspricht nun die ganz menschliche Reaktion des Kindes. Es sucht Zuflucht bei seiner Mutter und klammert sich in seiner Bedrängnis an sie. Mit beiden Händen greift das Kind nach der mütterlichen rechten Hand. Und die Mutter erweist sich als starker Halt. Sie hält ihr Kind fest und hilft ihm so, diese Vision zu ertragen.

Es gibt eine kleine Einzelheit, durch die der Schreck Jesu sichtbar gemacht wird: Seine Sandale fällt ihm vom Fuß. Er verliert gleichsam das Gleichgewicht. Wir sollen wahrnehmen, dass selbst Jesus in seiner Not zu seiner Mutter flüchtet. Das ist die eigentliche Botschaft des Bildes. Das mag dogmatisch nicht sehr korrekt sein, aber es ist menschlich nachvollziehbar.

Ikonen dieses Typs tragen oft zusätzlich einen Text, der die Botschaft des Bildes auch worthaft vermittelt. Er lautet (übersetzt): »Der einst der Allerreinsten Freude verkündete (d.h. der Engel Gabriel), zeigt die künftigen Zeichen der Passion. Christus aber, sterbliches Fleisch geworden, ängstigt sich bei diesem Anblick aus Furcht vor dem Tod.«

Indirekt spielt damit das Bild auf eines der Worte Jesu am Kreuz an, auf das schrecklichste, das am schwersten zu begreifende und doch vielleicht auch das menschlichste »letzte Wort« Jesu: »Mein Gott, mein Gott, warum hast du mich verlassen?« Manche Leute heben die Göttlichkeit Jesu so sehr hervor, dass sie dieses widerständige Wort des Evangeliums lieber verdrängen (vgl. Lektion 14). Es ist aber die Probe darauf, ob wir das wahre Menschsein Jesu und seine Solidarität mit uns in der Todesnot ernst nehmen.

Wenn wir uns meditierend auf das Bild einlassen, dann sagt es uns: Lass dich von Maria führen und leiten zu Jesus. Aber zum ganzen Jesus, zu dem, der selbst Blut geschwitzt und Todesangst ausgestanden hat. Er, Jesus, weiß, wie es Menschen ergehen kann. Er leidet mit uns. Und du darfst darauf setzen, dass er, der bei seiner menschlichen Mutter Halt gefunden hat, die Fürbitte dieser seiner Mutter nicht abschlagen wird. Sie wird sich wirklich als »Mutter von der immer währenden Hilfe« erweisen.

9. Jesus im Konflikt mit seinen Eltern

Simone Martini, Heilige Familie (1342)

Das auch im Original handliche Bild wird in der Kunstliteratur zwar gern »Heilige Familie« genannt, aber dieser Titel verwischt die Pointe. Offensichtlich handelt es sich um den zwölfjährigen Jesus, der *nach* dem theologischen Disput mit den Tempellehrern (Lk 2,46–47) und *vor* seiner gehorsam-untertänigen Rückkehr nach Nazaret (2,51) von seinem Vater seiner Mutter zugeführt und von seinen Eltern ins Verhör genommen wird – und dabei trotzt. Eine in der Bildwelt des Mittelalters ganz und gar singuläre Themenwahl, ein Unikum.

Die Darstellung steht in Opposition zur Bildtradition, die Jesus – als »Junglehrer und Musterknabe« *(Stock)* – im Disput mit den Tempellehrern zeigt. Die Eltern Jesu tauchen dabei allenfalls am Rand auf: Und da sie ihn erblickten, waren sie fassungslos (V 48a). Bei *Simone Martini* wird dagegen die vorwurfsvolle Anfrage Marias als Auslöser der geheimnisvoll vieldeutigen Gegenfrage Jesu zur Hauptsache: Und seine Mutter sagte zu ihm: »Kind, warum hast du so an uns getan? Siehe, dein Vater und ich haben dich mit Schmerzen gesucht.« Und er sprach zu ihnen: »Wie konntet ihr mich suchen? Wusstet ihr denn nicht, dass ich in dem sein muss, was meinem Vaters gehört?« (V 48b–49) Ängstlich-besorgte Anfrage und selbstsicher-verwunderte Gegenfrage (das erste von Jesus überlieferte Wort!) bilden im Lukaskontext einen literarisch-rhetorisch überzeugenden Kontrast. Es handelt sich um die Klimax der Erzählung vom zwölfjährigen Jesus im Tempel, und diese Erzählspitze wird im Martinibild isoliert thematisiert.

Die historische Frage nach der Örtlichkeit und sonstigen äußeren Umständen stellt sich nicht. Das Beziehungsverhältnis der drei Personen dominiert. Sie füllen den knappen Bildraum voll aus. Der Rest ist

Abb. 9.1: Simone Martini, Heilige Familie, 50 x 35 cm, 1342

undefinierter Boden und Goldgrund. Die bildliche Dramaturgie der innerfamiliären Auseinandersetzung bietet mehr, als der Bibeltext hergibt. Offensichtlich ist es Josef, der Jesus heranführt – »shepherding him« *(Martindale)*. Seine linke Hand liegt fürsorglich auf Jesu Schulter, mit der »sprechenden« rechten Hand weist er den Sohn eindringlich zurecht und verweist zugleich vorwurfsvoll auf den Kummer der Mutter. Vorwurf, Kummer, vielleicht sogar Ärger und Zorn spiegeln sich auch in seinem dem Missetäter zugeneigten Gesicht. Die weichen Faltenbahnen in Josefs Obergewand, die alle in der Gebärde seiner rechten Hand zusammenlaufen, werben gleichsam darum, dass Jesus sich auf Maria hin öffne, statt wie eine Statue dazustehen und sich zu verweigern. So versucht Josef die Distanz zwischen Maria und Jesus, die auf der Bildfläche so groß wie eben möglich ist, zu überbrücken. Der väterliche Dienst des Vermittelns und Ausgleichens ist umso höher zu bewerten, als es ja gerade Josefs Autorität ist, die in diesem Streitfall durch den Hinweis auf Gottes Vaterschaft (V 49b) und die demgemäße »Hörigkeit« relativiert wird.

Entsprechend der gewohnten Leserichtung »beginnt« bei Maria unsere Bildlektüre. In ihrer Grundhaltung sollen wir uns dem Bildthema nähern. Maria erniedrigt sich demütig vor Jesus, indem sie sitzt (»Maria humiliata«). Das macht ihre Frage eindringlicher und den Sohn größer. In ihrer Körperhaltung akzeptiert sie schon, was sie innerlich noch lernen muss. Auf ihrem Schoß liegt aufgeschlagen ein Büchlein. Dort steht entsprechend V 48b geschrieben, was in einem Comic in der Sprechblase stünde: FILI QUI(D) FECISTI N(OBIS SIC). Maria unterstreicht die Frage mit einer kräftig aus ihrer Körperkontur herausstoßenden Handgebärde. Das zeremoniell wirkende Wechselspiel der beiden elterlichen rechten Hände im leeren Raum vor dem Goldgrund ist der gestische Ausdruck des Besorgtseins der bis dahin für das Kind Verantwortlichen und ihres Versuchs, den Sohn zurückzugewinnen.

Umso renitenter wirkt Jesus. Er sucht nicht die Zärtlichkeit seiner Mutter. Er entzieht sich den Bemühungen seiner Eltern, indem er die Arme vor der Brust verschränkt: Urgeste der Emanzipation gegenüber der elterlichen Autorität. Diese ist hier aber nicht als bloße Aufkündigung der familiären Symbiose oder als Akt der Selbstverwirklichung aus eigenen Gnaden gemeint, sondern als Ausdruck des Einsseins mit Gott – also strikt theologisch und nicht nur jugendpsychologisch! Jesus drückt ein kleines rotes Buch an seine Brust – oder an sein Herz. Ist das vielleicht als Hinweis auf seine »Hörigkeit« gegenüber dem Willen Gottes zu verstehen? Das Buch ist geschlossen, und das dürfte gerade in Opposition zum offenen Buch auf dem Schoß seiner Mutter der stärkste Ausdruck der Verweigerung einer Entschuldigung sein. (Mit dem Bibeltext noch nicht vertraute Grundschulkinder meinten spontan, der Konflikt bestehe darin, dass Jesus das rote Buch an sich genommen habe und es nicht wieder herausrücken möchte!)

Dass sich Jesus für seine Entschiedenheit auf das göttliche »muss« (V 49b) beruft, bleibt unsichtbar. Es ist aus der Textkenntnis zu ergänzen. Sichtbar ist nur die für einen Jugendlichen typische Verweigerungs- und Trotzhaltung. Was für jeden jüdischen Jungen ab seinem 13. Geburtstag als Bar Mizwa gilt, das nimmt Jesus in eminenter Weise vorzeitig in Anspruch: Er steht vor Gott auf eigenen Füßen.

Da das Gemälde sowohl körpersprachlich wie kleidersprachlich signalisiert, dass sich die Szene in einem gehobenen Milieu abspielt, wirkt die Zurückhaltung des Jungen gegenüber seinen primären Bezugspersonen besonders aufreizend. Dass sie letztlich theologisch und nicht anthropologisch motiviert ist, deuten (außer dem biblischen Bezugstext) solche bildnerischen Mittel an wie der Goldgrund, die (individuell gestalteten) Nimben der drei Personen, die sakrale Bogenform, die die Szene überwölbt und schließlich die beiden Seraphim in den Zwickeln oben links und rechts.

Es stellt sich die Frage nach dem möglichen historischen Kontext einer solchen Bildgestaltung. Was könnte ihr »Sitz im Leben« gewesen sein? Wir wissen, dass die Prediger und Katecheten jener Zeit diesen Konflikt in der Heiligen Familie herunterspielten und stattdessen den demütig-braven Schluss der Geschichte als Gehorsamsexempel nicht nur gegenüber den Eltern, sondern auch gegenüber den kirchlichen und sonstigen Obrigkeiten herausstellten (vgl. *Denny*). Was könnte den sienesischen Maler am Papsthof in Avignon 1342 veranlasst haben, einen solchen Gegenakzent zu setzten?

Er hatte sich wohl nach seinem geistlichen Auftraggeber zu richten. Vielleicht war dieser der letzte Spross eines Adelsgeschlechts und hatte seine geistliche Berufung gegen den Willen seiner Familie und deren Interesse an der Erhaltung des Adelsgeschlechts durchsetzen müssen? Und hätte dann – im Lichte dieser biografischen Erfahrung – die bekannte Stelle Lk 2,48–49 für sich neu entdeckt und die ganze Geschichte vom Zwölfjährigen Jesus gegen den damals üblichen Strich gelesen! So würde sich auch das kleine Format des Bildes erklären lassen. Es passt eher zu einem persönlich-intimen als zu einem liturgisch-öffentlichen frommen Gebrauch.

10. Jesus im Konflikt mit dem Teufel

Josef Hegenbarth, Versuchung Christi (1958)

»Den Teufel an die Wand malen« – das ist im Volksglauben, wie er in sprichwörtlichen Redensarten zum Ausdruck kommt, ursprünglich eine Form, den Teufel als real präsent zu denken. *Lutz Röhrich* vermerkt dazu im Lexikon der sprichwörtlichen Redensarten: »Nach dem Volksglauben kann man den Teufel als Superlativ alles Bösen und als Fürsten der Hölle durch bloßes Nennen seines Namens herbeizitieren, auch durch Malen seines Bildes herbeiholen, denn das Bild stellt nicht nur den Teufel dar, sondern ist er selber (Bildzwang, Bildzauber).«

Damit stellt sich sofort die religionspädagogische Frage, ob es verantwortlich und klug sei, gemalte Bilder des personifizierten Bösen bei der Vermittlung des Glaubens an heutige Adressaten zu benutzen. Bildmagie mag ihnen fern liegen. Dennoch suggeriert das gemalte Bild des Diabolos seine individuelle Realität. Es versinnlicht und historisiert ein Phänomen, das biblisch nicht so sehr als fest umrissene Gestalt, sondern eher als eine unfassbare dunkle Unheilsmacht gesehen wird. Wenn die groteske Teufelsfigur wie eine Abbildung aufgefasst und nicht als Symbol verstanden wird, verstärkt sie für heutige Menschen nur die Zweifel, ob es den Teufel gibt.

»So jedenfalls nicht«, dürfen wir dann sagen. Die übliche Teufelsimagination ist geeignet, die mit der Chiffre Satan gemeinte Unheilsmacht zu verharmlosen. So fordert *Karl Lehmann*: »Natürlich darf man sich ... nicht an verfestigten und verdinglichten Bildern des Teufels orientieren, wie an einem sonderbaren, monströsen Wesen mit Bocksfuß und Hörnern, mit tausend Fratzen, halb Mensch und halb Tier. Es steckt schon eine verborgene Wahrheit in diesen Gleichnissen, aber wir entdecken sie nicht mehr auf den ersten Blick.«

Dieser Feststellung des Dogmatikers lässt sich ein Kriterium entnehmen: Nur wenn das konventionelle Teufelsbild als »Gleichnis« aufgefasst wird und die »verborgene Wahrheit« dieses Gleichnisses ans Licht kommt, ist es katechetisch legitim. Lehmann nennt als Realitäten des Lebens, die mit der Chiffre »Teufel« gemeint und als widergöttlich zu deuten sind: Lüge, Hinterlist, Eigensucht, sadistische Nadelstiche, tödlichen Hass.

Das Aussehen des Teufels

Die Bibel ist am Aussehen des Teufels ebenso wenig interessiert wie an der äußeren Gestalt Jesu, seiner Mutter oder seiner Jünger. »Wichtiger als das Aussehen des Teufels ist ... das, was er tut« *(Grober-Glück)*. Das lässt sich an der ausführlichen Versuchungsgeschichte Jesu im Evangelium nach Matthäus leicht verifizieren.

Der Teufel kann in Texten unseres Kulturkreises als dunkle männliche Gestalt agieren – so zum Beispiel in der Christophoruslegende als Ritter, »ferus et terribilis«, wild und schrecklich anzusehen, wie es in der Legenda aurea des *Jacobus de Voragine* heißt (vgl. Lektion 23). Oder als Ungeheuer in Tiergestalt – zum Beispiel als Drache, als riesiger schwarzer Hund oder ähnlich (vgl. Abb.6.4). Seine urtümlichste Symbolgestalt ist jedoch die eines Dämons, eines halbmenschlichen, halbtierischen aufrecht gehenden Bockes oder Satyrs mit Hörnern, Schwanz und Tierfüßen. Eine auffällige Rolle spielt dabei der »Pferdefuß«; aber auch Bocksfuß, Klauenfuß oder Krallenhände kommen häufig vor.

Dass solche Vorstellungen nicht christlich inspiriert sind, liegt auf der Hand. Die ersten Teufelsdarstellungen in der christlichen Kunst – nicht vor dem 6. Jahrhundert anzusetzen – zeigen ihn als gefallenen Engel, also keineswegs von hässlicher Gestalt. Die östliche Version der christlichen Kunst hat in ihren Ikonen den ursprünglichen Typ bewahrt. In der westlichen Kunst dominiert stattdessen, je länger umso mehr, der »heidnische« Satyr-Typ, eventuell noch angereichert mit Ziegenbart, zottigem Fell und langen Tierohren (vgl. *Grober-Glück* 121). Er gilt als Sinnbild der Geilheit und des groben Sinnengenusses. Das Animalische im Menschen, seine Trieb- und Instinktnatur wird dergestalt »verteufelt« bzw. als Urheber aller Versuchung, als Versuchung schlechthin, gedeutet. Dass wir kein Interesse daran haben, diesen dualistischen Zug durch realistische Teufelsbilder zu stützen, ist klar; wir würden der Reduzierung und Fixierung des Bösen auf das Triebhafte Vorschub leisten. Diese Art der Teufelsdarstellung ist »das unbiblischste aller biblischen Bilder«, denn es gibt keinen Bibeltext, der sie nahe legte (*Schmidt* 464ff).

Das Betrachten und Besprechen eines isolierten Teufelsbildes der beschriebenen Art kann demnach nur zum Ziel haben, die öffentliche Metapher »Teufel«, wie sie in der Phantasie unserer Adressaten spukt, nach ihrer Herkunft und ihrem verborgenen dualistischen Sinngehalt aufzuklären und sie dann beiseite zu lassen – oder sie in einen christologischen Kontext zu stellen, der dazu nötigt, das herkömmliche Bild neu zu interpretieren. Das soll im Folgenden versucht werden.

Abb. 10.1: Vorführung einer Laterna Magica, 1791

Die Versuchung Jesu

Die synoptische Spruchtradition erzählt in novellistischer Breite, wie der Teufel bemüht ist, Jesus »zu Fall« zu bringen (Mt 4,3–11; Lk 4,3–13). Dabei unterbleibt jede Andeutung der äußeren Gestalt des Gegenspielers Jesu, sodass die bildnerische Darstellung tatsächlich genötigt ist, auf die »öffentliche Metapher« und den »visuellen Archetyp« des Satyrs zurückzugreifen – obwohl von vornherein klar ist, dass sexuell gefärbte Sinnlichkeit oder Geilheit in der Versuchungsgeschichte keine Rolle spielen.

Die erste Versuchung (Mt 4,3–4), Steine zu Broten werden lassen, »meint nicht nur, für den Hungernden Nahrung beschaffen, sondern meint auch ein aufsehenerregendes Spektakel wirken.« (*Sand* 73) In der zweiten Versuchung (Mt 4,5–7) soll sich Jesus vom Giebel des Tempels stürzen unter Berufung auf eine in der Schrift garantierte Zusage Gottes (Ps 91,11f). Blasphemisch ist sowohl die Wahl des Ortes wie des Schriftwortes. Die dritte Prüfung (Mt 4,8–11) besteht in dem Angebot, alle Königreiche des Kosmos und deren Pracht in Besitz zu nehmen – verbunden mit der Abkehr von Gott und der anbetenden Hinwendung zum Versucher (*Sand* 73f).

Die dreistufige Szenenfolge ist in ihrer Dialogik nachvollziehbar und voll verständlich, ohne dass das äußere Aussehen Jesu und das des Teufels festgelegt sein müssten: Ein offenes biblisches »Bild«, in dem die überlegene Hoheit Jesu am Beginn seiner öffentlichen Tätigkeit ebenso aufleuchtet wie die infame Verschlagenheit des Versuchers. Die zeichnerische Realisierung dieser Szene kommt jedoch nicht ohne zusätzliche Details aus. Der Gehalt der nicht wörtlich darstellbaren Dialoge muss visualisiert werden durch die Umrisse der beiden Gestalten, durch ihre Größenverhältnisse, durch Gestik und Mimik, durch Kleidersprachliches usw. Wenn das gelingt, liegt mehr als eine Illustration vor. Der erspürte Gehalt der Perikope wird in eine neue Sprachform, nämlich die des flächigen Bildes, übertragen und dadurch dem Zeitgenossen auf eine neue Weise eindrücklich gemacht. An sich der Idealfall einer Predigt. Aber eine Predigt mit ungewohnten Mitteln!

Der Künstler hat die dreigliedrige Szenenfolge in einer einzigen konzentriert. »Wo der Knoten sich schürzt, greift er als Maler zu« (*Löffler* 95). Was der Text in sukzessiver Steigerung entfaltet, zeigt die Zeichnung simultan in einer großen Gebärde: Die einschmeichelnde Zudringlichkeit des Teufels einerseits – die souveräne Geste der Abwehr des Gottesmanns andererseits. Vorgang und Resultat in einem.

Abb. 10.2: Josef Hegenbarth, Die Versuchung Jesu, Pinselzeichnung, 1958

Bei genauerem Hinsehen findet man vorn rechts ein paar kantige Steine und bemerkt, dass die Linke des Versuchers auf sie verweist. So wird wohl auf die erste der drei Versuchungen angespielt. Aber darin ist doch zugleich alles Folgende mitgemeint und ausgedrückt.

Die beiden Figuren umgibt eine unheimliche Finsternis. Sie wirken wie angestrahlt von einem Scheinwerfer in der Nacht. Auf keinem anderen der vierzig Blätter *Hegenbarths* zur Bibel ist so viel dichte Schwärze zu finden – geschaffen durch heftige waagerechte Pinselstriche: »Bis auf den heutigen Tag«, schreibt der Künstler, »sind mir das Liebste die Zeichenfeder und der Pinsel, aber der borstige, abgeschriebene, in schwarze Farbe oder Tusche getauchte« (zit. n. *Löffler* 95). Nur die Konturen der Gestalten hat er jeweils mit einem senkrechten Feder- und Pinselstrich verstärkt: Dort verdichtet sich die Finsternis.

Damit wird nicht nur auf die Dunkelheit als die genuine Sphäre des Teufels angespielt (in Psalm 91, der ja in der Versuchungsgeschichte eine besondere Rolle spielt, ist in V 5–6 vom »Schrecken der Nacht« und von »der Pest, die im Finstern schleicht« die Rede). Zugleich wird durch diese Schwärze räumliche Tiefe und damit jede Verortung der Szene überpinselt. Das fördert die Aktualisierung. Die Szene kann sich überall abspielen.

Der Aktualisierung dient auch die Kleidung Jesu. Statt der klassischen Tunika, sonst »Idealgewand« biblischer Personen, trägt Jesus Hose und Jacke, diese zugeknöpft bis obenhin, jene mit Aufschlag, unter dem Schuhe mit Absatz sichtbar sind. Oder trägt er einen Overall (Schutzanzug!)? Jedenfalls: Jesus ist zeitgenössisch gekleidet – wie unsereiner. Die Darstellung seines Gesichts dagegen folgt der Tradition: länglich-ovale, schmale Kopfform; langes glattes Haupthaar mit einem Mittelscheitel; Schnurrbart und Kinnbart, Letzterer zweigeteilt (vgl. Abb. 6.7; 7.1). All dies in knappster Andeutung, aber doch eindeutig individualisierend. Mimisch zeigt das Gesicht in den steil zusammengezogenen Augenbrauen Jesu vor allem dessen Unwillen.

Die hockende Teufelsgestalt lässt sich dem Satyrtyp zuordnen. Ein gehörnter Tierkopf, dessen Sinnesorgane – Augen, Ohren, Mund und

Nase – grobe menschliche Züge tragen. Gekrümmte Bocksbeine, deren Krümmung durch insistierende Schwärze betont ist. Mit einzelnen Tupfern wird »zottiges Fell« assoziiert. Ansonsten ist der Gegenspieler anscheinend nackt.

Körpersprachliche Auseinandersetzung

Mit all diesen Beobachtungen ist die Botschaft der Pinselzeichnung noch nicht in ihrem Kern erfasst. Dazu müssen wir zusätzlich das körpersprachliche Zueinander und Gegeneinander der beiden Gestalten wahrnehmen.

Zunächst fällt auf: Hell und Dunkel sind nicht wie »gut« und »böse« verteilt. Jesus und sein Gegenspieler befinden sich gleichermaßen im Finstern. Sie sind einander körperlich nahe. Sie könnten einander die rechte Hand reichen – wenn Jesus das wollte. Vielleicht verschwindet die Rechte Jesu deshalb in seiner Körperkontur, um gestisch anzudeuten, dass er der hochgehaltenen »sprechenden« Pranke des Teufels den Handschlag verweigert?

Der auffallendste Gegensatz ist der von Stehen und Sitzen. Jesus steht und wendet sich zum Gehen. Die Wendung ist umso deutlicher, als sein Kopf und seine Handbewegung sich nach rechts ausrichten. Die Körperneigung des Stehenden und der Schritt des Gehenden richten sich jedoch nach links. Wäre es umgekehrt (wie bei einem seitenverkehrt benutzten Dia), bewegte sich Jesus also in der gewohnten Leserichtung von links nach rechts, sähe das wie eine Flucht aus. Wer sensibel ist für solche visuellen Kraftfelder, spürt, wie sich Jesus schon durch seine Stellung im Bild angewidert einem Sog entzieht und widerständig handelt.

Am eindeutigsten geschieht das freilich durch die energische Abwehrgeste der linken Hand. Sie wahrt den gehörigen Abstand zu Gesicht und Hand des Teufels. Die kühne Verkürzung des Oberarmes Jesu und das dementsprechende Hochziehen von Unterarm und Hand in einer entschiedenen Geste der Zurückweisung trifft den innersten Gehalt der Bildgestalt: Hoheit und Distanz, Überlegenheit und Verachtung – die ganze Christologie der Szene liegt in dieser Gebärde. Hier müsste der Blick verweilen. Diese energiegeladene Geste wäre zu meditieren.

Im Vordergrund zieht allerdings immer wieder die exotische Teufelsgestalt den Blick auf sich. Sie hockt auf der Erde zwischen den Steinen. Sie baut sich von unten auf, wächst gleichsam aus der Steinwüste heraus. Sie äfft die Schräge der Körperhaltung Jesu nach, als suchte sie vertraulichen Kontakt oder Anlehnung. Sie schaut verlangend zu Jesus auf. Und sie hält die plumpe geöffnete Hand anbietend oder auch anbiedernd ihm entgegen – nicht hochgereckt, sondern so, als zuckte die erhobene Rechte des Teufels schon zurück vor der herrischen Handbewegung des Gottessohns.

Es dürfte kein Zufall sein, dass durch diese körpersprachliche Fügung der Teufel höchstens bis zur Brusthöhe Jesu reicht. Den Kopf und das Herz Jesu erreicht er nicht. Dies korrespondiert der Symbolik der konventionellen Satyrgestalt, denn diese zielt ja auf die so genannten niederen Kräfte im Menschen. Zur Metapher des Tierischen als Ausdruck der »niederen« Kräfte im Menschen und demzufolge eines den blinden Leidenschaften ergebenen menschenunwürdigen Daseins gibt es, angefangen bei den Pythagoräern, zahlreiche Belege im abendländischen Denken.

Der Text als letzte Deutungsinstanz

An dieser Stelle müsste nun nochmals der biblische Bezugstext zu seinem Recht kommen. Aus ihm wäre zu erheben, was im Bild nicht sichtbar wird, nämlich worin genauer die Versuchungen Jesu bestehen. Nicht das sexuell Aufreizende ist gemeint, sondern die Versuchung zu widergöttlichem Stolz, zu Reichtum, angemaßter Macht und eitlem Selbstruhm.

Lässt sich die Pinselzeichnung »aus der Zeit des grandiosen Spätstils« *Josef Hegenbarths* in diese Pointe des Textes ohne Schwierigkeiten integrieren? Oder bleibt der Blick bei der vordergründigen Bocksgestalt hängen und lässt sich daraus zu freien Assoziationen verführen? Verstärkt und vertieft das Bild also die Missverständnisse, die unser Sprechen vom Teufel auslöst? Darüber wäre mit den heutigen Adressaten zu verhandeln. Das Bild diente dann der theologischen Aufklärung. Man würde sich von der eindrucksvollen Konkretisierung des Teufels distanzieren müssen, wenn dadurch die Pointe des Textes entstellt würde.

Der Bildaufbau lässt aber eigentlich eine solche isolierte Betrachtung des Teufels gar nicht zu. Wer sich vom Pinsel des Künstlers führen lässt und das Bild nicht gegen seinen Strich liest, »vergisst« die Frage nach dem Ansichsein und dem Aussehen des Teufels. Klüger wäre deshalb ein weniger rigoroses Vorgehen. Indem der Zeichner *Hegenbarth* den landläufigen Archetyp für das Böse wachruft, macht er es besprechbar. Die Jesusgestalt dient ja nicht etwa als Vorwand, um den Teufel interessant machen zu können. Im Gegenteil, sie wird aufgerufen, weil sie durch Jesus erledigt wurde! Sie hat infolgedessen in dieser Zeichnung auch etwas von einer Karikatur.

Entscheidend ist also schließlich die Wahrnehmung des Ganzen der Darstellung. Der Blick erhebt sich gleichsam über die konventionelle Vorstellung vom Teufel, lässt sie hinter sich und schaut auf zu Jesus. Der »Teufel« ist dann eine Gestalt, die Jesus verstricken und herabziehen möchte, ihm aber letztlich nichts anhaben kann. So entpuppt sich der Widersacher als eine Macht, die heilsgeschichtlich bereits abgewiesen und besiegt ist. Ihre Faszination ist Schein und Trug, wenn wir uns auf die Seite Jesu und der Gewissheit des von ihm geschenkten Heiles stellen.

11. Der beschwingte Heiland, die bekümmerte Kirche und das menschliche Leid

Raffael, Verklärung Christi (1518–1520)

Das erste Rätsel dieses Bildes (s. Abb. 11.1) ist seine Unter-Teilung. Der lichte Bereich oben, das Schattenreich unten – wie ist ihr Zusammenhang zu sehen und zu verstehen? Im Blick auf die Evangelien scheinbar ganz einfach. »Verklärung Christi« und »Heilung des besessenen Knaben« durch Christus sind engstens verknüpft: Bei allen drei Synoptikern folgt auf die Perikope von der Verklärung auf dem Berg (Mk 9,1–13; Mt 17,1–13; Lk 9,28–36) die von der Heilung des »mondsüchtigen« (epileptischen) Jungen durch den Heiland in der Ebene (Mk 9,14–29; Mt 17,14–20; Lk 9,37–43). Die bei dem Gang Christi auf den Berg nicht mitgenommenen Jünger hatten den Kranken laut Bericht seines Vaters nicht zu heilen vermocht.

Problematisierung

Von jedem erzählenden Bild gilt, dass es den Textfluss gleichsam staut, nämlich das nacheinander Gehörte in ein übersichtlich, ja simultan Schaubares überführt. Das trifft hier in einem doppelten Sinn zu: Nicht nur wird in der oberen Szene die Verklärungsgeschichte in ein Simultanbild überführt, sondern unten ist zu sehen, was sich gleichzeitig anderwärts ereignet hat, und von dem der Leser/Hörer des Evangeliums eigentlich erst später, in einer Rückschau, erfährt.

Mit dem Auftrag für ein Altarbild ergab sich für *Raffael* zugleich die Aufgabe, ein hochformatiges Bild zu schaffen und so die beiden Szenen in ein Verhältnis der Über- und Unterordnung zu bringen. Gerade das führt zu neuen (Be-)Deutungen für beide Geschichten.

Dieses Arrangement des Künstlers ist ganz und gar singulär. Es wird entweder als misslungen betrachtet oder wird als eine besondere Herausforderung für die Auslegung des Gemäldes und damit der beiden Geschichten angenommen. Der buchstäblich »entrückte« Christus oben als Heiland der Menschen unten – ist das eine sinnvolle Zusammenfügung? Und ist sie hier visuell-künstlerisch plausibel realisiert?

Die angesichts des menschlichen Leids rat- und hilflose Basisgemeinde von neun Aposteln unten war bis dahin noch nie Thema der Kunst gewesen; immer sah man bisher nur, wie Christus nach dem Abstieg vom Berg sich des epileptischen Knabens und seiner Eltern erbarmt und den Besessenen aus nächster Nähe heilt. So darf unterstellt werden, dass der Maler »durch die neuartige Zusammenstellung von Motiven, durch die Differenz der Bilderfindung von den gängigen Vorstellungen eine unerwartete, aber dennoch plausible Deutung der zwei bekannten Geschichten« vortragen wollte (*Locher* 90).

Zu dieser neu- und einzigartigen Deutung könnte *Raffael* durch einen Konkurrenten inspiriert worden sein. Der Auftraggeber des Bildes, Kardinal *Giulio de' Medici* hatte nämlich für seine Bischofskirche in Narbonne nicht nur dieses, sondern noch ein zweites Gemälde bei einem anderen Maler in Auftrag gegeben, eine »Auferweckung des Lazarus«, die eine weitaus dramatischere menschliche Szenerie erlaubte. Der »Kunstgriff« *Raffaels* hätte sein Bild also konkurrenzfähiger gemacht. Außerdem könnte der Maler durch ein geläufiges Wortspiel angeregt worden sein, das den Familiennamen der *Medici* (»Ärzte«) mit Christus als dem Heiler und Erlöser der Menschheit in Verbindung brachte. Vielleicht war ihm auch bewusst, dass sein eigener Name *Raffael* zu übersetzen ist mit »Gott heilt«.

Die dramatische Szene unten

Zuerst muss man sich die originalen Größenverhältnisse klarmachen: Der untere Teil des Bildes zeigt Menschen in Lebensgröße. Die in der vatikanischen Pinakothek davor versammelte Besucherschar wirkt wie eine Fortsetzung des Bildes ins heutige reale Leben hinein – wie eine

Abb. 11.1: Raffael, Verklärung, 410 x 279 cm, 1518–1520

wegen der Sensation hinzugelaufene gaffende oder betroffene Zuschauermenge. Schon die schiere Größe des Bildes (Höhe: 4,10 Meter) verleiht ihm eine überwältigende Autorität. Sie ist durch eine Reproduktion wie die hier im Buch auch nicht annähernd zu vermitteln; schon eher mag das mit einer Diaprojektion möglich sein (*Zink*, Bd. 20).

Wohin platziert das Bild den Betrachter? Sein Standort befindet sich etwas links von der Mittelachse des Bildes, am Ende der dunklen »Gasse«, die die beiden Gruppen unten voneinander trennt. Der Beobachterstandpunkt ist überprüfbar im Blick auf die Begleitfiguren des Verklärten oben: Die Gestalt des Mose (links) sieht der Beobachter mehr von hinten, die des Elija mehr von der Seite. Der Leserichtung des Bildes von unten nach oben folgend sortieren wir zuerst die näher liegende und dunklere untere Hälfte des Gemäldes und inspizieren sie im Einzelnen. Nicht das »Who is who« der Identifizierung einzelner Personen, sondern die frische Wahrnehmung der Gestalten und ihrer Zugehörigkeit zu Gruppen ist gefragt, deren Verhältnis zueinander, sowie die charakteristische Körpersprache, Gestik und Mimik.

Deutlich sind unten zwei antagonistische Menschengruppen zu unterscheiden: Neun Männer links und eine gemischte Gruppe von zehn Personen rechts, beide Gruppen scharf getrennt durch ein schräg verlaufendes, schmales und dunkles »Niemandsland« zwischen ihnen. Über die Kluft hinweg sind beide Seiten – gestikulierend und schauend – einander konfrontativ gegenübergestellt.

Die Inszenierung der dicht gedrängten Gruppe rechts und die Lichtregie des Bildes machen einen im epileptischen Anfall verrenkten Jungen zum Mittelpunkt der Aufmerksamkeit. *Vasari*, der *Raffaels* Verklärungsbild in höchsten Tönen preist (»das gefeiertste, schönste und göttlichste« Werk), beschreibt das so: »Die Qualen, von denen der schreiende Knabe gepeinigt wird, zeigen sich nicht nur in seinen grässlich verrenkten Gliedern und verdrehten Augen, sondern auch im Pulsieren der angeschwollenen Adern und der Totenblässe der Haut. Er wird von einem alten Mann gestützt, der ihn fest umschlungen hält; seine weit aufgerissenen Augen und die gerunzelte Stirn drücken gleichzeitig Kraft und Bangen aus, während er, den Blick starr auf die Apostel geheftet, durch ihren Anblick Hoffnung und neuen Mut zu schöpfen scheint« (415).

Protagonistin in dieser Gruppe ist eine auffallend platzierte und beleuchtete, attraktiv aufgemachte weibliche Rückenfigur, die sich kniefällig den Aposteln zuwendet und zugleich (diese und uns!) mit beiden Händen auf das Elend des Kindes und seiner Eltern verweist. »Ein göttlich zürnendes Weib«, »das mit schöner Indignation den Aposteln ihr Unvermögen, nicht helfen zu können, vorzuwerfen scheint« (*Schlegel*, nach *Stock* 1998, 408).

Ihr Pendant auf der anderen Seite, noch mehr nach vorn gerückt und uns in pointierter Dreidimensionalität mit Hand und Fuß in die Szene hineinziehend, ist der Apostel vorn links, der mit einem mittig aufgeschlagenen Buch in der Hand auf einem abgesägten Ast über einer kleinen Wasserfläche sitzt. Eine »um Aufmerksamkeit werbende Wendung zum Publikum«, wie diese, »ist vielleicht kennzeichnend für die gesamte Kultur der Renaissance« *(Locher)*. Die Funktion der beiden Figuren im vordersten Vordergrund als Angebote einer »Affektbrücke« und die aller anderen Beteiligten in der Dunkelzone müsste anhand ihrer Stellung im Bild und ihrer Körpersprache nun ausführlicher im Einzelnen aufgesucht und einfühlend (evtl. sogar spielend) erkundet werden. Einige Hinweise (in Anlehnung an *Rudolf Preimesberger*) auf die Verschiedenartigkeit der Reaktionen angesichts ein und desselben tragischen Geschehens:

Der schon genannte, am »Portal« des Bildes sitzende blau-gelb gekleidete Mann mit dem Buch ist als ein am Ereignis teilnehmender, aber es zugleich reflektierender und erzählender Evangelist (vielleicht Matthäus) zu sehen.

Hinter ihm der einzige »gesichtslose« Apostel, ziegelrot und grün bekleidet, der die Aufmerksamkeit gleichsam um die Ecke zur Mitte lenkt, indem er auf den herausgehobenen Jünger im roten Mantel deutet. Dieser scheint der Sprecher der zurückgebliebenen Apostel zu sein, eine Schlüsselfigur; an ihn wendet sich das Volk, insbesondere der Vater des Jungen. Mit hoch erhobenem linken Arm und mit ausgestrecktem Zeigefinger verweist der Apostel auf den Berg – ohne hinzuschauen, ja, mit geschlossenen Augen, also wohl in »ekstatisch nach innen gewendeter Schau«. Bei genauem Hinschauen entdeckt man Lachfältchen um seine Augen. *Preimesberger* möchte in diesem auffälligen Apostel den sog. Herrenbruder Jakobus sehen (vgl. Mk 6,3; Mt 13,55; Gal 1,18f; 1 Kor 15,7; Apg 21,18ff). Der habe Jesus zum Verwechseln ähnlich gesehen, deshalb habe ihn der Vater des kranken Kindes zunächst mit diesem verwechselt. Der Herrenbruder weise die falsche Identifizierung ab, indem er nach oben auf Christus verweise – der Vater aber sehe gerade verdutzt und bestürzt, dass er sich vertan habe.

Vor dem demonstrativen Arm des Apostels, in der Bildmitte, stecken die Männer einer Vierergruppe ihre Köpfe zusammen – »die vier Lebensalter und Temperamente in vierfach differenzierter Reaktion auf dasselbe Ereignis«: Vorndran ein blonder, bartloser junger Mann mit einer Handhaltung, die so etwas wie Wohlwollen signalisiert. Der sitzende Ältere neben ihm deutet mit seinen halb erhobenen Händen Mitleid an. Darüber befindet sich ein Apostel mit »phlegmatisch mürrischem Greisenantlitz«, der seinerseits von einem auffallend bleichen Apostel durch eine energische Handgeste auf das Elend des Kindes verwiesen wird. Mit dieser Geste kommt die Apostelgruppe den Bittenden am weitesten entgegen.
Am weitesten abseits halten sich die beiden verschatteten Apostel ganz links, »wohl im dunklen zweifelnden Gespräch über den abwesenden Christus« – oder über alles Leid der Welt? Auf sie trifft der Vorwurf der Kleingläubigkeit (Mt 17,20) am ehesten zu.

Insgesamt ein »dichtes Netz von Gesten und Blicken, das sich von Figur zu Figur spannt, keine isoliert lässt, jede auf das eine inhaltliche Zentrum, den besessenen Knaben, in möglichster Variation des Reagierens lenkt« (*Oberhuber* 1962, 125).

Weiterführung nach oben

Das bislang von nahem Wahrgenommene lässt sich als die Formulierung einer Frage verstehen, die eine Antwort »von oben« erheischt. Dazu treten wir in Gedanken zehn Schritte vor dem Original zurück und sehen: Das Gemälde zerfällt nicht in zwei trennbare Teile, jedenfalls dann nicht, wenn es von unten nach oben gelesen wird. Die untere Zone ist deutlich auf die obere bezogen und mit ihr verschränkt: Der »Graben« zwischen den antagonistischen Gruppen unten zielt rechts am Berg vorbei in die Tiefe des Bildes – auf eine Landschaft, in der mit warmen Farbtönen die Morgenröte des Tages anhebt, an dem der Ex-verklärte herabkommt, die Jünger tadelt und den Jungen befreit. Der Berg der Verklärung ist auffallend klein und nah – wie eine Bühne auf der Bühne. Richtig »theatralisch« geht es zwar auf der publikumsnäheren Bühne unten zu, aber die obere Bühne ist für die Darstellung der finalen Problemlösung vorgesehen. Je zwei erhobene (linke) Arme links und (rechte) Arme rechts lenken unseren Blick vom unteren Geschehen nach oben. Vor allem die Polarität zwischen Christus, dem Höhe- und Mittelpunkt oben, und dem leidenden Menschenkind unten verklammert beide Teile.

Christologische Überführung

Vasari schildert die Erscheinung Christi in der Höhe so, dass der spirituelle Gehalt der Szene einleuchtet: »Wer sehen will, wie die Göttlichkeit Christi darzustellen ist, betrachte dieses Bild. Er schwebt, verkürzt gezeichnet, in der leuchtend klaren Luft über dem Berge, zwischen Moses und Elias, die durch den von ihm ausgehenden Glanz gleichsam erst Licht und Leben empfangen. Petrus, Jakobus und Johannes haben sich vor ihm niedergeworfen und drücken ihre tiefe Erschütterung durch verschiedene schöne Gebärden aus. Der eine verbirgt das Gesicht am Boden, der andere hält die Hand vor Augen, um durch das überirdische Leuchten, das vom Erlöser ausstrahlt, nicht geblendet zu werden. Der Heiland ist in ein schneeweißes Gewand gehüllt. Mit weit ausgebreiteten Armen und dem emporgewandten Haupt scheint er das göttliche Wesen der drei Personen zu verkörpern, die durch Raphaels hohe Kunst in ihm zu einer verschmelzen. Es ist, als hätte dieser großartige Genius alle seine Kräfte gesammelt, um die Macht und die Gewalt der Kunst im Angesicht des Heilands zu offenbaren, als dem letzten und höchsten Werk, das ihm oblag; denn nachdem er es vollendet hatte, konnte er keinen Pinsel mehr anrühren, weil ihn der Tod ereilte« (415f). *Vasari* sieht in der künstlerisch perfekten Gestalt Christi die adäquate Darstellung von verklärter Leiblichkeit; er sieht in dieser Gestalt die ganze Trinität aufleuchten und die Auferstehung Christi zum Vor-Schein kommen! So konnte es nicht ausbleiben, dass dem plötzlichen Tod des 37-jährigen *Raffael* am Karfreitag 1520 in humanistisch-christlichen Kreisen christomorphe Züge verliehen wurden: »Egli (Christus) era il Dio della Natura, tu (Raffael) quello dell' Arte« (zit. n. *Weil-Garris* 183).

In der Haltung der drei am Boden hingestreckten Erzapostel – von links nach rechts: Jakobus, Petrus und Johannes – spiegelt sich die Wucht der Theophanie: »in drei Stufen der Ekstase, die sie im Schlaf überrascht hat (vgl. Lk 9,32), in der exegetischen Tradition Sinnbilder für Glaube, Hoffnung, Liebe und deshalb in die Symbolfarben Blau-Gelb, Grün und Rot gehüllt« (*Preimesberger* 99). Jakobus krümmt sich kniend, Petrus wirkt aufgeschreckt, Johannes erhebt sich, »wie sich besinnend ...und begegnet mit der Rechten der Lichtfülle, während sich die Linke mehr der irdischen Seite wie haltsuchend zuwendet« (*Oberhuber* 1962, 19).

Raffael lässt, über die biblische Textvorgabe hinaus, zusätzlich am äußersten linken Rand des Bergplateaus zwei kniende, jugendliche Zeugen auftreten, »Randchristen«. Es sind wohl zwei Martyrerheilige gemeint, Justus und Pastor, die Patrone des Bistums und der Kathedrale von Narbonne, deren Fest dort am 6. August, am Verklärungstag also, gefeiert wird. Der eine, im Diakonsgewand, das vom Goldglanz des Christuslichtes strahlt, »in hingebender Verzückung mit geöffneten Händen, der andere in andächtiges Gebet versunken« (*v. Einem* 323).

Letztlich dreht sich alles um den erhöhten Herrn. »Christus überragt an Größe bei weitem die Propheten und diese wieder die Apostel, die nun in einem Maß verkleinert wurden, dass die Entfernung zwischen den beiden Szenen auch rein perspektivisch anschaulich wird ... Christus, der keinen festen Standpunkt auf der Erde oder auf Wolken hat, schwebt unlokalisierbar weit vor den zu Boden gestürzten ... Jüngern, und an ihn herankommend, von seiner strahlenden Energie erfasst, Moses und Elia. Und doch sind alle sechs Figuren zusammengefasst von der kreisförmigen – oder eigentlich kugelförmigen – Wolkenglorie ...; sie gehört in ihrem innersten Wesen ganz Christus zu, während die anderen, vom Lichtschein getroffen, vor den dunkleren, in wunderbar sanftem Blau aufleuchtenden Rändern schweben oder liegen. – Das Geheimnis dieser Gestaltung ist unergründlich ... Was das Mittelalter nur in Symbolen ausdrücken konnte, tritt hier in das irdische Gewand der Vorstellungswelt der Menschen der Renaissance« (*Oberhuber* 1962, 126-127). »Die leibliche Erscheinung Christi ist schwer fassbar, sie überwältigt uns nicht von ihrer Größe her. Diesen Christus müssen wir anrufen, ihm unser Herz öffnen, um ihn zu sehen. Raffael zeigt uns nicht den Pantokrator, die große, überwältigende Anwesenheit der Gottheit, sondern die beinahe scheue und liebende Gegenwart Christi, der mit uns auf Erden ist« (*Oberhuber* 1982, 28).

Aufmerksamkeit verdient schließlich die Lichtwolke (*Shearman* 1987; 1992, 102). Dabei ist zu bedenken, dass Nimbus wörtlich Wolke heißt. Der stilisierte Nimbus des Mittelalters (»Heiligenschein«, Gloriole, Aureole, Mandorla etc.) wird hier auf seine biblische Urbedeutung der aufstrahlenden und gleichzeitig verhüllenden Lichtwolke der Gottesherrlichkeit zurückgeführt; die natürlich wirkende Wolkenformation ist mit übernatürlicher Bedeutung aufgeladen – »eine triumphale Neuerfindung der Hochrenaissance«. *Raffael* könnte dabei die grandiose Beschreibung der Theophanie Ez 1,4–28 vor Augen gehabt haben, die er anderwärts auch dargestellt hat (Vision des Ezechiel, Palazzo Pitti in Florenz). Es ist die Wolke der göttlichen Vorbehaltenheit, die sich hier zum Menschen (Betrachter!) hin öffnet, die Wolke, in der Gott selbst beim Exodus seines Volkes präsent ist (Ex 16,10; 24,16f; 40,34f), die Wolke der Himmelfahrt und der Wiederkunft Christi! *Raffael* revitalisiert die Sprache der Bibel: »Siehe, er kommt mit den Wolken, und jedes Auge wird ihn sehen« (Offb 1,7).

Meditative Aneignung

Der hin und her wandernde, sozusagen flanierende Blick kommt zu einer Verinnerlichung des Geschauten, wenn er sich an der schon beobachteten Polarität zwischen den Hauptpersonen festmacht. Die Beziehung des Verklärten zum Besessenen degradiert letztlich alles übrige Personal zu Nebenfiguren. Wenn man die Art, wie sich der verklärte Christus darstellt, als Verkörperung der göttlichen Stimme (»Das ist mein geliebter Sohn ...«) sieht, so entsprechen sie einander sogar akustisch, denn der Knabe schreit. Hört ihn der Verklärte? Leitet er den Schrei weiter, indem er seine Augen nach oben richtet, auf den für uns unsichtbaren Vater und Schöpfer? Oder lässt er, weil er diesen Gott verkörpert, sich gleich herab, stellt sich mit beiden Beinen auf die Erde und greift den gottfeindlichen Dämon an?

Christus und der anonyme Junge sind übrigens die einzigen von den insgesamt 27 Bildfiguren, denen der Betrachter in beide Augen schauen kann (vgl. *Janz* 320).

Ein anderer Weg der »Innerung« und »Beherzigung« könnte darin bestehen, sich mit einzelnen Figuren zu identifizieren: Bin ich der oder die Leidende, menschlich verrenkt? Kümmere ich mich um solche Mitmenschen? Gehöre ich zu den Ratlosen, Grübelnden? Ist es meine Berufung, auf den erhöhten Herrn zu verweisen oder die Kirche auf das Elend in der Welt aufmerksam zu machen und mich dafür im Namen Jesu zu engagieren? Bin ich je vom »Licht« Christi berührt worden, will ich das wirklich? Oder bleibe ich Zuschauer?

Impulse zur Bildbetrachtung

Im obigen Text stecken schon allerlei Aufgaben zur Wahrnehmung der Gestalt des Bildes und seines Gehalts sowie zu ersten Vermutungen über die Deutung des Ganzen. Zusätzlich bieten sich für eine intensive Betrachtung weitere Fragen und Arbeitsaufträge an, zum Beispiel:

- Lässt sich die Szene auf dem Berg einer der drei neutestamentlichen Versionen zuordnen? Folgt daraus etwas für die Gestik der drei Apostel?
- Da Mose und Elija in der Bilderschließung zu kurz kommen, wäre noch nach deren Bedeutung sowohl in der Perikope wie im Bild zu fragen.
- Warum liegt es nahe, in der Gestalt unten/vorn/links den Apostel und Evangelisten Matthäus zu sehen? Lässt sich unter den restlichen Aposteln Judas identifizieren?
- Wenn *Vasari* (1511–1574), Künstler und Künstlerbiograf der Renaissance, *Raffaels* Bild superlativisch als »göttlich« kennzeichnet (und *Raffael* in seinen Kreisen »il divino« hieß), ist das nicht nur rhetorischer Überschwang, sondern hat zu tun mit der Analogie zwischen Schöpfergott und künstlerischem Schöpfer (*Raffaels* Grab befindet sich in Rom im Pantheon!). Die Analogie erörtern – evtl. unter Rückgriff auf *Dürers* christomorphes Selbstbildnis (Abb. 6.7).
- Vergleich mit Ikonen desselben Themas, z.B. mit der Verklärungsikone von *Feofan Grek* (in: Günter Lange, Kunst zur Bibel, München 1988, Abb.12, 114–122; Dia D 33 in der Diareihe »Bilder der Kunst zur Bibel«, München 1980).
- Fünfzig Jahre nach *Raffaels* Tod verbietet ein theologischer Bildertraktat (Molanus III,16) ausdrücklich, den »Herrenbruder« Jakobus christusähnlich darzustellen. Warum wohl?

Suche nach einer umfassenden Bildformel

Ein derart komplexes und vielstimmiges Bild lässt sich nicht einfach auf eine Formel bringen. Es dürfte deshalb sinnvoll sein, eine Reihe von Vorschlägen zu machen. Diese Lesarten wären dann einzeln zu erwägen, evtl. zu kombinieren, zu ersetzen oder zu ergänzen und am sichtbaren Bildbestand zu überprüfen. (Die folgenden »Zitate« wurden von mir, wo nötig, übersetzt, komprimiert und sprachlich vereinfacht.)

- So steht die Transfiguration vor uns wie eine Abbreviatur der Menschheit: Ein Finger weisend von den Banden zur Freiheit; eine Reise vom Abgrund zum ewigen Licht. *(Justi)*
- Umfassende Vision des Christentums; der besessene Knabe als Symbol der heutigen Menschheit; die Frau (gemeint ist die Rückenfigur vorn) in ihrer idealen Schönheit und statuenhaften Gestik scheint gleichsam die Verkörperung der vorchristlichen Menschheit zu sein. *(Oberhuber)*.
- *Raffael* artikuliert in der Differenz zwischen dem schwebenden Christusleib in der Höhe und dem Körperkonflikt am Fuße des Berges die Spannweite von irdischer Passion und himmlischer Verklärung des Leibes. *(Stock)*
- Der Künstler suggeriert, dass der Mensch dank der Verherrlichung Christi der Macht der Dämonen entrissen ist. *(Boespflug)*
- Der offene Mund des Knaben zeigt an, dass der Dämon ihn gerade verlassen hat, die Heilung also bereits im Gange ist. Das Bild verknüpft demnach die göttliche Offenbarung oben kausal mit der Heilung unten. *(Bendersky)*
- Christus tritt nicht als Handelnder auf – und dennoch wissen wir, dass er allein der Retter, er allein Helfer sein kann. *(von Einem)*
- Das Bild propagiert den Primat des Petrus: Allein gelassen, ohne ihre hierarchische Spitze, können die Apostel an der Basis nicht heilsam wirken. *(Gombrich)*
- Das Licht ist stärker als die Dunkelheit, es hat ein Gesicht und einen Namen. – Was bringt die Erhöhung Christi für die Erniedrigten der Erde? Mehr als eine Verheißung? – Obwohl der göttliche Helfer unten dringend gebraucht wird, zeigt er sich als einer, der darüber schwebt. – Die Kirche steht hilflos vor der Not der Menschen, wenn Christus nicht in ihr und durch sie wirkt. (*Anonyme Stimmen*)

12. »Je mehr Welt, umso weniger Gott«?

Bilder der frühen Neuzeit unter Säkularisierungsverdacht

Biographischer Hintergrund

Meine ersten Versuche mit Bildern im Religionsunterricht und in der Gemeindekatechese (deren allsonntägliche Variante damals noch »Christenlehre« hieß) begannen Ende der 50er-Jahre mit Kunstkarten aus der Frühzeit des Mittelalters, genauer aus der romanischen und speziell der ottonischen Buchmalerei. Pater *Frowin Oslender*, Benediktiner in Maria-Laach, hatte sie als Erster farbig fotografiert, der Laacher Kunstverlag verbreitete sie in kirchlichen Kreisen. Die Bildauswahl entsprach dem theologischen Zeitgeist. Sicher nicht zufällig wurde die erste Schulbibel nach dem Krieg, die Ecker-Bibel von 1957, mit solchen Motiven ausgestattet. Romanische Kunst allein galt als kerygmatisch und damit als die adäquate Bildform für einen verkündigenden Religionsunterricht. Wie beim Evangelium spielten in dieser frühmittelalterlichen Bildkunst subjektive menschliche Affekte und private Befindlichkeiten keine Rolle. Sie wirkte überzeitlich. Der hier verkündigend und heilend Handelnde ist der Herr im emphatischen Sinn des Wortes. Er handelt mit großer herrscherlicher Gebärde, die Reaktionen darauf werden nicht psychologisiert oder historisiert. (Als ich vor einiger Zeit im Quedlinburger Dom hörte, dass die Nazis gotische Bauteile durch romanische ersetzen ließen, weil die Gotik französischen, die Romanik aber deutschen Geist atme, kam mir zum ersten Mal der Verdacht, die Bevorzugung romanischer Bildformen in der Nachkriegszeit sei möglicherweise nicht nur Ausdruck einer steilen Verkündigungstheologie gewesen, sondern vielleicht untergründig und ungewollt mitgeprägt von solchen völkischen Vorurteilen! Inzwischen weiß ich durch *Ulrich Kuder* (31), dass speziell »ottonisch« als Stilbegriff inhaltlich mit dem verbunden wurde, was man für deutsch hielt: »eine gewisse Unbedingtheit, auch in religiöser Hinsicht, eine Konzentration und Reduktion aufs Wesentliche, Ausdruckskraft bis zur Gewaltsamkeit, Abstraktion. ›Ottonische Buchmalerei‹ ist somit eine kunsthistorische Konstruktion, die einem Geschichtsbild von ›deutscher‹ Größe in der Frühzeit des Mittelalters entgegenkommt«.

Jedenfalls gehörte zu den unbefragt übernommenen Axiomen meiner christkatholisch-jugendbewegten Zeit nach dem Krieg, dass die Kunst des Mittelalters die Glaubenskunst schlechthin sei. Die Gotik gehörte vielleicht gerade noch dazu (unsere erste Großfahrt mit dem neuen Geld und per Anhalter 1948 galt dem Besuch des Bamberger Reiters!), obwohl Neugotik verpönt war und wir auch in der Originalgotik schon spielerische Verwässerungen des Glaubensernstes wahrnahmen. Aber unzweifelhaft galt uns das, was *danach* kam, galten uns Renaissance und Barock mit all ihren Spielarten als eine Verweltlichung der religiösen Kunst. Erst lange danach und nur allmählich ging mir auf, dass ich im Banne eines glaubensästhetischen Vorurteils aufgewachsen bin, eines Vorurteils, das teils aus der Verklärung des Mittelalters durch die Romantik bzw. die Nazarener und dann trivialisiert durch den Milieukatholizismus des 19./20. Jahrhunderts (und – wie gesagt – vielleicht zusätzlich noch aus deutschtümelnden Unterströmungen) stammt, uns zum anderen Teil aber auch durch antikirchlich gestimmte Liebhaber der Renaissance, wie den einflussreichen *Jacob Burckhardt*, von außen eingeredet worden war und von so entschiedenen Katholiken wie *Ludwig Pastor* in seiner »Geschichte der Päpste seit dem Ausgang des Mittelalters« bestätigt worden zu sein schien. Für uns jugendbewegte Nachkriegsjugendliche drückte sich in der Bevorzugung des frühen Mittelalters eine Opposition aus sowohl gegen den Nazarenerstil der Kirche wie gegen die Bevorzugung des Renaissancestils durch bildungsbürgerliche Kreise mit ihrer Behauptung, dieser Stil habe als der Beginn der »eigentlichen« Kunst zu gelten.

Abb. 12.1: Jan van Eyck, Rolin-Madonna, 138 x 110 cm, um 1435

Genauere Fragestellung

Um nicht weiter bildlos zu sprechen, schicke ich ein Beispiel voraus, das auf diskrete Weise die Frage formuliert, um die es geht; *Hans Belting* hat sich eingehender damit beschäftigt, auf ihn greife ich hier zurück.

Jan van Eycks Ölgemälde ist ein für den internen religiösen Gebrauch im Wohnhaus oder in der Gebetsloge des burgundischen Kanzlers *Nicolas Rolin* (1376–1462) geschaffenes Andachtsbild, jedenfalls ein Privatbild, das nicht Maria selbst zur direkten Devotion darbietet, sondern die Devotion des Auftraggebers darstellt: »Die Muttergottes ist auf der Tafel gleichsam nur für Rolin selbst da« (*Belting* 67).

Uns interessiert jetzt hauptsächlich die Zweiteilung des Gemäldes. Die Frömmigkeit findet vordergründig in einem »symbolischen« Innenraum statt, der sich hintergründig nach draußen, wie im Vogelblick, bis zu den Schneebergen am Horizont öffnet. Zwei Betrachter wenden sich draußen der weiten Welt zu. Zwangsläufig kehren sie damit der frommen Szene den Rücken, und wenn wir diese Weltlandschaft bewundernd wahrnehmen, blicken wir ebenfalls an Maria, ihrem Kind und dem Verehrer beider vorbei in die Ferne. Auch der Fliesenboden mit seiner sorgfältigen Linearperspektive zieht unseren Blick nach draußen, auf das zauberhafte Panorama einer Welt, die in frühmorgendlichem Glanz hinter den dunklen Säulen erscheint (vgl. *Belting* 69). Andrerseits segnet das Jesuskind im Vordergrund (und also mit dem Anspruch der Hauptperson) mit einer ganz unkindlichen Würde; es verkörpert den Schöpfer des Weltalls. So trägt es die durchsichtige Glaskugel in der Hand – das Zeichen der von Gott geschaffenen Welt. Der Glaube an dieses Kind verstellt demnach nicht den Blick auf die Welt, er legitimiert ihn! Und das scheint ein neues Programm zu sein.

Zwischen der religiösen Innen- und der empirischen Außenwelt liegt ein Vorgarten mit einer Zinnenmauer, über deren Brüstung, wie bereits erwähnt, zwei Zeitgenossen (Hausgenossen des Kanzlers?) in die Welt hinausschauen. Sind sie erfüllt von diesem Glauben oder abgelenkt durch das Welttreiben? Vielleicht müsste man sagen, dass sie ziemlich vorsichtig und geschützt auf die Welt und ihr geschäftiges Treiben hinabschauen. Man beachte den Verkehr auf der Brücke! Die religiöse Welt im Vordergrund öffnet sich daraufhin, aber sie steht auch im Kontrast zur weltlichen Unruhe. Im Innern des dämmerigen Raumes, in welchem der Kanzler seine Begegnung mit der Königin des Himmels imaginiert, scheint die Zeit stillzustehen (vgl. *Belting* 71).

Jan van Eycks Werk ist nicht mehr anonym; es rühmt nicht mehr nur Gottes heilsame Nähe durch Maria in Christus und die Frömmigkeit des Kanzlers am burgundischen Hof, sondern auch die Kunstfertigkeit des Darstellers dieser Taten, des Künstlers. Das Bild ist somit nicht mehr reine »Predigt«. Oder ist das nur eine neue Art von Predigt? Das genau ist unsere Frage. Was bei diesem Beispiel aus der niederländischen Malerei auf der Schwelle zwischen Spätmittelalter und Neuzeit an Realismus erst diskret angedeutet wird, das führt zu der angeblichen Verweltlichung der religiösen Kunst, deren Merkmale sich leicht aufzählen lassen:

- Wenn beispielsweise solche markanten Transzendenzhinweise wie Goldgrund und Nimbus zuerst reduziert werden und dann, wie bei unserem Beispiel, ganz entfallen.
- Wenn statt der spirituell begründeten Bedeutungsgröße des Heilspersonals deren anatomisch und perspektivisch richtige Darstellung Platz greift.
- Wenn statt der Bedeutungsperspektive oder auch der umgekehrten Perspektive, wie wir sie von Ikonen her kennen, die Zentralperspektive dominiert, und das heißt: die empirische Erfahrung, das optisch-sinnliche Erlebnis des betrachtenden Subjekts.
- Wenn durch all dies eher eine kunstsinnige Zuschauerhaltung des Bildbetrachters gefördert wird anstelle von verehrender Devotion und Kontemplation des Dargestellten.
- Wenn biblische Szenen in zeitgenössisch bürgerliche, ausgesprochen profane und private Räume verlegt werden und die Protagonisten zeitgenössische modische Kleidung tragen.
- Wenn die byzantinisch-schematisierten Gesichtszüge des Heilspersonals »aufgeweicht« werden und sich zu »bewegen« beginnen.
- Wenn der Anblick des nackten Leibes und der Geschlechtsmerkmale desselben nicht mehr als schamlos gilt, sondern als ausgesprochen erfreulich.
- Wenn auch auf frommen Bildern vornehmlich irdische Realität in Einzelheiten wahrgenommen, naturgetreu dargestellt und damit nobilitiert wird.
- Wenn die religiöse Kunst mehr der persönlichen Andacht als der liturgischen Frömmigkeit dient.
- Wenn die Kunst insgesamt sich allmählich ihren religiösen Funktionen entzieht und immer mehr ästhetische Autonomie beansprucht, sodass die ästhetische Funktion anscheinend die religiöse beerbt.

- Wenn das alles zutrifft, dann drängt sich der Eindruck einer Säkularisierung geradezu auf: Der Eindruck einer zunehmenden Verabschiedung der westlich-abendländischen Kunst von der Deutungshoheit und der Wirklichkeitsdeutung der christlichen Religion bzw. von der Regie der Kirche. Dieses Urteil wird unterstützt und bestätigt, wenn man die bei uns lange Zeit maßgeblichen Renaissancedeutungen hinzuzieht: »Noch immer steht das scharfe, klare Bild (Jacob) Burckhardts allzu dauerhaft auf unserer Netzhaut, das Bild (der Renaissance), dessen Züge waren: ungehemmter, freier Persönlichkeitssinn, heidnische Weltlust, Gleichgültigkeit und Geringschätzung für den Glauben« (*Huizinga* 120). Das Schlussurteil, mit dem ich zustimmend aufgewachsen bin, heißt: »Sieht man ... die Kultur der Renaissance vom Standpunkt der fortschreitenden Säkularisierung der Wissenschaft und der immer stärker betonten Diesseitigkeit und Immanenz des Lebens und der Welt, so kommen wir eben, wie Burckhardt, zur Betonung der Irreligiosität der Renaissance« (*Janner* 374f).

Zu diesem einseitigen Bild gehört dann auch, dass die Gestalt des *Savonarola* derart verteufelt wird, dass sein Einfluss auf die florentinischen Künstler unverständlich bleibt. Oder um nochmals biografisch zu reden: Als ich kürzlich zum ersten Mal den Decamerone von *Boccaccio* von vorn bis hinten gelesen habe – wovor ich in meiner Jugendzeit, wie man sieht: mit Erfolg, gewarnt worden bin –, war ich sehr erstaunt, dass hier zwar Hohn und Spott über die Kleriker und die Kirche ausgegossen wird, dass aber zugleich die Grunddaten des Glaubens der Christen unangefochtene Gültigkeit besitzen; und im Herder-Lexikon (9. Aufl. 1959) las ich anschließend, *Boccaccio* sei unter *Petrarcas* Einfluss »ein ernster Christ« geworden.

Das führt zu einem weiteren Beispiel. Am 26. April 1336, also ziemlich genau hundert Jahre vor dem eben angeschauten Bild besteigt dieser *Petrarca* den fast 2000 Meter hohen Mont Ventoux in Südfrankreich; die Tat und deren Beschreibung gilt bei *Jacob Burckhardt* als der Beginn eines neuzeitlichen Naturgefühls. Wie erstaunt war ich aber, als ich neulich, ebenfalls erstmals, den Text selber las: Nach dem mühsamen Aufstieg ist *Petrarca* auf dem höchsten Gipfel des Massivs von dem weiten Rundblick wie betäubt. Dann aber zieht er die Confessiones des heiligen *Augustinus* aus der Tasche – »ein faustfüllendes Bändchen allerwinzigsten Formats, aber unendlich reichen Inhalts«, wie er sagt –, schlägt es willkürlich auf und ist wie vor den Kopf geschlagen, weil sein Blick als Erstes auf den Satz trifft: »Und es gehen die Menschen, zu bestaunen die Gipfel der Berge und die ungeheuren Fluten des Meeres und die weit dahinfließenden Ströme und den Saum des Ozeans und die Kreisbahnen der Gestirne, und haben nicht Acht ihrer selbst.« *Petrarca* schließt das Buch, wie er an einen ihm befreundeten Ordensmann schreibt, »im Zorn mit mir selbst darüber, dass ich jetzt noch Irdisches bewunderte«, denn nichts sei so bewundernswert wie die Seele. Neben ihr sei nichts groß. »Da beschied ich mich, genug von dem Berge gesehen zu haben, und wandte das innere Auge auf mich selbst, und von Stund an hat niemand mich reden hören, bis wir unten ankamen.« Geht man dem nach, stellt sich heraus, dass die ganze Bergtour nach dem Schema des Aufstiegs zu Gott stilisiert ist, sodass der Vorfall auf dem Gipfel eben nicht nur empirisch-biographisch, sondern zugleich theologisch-fromm aufzufassen ist – und sich folglich sogar die Frage stellt, ob das Ganze real stattfand oder nur literarisch und programmatisch imaginiert worden ist.

Nicht dass ich hier einer bisherigen antitheologischen Einseitigkeit der Renaissance-Deutungen wie bei *Burckhardt* umgekehrt eine protheologische Einseitigkeit entgegensetzen möchte. Mir kommt es nur darauf an, dass Säkularisierung zu Beginn der Neuzeit nicht einfach Verlust der Religion bedeutet, sondern in vielen Fällen richtiger als eine neue Art von Religiosität, nämlich einer welthaltigeren und subjektbezogeneren Religiosität gedeutet werden kann. Was prima vista wie Verweltlichung oder Autonomwerdung der Kunst aussieht, könnte sich bei näherem Zusehen mindestens in Einzelwerken als neue, diesseitigere und welthaltige Form von Spiritualität erweisen, theologisch ausgedrückt: als eine neue, indirekte Art der Realisierung der Heilsgeschichten, als ein notwendiger Inkulturationsschub des Glaubens am Beginn der Neuzeit, letztlich also als eine Folge und sogar Intensivierung der Inkarnation – der Fleischwerdung des Wortes Gottes gemäß Joh 1,14.

Noch grundsätzlicher ist zu fragen, ob hinter der Annahme, die Hinkehr zur Welt bedeute wie selbstverständlich Abkehr von Gott, nicht ein falsches Paradigma des Verhältnisses von Gott und Welt steht – frei nach dem Johanneswort: Er muss wachsen, ich muss abnehmen (vgl. Joh 3,30). Nach diesem Modell wären Gott und Welt zwei konkurrierende Größen, die auf derselben Wirklichkeitsebene lägen. Und so hat man ja wohl auch früher landläufig christliche Askese begründet. Wenn ich überhaupt etwas bei *Karl Rahner* gelernt habe, dann dies, dass die Zuwendung zur Welt nicht automatisch Abwendung von Gott bedeuten muss, weil Gott eben nicht, wie *Rahner* sagen würde, kategorial, sondern transzendental zu denken ist. Gott ist nur im Überstieg über alles Kategoriale zu haben, sonst würde man aus ihm einen Götzen machen.

Ohne den theoretischen Hintergrund der heutigen Säkularisierungsdebatte hier einbringen zu können, habe ich jedenfalls aus ihr gelernt, was auch schon für den Beginn der Neuzeit gilt: Die aufgezählten Phänomene der Verweltlichung in der spät- und nachmittelalterlichen Kunst sind nicht einfach als Religionsverlust oder als Profanierung zu interpretieren, wie es der umgangssprachliche Gebrauch des Wortes Säkularisierung suggeriert. Kirchlichkeit einerseits, Gläubigkeit oder Religiosität andererseits sind zu unterscheiden. Rückgang des kirchlichen Einflusses und der dogmatischen Eindeutigkeit bedeutet nicht automatisch Transzendenzlosigkeit.

Die Hypothese, der ich im Folgenden nachgehen möchte, lautet daher: Was wie Säkularisierung aussieht, ist – zumindest in manchen Fällen – eine neue Form, Religion ins Weltliche zu transponieren und damit die profane Erlebnis- und Erfahrungswelt als symbolisch-religionshaltig darzustellen, Alltagserfahrung und Glaubenssicht miteinander zu vermitteln.

Diese Hypothese ist nun an einzelnen Beispielen zu verifizieren. Dass solche Fälle uns heute – trotz des Zeitenabstandes – lebhaft interessieren, liegt auf der Hand. Im jüngst erschienenen Buch des Regensburger Kunstwissenschaftlers *Jörg Traeger* mit dem Titel »Renaissance und Religion«, liegt eine seriöse Darstellung vor, an die der religionspädagogische Bilderfreund anknüpfen könnte. »Die Renaissance war katholisch« – diese vom Autor selbst *schlicht* genannte These liegt dem Buch zugrunde; dementsprechend löste das Werk heftige Reaktionen aus; aus ihm ist viel zu lernen, auch unter Berücksichtigung der Kritik (vgl. dazu zusammenfassend *Frings*).

Ich spare die italienische Hochrenaissance (Leonardo, Raffael, Michelangelo) dabei aus und wende mich zunächst einem Beispiel der niederländischen Kunst zu, das exemplarisch steht für den neuen Blick der Maler auf die irdischen Realitäten – auch bei religiösen Themen.

Erprobungen

»Verkündigung an Maria«

In diesem Beispiel des Meisters von Flémalle (Abb. 12.2) wird die Verkündigung an Maria in eine behagliche niederländische Wohnstube des gehobenen Bürgertums verlegt. Außerdem gibt es auf den Seitenflügeln durch offene Fenster und Türen auch in diesem Interieurbild den »Blick hinaus auf die – städtische! –Welt« (vgl. *Thürlemann* 1990).

Auf der dominanten Tafel in der Mitte sieht man einen puppenstubenartigen Wohnraum, »die erste moderne Interieurdarstellung«, wie man gesagt hat *(Pächt)*: Ein »ganz neues Bildgenre« anlässlich eines überlieferten religiösen Themas! Dazu gehört dann auch die spezifische »Interieurstimmung«, gleichsam ein Raum-Stilleben, in das sich das Heilspersonal versetzt sieht.

Als ich 1993 in New York war, habe ich in The Cloisters, der Mittelalterabteilung des Metropolitan Museum of Modern Art, lange vor diesem kleinformatigen und subtil gemalten Dreitafelbild gestanden. Der Raum, in dem es als einziges Gemälde hängt, ist ringsum möbliert mit lauter (heute antiquarischen) Gegenständen, die denen des Bildes gleichen: Sitzbank (nur ohne die kleinen Löwen, die diskret den Thron Salomos 1 Kön 10,20 andeuten); Waschgeschirr, Majolikakrug, Kerzenleuchter usw. Sofort ist evident: Im Bild ist ein damals zeitgenössisches, gut ausstaffiertes, wenn auch etwas beengtes, weil voll gestopftes Wohnzimmer zu sehen! Aber deutlich ist auch: Die Darstellung auf dem Gemälde gibt den Alltagsdingen eine Präsenz und Brillanz, die sie außerhalb des Bildes gar nicht haben.

Ist die geradezu aufdringliche Präsenz weltlicher Dinge ein Symptom der beginnenden Säkularisierung – oder bringt der Maler gerade dadurch die Welt der leblosen Dinge zum Sprechen, vielleicht sogar zu einem spirituell bedeutsamen Sprechen? Also »Sanktifizierung« des Realen statt »Säkularisierung« des Religiösen (vgl. *Pächt* 56)? Bedeuten die vielen Gegenstände etwas über ihren Funktionszweck hinaus?

Unbestritten ist die Deutung der traditionellen Elemente, also etwa das leicht übersehbare kleine Jesuskind, besser: seine von Gott kommende, mit dem göttlichen Logos geeinte Seele, die mit geschultertem Kreuz von links oben auf sieben goldenen Lichtstrahlen durch die geschlossene Fensterscheibe hereinschwebt. Zur Konvention gehört ebenfalls die Lilie im (mit hebräisierender Schrift verzierten) Krug auf dem Tisch.

Die Art, wie Codex und Schriftrolle dort arrangiert sind, macht schon neugieriger. Unter dem Buch liegt eine Tragetasche. Hat der Engel das Buch mitgebracht? Ist dies vielleicht ein Hinweis auf das »Wort Gottes«, das der Engel soeben der Jungfrau Maria überbracht hat (vgl. *Thürlemann* 1997, 18.35 f)? Ist durch die vom Windhauch aufgeblätterte Buchseite angedeutet, dass jetzt eine neue Seite der Heilsgeschichte aufgeschlagen wird? Der Kodex liegt auf einer entfalteten Schriftrolle. Soll mit der Überordnung des Buches über die Rolle vielleicht das Verhältnis des »Neuen« zum »Alten« Testament angedeutet werden? Enthält das auf Maria ausgerichtete Schriftblatt vielleicht den Bezugstext Jes 7,14 (LXX): »Seht, die Jungfrau wird ein Kind empfangen« (vgl. Mt 1,23)?

Und was hat die Kerze auf dem Tisch zu sagen? Hat Maria sie zu Beginn ihrer geistlichen Schriftlesung vom Kaminsims geholt und angezündet (in der ersten Fassung des Bildes fiel kein Tageslicht von draußen in ihr Zimmer!)? Was hat es zu bedeuten, dass diese Kerze gerade erloschen ist (übrigens die erste exakte Darstellung von Rauchschwaden in der Kunst!)? Soll das den Beginn der neuen Heilszeit andeuten,

Abb. 12.2: Robert Campin (Meister von Flémalle), Verkündigung an Maria,
Mitteltafel des Mérode-Triptychons, um 1425–1435

in der durch den Anhauch des Heiligen Geistes das Wort (in Maria und durch sie) Fleisch geworden ist und die Welt erleuchtet wird? Spielt hier die übliche Kerzen- bzw. Wachssymbolik eine Rolle (im Bienenlob des österlichen Exsultet werden die Wachs erzeugenden Bienen gelobt, weil sie ihre »Jungfräulichkeit« vollkommen bewahren!)?

Und hat es etwas zu bedeuten, dass der Kamin erloschen ist (am 25. März!)? Dass die Bank sich wie im Sommer von der Feuerstelle abkehrt? Dass der Mantel des Kamins rechts und links von einer Männer- und Frauengestalt »getragen« wird, dass der drehbare Kerzenständer über jeder dieser beiden Figuren jedoch nur oberhalb der Frau eine Kerze trägt? Hat diese Asymmetrie zwischen Mann und Frau den tieferen Grund, »die durch die Konsolfiguren dargestellte komplementäre Beziehung von Mann und Frau aufzuheben« (*Thürlemann* 1997, 24)?

Alle diese Einzelfragen – und sie ließen sich noch vermehren – drängen die Grundfrage auf, ob die irdischen Dinge hier nicht mehr bedeuten als normale und zufällige Haushaltsgegenstände. *Panofsky* hat vom »disguised symbolism« der Dinge gesprochen, vom verkleideten Symbolsinn einzelner realer weltlicher Elemente. Insgeheim seien sie aufgeladen mit spiritueller Energie, seien beides zugleich, real und Symbol. Da horcht der sakramententheologisch Versierte natürlich auf.

Zur Weiterführung unserer Erkundung möchte ich die Aufmerksamkeit auf den Josefs-Flügel rechts lenken (Abb. 12.3a). Dass Josef bei der Darstellung der Verkündigung an Maria hinzugezogen wird, ist eine Neuerung. Allerdings arbeitet er in seinem Schreinerkabuff völlig getrennt von seiner Braut. Soll das vielleicht die sexuelle Enthaltsamkeit andeuten (ebenso übrigens wie das erloschene Kaminfeuer)? Für die folgenden Ausführungen bediene ich mich vor allem einer in Bochum erarbeiteten Monographie zur Josefsikonographie von *Brigitte Heublein*: Josef erscheint hier als älterer Schreiner in einer sehr beengten Werkstatt. Er trägt aber keine Berufstracht oder Arbeitskleidung, sondern wird durch seine Gewandung aufgewertet: Zeitgenössische Kleriker tragen vielleicht ein solches langes, vornehmes Gewand, keinesfalls die Handwerker. Auf dem Kopf trägt er eine Art modischen Turban, einen eleganten Chaperon. Josef ist dabei, mit einem Drillbohrer Löcher in ein

Holzbrett zu bohren, das in der Anordnung der Löcher dem Feuerschirm im Mittelbild ähnelt. Vor ihm auf der Werkbank liegen genau definierbare Werkzeuge, ebenso zu seinen Füßen. Auf dem Tisch sehen wir außerdem eine hölzerne Mausefalle, und wenn wir genau hinschauen, entdecken wir eine zweite, anders konstruierte, die sich auf dem ausgeklappten Fensterbrett, in der »Auslage« zur Stadt hin, befindet. (Im Museum von Lauterbach, einem hessischen Städtchen am Vogelsberg, fand ich im Keller eine solche mittelalterliche Mausefalle ausgestellt, echt und original, und ein Foto der Josefswerkstatt dieses Triptychons hing daneben zur Veranschaulichung! Übrigens stammt von dieser praktischen Nutzung des Fensterladens unser Ausdruck »Laden« für Kaufladen oder Geschäft.)

Die Mausefalle scheint für Josef im Bild so etwas wie Berufsemblem, Verkaufsgegenstand und Werbemittel zu sein. In der Schattenzone der Werkbank liegt ein Wingbohrer, der als Anspielung auf das Kreuz verstanden werden kann. Nägel, Zange und Hammer, ebenso Stemmeisen und Schabmesser – überkreuz angeordnet – könnten auf die kommende Passion Christi deuten (solche Vorausdeutungen auf die Passion gibt es, wenn man Symbolbezüge zu sehen gelernt hat in Bildern des Lebensanfangs Jesu öfters als man denkt; zur Vorahnung der Passion gehört sicher auch das Kreuz, das das hereinschwebende Jesuskind trägt). Im Vordergrund, zu Josefs Füßen, sind überdies eine Messlatte bzw. ein Streichmaß, eine Stoßsäge und ein Beschlagbeil platziert. Eine der Deutungen, die ich gefunden habe, möchte in diesen Gerätschaften eine Anspielung finden auf Jes 10,15, ein Gerichtswort über Assur: »Prahlt denn die Axt gegenüber dem, der mit ihr hackt, oder brüstet sich die Säge vor dem, der mit ihr sägt? Das wäre, wie wenn der Stock den Mann schwingt« (*Minott*; vgl. *Thürlemann* 1997). Ein Hinweis auf den demütigen Gehorsam Josefs, der verzichtend zum Werkzeug göttlicher Heilsabsichten geworden ist?

Die Stringenz solcher Deutungen hängt natürlich von der Frage ab, was der Gesamtsinn dieses Triptychons sein soll – über die bloße Illustration der Verkündigungsperikope hinaus. Geht es eher um das Verhältnis Josefs und Marias, um die Josefsehe? Oder dominiert ein adventlicher Gesamtsinn? Dann könnte die Axt nämlich auch an Johannes den Täufer erinnern (Mt 3,10; Lk 3,9). Dazu würde dann auch passen, dass die Kerze auf dem Tisch im Mittelbild erloschen ist und dass Maria den Engel noch nicht wahrgenommen hat. Es wäre demnach der Wendepunkt der Heilsgeschichte gemeint: Der letzte Moment »sub lege«, bevor die Ära »sub gratia« mit dem Sprechen des Engels und der Reaktion Marias beginnt.

Aber wie bringen wir in diesem adventlichen Gesamtsinn die Mausefallen unter? Hier haben die Kunstwissenschaftler den hl. Augustinus bemüht (vgl. *Schapiro*). Nach Augustinus sei der Erlösungstod Christi als eine Art Falle zu verstehen, in die der Teufel getappt sei. Er sei durch die Erniedrigung Christi getäuscht worden über dessen wahre Natur. Nie und nimmer hätte der Teufel damit rechnen können, dass ausgerechnet in diesem Verbrechertod Heil von Gott her gewirkt worden ist – das Heil, zu dessen Verhinderung der Teufel ja eigentlich da sei: Crux domini muscipula diaboli (muscipula = Mausefalle/Katze).

Eine Variante, die noch im Spätmittelalter existiert, bildet die Annahme, nicht erst das Ende des Le-

Abb. 12.3a: Robert Campin, Josef in der Werkstatt, rechter Flügel des Mérode-Triptychons

Abb. 12.3b: Robert Campin (Meister von Flémalle), Mérode-Triptychon

bens Jesu, sondern schon die »Ehe« Josefs mit Maria habe der Verschleierung des Heilsgeschehens gegenüber dem Teufel gedient, der eben die wunderbare jungfräuliche Geburt nicht bemerken sollte durch den Anschein einer Ehe, nämlich der sog. Josefsehe. Es war not, heißt es in der Legenda aurea, die ihrerseits den *hl. Bernhard* zitiert, dass Maria Josef verlobt ward, auf dass den Teufeln das Mysterium von Gottes Geburt bliebe verborgen (absconditur). Demnach würde das Dreitafelbild im Allgemeinen und sein Josefsflügel im Besonderen sozusagen als Subtext die Josefsehe verherrlichen; nur nach außen hin hätten Maria und Josef als ein »normal« verheiratetes Paar zu gelten. *Felix Thürlemann*, der sich besonders intensiv und kompetent mit dem Mérode-Triptychon auseinander gesetzt hat, hat seinerseits das Mausefallenmotiv noch erweitert, indem er die Außenwelt einbezieht: »Die Mausefalle ist als Täuschungsinstrument auf die profane Außenwelt hin ausgerichtet. Sie ist gleichsam für den Teufel, der sich dort umhertreibt, gestellt. Die Darstellung des Marktplatzes und der Stadt ... ist somit inhaltlich motiviert. Mausefalle und Stadtprospekt ... gehören zusammen« (1990, 383ff).

Der nahe liegende Verdacht, das alles sei in die sichtbaren Dinge »hineingeheimnisst«, wird von einer Reihe von Kunstexperten geteilt. Man darf aber nicht vergessen, dass dieses Triptychon keine »biblia pauperum« für eine durchschnittliche Laienfrömmigkeit darstellte; es war in der Öffentlichkeit gar nicht zu sehen. Vielmehr diente es der persönlichen Andacht einzelner vornehmer und gebildeter Menschen der Oberschicht und setzt deren Beratung durch einen theologischen Concepteur voraus.

Erstes Ergebnis: Auch wenn die hier vorgestellten Deutungen allesamt nicht unumstritten sind, bleibt doch festzuhalten: Es gibt eine seriöse und legitime Möglichkeit, die im Bild versammelten weltlichen Dinge nicht nur als zufälliges Arrangement zu sehen, sondern ihnen trotz ihrer evidenten Diesseitigkeit zugleich einen heilsgeschichtlich-symbolischen Mehrwert zuzusprechen. Nicht als ob die »sprechenden« Dinge nur um ihres Heilssinnes willen vorkämen; sie sind zunächst alltägliche Dinge mit Eigensinn und von profanem Gebrauchswert. Sogar die Mausefallen-Geschichte kann, ebenso wie das Waschbecken und das saubere Handtuch, ganz trivial signalisieren: Bei Maria und Josef handelt es sich um einen ordentlichen Haushalt, um sozusagen propre Verhältnisse!

Dass die zusätzliche (in meinen Augen nicht abgeschwächte, sondern intensivierte) religiöse Deutung nur eine Möglichkeit unter anderen, weltlicheren Deutungen ist, gehört wohl mit zum Status der religiösen Wahrheit in der Neuzeit. Ich habe aber auch den Eindruck, dass unter den beteiligten Wissenschaftlern deren eigene religiöse oder nichtreligiöse Voreinstellung eine Rolle spielt bei der Frage, ob diese Deutungen wenn nicht zwingend, so doch möglich seien. Ich, mit *meiner* religiösen Voreinstellung, meine sagen zu dürfen: Die irdische Greifbarkeit der dargestellten Dingen mindert nicht automatisch ihre spirituelle Bedeutung. Durch diese Bildart wird der Betrachter gleichsam in die Rolle eines »gläubigen« Thomas gedrängt, der hier, beim optischen Abtasten der handgreiflich-plastischen Realien zugleich innerlich deren devotional-spirituellen Sinn realisieren und in die Knie sinken soll – wie es das Stifterpaar auf dem linken Flügel des Mérode-Triptychons tut. Der Maler steht »ganz auf dem Boden natürlicher Kausalität«, aber Empirie und Glaube sind ihm »vollkommen vereinbar« (*Pächt* 45). Seine Transzendenzhinweise sind derart diskret, dass es immer möglich ist, ihrem spirituellen Anspruch auszuweichen und sich auf die reine Weltlichkeit der Welt zu berufen.

Die strenge methodische Frage, ob mich irgendetwas am intersubjektiv sichtbaren Bildbestand verlockt oder vielleicht sogar nötigt, nach einem tieferen Sinn der Gegenstände zu suchen, ist nach meiner Ansicht beim *Meister von Flémalle* zu bejahen: Alles, was uns auffällig erscheint und daher die Routinewahrnehmung unterbricht, darf nach seinem sekundären oder tertiären Sinngehalt befragt werden! Wenn uns die Neutestamentler beispielsweise sagen, an der Art, wie der Evangelist Matthäus (8,23–27) die Seesturmgeschichte formuliere, sei zu erkennen, dass er uns einladen möchte, im realen Boot gleichzeitig die Gemeinde bzw. die Kirche zu sehen, dann ist das m.E. methodisch vergleichbar.

»Begegnung mit dem Auferstandenen«

Entsprechend dem gängigen Säkularisierungs-Vorurteil hat man bis vor kurzem in *Savoldos* Londoner Magdalena (Abb. 12.4) lediglich die »Verweltlichung« des frommen Motivs gesehen: Es stelle eine venezianische Kurtisane dar, für deren Porträt das biblische Motiv nur ein Vorwand gewesen sei. Das Auffälligste an dieser Gestalt, das große, über den Kopf gezogene Schultertuch sei – allerdings in Gelb – die offizielle Tracht der Kurtisanen gewesen, also Kennzeichen einer Frau, die von einem Herrn der höfischen Gesellschaftsschicht als dessen Geliebte außerhalb der Ehe ausgehalten wurde. Es sei also das Porträt einer käuflichen Verführerin, die Blickkontakt mit dem Bildbetrachter aufnimmt (vgl. *Ebert-Schifferer; Pardo; Gilbert*).

Ich brauche das Maria-Magdalena-Bild der nachbiblischen christlichen Tradition hier nicht aufzurollen. Unterschiedliche biblische Marien sind darin in eins gesehen. Jedenfalls wird die geisteskranke Frau, die von Jesus geheilt (Lk 8,2) und dann zur Erstverkünderin seiner Auferstehung wurde (Mk 16,10), mit der an sich namenlosen großen Sünderin von Lk 7,36–50 identifiziert – und in dieser Tradition steht auch *Savoldos* Bild. Charakteristisch ist die künstlerische Behandlung der Mantilla der Frau, ihres Kopftuches: »Vergeistigte Sinnlichkeit der vereisten Farben des Mantels«, hat man gesagt, »der das Licht großflächig auf dem Rücken und in den langen, in Kaskaden von der rechten, zum Gesicht erhobenen Hand herabfallenden Falten reflektiert, während es (das Licht) in den tiefen Falten auf dem linken Arm vibriert« (*Ebert-Schifferer* 140). Oder neuestens *Klaus Krüger*: »Man kann sagen, dass dieses Tuch, das in seinem ausgedehnten, reich orchestrierten Faltenwurf die Bildfläche so prominent besetzt, näherhin zum eigentlichen Protagonisten der Darstellung wird. Seine stoffliche Substanz und die ihm eigene Qualität als gewebte Textur sind dabei vom Auge des Betrachters in keiner Weise näher zu erfassen. Vielmehr scheint sich seine Materialität geradezu dem Anblick zu entziehen und ganz zum reinen Abglanz und Widerschein des göttlichen Lichts zu wandeln« (105). Dass es sich wirklich um Maria Magdalena handelt, wird durch das Gefäß mit »kostbarem Salböl« in der Nische links unten sichergestellt. Es ist ihr geläufiges Attribut.

In einer komplizierten Körperhaltung zeigt diese Frau dem Betrachter die Schulter und nimmt gleichzeitig Blickkontakt mit ihm auf. Die Lichtführung unterstreicht in minutiöser Feinheit die körpersprachliche Geste. Das metallisch glänzende Licht auf dem Überwurf wirkt vor dem dunklen Hintergrund des Grabmals wie ein plötzliches Aufleuchten. Es verschattet aber auch das Gesicht der Frau – und das ist auffällig, weil es doch darauf gerade ankommt. Es ist, als ob die erotische Sinnlichkeit der Szene nur verhalten angedeutet werden soll.

Für die weitere Deutung des Bildes ist die Frage nach dem prägnanten Augenblick entscheidend. Ein solcher muss gemeint sein; nur so passen das gleißende Licht auf dem Umhang, die Verschattung des Gesichts und das Sich-Umwenden der Frau zueinander. Dem prägnanten Augenblick kommen wir näher, wenn wir in der Ferne Morgendämmerung wahrnehmen. Diese war im 15. Jahrhundert zur bevorzugten Metapher der Auferstehung Christi geworden (LCI 1, 203). In der frühchristlichen Liturgie heißt es: »Wie der Wächter auf das Morgenrot, so halten wir Ausschau nach dir, Christus. Komm mit dem Morgenrot und zeige dich uns beim Brechen des Brotes, denn du bist unser Gott für immer.« Es sind also die biblischen Ostertexte heranzuziehen. Als passend erweist sich vor allem Joh 20. Hier begibt sich Maria Magdalena allein zum Grab Jesu. Bisher wurde nur der Anfang des Kapitels beachtet: Maria sieht in der Morgenfrühe, dass der Verschlussstein am Grab fehlt. Das offene, leere Grab veranlasst sie, sich umzudrehen; im nächsten Augenblick wird sie mit der Neuigkeit zu den führenden Jüngern laufen. Durch einen Aufsatz der amerikanischen Kunsthistorikerin *Mary Pardo* bin ich darauf aufmerksam geworden, dass man den prägnanten Augenblick besser auf die späteren Phasen der Perikope bezieht, nämlich: Maria wendet sich um und sieht Jesus dastehen, zunächst ohne ihn zu erkennen; dann, von Jesus angesprochen, wendet sie sich dem Auferstandenen voll zu. Wir kennen das Motiv als »Noli me tangere«.

Gerade noch hat Maria geweint. Traditionelles Ausdrucksmittel für Trauer und Weinen ist die zum Gesicht geführte, verhüllte Hand zum Abwischen der Tränen. Soeben wurde sie von den Grabengeln gefragt: »Frau, warum weinst du?« (Typisch, dass die Engel – wie alles direkt Überirdische – in dieser Inszenierung fehlen!) Und sie wendet sich daraufhin um. Im Text von Joh 20 wendet sich Maria Magdalena zweimal um; ihr Erkenntnisprozess wird dadurch verlangsamt und dramatisiert. Der Maler hat das in *einer* Körpergeste zusammengezogen. Das Bild realisiert demnach den Augenblick, unmittelbar bevor aus dem bloßen Gärtner der auferstandene Christus wird. Das Licht, das Maria im Rücken trifft und ihre Mantilla »verklärt«, ist folglich kein natürliches Licht. Es ist der Lichtglanz, der vom Auferstandenen ausgeht, der, weil überirdisch, nicht direkt malbar ist, wohl aber in seinem Reflex auf dem Mantel Marias darstellbar wird.

Der Auferstandene selbst entzieht sich hier der Darstellbarkeit. Das Bild kann wohl seine Nähe bezeugen, nicht aber ihn selbst vor die irdischen, unverklärten Augen des Betrachters stellen. Das Gemälde

Abb. 12.4: Giovanni Gerolamo Savoldo, Magdalena, 84 x 79 cm, um 1528–1530

nötigt uns, die Betrachter, die Nähe Christi direkt rechts neben dem Bild zu realisieren, ohne dass wir dafür die Person Christi selbst sehen müssten.

Der Bildbetrachter gehört zur Inszenierung des Bildsinns. Insofern ist dies ein »modernes« Bild. Der Betrachtende sieht Christus selbst ebenso wenig wie Maria ihn sieht, aber im Unterschied zu ihr sieht er bereits den Widerschein des Verklärungslichtes Christi auf dem Tuch. Sie dagegen hat noch nichts wahrgenommen als die Stimme des Auferstandenen. Sie hat den Herrn noch nicht erkannt, auch nicht indirekt – wie der Betrachter. So schaut sie stumm auf den sehenden Betrachter, als könne sie bei ihm mehr erfahren.

Zur Offenheit des Bildes passt, dass die weitere Zuwendung Marias zu Christus, ihre Glaubenserkenntnis und ihr Liebeswort »Rabbuni« noch ausstehen. Und zur Offenheit des Bildarrangements gehört, dass infolge dieser Zurückhaltung dasselbe Bild mit einem Kurtisanenporträt aus Venedig verwechselt werden kann. Der religiöse Status dieses Bildes bleibt in der Schwebe. Wenn ich es als religiöses Bild akzeptiere, macht es mich als Betrachter zum vorübergehenden Komplizen im Akt der Erkenntnis des Auferstandenen. Andrerseits sehe ich als Betrachter immer nur den Lichtschimmer auf Marias Mantel und muss den Glaubenssprung machen, diesen Lichtschimmer auf die Person des verklärten Auferstandenen zu beziehen. Was Maria – nach dem Zeugnis des Evangeliums – im nächsten Augenblick gelingt, nämlich zur personalen Quelle des Lichtes in direkten Kontakt zu treten, die religiöse Hauptsache also, bleibt mir als Betrachter vorenthalten. Das Bild enthält die Einladung, das Begonnene in der Imagination des Glaubens zu vollenden, indem ich auf die Umkehr Marias eingehe und sie in der Glaubensphantasie mitvollziehe.

Wenn ich das Bild derart »fromm« lese – wozu es mich aber, wie gesagt, nicht zwingt, sondern nur einlädt – wird die auffällige Mantilla übrigens nochmals zu einem »disguised symbolism«; denn bei Paulus etwa ist vom Schleier der Blindheit und Traurigkeit die Rede, der in der Bewegung des Glaubens entfällt (2 Kor 3,16): »Sobald sich einer dem Herrn zuwendet, wird die Hülle entfernt.«

Dass trotz alledem das Kurtisanenmotiv hineinspielt, braucht nicht geleugnet zu werden. Immerhin hat die kirchliche mystische Tradition in Maria Magdalena die Braut des Hohenliedes verkörpert gefunden. In der Salzburger Armenbibel ist beispielsweise zu lesen (vgl. *Lange* 132f): »Diese Braut bedeutet Maria Magdalena, die ihren geliebten Bräutigam, das ist Christus, sah und festhalten wollte.«

»Jesus bei Maria und Martha«

Das Bild eines Frühreifen. Velázquez war neunzehn Jahre alt, als er es schuf. *Wilhelm Messerer* hat dieses Gemälde (Abb. 12.5) eindringlich beschrieben: »Es heißt gewöhnlich ›Christus bei Maria und Martha‹ nach der kleinfigurigen Szene, die, eigens gerahmt, die rechte obere Ecke des breiten, niedrigen Bildes einnimmt. Unklar bleibt, ob es sich dabei um ein Bild im Bilde an der nahen Rückwand oder, wie wegen des Gegensatzes der ›visionär‹ hellbeleuchteten Szene zu dieser dunklen Wand doch wahrscheinlich, um einen Durchblick in einen anderen Raum handelt. Gleich darunter, ganz im Vordergrund, trägt die Platte eines Küchentisches lauter knapp abgerundete, meist isolierte, körperhaft feste glatte Dinge des Küchenalltags in scharfer Beleuchtung: Eier und rundäugige Fische auf Tellern, Zwiebeln (hier hat *Messerer* sich versehen: Es handelt sich um Knoblauch, GL), einen Krug, einen Kupfermörser. Die linke Bildhälfte ist, nach einer bedeutungsvollen Leere neben dem Durchblick, mit nahen Figuren gefüllt: eine junge Frau, in breiter Halbfigur sichtbar, die knapp mit dem oberen Bildrand abschließt, in grobes Tuch gekleidet, arbeitet mit dem Mörser am Tischrand. Die Züge ihres Gesichts sind kräftig, ja derb, dabei klar, bewusst und entschieden, mit fest geschlossenen vollen Lippen; das Haar unter dem Häubchen ist etwas struppig, wie von der Arbeit; ohne zu schauen blickt sie aus dem Bilde. Vor dem Halbdunkel kommen Gestalt und vor allem Gesicht greifbar heraus. Hinter ihr beugt sich eine Alte ihr zu; wenig mehr als der Kopf in der linken Bildecke und die rechte Hand sind sichtbar. Das verinnerlichte Gesicht unter dem Kopftuch, mit den Stirnfalten, der geprägten Feinheit der Nase und des leicht geschürzten

Mundes, die Neigung des Kopfes, die Halbschatten an den Wangen und besonders über den Augen kontrastieren ebenso mit der Gradheit der Jungen wie ihre nicht edle, aber fast zart bewegte Hand mit dem über das breite Bild geführten kräftigen Arm und der zupackenden Faust. Der Zeigefinger der Alten weist schräg nach rechts oben. In ihrer malerischen Behandlung im Helldunkel bildet ihre in Körperzusammenhang und Körpergrenzen nicht gleich fassbare Gestalt die Entsprechung zu der biblischen Szene in der anderen Ecke, gegenüber der Kompaktheit der Dinge und der Magd« (200f).

Das Sujet des Bildes ist nicht neu. Es handelt sich um einen Bildtyp, der in der niederländischen Malerei des 16. Jahrhunderts durch *Pieter Aertsen* und dessen Schüler *Joachim Beuckelaer* kreiert wurde und als so genanntes »Küchenstück« weite Verbreitung fand. Auf flämischen Bildern dieser Art werden im Vordergrund als Blickfang Nahrungsmittel in Hülle und Fülle dargeboten. Zweifellos sind das die Anfänge der Bildgattung Stillleben. Im Hintergrund sieht man Christus im Dialog mit Martha, neben ihm sitzt andächtig lauschend deren Schwester Maria (vgl. Lk 10,38–42). Manchmal wird sogar inschriftlich auf den Bibeltext bzw. auf dessen Pointe (»Maria hat das Bessere gewählt«) verwiesen. Zweifel an der Identität der Szene im Hintergrund sind daher ausgeschlossen.

Infolgedessen stellt sich bei derartigen »Küchenstücken« die interpretatorische Streitfrage mit voller Wucht: Wenn drei Viertel der Bildfläche einer äußerst suggestiven Darstellung »weltlicher« Güter, vor allem von Nahrungs- und Genussmitteln vorbehalten sind, ist dann die biblische Szene im Hintergrund nicht bloßes Alibi oder allenfalls schmückendes Beiwerk? Die »visuelle Hierarchie läuft der inhaltlichen Bedeutung der Darstellung zuwider ... Es ist nicht klar, ob die damaligen Künstler das Thema wegen seines moralischen Inhalts oder der Möglichkeit wählten, ein reiches Küchenstück malen zu können« (*Verbraeken* 60).

Traditionell spielt die Maria-Martha-Perikope eine zentrale Rolle bei der Gegenüberstellung und Bewertung von vita activa und vita contemplativa. Die verführerische Fülle von Fleisch, Brot, Butter,

Abb. 12.5: Diego Velázquez, Christus im Hause von Maria und Martha, 60 x 103,5 cm, 1618

Wein, Blumen und anderen Kostbarkeiten versinnbildet deshalb die Sorge und den Lustgewinn einer vita activa. Das aber stellt sich als ambivalent heraus. Wird hier für den »Reichtum« der Weltzuwendung geworben, obwohl man noch weiß, dass die christlich geprägte Rangordnung eigentlich eine andere ist – wird also gleichsam mit schlechtem Gewissen geworben? Oder soll das heißen: Die biblische Wertordnung gilt weiterhin: Was da an Dingen des Konsums im Vordergrund steht und sich aufdrängt, ist als Versuchung zu werten: »Die biblische ›Moral‹ hat in der täglichen vita activa noch immer ihre Gültigkeit« (LCI 3, 211)?

Was bei den »Küchenstücken« mit biblischer Einblendung allgemein zu sagen und zu fragen ist, wäre bei *Velázquez* noch zu spezifizieren. Auffallend ist ja, wie hier der »vordergründige« Überfluss an Nahrungs- und Genussmitteln (und damit das Schwelgen im Vorgenuss eines Ess- und Trinkgelages) entschieden reduziert wird und dadurch den einzelnen Esswaren und Küchengerätschaften eine geradezu »individuelle« Würde verliehen wird. Statt die Sachen marktmäßig anzuhäufen, werden sie wie bei der Vorbereitung eines durchschnittlichen Essens, im Hinblick auf die fleischlose Kargheit vielleicht sogar eines Fastenessens *(Scheffler)*, präsentiert. Im Katalog der National Gallery sind sie deshalb einzeln aufgeführt: »Die junge Frau im Vordergrund zerreibt Knoblauch in einem Mörser, vielleicht, um mit Eigelb, Olivenöl (im Krug auf der Rechten) und Chilischoten eine würzige Mayonnaise für gegrillten Fisch zuzubereiten. Sublimität gewinnen die bescheidenen Zutaten, die in einer Reihe von sich verjüngenden Ovalen ausgebreitet sind, durch Velázquez' unvergleichliche Behandlung von Form und Textur. Die silbrige Glätte der Fische, der schwere Schein des Messings, die leuchtende Glasur, die dick und teils angeschlagen über der Terracotta liegt, die papierdünne Haut des Knoblauchs, die dickere faltige Trockenheit der Chilischote, die Reflexion des Zinnlöffels in der konvexen Schale entziehen sich der Reproduktion oder der Beschreibung. Und nie sind zwei Eier so aufmerksam gemalt worden, sind ihr Volumen und der matte Schein der Schale so präzise angedeutet worden ...« (*Langmuir* 252).

Unsere Frage ist schlicht und einfach: Was hat demgegenüber die biblische Einblendung zu bedeuten? Sagt sie etwas aus über das Alltagsgeschäft in der Küche? Ist sie nur fromme Garnierung, eine Zugabe – oder stellt sie die Küchenszene in ein neues, theologisch und katechetisch relevantes Licht? Hat die Küchenszene möglicherweise die Funktion eines »Rahmenthemas« für das christologische »Bild im Bilde« (vgl. Lektion 7)?

Abb. 12.6: Detail aus Abb. 12.5

Tonangebend war lange Zeit das verneinende Urteil *Carl Justis* von 1888: »Die Gleichgültigkeit gegenüber dem religiösen Stoff zeigt sich frappant in einem Bildchen, wo wirklich die heilige Geschichte zum Anhang eines Küchenstücks gemacht ist« (74f). Gut hundert Jahre später wird das Bild immer noch zu den Ansätzen zu einer »rein profanen Malerei« gerechnet (*Held/Schneider* 279f).

Martín S. Soria sieht stattdessen in der religiösen Deutung des Bildes dessen eigentliches Thema. Er beruft sich auf einen Text der heiligen *Teresa von Avila*. Dort spricht *Teresa* Küchenschwestern Mut zu, die darüber traurig sind, dass sie bei ihrer Arbeit »nicht genug über die Großtaten des Herrn« nachdenken können. *Teresa* erwidert, der Herr sei »auch zwischen den Kochtöpfen« zugegen.

Ohne diesen zufälligen Textfund überbewerten zu wollen, zeigt sich, dass es sich kaum um ein Genre-Bild handelt, sondern eher um ein Exempel, ein Lehr-Stück. Das Zueinander von Vordergrund und Hintergrund, von »Rahmenthema« und »Bild im Bilde«, verweist auf das, worum es in jeder Spiritualität geht: Die Botschaft Jesu in der Alltagswelt zum Zuge kommen zu lassen. Die verdrossene Miene der jungen Hauptperson, die im Vordergrund die Rolle der Martha übernimmt, wäre dann entweder der Anlass oder aber die Folge des belehrend-hinweisenden Zeigefingers ihrer »Katechetin«. Wenn Anlass, dann versucht die alte Frau durch Hinweis auf die »Frohbotschaft« die Miene ihrer »Schülerin« aufzuhellen. Die Seniorin hätte damit gleichsam *Teresas* Part übernommen. Wenn die Verdrießlichkeit jedoch geradewegs die Folge eines solchen frommen Hinweises sein sollte, käme zum Ausdruck, wie deplatziert solche direkten und indiskreten Appelle der Älteren auf die Jüngeren wirken.

Wie auch immer – Vordergrund und Hintergrund stehen in einem Verhältnis der Korrelation zueinander, und dieses Korrelationsverhältnis bestimmt auch das Verhältnis von alter und junger Frau. Das Gelingen der Korrelation steht allerdings im Bild dahin. Es gelingt letztlich nicht, »das kohärente und vollbejahte Bild eines profanen Lebenszusammenhangs zu entwerfen ... oder umgekehrt die weltlichen Belange bruchlos den theologischen Deutungsmustern zu unterwerfen« (*Held/Schneider* 280). Der schon zitierte Kunstwissenschaftler *Wilhelm Messerer* sieht das Ergebnis hoffnungsvoller: »Die ältere, wissende Frau weist die junge ›Martha‹ in ihrer Geradheit, Aktivität und Dingverhaftung auf die Maria-Martha-Szene und ihre Lehre hin: ›Du kümmerst dich um vieles; Eins ist not‹ ... Die beiden Figuren sind dabei, den Sinn der Bibelstelle in ihr Dasein hereinzunehmen. Die alte Frau ist ganz davon erfüllt, bei der jungen sieht man zwar kein Annehmen der Lehre, aber doch ein Aufmerken, ein Angesprochensein ... Eben das gibt den Figuren ihre Menschlichkeit ... Nicht um eine Säkularisierung des religiösen Themas also handelt es sich in dem Martha-Bilde, sondern um eine Durchdringung der Profandarstellung mit religiösem Gehalt« (201f).

Ob der religiöse Gehalt aber nicht auch ohne den katechetischen Zeigefinger gegeben wäre? Es fällt auf, dass *Velázquez* die biblische Szene eher konventionell und unscharf gibt. Seine ganze Sympathie und Leidenschaft (»compassio«!) gilt dagegen den beiden der Küche verhafteten Frauen im Vordergrund – und zusätzlich mehr der jungen als der älteren Frau. Für sie ergreift er entschieden Partei, sie nimmt er ernster als alles andere: »Never before had a Christian painter taken the losing side of the hard-pressed cook as his way of interpreting St Luke's story of Martha and Mary ...« (*Drury* 168). Christlichkeit als Parteilichkeit für diejenigen, die sonst im Schatten bleiben, und gegebenenfalls auch als Solidarität mit denen, deren Dienst durch die Lukasperikope von Maria und Martha diffamiert wird? Skepsis gegenüber dem Versuch, die Bibelwahrheit unkritisch in das Alltagsleben zu holen?

Das alles bleibt offen. Die Wahrheit des Bildes bleibt in der Schwebe. Damit spiegelt das Gemälde auf seine Weise die Beweisnot des Theologen in der modernen Welt, konkreter: die des Religionslehrers in der öffentlichen Schule. Der Theologe im Religionslehrer versucht, die biblische Botschaft zu korrelieren mit der Alltagswirklichkeit seiner Schülerinnen und Schüler. Er macht einen spirituell relevanten Deutungsvorschlag. Zwingend, die Skepsis seiner Adressaten bezwingend, ist diese Deutung nicht. Was im Unterricht sonst passiert, kann auch angesichts dieses Bildes geschehen: Dass sich einer aus dem »Kreis der Spötter« (Ps 1,1) meldet und sagt: Vielleicht gibt die alte Frau der jüngeren nur einen ökotrophologischen Hinweis? Womöglich ist das »eingeblendete« Jesusbild doch nur fromme Garnierung – wie einst die Sixtinische Madonna im Schlafzimmer der Großeltern? Vielleicht ist die junge Frau den Tränen nahe, weil ihr der Knoblauchgeruch zuwider ist? Vielleicht enthält ihr Hantieren mit dem Stößel im Mörser eine sexuelle Anspielung, die gar nichts mit der religiösen Deutung zu tun hat?

Mit anderen Worten: Zur Glaubensvermittlung in Schule und Gemeinde heute gehört die Erfahrung, dass die Sichtweise des Glaubens in der weltlich gewordenen Welt immer nur eine unter mehreren möglichen Lesarten ist. Gerade weil *Velázquez* nach meiner Überzeugung versucht hat, Religion in die profan gewordene Welt hineinzuvermitteln, schließt die gläubige Lesart andere, sogar banale Interpretationsmöglichkeiten nicht aus. Die religiöse Deutung dieses Bildes und der Wirklichkeit überhaupt bleibt letztlich strittig.

Fazit: Christliche Bilder unter Säkularisierungsverdacht

Dies waren nur einzelne Beispiele, und es bleibt die Frage, wie weit sie zu verallgemeinern sind. Dass ich *Michelangelo* ausgelassen habe, engt die Tragweite der Hypothese ein. Ich vermute, dass man mit *Michelangelo*, mindestens dem späten *Michelangelo*, noch besser hätte verdeutlichen können, dass die Weltzuwendung, wie z.B. die Freude am schönen Leib, nicht Rückfall ins Heidentum, sondern Konsequenz des Inkarnationsglaubens ist (vgl. Lektion 13), eine Konsequenz, die uns die Renaissance neu erschlossen hat. Aber da das hier jetzt nicht zur Debatte steht, beschränke ich mich bei meiner Zusammenfassung auf das, was wir gerade gesehen haben.

Zu Beginn der Neuzeit und als Merkmal der Epochenschwelle ist auch bei Themen, die in der religiösen Bildtradition bereits vorformuliert waren, ein beherzter neuer Zugriff auf die reale Welt festzustellen. Die genaue Beobachtung der alltäglichen Realitäten, seien es Geräte, Gesichter oder Lichtbahnen, schlägt sich auch in der religiösen Kunst nieder. Säge oder Kochtopf werden in ihrer zunächst nur profan scheinenden Realität malerisch präsentiert. Und es gibt einen Umgang mit religiösen Bildern dieser Malart, der sich begnügt mit der Freude über den Zugewinn an Weltnähe in der Kunst und an der damit erfolgten Würdigung (Nobilitierung) der irdischen Welt. Das Raffinierte – zumindest bei den hier gezeigten Beispielen – ist nun aber, dass die religiöse Deutung mit dieser Weltlichkeit kompatibel zu sein scheint, ja, dass hier neue Möglichkeiten ausprobiert werden, in der sichtbaren Welt Gott zu suchen.

Dass dies in der Neuzeit nicht mehr in mittelalterlich-direkter Weise möglich ist, sondern jetzt indirekter als bisher geschieht, gehört wesentlich zur neuzeitlichen Glaubenserfahrung. Die Bilder realisieren immer auch die Strittigkeit der religiösen Weltsicht. Wir werden nicht in eine religiöse Sonderwelt versetzt, sondern aufgefordert, in den Gegebenheiten unserer Welt Gottes Heilszusagen aufzuspüren. Ob so etwas dann noch im Ernst »Verkündigung« genannt werden darf, müsste Gegenstand einer weiteren theologischen Erörterung sein.

D Bilder von der Passion Jesu

13. Der nackte Jesus: verworfen, vermenschlicht, verklärt

Ikonographische Facetten

»Die Geschichte Jesu in den christlichen Gemeinden ist bis heute ein Wechsel der Bekleidung und Entkleidung. In allen Generationen bricht die Suche nach dem nackten Jesus aus. Nackt dem nackten Christus nachfolgen wird geradezu ein Programm- und Losungswort der Bewegungen, die hindurchstoßen wollen durch die Hülle der Verfremdungen auf den wahren Jesus, um in ihm auch den entblößten zu finden, jenseits der Kriterien des Erfolges, der Macht und des Geldes. Immer wieder der anachronistische Sprung durch den Systemapparat auf ihn zurück, um ihn in bloßer Haut zu sehen, ohne Zutat der Kleider, die ihn machen. Das wird bald zu einem Kriterium der Heiligkeit ... Zugleich wird das Hindrängen zum nackten Jesus als Drohung empfunden« (*Bachl* 44).

Nackt dem nackten Christus folgen – von *Hieronymus* im vierten bis zu *Thomas von Kempen* im 15. Jahrhundert gilt das als richtungweisende Kurzformel für die radikale Nachfolge Christi. Im Weltgericht identifiziert sich Christus mit den nicht nur metaphorisch, sondern physisch Nackten (Mt 25,36.38.43.44).

Abb. 13.1: Lovis Corinth, Das große Martyrium, 1907 (Ausschnitt; Museum Ostdeutsche Galerie Regensburg)

Der nackte Crucifixus

Wir wissen, dass die zur Kreuzigung Verurteilten unbekleidet ans Kreuz gehängt wurden. Das war auch bei Jesus so: »Sie kreuzigten ihn und verteilten seine Kleider« (Mk 15,24 par).

Lovis Corinth hat in seinem »Großen Martyrium« von 1907 das physisch wie psychisch Bestialische dieser Hinrichtungsart sichtbar gemacht. Die Qual eines Gekreuzigten wird gesteigert durch seine totale Bloßstellung.

Das Evangelium setzt die Entkleidung einfach voraus; knapp beschrieben wird sie erstmals im apokryphen Nikodemusevangelium: »Sie entkleideten ihn und umgürteten ihn mit einem linnenen Schurz« (*Schneemelcher* I, 406). Eine ausführlichere Betrachtung wird der Entblößung Christi zuteil in den Meditationsbüchern des Mittelalters; die Passionsspiele nötigten sowieso zu einer genaueren Vorstellung. Die *hl. Birgitta* beispielsweise sieht in ihren Visionen (14. Jh., rev. I,10; IV,70), wie Jesus selbst sich entkleidet, also die Schmach freiwillig auf sich nimmt. Maria wird angesichts der Nacktheit Jesu von Schmerz überwältigt. Mit ihren Augen und ihrem Mutterherzen sollen die Gläubigen den erniedrigten Jesus betrachten. »Selig, wer ... sein Gewand anbehält, damit er nicht nackt gehen muss und man seine Blöße sieht« (Offb 16,15).

Die meisten Leser oder Hörer der Passion Christi, die ja (seit dem 4. Jh.) Kreuzigungen nicht mehr aus eigener Anschauung kennen, werden die Vorstellung einer völligen Nacktheit des gekreuzigten Jesus kaum noch realisieren.

Beim Isaakopfer Abrahams, das als alttestamentliches Vorbild (Typos) des Kreuzesopfers gilt, konnte man dagegen leichter zeigen, dass absolute Nacktheit zur Reinheit des Opfers gehört. So gut wie alle christlichen Darstellungen des Kreuzesopfers selbst (seit dem 5./6. Jh.) vermeiden es jedoch, diese tiefste Erniedrigung Jesu zu wiederholen. Das schon erwähnte Lendentuch entzieht die Genitalien Jesu den öffentlichen Blicken.

Abb. 13.2: Andrea Mantegna, Abraham opfert seinen Sohn Isaak, um 1409

Anfangs wurde sogar der nur mit einer Schambinde oder einem Lendentuch (einer »Unterhose«) bekleidete Gekreuzigte als skandalös empfunden (vgl. *Klaus Wessel*). Infolgedessen tauchen sehr bald Kruzifixe auf, die Jesus mit einem langen Gewand am Kreuz zeigen. Durchgesetzt hat sich aber auf die Dauer das Lendentuch – so sehr, dass die Gekreuzigten im langen Gewand später mit der legendären Kreuzigung einer Frau (der hl. Kümmernis/Wilgefortis u.a.) in Verbindung gebracht wurden (vgl. *Zänker*).

Eine anrührende Legende des Mittelalters erzählt, Maria habe die tiefste Erniedrigung Christi, seine völlige Entblößung, verhindert, indem sie spontan dem entblößten Sohn ihr eigenes Tuch um die Lenden

Abb. 13.3: Meister der Karlsruher Passion, Entkleidung Christi, um 1450

gebunden hätte. In der Karlsruher Passion haben zwei Soldaten das nahtlose Untergewand, den hl. Rock, schon über den Kopf Christi gezogen. Dieser streckt die Arme vor, und so ziehen sie ihn ganz aus. Jesus kehrt sein leiderfülltes Antlitz dem Betrachter zu. Maria hält ein weißes Tuch vor die Genitalzone ihres Sohnes. Da sie dabei ist, es zusammenzubinden, Jesus sich jedoch vorbeugt, wirkt es so, als seien Mutter und Sohn in der stärksten Demütigung besonders eng verbunden.

Bei jeder Entblößung dieser Art ist mitzusehen, dass in der Bibel durchweg die Bloßstellung der Geschlechtsteile, zum Beispiel eines Besiegten, als dessen tiefste Erniedrigung empfunden wird (vgl. Jes 47,2f; Jer 13,22; Klgl 1,8; Nah 3,5). Andererseits verweist der nackte Körper auf die Kreatürlichkeit des Menschen: »Nackt kam ich hervor aus dem Schoss meiner Mutter; nackt kehre ich dahin zurück« (Ijob 1,21).

Als Franziskus sich 1206 von seinem Erbe und seiner Familie lossagt, geschieht das in einer demonstrativen Symbolhandlung (*Celano* I,14–15). In der Vorhalle des Bischofspalastes von Assisi legt er alle seine Kleider dem Vater zu Füßen und begibt sich nackt auf die andere Seite, die durch den Bischof repäsentiert wird. Dieser verhüllt seine Blöße wie einst Maria die ihres Sohnes. Das Nacktsein signalisiert nicht nur den Verzicht auf irdischen Besitz, auf Einfluss und Ansehen, sondern sogar auf Selbstschutz und -verteidigung.

Der nackte Knabe

Abb. 13.4: Daniel Nopfer, Maria mit Kind, um 1500

Nacktheit kann kreatürliche Schutzlosigkeit signalisieren, aber auch Offenheit und vertrauensvolle Hingabe. Dadurch kann sie religiöse Bedeutung bekommen – siehe die Barfüßigkeit in Moscheen (vgl. Ex 3,5) oder die Barhäuptigkeit von Männern in christlichen Kirchen. Vor allem den Kindern wird auch dort völliges Nacktsein zugestanden, wo dieses bei den Erwachsenen gesellschaftlichen Tabus unterliegt.

Unbefangene Darstellungen des nackten Jesuskindes sind zahlreich, und manches Mal hat man den Eindruck, dass das männliche Glied Jesu nicht nur wie selbstverständlich dazugehört, sondern sogar hervorgehoben oder durch einen Fingerzeig der Gottesmutter betont wird. (Abb. 13.4).

Leo Steinberg hat 1983 in seinem nicht unumstrittenen Buch »The Sexuality of Christ« – das freilich besser »The Genitalia of Christ« heißen sollte – zahlreiche Beispiele aus Spätmittelalter und Renaissance für das ungenierte Zeigen oder Andeuten der Genitalien sowohl des kindlichen Jesus wie des Christus der Passionsgeschichte vorgestellt (246 Abbildungen!). Bei Hans Baldung Grien spielt zum Beispiel Großmutter Anna mit dem kleinen Jesuspenis (Abb. 13.5).

Abb. 13.5: Hans Baldung Grien, Heilige Familie, 1511

Was hat das zu bedeuten? Ist es nur ein Beweis für die gar nicht prüde Voreinstellung des Mittelalters und der Renaissance gegenüber den Fortpflanzungs- und Ausscheidungsorganen des Menschen? *Steinberg* meint, so werde das wahre Menschsein des Gotteskindes herausgestellt und auf die Spitze getrieben. Seine feministisch sensibilisierten Kritikerinnen stellen die nahe liegende Frage, ob damit nicht eher sein Mannsein betont werde.

Felix Thürlemann sieht in *Mantegnas* totem Christus auf dem Salbtisch nicht nur die bravouröse Verkürzung (»Cristo in scurto«), sondern deutet die so entstehende Nahsicht auf Fußsohlen, Unterleib und Wunden auch inhaltlich: Gemäß der Devise *pedes in terra – caput in caelo* werden bei *Mantegna* die »menschlichen« Füße auf Kosten des »göttlichen« Hauptes hervorgehoben. Lieber würde ich sagen: Es wird die Art von Göttlichkeit hervorgehoben, die sich in der Fußwaschung (Joh 13,1–20) offenbart hat. Jedenfalls scheint die »Gürtellinie« zur Hierarchisierung des Körpers zu dienen. Bilder, die nur die obere Körperhälfte Christi zeigen, suggerieren schon dadurch seine Hoheit bzw. Göttlichkeit.

Donatellos unterlebensgroßer David (Abb. 13.7) gilt als die erste frei stehende Rundplastik seit der Antike. Sollte damit programmatisch die heroische oder ideale Nacktheit der Antike (vgl. *Himmelmann*) wieder

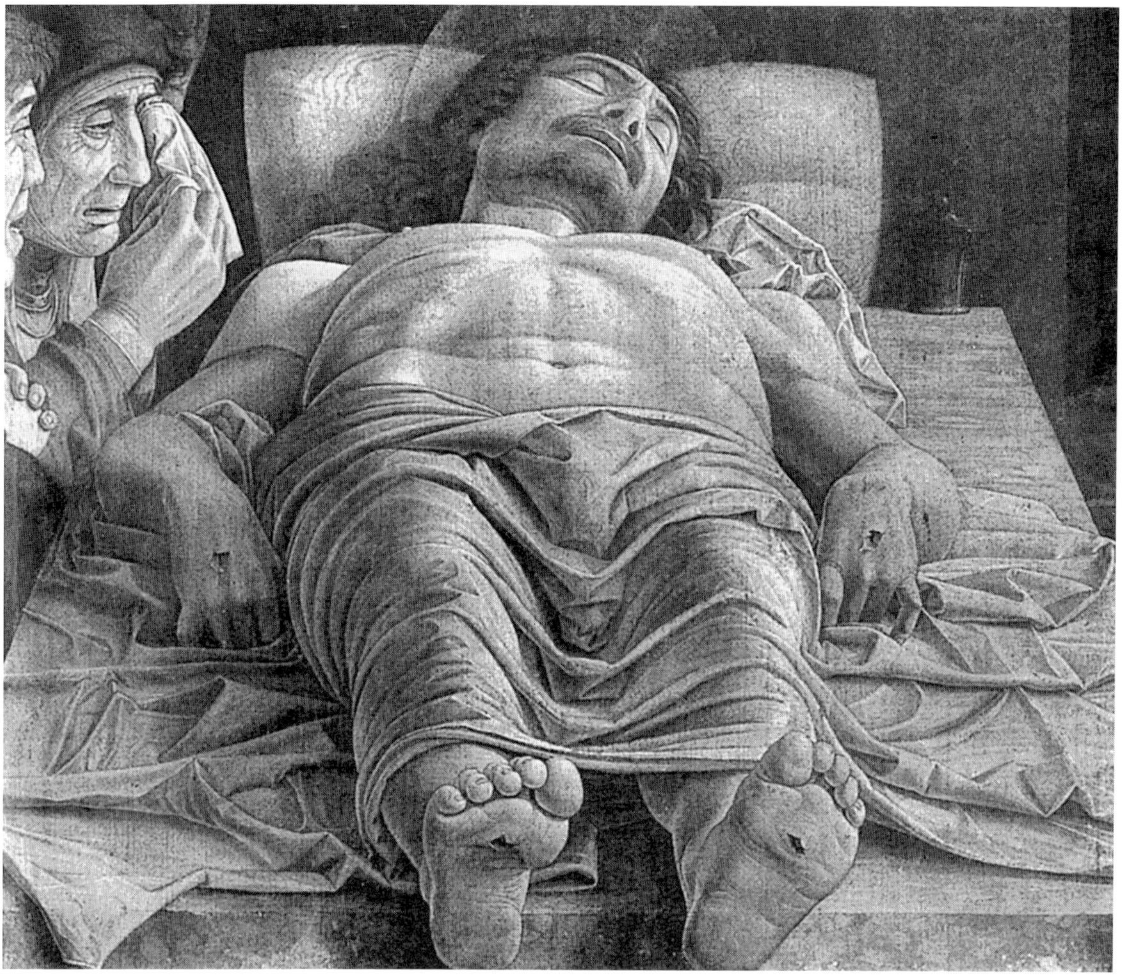

Abb. 13.6: Andrea Mantegna, Beweinung Christi, um 1480

belebt werden? Man kann den (bis auf Stiefel und Hut) entkleideten David ebenso programmatisch als Zeichen christlicher Waffenlosigkeit und damit Schutzlosigkeit deuten! Der fast knabenhafte Goliatbezwinger hat die übliche Rüstung anprobiert und als ungeeignet gefunden (vgl. 1 Sam 17,38f), er hat sich ent-rüstet. So tritt er zum Kampf an – nur mit Gottvertrauen gewappnet. »Die Nacktheit des David ... veranschaulicht also das Paradox, dass der zarte und kindliche, ungeschützte Gottesliebling den schwer gepanzerten Riesen besiegt und damit beweist, ›dass der Herr nicht durch Schwert und Spieß hilft‹«; *Donatello* hat so der antikisierenden Tendenz jener Zeit mit dieser Statue »eine ganz christliche Wendung gegeben« (*Himmelmann*, 102). »Der edle Körper und der Ausdruck des knabenhaften Gesichtes lassen ihn als Werkzeug Gottes erscheinen« (*Bialostocki*).

Abb. 13.7: Donatello, David, um 1430

Der nackte Auferstandene

Fraglich ist, ob zur verklärten Leiblichkeit des Auferstandenen überhaupt irdische Kleidung passt, da Kleider ja doch immer auch den nachparadiesischen Zustand des Menschen anzeigen. Schon der altkirchliche Theologe *Epiphanius* (4. Jh.) hat das Problem gesehen und es rein rhetorisch abgewiesen (anc. 62,5–8): Wer wollte annehmen, der Auferstandene sei den Jüngern nackt erschienen, obwohl doch sein Leinengewand und das Schweißtuch nach dem ausdrücklichen Zeugnis des Evangeliums (Joh 20,6–7) im Grab geblieben waren?

Wir kennen zahlreiche Bilder des Auferstandenen, auf denen dieser lediglich mit einem weiten Umhang bekleidet ist, dessen Wurf die Schamgegend bedeckt, aber alle anderen Körperregionen dem Blick des Betrachters freigibt. Wenn *Grünewalds* Auferstehender vom Isenheimer Altar die Aufwärtsbewegung, in der er sich befindet, nur noch etwas weiter fortsetzt, wird diese seine letzte Hülle, die ihn physisch noch mit der Grabregion verbindet, fallen müssen.

In den Jahren, als *Grünewald* das malte, nahm *Michelangelo* den Auftrag für eine Statue an: *una figura innuda de relevo tonna, che fa la resiretione de Nostro Signore Jesu Cristo* – also für eine frei stehende nackte Figur, welche die Auferstehung unseres Herrn Jesus Christus darstelle.

Seit 1521 befindet diese sich in Rom zu S. Maria sopra Minerva – allerdings nicht mehr ganz nackt, sondern seit der Barockzeit mit einem bronzenen Schürzchen an der empfindlichsten Stelle geschützt. Vom ursprünglichen Aussehen können wir uns nur durch Fotos ein Bild machen. Die zeigen aber auch, dass die Genitalien der Christusfigur mit dem Hammer attackiert worden sind – angeblich von einem einfältig-eifrigen Priester zur Zeit der Gegenreformation. Das Bronzetuch verbirgt also freundlicherweise auch die Verunstaltung!

Dass der Auferstandene ein derart klotziges und doch zur Kreuzigung ungeeignetes Kreuz umfasst, zudem garniert mit Leidenserinnerungen wie Rohr mit Essigschwamm und Strick, könnte irritieren. Handelt es sich um einen Schmerzens-

Abb. 13.8: Michelangelo, Statue des auferstandenen Christus als neuer Adam, um 1520

mann? Die Zusammenschau des antikischen, eher heidnisch-erotischen Schönheitsideals mit einem christlichen Heilsthema hat die Interpreten ratlos gemacht und sie von einander widersprechenden Elementen sprechen lassen. Es offenbare die Unvereinbarkeit von christlichem und antikem Denken.

Neuerdings wurde jedoch von *Gerda S. Panofsky* der Vorschlag gemacht, in diesem Auferstandenen denjenigen Christus zu sehen, der in der Unterwelt erscheint (»hinabgestiegen in das Reich des Todes«) und der den dort Versammelten, allen voran Adam, das Heil bringt (vgl. Lektion 17). Da die Figur für ein Grabmal vorgesehen war, scheint mir das plausibel zu sein. Wir sähen also den neuen Adam, der durch sein Sterben am Kreuz den Tod besiegt hat – mythisch-bildhaft gesprochen: der die Pforten der Unterwelt geöffnet und den zum Tod Verdammten den Weg ins Paradies eröffnet hat (»heute noch wirst du mit mir im Paradiese sein«). Wir kennen das Motiv von den sog. Höllenfahrtsbildern, die in Wahrheit Osterbilder sind. Die Nacktheit der Figur, ihre körperliche Vollendung, fände dann ihre Rechtfertigung durch die Adam-Christus-Typologie (Röm 5,12ff; 1 Kor 15,21f.45): Hier nimmt Paulus die anfängliche Herrlichkeit des »alten Adam« für den endzeitlichen »neuen Adam« Christus in Anspruch. Das bis dahin in der christlichen Ikonographie Unerhörte besteht darin, dass der die Toten befreiende Christus völlig nackt ist wie diese – oder auch wie sein alttestamentlicher Typos, Jonas, der nackt aus dem Fisch heraussteigt. In der bewundernswerten Herrlichkeit des Menschenleibes Christi wird zugleich die Vollendung des menschlichen Leibes, wie sie mit dem Bekenntnis zur Auferstehung des Fleisches verheißen ist, vorweggenommen.

14. »Mein Gott, warum hast du mich verlassen?«

Der letzte Schrei Jesu als Problem der Frömmigkeits- und Bildgeschichte – bis Michelangelo

Dass es, die vier Evangelien zusammengenommen, sieben »letzte Worte« Jesu gibt, ist eigentlich ein Kuriosum. Der Anspruch, der mit dem »letzten«, dem letzt- und endgültigen Wort eines Sterbenden gegeben ist, wird durch dessen Vervielfältigung doch erheblich gemindert. Im Lexikon werden sie wohl auch deshalb unter dem Stichwort »Kreuzesworte Jesu« behandelt (LThK^{3} 6, 457f). Das Kuriosum ist jedoch leicht zu erklären. Es ergibt sich einfach daraus, dass die frühe Kirche im Prozess der Kanonisierung nicht eines der vier Evangelien favorisierte oder ein Einheitsevangelium daraus komponieren ließ, sondern die Kühnheit besaß, vier Evangelien, trotz ihrer unübersehbaren Unterschiede und Widersprüche, für in gleicher Weise gültig und maßgeblich zu halten.

Neutralisierung durch Harmonisierung

Wie man dem Gebet- und Gesangbuch »Gotteslob« (Nr. 776) entnehmen kann, stellt die landläufige Frömmigkeit alle sieben Kreuzesworte Jesu nebeneinander und meditiert sie hintereinander. Die konkrete Reihenfolge hat eine lange Tradition. Sie taucht zuerst in der Evangelienharmonie des *Victor von Capua* (gest. 554) auf (vgl. *Haussherr* 22). Die Reihenfolge suggeriert dabei einen psychologisch plausiblen Ablauf der Kreuzesworte – vom Gebet für die Feinde (1) und der Verheißung an den Schächer (2) über die sorgenden Worte für Mutter und

Jünger (3) zur Schlussphase des Todeskampfes mit Verlassenheitsschrei (4), Durstwort (5) und dem »Es ist vollbracht« (6), dem dann überraschend noch als Allerletztes ein Vertrauensgebet folgt: »Vater in deine Hände lege ich meinen Geist« (7). In der Tradition dürfte dies als das »letzte Wort« Jesu schlechthin gelten. Mit anderen Worten: In der Andacht für die Gemeinde dominieren letztlich die Lukas-Anliegen: Vergebungsbereitschaft, Feindesliebe und ergebungsvolles Gottvertrauen, und das wird als vorbildhaft gemeint sein für die Nachfolge Christi im Allgemeinen und das christliche Sterben im Besonderen (vgl. die Schilderung des Todes des Stephanus, Apg 7,59f). Die Verlassenheitsklage Jesu am Kreuz ist in dieser Zusammenstellung gleichsam neutralisiert: so etwas wie ein vorübergehender Schwächeanfall Jesu.

Allerdings soll nicht unerwähnt bleiben, dass im selben »Gotteslob« (Nr. 308) ein zeitgenössisches Lied von Friedemann Gottschick steht, das in vier Strophen ausdrücklich den Verlassenheitsruf Christi thematisiert und zur persönlichen Übernahme anbietet; in den Gemeinden ist das Lied jedoch, so weit ich sehe, unbekannt weil ungebräuchlich.

Zuspitzung durch Historisierung

Wenn ich entsprechend der kritischen Exegese bei den »letzten Worten« Jesu die früheren und die späteren Versionen der Passionstradition unterscheide, sieht die Reihenfolge ganz anders aus: Dann steht am Anfang die Verlassenheitsklage Mk 15,34/ Mt 27,46 (1), und zwar, nota bene, als einziges »letztes« Wort. Es folgen die lukanischen Kreuzesworte: Gebet für die Feinde 23,34a (2), Verheißung an den Schächer 23,43 (3) und das Vertrauensgebet 23,46 (4), das damit an die Stelle derVerlassenheitsklage tritt. Mit dem Johannesevangelium kommen schließlich hinzu: die sorgenden Worte für Mutter und Jünger 19,26–27 (5), »Mich dürstet« 19,28 (6) und »Es ist vollbracht« 19,30 (7).

Die Mehrheit der Exegeten ist überzeugt, dass alle diese Versionen »kaum mehr auf einen historischen Tatbestand zurückführbar sind«

(*Untergaßmeier* 457; vgl. *Bösen* 291ff). Eine geschichtliche Rekonstruktion oder eine Kombination sei »nicht möglich« (*Schnackenburg* 332). Es handelt sich also wohl um unterschiedliche theologische Optionen der Evangelisten bzw. der durch sie sprechenden Gemeinden.

Ein synoptischer Vergleich der vier Evangelien lässt erkennen, dass die Frage nach dem »letzten Wort« Jesu keineswegs marginal ist, sondern die Urkirche stark beschäftigt hat. Es gab anscheinend so etwas wie einen Deutungsstreit darüber. Lk/Joh nehmen Stellung zu der Behauptung von Mk/Mt, Jesu letztes Wort habe in einem Frageschrei bestanden, der gelautet habe: »Mein Gott, warum (oder: wozu) hast du mich verlassen?« Sie nehmen Stellung, indem sie ihn weglassen bzw. ersetzen. Das Johannesevangelium distanziert sich an anderer Stelle noch zusätzlich und ausdrücklich davon, wenn es Christus sagen lässt: »Er, der mich gesandt hat, ist bei mir; er hat mich nicht allein gelassen« (8,29).

Im Streit der Evangelien um die Kreuzesworte geht es um die letztgültige Deutung des Leidens und Sterbens Jesu. Und zweifellos haben Lk/Joh den Streit gewonnen. Der Jesus-Schrei der Gottverlassenheit wurde (im mehrfachen Sinn des Wortes) von ihnen überholt, und dieses ihr Überhol(ungs)manöver hat die Wirkungsgeschichte des Ensembles der Kreuzesworte weithin bestimmt – was sich auch an der Bildgeschichte der Kreuzigung Jesu veranschaulichen lässt.

Standardmotive der Darstellung der Kreuzigung Christi

Aus einer Fülle von möglichen Beobachtungen seien hier nur solche in Betracht gezogen, die sich auf das eine oder andere der »Kreuzesworte Jesu« beziehen lassen. Am deutlichsten ist der Bezug der Ikonographie zu den Kreuzesworten, wenn Maria und der Lieblingsjünger (identifiziert mit Johannes) unter dem Kreuz stehen; dies erinnert unweigerlich an Jesu sorgendes Wort für »die Seinen« (Joh 19,26f). Ebenfalls ist die Darreichung des Schwammes – der Legende nach durch Stephaton – als Reflex auf »Mich dürstet« (Joh 19,28f) anzusehen. Auch die Neigung des Kopfes Jesu dürfte zunächst einmal auf das johanneische »Es ist vollbracht« (19,30) zu beziehen sein, denn unmittelbar darauf sagt der Evangelist: »Und er neigte das Haupt und gab seinen Geist auf.«

Das geneigte Haupt ist obligat für so gut wie alle Darstellungen des sterbenden oder toten Christus am Kreuz – vor der Neuzeit. Zunächst einmal lässt es sich »als einfacher Gestus des ruhigen Verscheidens verstehen: nach der Vollendung des Werkes ein friedliches Hinübergehen zum Vater« (*Schnackenburg* 332). Aber damit steht es auch bereits in deutlicher Opposition zum Schreien Jesu. Erst recht gilt das, wenn die Übergabe des Lebensodems im Gestus mitgemeint ist. Dann wäre das Neigen des Hauptes als Zeichen der Selbsthingabe an den Vater zu deuten. Damit lassen sich aber indirekt auch die lukanischen Kreuzesworte verbinden. Vor allem dient die Neigung des Kopfes dann als Visualisierung des finalen Vertrauensgebetes Lk 23,46: »Vater, in deine Hände lege ich meinen Geist«. Er neigte das Haupt – »es gleichsam in den Schoss des Vaters bergend, der es hegen und erquicken konnte«, sagt *Origenes* zur Stelle.

Schließlich gehört zu den Standardmotiven, dass Christus sein Haupt zur *rechten* Seite neigt (von ihm aus gesehen; links vom Bildbetrachter aus gesehen befindet sich die »heraldisch« rechte Seite). Das ist die Sonnen-Seite, auf der regelmäßig der gute Schächer hängt, dem sich Jesus durch die Kopfneigung mit seiner Verheißung des Paradieses (Lk 23,43) zuwendet. Aber es ist vor allem auch die Seite, auf der Maria (und die Kirche) ihren Platz haben und an der sich immer die Seitenwunde Christi befindet. Letzteres ist besonders erstaunlich. Der Evangelist lässt zwar offen (Joh 19,34), um welche Seite der Brust Jesu es sich beim Lanzenstich – der Legende nach durch Longinus – handelt, aber natürlich zielte ursprünglich der Stich »auf das Herz, um des Todes Jesu gewiss zu sein« (*Schnackenburg* 338). Die ikonographische Verlegung der Seitenwunde auf die anatomisch falsche Seite (und damit die Platzierung des Longinus auf die »Sonnenseite«) lässt erkennen, wie stark die Rechts-Links-Symbolik in die Darstellung und Deutung der Kreuzigung Jesu hineinspielt.

Es bleibt festzuhalten, dass im Regeltyp so gut wie alle Kreuzesworte Jesu unterzubringen sind und damit Bildgeschichte gemacht haben – mit Ausnahme des Schreis der Gottverlassenheit Jesu. Die christliche Ikonographie setzt fort und bestärkt auf diese Weise, was wir schon beim synoptischen Vergleich sahen: Die Verlassenheitsklage wird unterschlagen bzw. durch eine Option für die vertrauensvolle Hingabe an Gott ersetzt.

Ausnahmen von der Regel

Eine wichtige, in ihrer Zeit und Region singuläre Ausnahme, findet sich auf einer niederländischen Altartafel aus den Jahren um 1400. Heute wird sie in der Walters Art Gallery in Baltimore verwahrt. Hier finden wir in dezidierter Opposition zur Tradition statt des demütig nach rechts unten geneigten Kopfes Christi eine lebhafte Wendung seines Antlitzes nach (immer vom Gekreuzigen aus gesehen) links oben. Trotz der Seitenwunde hat der Gekreuzigte die offenen Augen eines Lebenden. Durch ein wie ein Fragezeichen gestaltetes Schriftband wird zusätzlich sichergestellt, dass hier nicht irgendeines der an Gottvater gerichteten Kreuzesworte gemeint ist, sondern der hebräisch-aramäische Originalwortlaut des Rufes der Gottverlassenheit (nach Mk 15,34).

Der Katalogtext zu einer Ausstellung dieser Altartafel 1994/1995 im Rijksmuseum Amsterdam zählt zunächst die traditionellen Züge der Tafel auf: Maria und Johannes mit Trauergesten rechts und links unterm Kreuz und vier kleine Engel, die das kostbare Blut Christi in eucharistischen Kelchen auffangen. Das Ganze wird hinterfangen von einem mit floralen Mustern reich verzierten Goldgrund. Dann fährt der Katalogtex fort: »Contrasting with these traditional motifs is the unexpectedly dramatic impact of the figure of Christ. This is not the dead Christ, but the Saviour at the height of his suffering, crying out in despair to His Father in the arc of Heaven at the top: ELOY ELOY LAMA SABATANI (My God, My God, why hast Thou forsaken Me?). This taut composition convincingly captures a sense of inner turmoil unparallelled in comparable scenes from the period. It was not until the sixteenth century that this type of the crucified Christ *ad vivum*, rather than the dead or dying Christ, became a common iconography. So here, around 1400, we are confronted with a rare depiction of tragedy and emotion which seems to reflect the artist's own deep involvement in the story« (*Henk van Os* 141).

Ob um 1400 wirklich der Künstler einen solchen singulären Bruch mit der Tradition herbeiführen konnte oder ob nicht eher sein Auftraggeber und theologischer Concepteur dafür verantwortlich zu machen sind, bleibe dahingestellt. Auf jeden Fall gilt aber, was im letzten Satz des Zitats angedeutet wird: Das Verlangen nach einer solchen Änderung des Gewohnten dürfte mit der Intensität von Leiderfahrungen zu tun haben, die dazu führt, dass auch die Kreuzesworte Jesu neu gewichtet werden. Hier meldet sich im beginnenden Herbst des Mittelalters die kommende Neuzeit an.

Allerdings ist die Halbherzigkeit auffällig, mit der das geschieht. Denn die Leidensmerkmale sind nicht so stark ausgeprägt, dass der Ruf der Gottverlassenheit besonders plausibel wirkte. Jesus ist nicht allein gelassen. Statt der zum Schrei gehörigen Finsternis stellt der Goldgrund das Geschehen in das Licht des Herrlichkeitsglanzes des erscheinenden Gottes. Die Engel sichern die Nähe Gottes sogar im Blutvergießen. Der angerufene Gott ist überdies in persona salvatoris präsent, wenn auch hinter dem Rücken des Gekreuzigten und also nur für den Betrachter sichtbar. Die physiognomische Ähnlichkeit dieses Gottes mit dem überlieferten Bild des Christus Salvator dürfte Ausdruck der klassischen Bildertheologie sein, nach der Gott nur so darstellbar ist, wie er sich in der Menschwerdung des Logos gezeigt hat. Dazu passt, dass dieser »Gottvater« ein offenes Buch vorzeigt, in dem geschrieben steht, was Jesus von sich selbst geoffenbart hat: »Ego sum via (et) veritas« (Joh 14,6). Zu dieser moderaten Version der Darstellung der Klage der Gottverlassenheit passt schließlich auch, dass der Mund des Gekreuzigten nicht wie bei einem Schrei weit geöffnet ist.

Vielleicht darf zum Verständnis dieser Motivcollage eine Audition der *hl. Birgitta* herangezogen werden. Sie hörte 1372 bei ihrer Pilgerrei-

Abb. 14.1: Kreuzigungstafel eines Polyptychons, Gelderland (?), um 1400

Abb. 14.2: Crucifixus Dolorosus, Köln, Maria im Kapitol, um 1304

se ins Heilige Land, als sie auf dem Calvarienberg verweilte, Marias Worte: »Indem mein Sohn mich und meine Freunde untröstlich weinen sah, rief er mit lauter und kläglicher Stimme zu seinem Vater und sprach: Mein Gott, mein Gott, warum hast du mich verlassen; als wollte er sagen: Es ist niemand, der sich meiner erbarme, als du, mein Vater!« (*Heuser* 167). Diese abschwächende Deutung aus der zweiten Hälfte des 14. Jahrhunderts würde gut zu der hier vorliegenden zurückhaltenden Darstellung des Kreuzeswortes passen. Außerdem erschließt sich so ein innerer Zusammenhang zwischen der Trauergestik der beiden Assistenzfiguren Maria und Johannes und dem Ruf Jesu. Während jene Figuren die traditionelle ergebene Kopfhaltung des Gekreuzigten widerspiegeln, formuliert der nach oben gerichtete Ruf Jesu gleichsam die Frage, die sich damit stellt.

Nicht der Gekreuzigte – das Kreuz »schreit auf«

Das schreiwürdige Leid des Gekreuzigten kommt am stärksten zum Ausdruck in den hochgotischen Crucifixi dolorosi, die auch Mystikerkruzifixe genannt werden, weil sie deren Passionsmeditationen inspirierten oder davon selber beeinflusst sein könnten. Das älteste erhaltene Exemplar von 1304 befindet sich in Köln, in St. Maria im Kapitol. Der tote Christus hängt ausgemergelt und von Wunden übersät an der Astgabel eines dürren, also toten Baumkreuzes – dem Gegenbild des paradiesischen Baumes des Lebens und der Erkenntnis von gut und böse (Gen 2,9; vgl. Lektion 15). Der Kopf Jesu ist so stark nach rechts unten abgeknickt, dass man ihm nicht mehr ohne weiteres ins Gesicht schauen kann. Er ist verstummt.

An sich meinte man im Mittelalter zu wissen, wie das historische Kreuz auf Golgotha ausgesehen hatte; für die Passionsspiele kam nur das sog. lateinische Kreuz oder auch ein T-Kreuz infrage. Deshalb bleibt die ungewöhnliche Form des Gabelkreuzes selten, manchmal wird es sogar als »unwahr« in seiner Grundform abgelehnt (vgl. *Bethe* 1157). Umso stärker wirkt diese Grundform: wie ein Aufschrei. Wie ein Nachhall des Verlassenheitsschreis des soeben verstummten Jesus, wie sein Schallverstärker. (Das gilt auch, wenn die Gabelform des Kreuzes nicht original zum Kruzifix gehören sollte.)

Nicht der Gekreuzigte – der Jünger klagt zu Gott

Im Rohan-Stundenbuch gibt es eine ganzseitige Miniatur, die der Beweinung des vom Kreuz abgenommenen Christus gewidmet ist. Das Blatt, das das Stundengebet zum Heiligen Kreuz eröffnet, »zeigt den toten Christus ... auf dem Boden liegend, mit Maria, die im Begriff ist, sich auf ihren Sohn zu werfen, von Johannes jedoch zurückgehalten wird, der sich anklagend zu einer Erscheinung Gottvaters wendet« (*König* 18). Zu dieser Darstellung, nicht nur zu ihrem Was, sondern auch zu ihrem Wie, wäre viel zu sagen, ich beschränke mich hier auf den Frage-Gestus des Jüngers.

Zwischen der Senkrechten des Kreuzes und dem nackten Leichnam Jesu in der Waagerechten des Vordergrundes – beide überschneiden den Bildrahmen – bilden Maria und Johannes eine Diagonale: Maria fällt nach unten aus der gedachten Diagonale heraus, Johannes reckt sich aus ihr empor. Er hat in einer energischen Wendung den Kopf nach – heraldisch gesehen – links oben gedreht zu einer Gottesgestalt jenseits des senkrechten Kreuzbalkens. Im Hintergrund herrscht dunkelblaue Finsternis, die jedoch von unzähligen goldenen Sternformen übersät und von, wenn ich richtig zähle, wenigstens 26 golden angedeuteten Engelsgestalten durchsetzt ist. Die Finsternis ist demgemäß nicht als Gottesferne zu lesen, sondern ist im Gegenteil gleichsam überfüllt von Zeichen der gütigen Nähe Gottes, der sich seinerseits geradezu in das Bild hineindrängt.

Insoweit versinnbildet diese Darstellung die anteilnehmende Präsenz Gottes im Tode Jesu und widerspräche also dem Eindruck der Gottverlassenheit – wenn da nicht der sich im klagenden oder sogar hadernd anklagenden Gestus Gottvater entgegenstreckende Jünger wäre. Der Vorwurf, der im Totsein des geschundenen Jesus liegt, wird durch die leidenschaftliche Kopfhaltung des Lieblingsjüngers Jesu zur »Sprache« gebracht: Herausforderung Gottes angesichts des gewaltsamen Todes seines unschuldigen Sohnes! Dass Maria in der Hinwendung zu ihrem toten Sohn der Erscheinung Gottvaters den Rücken zukehrt, könnte zusätzlich bedeuten, dass sie für sich ebenfalls die Klage übernimmt: »Mein Gott, warum hast du mich verlassen?«

Ein Prototyp für die Neuzeit: Michelangelos gekreuzigter Christus

Michelangelos Kruzifixus für *Vittoria Colonna* – »Die beachtliche Größe«, so *Emidio Campi* (413), »die außerordentlich fein durchgearbeitete Ausführung des Körpers Christi und die Dringlichkeit der Aussagekraft weisen in der Tat das Blatt als Geschenk aus« – darf als Wendepunkt in der Bildgeschichte des Gekreuzigten gelten (vgl. *Haussherr* 3.54). Die Empfängerin des Blattes hat das sofort empfunden. Sie bedankt sich u.a. mit den folgenden Worten: »Einziger Meister Michelagnelo (sic) und mein ganz besonderer Freund. Ich habe euer Schreiben erhalten und den Crucifixus gesehen, der alle anderen Bilder, die ich je gesehen, in meinem Gedächtnis ans Kreuz geschlagen hat. Ein besseres, lebendigeres und vollendeteres Bild kann man nicht sehen, und wahrlich niemals

Abb. 14.3: Beweinung Christi, Rohan-Stundenbuch, um 1420

könnte ich mir erklären, wie zart und wunderbar (quanto sottilmente et mirabilmente) es gemacht ist ... Ich habe es bei Licht und mit dem Glas und im Spiegel wohl betrachtet und sah niemals etwas Vollendeteres (et non viddi mai la più finita cosa)« (*Campi* 407; dort Seite 398f auch der ganze Brief im Wortlaut sowie als Faksimile). Die Marchesa hat damit auf »die radikale Unvereinbarkeit der neuen mit der traditionellen Betrachtungsweise des Kruzifixus« (*Campi* 408) angespielt.

Erst der »späte« *Michelangelo* fand zu diesem neuen Kruzifix-Typ, bei dem nicht mehr nur wie nebenbei an die Gottverlassenheit des Gekreuzigten erinnert wird, sondern der Ruf nach Gott »die ganze Gestalt des Bildvorwurfs durchformte« (*Haussherr* 43). Damit ist die Ikonographie des Gekreuzigten in der Neuzeit angekommen; der Ruf »Mein Gott, warum ...« wird erstmals glaubhaft verkörpert, ohne dass er verbal zitiert sein müsste.

Dieser Bildtypus ist kopiert bzw. in Nachstichen verbreitet worden und hat so ikonographische Geschichte gemacht. Der lebendige Gekreuzigte, der, einsam am Kreuz hängend, seinen Kopf nach links oben Gott zuwendet, wurde in der Kunst der Gegenreformation und des Barock bei *El Greco, Rubens, Reni* und *van Dyck* zur bevorzugten Darstellung des gekreuzigten Christus (vgl. *Haussherr* 43; *Campi* 414).

Auf einem flüchtig angedeuteten Hügel steht das Kreuz Christi – ohne alle menschlichen Nebenfiguren. Der Totenschädel zu seinen Füßen gehört zur ikonographischen Tradition: Kennzeichnung der »Schädelstätte«, aber mehr noch Erinnerung an die Adam-Christus-Parallele und damit an die universale Bedeutung des Heilstodes Christi für die Menschheit. Der Gekreuzigte ist nackt. Sein Lendentuch, seit den Anfängen der Kreuzigungsikonographie als Würdezeichen Christi in aller Erniedrigung obligat, hat der Künstler auf ein – noch dazu hauchdünnes, durchsichtiges – Minimum reduziert. Ursprünglich hatte die Zugabe eines Lendentuches in der Kunst die Funktion, eine Wiederholung der totalen Entblößung und damit Erniedrigung des Delinquenten zu vermeiden (vgl. Lektion 13; *Lange* 1997, 11f). *Michelangelo* verletzt diese Konvention und steigert so das Maß der Erniedrigung Gottes, auf das es im Kreuzigungsbild ankommt.

Abb. 14.4: Michelangelo, Kruzifixus für Vittoria Colonna, 37,0 x 27,0 cm, um 1540

Abb. 14.5: Giulio Bonasone, Kreuzigung, 29,0 x 17,9 cm (Kupferstich und Radierung nach Michelangelo; 16. Jh.)

Andererseits zeigt er einen sorgfältig gestalteten, makellos-schönen, antikisch-idealen Muskelkörper, ohne Spuren der Folterung. Vielleicht soll man – angesichts des Adam-Schädels unter ihm – den neuen Adam in ihm wahrnehmen (vgl. Abb.13.9)? Der Gekreuzigte ist mit straff ausgespannten Armen angenagelt und trotzdem kraftvoll aktiv. *Haussherr* spricht von einem »Sich-Empor-Schrauben des Leibes« und von seinem »Sich-Emporbäumen« und nennt das (im Anschluss an *Herbert von Einem*) die Pathosformel des »Laokoon-Motivs« (*Haussherr* 15). Da der Leib des Herrn nicht eigentlich am Kreuz herabhängt, wirkt er fast schwerelos. Seine rechte Hand ist im Zeigegestus geöffnet, die linke wirkt verkrampft. Christus stirbt erhobenen Hauptes, mit offenen Augen, aber leer wirkendem, nach oben gerichtetem Blick und mit einem nur leicht geöffneten Mund. »Die einzigen Zuschauer des Dramas sind Engel, die im Gegensatz zu den traditionellen Darstellungen keinen Kelch zum Auffangen des Blutes Christi tragen. Vielmehr drücken sie ein Gefühl der Wehmut aus, als ob sie über die heilsgeschichtliche Bedeutung dieses Todes Bescheid wüssten und vertrauensvoll dessen Eintritt erwarteten« (*Campi* 407). *Haussherr* sieht in den flügellosen Engeln Klagefiguren, deren Einfügung in die Komposition ästhetisch »nicht ohne Härten« sei (13). Andere halten die Engel für eine Schülerarbeit.

Bezug zum Bibeltext

Können wir überhaupt sicher sein, dass mit *Michelangelos* Kruxifixus ausschließlich der Christus des Klagerufes von Mk 15,34/Mt 27,46 gemeint ist? Schließt der bildnerische Sachverhalt völlig aus, dass das an den Vater gerichtete Vertrauensgebet wenigstens mitgemeint ist? Oder soll man sogar umgekehrt sagen: Die bisher übliche Darstellung von vertrauensvoller Hingabe wird hier durch das mitgemeinte Klagegebet unter eine bislang unerhörte Spannung gesetzt?

Hier liegt ein methodisches Problem des Bild-Text-Bezuges vor. Die künstlerische Form lässt sich nicht eindeutig auf ein Entweder-Oder des Textbezuges festlegen. Das ist in meinen Augen aber kein Manko. Eine

Interpretation in praktisch-theologischer Absicht wird die Offenheit der Form für verschiedene Lesarten zu berücksichtigen haben.

Zugunsten des Verlassenheitsgebetes weisen die Kommentatoren auf eine Notiz des Michelangelo-Biographen *Condivi* hin, der sagt, das Blatt zeige Jesus Christus am Kreuz »in atto divino, col volto levato al Padre, e par che dica ›Heli, heli‹, dove si vede quel corpo, non come morto abbandonato cascare, ma come vivo per l'acerbo supplizio risentirsi e scontorcersi« (zit. n. *Ganzer*). Das heißt, Christus sei hier entgegen allem Brauch nicht als Toter dargestellt, sondern als Lebender, »das Antlitz zum Vater erhoben, als wollte er sagen: ›Heli, Heli‹; und man sieht den Körper nicht tot und ohne Leben hinfallen, sondern wie er lebt und unter grausen Martern sich krümmt und leidet« (zit. n. *Haussherr* 12).

Ein früher Stich von *Giulio Bonasone*, der für die Verbreitung des Prototyps sorgte (Abb. 14.5), verbalisiert dagegen den Ruf Jesu ausdrücklich mit den Worten »in manus tuas Domine«; ebenso bringt *Vasari* das Kruzifix für *Vittoria Colonna* in Zusammenhang mit dem Ergebenheitswort Christi (vgl. *Haussherr* 17).

Interpretatorische Annäherungen

Wenn *Michelangelos* Geschenkzeichnung für *Vittoria Colonna* zwar den Verlassenheitsruf Mk15,34/Mt 27,46 thematisiert, aber damit die gleichzeitige ergebene Zuwendung zum Vater nicht ausgeschlossen ist, so ist zu fragen, welche Deutung *Michelangelo* mit seinem gestalterischen Neuansatz so dem Sterben Jesu gibt und wie er zu diesem Bruch mit der bisher nahezu ausschließlichen Tradition kommt, sich durch die Darstellung des gesenkten Hauptes Jesu auf das Ergebenheitswort allein zu beziehen.

- Die Möglichkeit einer gegenseitigen Substituierbarkeit beider Kreuzesworte – Ergebenheit versus Verlassenheit – angesichts desselben bildnerischen Bestandes deutet bereits an, dass der Verlassenheitsruf, auch wenn er hier erstmals als solcher künstlerisch realisiert wird, jedenfalls nicht als Verzweiflungsschrei eines gescheiterten Propheten gelten kann und soll (mit *Haussherr* 45. Dass Christus sich mit seinem Klageruf nicht der Sünde der Verzweiflung schuldig gemacht habe, darüber ist sich die christliche Auslegungstradition einig; es gibt jedoch moderne Gegenstimmen: s. *Campi* 414; *Jüngel* 122.133).

- Die Motivwahl entstammt *Michelangelos* eigener meditativer Beschäftigung mit der Passion Jesu. Michelangelo neigte dazu, aus der Bibel die dynamischen, nicht die ruhigen Szenen auszuwählen (*Ganzer* 226) bzw. ruhige Szenen zu dynamisieren. »Spricht seine Dichtung von der Erlösung durch Christus, dann nennt sie das Blut, die Nägel, die Dornenkrone Christi. Der leidende Gott zieht ihn mehr an als der heilbringende« (*Friedrich* 370). Allerdings betont unser Blatt gerade nicht die physische, sondern die psychisch-spirituelle Seite des Leidens.
- Auszugehen ist näherhin von der Spiritualität der Adressatin des Blattes, *Vittoria Colonna* (1492–1542), und des Kreises, der sich um diese vornehme, feinsinnige und zutiefst religiöse Lyrikerin gebildet hatte. Der Künstler war ihr seit 1536 freundschaftlich verbunden. In der in ihrem Kreis als krisenhaft empfundenen Situation der Kirche um 1540 konnte Christi Wort von der Gottverlassenheit »erhöhte Bedeutung gewinnen«, nämlich als Gebet einer Kirche, die um ihre Zukunft bangen musste (*Haussherr* 45).
- Speziell die Passionsfrömmigkeit dieses Kreises dürfte ausschlaggebend für eine Interpretation sein. »Evangelismus prägt ihre religiöse Dichtung und Betrachtung über den Gekreuzigten« (*Kapp* 1266) und »das Bild des Gekreuzigten in den geistlichen Sonetten der Marchesa ist höchst konventionell«, wird von der Empfängerin dieses privaten Andachtsbildes gesagt (*Haussherr* 16). Die Position ihres Kreises zwischen Aufgeschlossenheit für reformatorische Impulse und Anhänglichkeit an die tradierte Passionsfrömmigkeit ist offensichtlich schwierig genauer zu bestimmen. Haussherr geht kenntnisreich der Frage nach und kommt zu dem – allerdings nicht einhellig akzeptierten – Ergebnis: Die spätmittelalterliche Erbauungsliteratur zur Passion Christi sei auch in diesem Kreis letztlich bestimmend gewesen (*Haussherr* 32–49).

Exkurs: Zum spätmittelalterlichen Verständnis der Gottverlassenheit Jesu

Dass Jesu Ruf der Gottverlassenheit aus einem Zitat besteht, nämlich dem Anfangsvers von Psalm 22, dessen Klage dann aber vom Psalmisten in Erhörungsgewissheit und Lobpreis Jahwes überführt wird (also die heute übliche Erklärung des Klagerufes; vgl. *Fuchs*), spielt m.W. in der Passionsmystik des Spätmittelalters keine Rolle. Das Psalmwort wird vielmehr in der spätmittelalterlichen Andachts- und Erbauungsliteratur (wie in Mt 27,46 – *Sand* etwa sagt zur Stelle: »Nur auf Vers 2 des Psalms konzentriert sich das Interesse des Mt; dass Jesus den ganzen Psalm gebetet habe, ist reine Vermutung.«) für sich genommen. Niemand hat es jedoch als Ausdruck einer absoluten Trennung verstanden, sondern so, dass auch im Sterben des Menschen Jesus die einmalige Wesenseinheit von Mensch und Gott in seiner Person gewahrt geblieben sei. Die Trennung von Gott im Leid beziehen die mittelalterlichen Theologen durchweg auf die in der Todesnot sich verselbstständigenden niederen Seelenkräfte (vires inferiores) des Menschen Jesus. Gleichzeitig blieb er jedoch »nach seinen oberen Kräften im Besitz dessen, wessen er sich (auch) jetzt erfreut: der Gottheit, die er selber war« (*Johannes Tauler*, zit. n. *Angenendt* 35). Bei *Bonaventura* liest man dementsprechend: »Konnte der Vater seinen einzigen Sohn verlassen? Das sei ferne (absit)« (zit. n. *Haussherr* 34).

Ein weiteres geläufiges Erklärungsmuster lässt Jesus diese Worte nicht für sich sprechen, sondern stellvertretend für die (Kirche der) Sünder – so wie er stellvertretend für sie gestorben sei. In der Passion habe Jesus die Strafe des Menschengeschlechtes auf sich genommen, das von sich aus Gott verlassen habe; nur ein Sünder sei tatsächlich von Gott verlassen (vgl. *Haussherr* 36). In dieser Tradition steht bereits die oben erwähnte Audition der heiligen *Birgitta*; sie schlägt bis heute in unserem »Gotteslob« durch, wenn es dort heißt (776,4): »Jesus schreit in Worten, die der ganzen Menschheit gehören: Eli, Eli, lema sabachtáni!«

Wenn es diese tradierte Passionsfrömmigkeit war, die *Vittoria Colonna* und *Michelangelo* gemeinsam pflegten und aus der dementsprechend der ihr von ihm gewidmete Kruzifixus hervorging, so bleibt die Frage, warum Michelangelo eine kühne neue Form der Darstellung wählt, die den Verlassenheitsruf einbezieht, während dieselbe Frömmigkeit sich bisher nur auf das Kreuzeswort der Gottergebenheit künstlerisch konzentriert hatte.

Ich möchte mich der Vermutung anschließen, eine solche Verlagerung des bildnerischen Akzents hätte zur Voraussetzung weniger eine innere Akzentverschiebung der Spiritualität als den bleibenden Eindruck, den das Auftauchen der Laokoon-Gruppe (seit 1506) in Rom hinterließ.

Der nackte Apollon-Priester Laokoon bäumt sich in tödlicher Bedrängnis auf. *Michelangelo* hat diese Darstellung »als Gipfel der Bildhauerei aller Zeiten betrachtet ... Die von der Laokoongruppe ausgehende Wirkung mit ihrer ›Pathosformel des Leidens‹ wurde in der zweiten Hälfte des 16. Jahrhunderts mehrfach als vorbildlich für christliche Passions- und Martyriumsdarstellungen empfohlen ... Es ging den Theoretikern darum, das Leiden hervorzuheben« (Lexikon der Kunst 224). Die antike Laokoon-Plastik gilt seither als »exemplum doloris« schlechthin *(Ettlinger)*. Im Kontakt mit *Vittoria Colonna* und ihrem Kreis muss *Michelangelo* die Übertragbarkeit des Laokoon-Schmerzes auf Christus künstlerisch nahe liegend erschienen sein.

So erklärt sich m.E. am ehesten der erstmalige und folgenreiche Versuch durch Michelangelo, die Verlassenheitsklage Jesu am Kreuz zum bildnerischen Thema zu machen und dessen Hingabe gleichzeitig weiterhin anklingen zu lassen. Trotz der eindeutigen Wortwahl des Evangeliums, Jesus habe »geschrien«, vermeidet der Künstler die Darstellung eines aufschreienden Christus und lässt ihn eher aufstöhnen. *Winckelmanns* Beschreibung des Laokoon macht diese Zusammenschau plausibel: »Der Schmerz, welcher sich in allen Muskeln und Sehnen des Körpers entdecket, und den man ganz allein, ohne das Gesicht und andere Teile zu betrachten, an dem schmerzlich eingezogenen Unterleibe bei nahe selbst zu empfinden glaubt; dieser Schmerz, sage ich, äußert sich dennoch mit keiner Wut in dem Gesichte und in der ganzen Stellung. Er erhebt kein schreckliches Geschrei ...; die Öffnung des Mundes gestattet es nicht: es ist vielmehr ein ängstliches und beklemmtes Seufzen ... Der Schmerz des Körpers und die Größe der Seele sind durch den ganzen Bau der Figur mit gleicher Stärke ausgeteilet, und gleichsam abgewogen« (zit. n. *Lessing* 12). *Lessing* kommentiert seinerseits die visuelle Mäßigung des akustisch-verbalen Schreis: Der Schrei als Ausdruck des Laokoon-Schmerzes sei in seiner das Gesicht entstellenden Heftigkeit nicht mit den Idealen der Schönheit vereinbar: »Er musste ihn also herabsetzen; er musste Schreien in Seufzen mildern; nicht weil das Schreien eine unedle Seele verrät, sondern weil es das Gesicht auf eine ekelhafte Weise verstellet« (23).

Was *Winckelmann* und *Lessing* in Bezug auf Laokoon feststellen, gilt auch für *Michelangelo*: Nicht nur die ikonographische und dogmatische Tradition, sondern auch sein Schönheitsempfinden in Verbindung mit seiner existenziell-gläubigen Einstellung zu der Person Jesu Christi lassen ihm die Darstellung eines in Todesqualen aufschreienden Christus als unangemessen erscheinen. Die oben zitierte Beschreibung des Blattes durch die Empfängerin bestätigt dessen ästhetische Vollendung.

Praktisch-theologisches Fazit

In den frühesten Versionen des Evangeliums vom Sterben Christi stirbt dieser allein, allein gelassen von seinen Freunden (Mk 14,50: nach Jesu Verhaftung »verließen ihn alle und flohen«); nur ein paar Frauen schauen »von weitem« zu (Mk 15,40). Er stirbt mit einem lauten Schrei (Mk 15,37), der sich inhaltlich artikuliert als ein an seinen Gott adressierter Ruf des von Gott verlassenen Gerechten (Mk 15,34/Mt 27,46).

In den weiteren Versionen des Evangeliums wird dieses Szenarium zunehmend verändert zugunsten solcher Kreuzesworte, die Ergebenheit, Hingabe und Sorge für die (buchstäblich nahe stehenden!) Seinen ausdrücken. Diese »Endredaktion« hat sich, beginnend mit der Kanonisierung aller vier Evangelien, durchgesetzt und Frömmigkeitsgeschichte gemacht. Sie hat die Glaubensfantasie bis zum Ende des Mittelalters so sehr bestimmt und geprägt, dass der Schrei des allein gelassenen Sohnes Gottes und die darin artikulierte menschliche Erfahrung der Gottverlassenheit allenfalls wie ein Zwischenfall, aber nicht mehr als eine mögliche Pointe des Todes Jesu wahrgenommen werden konnte.

So zeigt die bildnerische Gestaltung der Kreuzigungsszenen und des Kruzifixes bis ins 16. Jahrhundert, dass und wie harmonisierend die vier verschiedenen Passionstexte – bei aller gesteigerten Drastik des Leidens Jesu – in der Frömmigkeit rezipiert wurden. Das »Schreien« Jesu kam zwar in jeder Passionszeit bei der Verlesung der einzelnen Passionsversionen nach Markus und Matthäus zu Gehör, aber in der bildenden Kunst – und das heißt: in den prägenden Vorstellungen der Gläubigen – war dieser Schrei niemals wahrzunehmen. Selbst wenn, ganz singulär, einmal, wie wir sahen, das »Eli, eli ...« vom Munde des Gekreuzigten ausgeht, verzerrt sich der Mund Jesu nicht zu einem Schrei. Schreien in seiner Drastik war einfach nicht bildwürdig. Ein weit aufgerissener Mund galt nicht nur für das antik-klassische Schönheitsempfinden, sondern auch im Mittelalter als Defekt, als ein Merkmal von Debilität, von Verrücktheit (so ein Hinweis von *François Boespflug*, Paris; vgl. *Raffaels* Darstellung des Schreis des besessenen Knaben im unteren Teil seines Bildes der Verklärung Christi, Abb. 11.1). Infolgedessen schien es mit der Würde, die dieser Gekreuzigte für den Glauben hat, unvereinbar zu sein. Daher vermeidet selbst *Michelangelo*, als er erstmals den Klageruf visualisiert, in der Tradition der Laokoon-Darstellung einen solchen Stilbruch bzw. Modusfehler.

Wir machen uns in der Regel nicht klar, welche pastoralen Folgen es hat, wenn weder das menschliche Alleingelassensein Christi am Kreuz noch sein Verlassenheitsschrei in der inneren Vorstellungswelt der Glaubenden, so weit sie durch tradierte Bilder organisiert ist, zugelassen wird. Der Ruf »Mein Gott, warum hast du mich verlassen« mag dann zwar noch über das Ohr verinnerlicht werden, aber er verliert seine Evidenz und Plausibilität, wenn Jesus offensichtlich »im Kreis seiner Lieben« und mit ergebungsvoll geneigtem Haupte stirbt. Der Aufschrei hat dann in der prägenden religiösen Vorstellungswelt der Adressaten keinen sinnvollen Platz mehr; jedenfalls bleibt er ohne nachhaltiges religiös-emotionales Echo. Es läge nahe, die mittelalterlichen Passionsspiele daraufhin zu befragen, wie der Verlassenheitsschrei Jesu darin einbezogen wurde. Aber auch wenn diese Spiele den Verlassenheitsruf noch so eindrucksvoll inszeniert und vor (!) dem Ergebenheitswort zu Gehör gebracht hätten, würde für die Gläubigen der *bleibende* Eindruck eher durch die ihnen geläufigen bildlichen Darstellungen vermittelt.

Letztlich bedeutet das: Die Bildverkündigung kann in keinem Fall als adäquater Ersatz für die biblische Wortverkündigung angesehen werden. Sie spiegelt nicht das Evangelium in seiner Spannweite wider, sondern dessen reduzierte Rezeption. Wenn schon die vier Evangelisten ihre Passionsgeschichten stilisiert haben, so geschieht das – unvermeidlich – ein weiteres Mal bei der Übersetzung des Gehörten oder Gelesenen in ein visuelles Medium. So wie wir heute die vier Textversionen nicht mehr harmonisieren, sondern in ihrer Unterschiedlichkeit wahrnehmen und wertschätzen, dürfen auch die Diskrepanzen zwischen Textvorgabe und Bildlösung nicht durch Harmoniestreben eingeebnet werden.

Im Falle *Michelangelos* zeigt sich aber auch, dass manche bildliche Akzentuierung plötzlich ihren »Kairos« hat. Die bildkünstlerische Realisierung eines überlieferten und scheinbar verbrauchten Textes kann so zum hermeneutischen Seismographen für ein theologisches Thema werden. Damit kommt zum Vorschein, wie sehr auch das Verständnis des an sich sakrosankten Bibeltextes von jeweils neuen zeitgenössischen Umständen mitgeprägt ist – aber auch, wie unerschöpflich die vorliegenden biblischen Texte sind.

In einer Evangelienharmonie konnten Aufschrei und Hingabewort nebeneinander bestehen. Bei Bildern aber mussten Auftraggeber, Concepteur und Künstler – theoretisch gesprochen – entscheiden, ob das Bild Ergebenheit *oder* Aufschrei Christi darstellen sollte. Allerdings hatten sie viele Jahrhunderte lang praktisch keine Alternative. Die kirchliche und ikonographische Tradition legte sie ausschließlich fest auf den Ausdruck der Ergebenheit. Für die Geschichte der mittelalterlichen

Frömmigkeit, so weit sie an den Bildern ablesbar wird, ist infolgedessen ausschlaggebend, dass sie sich eindeutig und einseitig (»einseitig« sogar im wörtlichen Sinn: in der Kopfhaltung des Gekreuzigten!) auf die Opferhaltung der bis zum letzten Atemzug ergebenen Hinnahme des Leidens durch Jesus konzentriert hat – bis *Michelangelo* kommt und dem Thema der Verlassenheit Christi am Kreuz seine bildnerisch stimmige Gestalt gibt, »inspiriert« durch ein »von außen« kommendes Kunstwerk. Bei der Betrachtung des Laokoon muss ihm das bisherige Defizit der Kreuzigungsikonographie aufgegangen sein, zugleich angestoßen durch die Passionsfrömmigkeit eines Kreises, mit dem er in spirituellem Austausch stand. Seine Bildlösung vereinte Tradition (Ergebenheit) und Neuerung (Klage). Das künstlerische Vorbild erweist sich als Stimulans, auch den Bibeltext mit neuen Augen zu lesen und das bisher als unmöglich darstellbar Geltende für machbar zu halten.

Mit dieser Lösung überschreitet die Ikonographie der Kreuzesworte in einem wesentlichen Punkt die Schwelle vom Mittelalter zur Neuzeit. Ein Paradigmenwechsel hat stattgefunden. »Mein Gott, warum hast du mich verlassen?« ist bildnerisch nicht mehr tabu. Die Neuzeit favorisiert diese Pointe. Aber das ist eine neue Geschichte.

15. Das Kreuz als Lebens- und Weltenbaum

Vom mythischen Symbol zum Sinnbild des Glaubens

Der Lebensbaum begegnet uns im heutigen Alltag als immergrünes Zypressengewächs (botanisch: Thuja), besonders am Ruheort der Toten, dem Friedhof. Religionsgeschichtlich gehört der Baum des Lebens zum Vorstellungskreis des kosmischen Baumes oder Weltenbaumes. Wo er wächst, ist das Zentrum, die Achse, der Nabel der Welt. Er wurzelt in der Unterwelt, stößt mit seiner Spitze an den Himmel, verbindet vertikal das All und garantiert dessen Beständigkeit und Fruchtbarkeit: Ein religiöses Symbol, das zu den ältesten und verbreitetsten Kultobjekten der Menschheit gehört.

Der sinnbildliche Mehrwert von Bäumen beruht auf urtümlichen Lebenserfahrungen. Nicht nur, dass Bäume den Primaten als Schutzort dienten und dass auch von daher unsere instinktive Bereitschaft rühren mag, das Heil »in der Höhe« zu suchen (*Baudy* 109), sondern die Verwurzelung des stattlichen Baumes im Erdreich, seine Überlebenskraft, sein aufrechtes Stehen in Wind und Wetter, das kontinuierliche Wachsen nach oben und Jahresring um Jahresring, das jährliche Erneuern im Absterben und Aufblühen, all diese Erfahrungen lassen ihn Archetyp des Lebens sein. Für Nomaden am Rande der Wüste etwa konnte der fruchttragende Baum zu einer Offenbarung des Lebens werden (*Lurker* 1990, 45).

Die Babylonier kannten einen Baum des Lebens und einen Baum der Wahrheit; auf assyrischen Denkmälern findet sich der Lebensbaum als Palme mit Früchten; im Gilgameschepos als Zeder auf dem Berg – kultisch verehrt und bewacht. Dabei sind Lebensbaum und Weltenbaum nicht scharf voneinander zu unterscheiden.

Die eindrucksvollste Schilderung des mythischen Ur-Baumes im europäischen Kulturkreis findet sich in der Edda (verschriftlicht 1220–30). Demnach ist die Weltenesche Yggdrasil der größte und beste aller Bäume. Seine unterirdischen Wurzeln konstituieren übereinander die Reiche der Unterweltgötter, der Riesen und der menschlichen Vorfahren. Dort, wo der Urbaum sich über die Erdoberfläche erhebt, liegt das mittlere Gebiet, Mitgard, die Lebenswelt der Menschen. Mit dem Wipfel erreicht Yggdrasil Asgard, den Ort der himmlischen Götter (*Brosse* 11ff). Zum Riesenbaum gehört – wie fast immer – eine Quelle oder ein Brunnen zur Bewässerung des Baumes. Yggdrasil ist ständig bedroht, nicht nur von Trockenheit, sondern auch von Todesmächten, die durch Tiere verkörpert werden. Der Baum steht folglich für den immer währenden Kampf ums Dasein ebenso wie für den immer neuen Sieg des Lebens.

Solche naturreligiösen Vorstellungen haben sich bei den historischen Germanen sehr lange erhalten. Das bezeugt u.a. das irdische Abbild des Weltenbaumes, die sog. Irminsul, eine Weltensäule, ein gigantischer Baumstamm, der im Glauben der Sachsen den nördlichen Polarstern berührte und das Himmelsgewölbe stützte. Als »Götzenbild« wurde die Irminsul 772 durch *Karl den Großen* gefällt. Von manchen christlichen Missionaren wird berichtet, wie sie »heilige Bäume« fällten, um den Baumkult abzuschaffen. *Martin von Tours* (4. Jh.) zum Beispiel fällte in der Gegend von Autun eine heilige Kiefer, und *Bonifatius* (8. Jh.) zerstörte bei Geismar in Nordhessen die dem Donar geweihte Eiche. Mitunter wurden solche Bäume aber auch geschont, indem man sie »christianisierte«, z.B. in der Bretagne, auf keltischem Boden oder in Irland (*Columba von Hy*, 6. Jh.): Sie wurden der Gottesmutter Maria oder sonst einem Heiligen geweiht (vgl. *Brosse* 157ff; kritisch dazu *Brückner* 822).

Am stärksten wird der Symbolismus des Weltenbaums christlich assimiliert durch das Kreuz, an dem Jesus Christus starb. Das Kreuz wird mit dem kosmischen Baum in eins gesehen: Es reicht »von der Erde bis zum Himmel« , erhebt sich als unsterbliche Pflanze »im Mittelpunkt des Himmels und der Erde, als starke Stütze des Universums«, als »Baum des Lebens« (*Hugo Rahner* 89ff). Zahlreiche theologische und liturgische Texte greifen allegorisch auf den Welten- und Lebensbaum zurück, um im christlich gewordenen Europa die universale Heilsbedeutung des Todes Christi am Kreuz vor Augen zu stellen – wohl am stärksten in einer Osterpredigt des *Hippolyt von Rom* (3. Jh.): »Dieser himmelweite Baum ist von der Erde empor zum Himmel gewachsen. Unsterbliches Gewächs, reckt er sich auf zwischen Himmel und Erde. Er ist der feste Stützpunkt des Alls, der Ruhepunkt aller Dinge, die Grundlage des Weltenrunds, der kosmische Angelpunkt ... Er rührt an die höchsten Spitzen des Himmels und festigt mit seinen Füßen die Erde, und die weite mittlere Atmosphäre dazwischen umfasst er mit seinen unermesslichen Armen ... O neue Feier der Dinge, o kosmische Festversammlung, o Freude des Universums, o Ehre, o Lust, o Entzücken, durch die der finstere Tod vernichtet, das Leben dem All mitgeteilt und die Tore des Himmels geöffnet wurden« (zit. n. *Rahner* 99f).

Der paradiesische Lebensbaum

Wenn auch nicht zu trennen, so doch zu unterscheiden ist vom Lebensbaum als Weltenbaum der paradiesische Baum des Lebens, der ewig grünt und blüht und dessen Früchte Gesundheit, Jugend und ewiges Leben verleihen (*Erffa* 107). Diese Vorstellung war im alten Vorderen Orient weit verbreitet; das wirksamste Zeugnis dafür ist in unserem Kulturkreis die biblische Urgeschichte (Gen 2–3). Der dem Menschen ursprünglich zugedachte Garten Eden bot »allerlei Bäume, verlockend anzusehen und mit köstlichen Früchten«. In der Mitte des Gartens befanden sich der »Baum des Lebens« einerseits und der »Baum der Erkenntnis von gut und böse« andrerseits (Gen 2,9). Vier Paradiesflüsse sorgen für die üppige Bewässerung (Gen 2,10–14).

Nach heutiger exegetischer Erkenntnis handelt es sich bei den zwei Paradiesbäumen wohl um ein und denselben Baum. Die Differenzierung diente vermutlich dazu, die verheißene Daseinsfülle des Lebensbaumes nicht bedingungslos zugänglich zu machen, sondern an die Bewährung des Menschen zu binden. Das in Auflehnung gegen Gottes Anordnung (2,16f) vollzogene Genießen der Frucht in der Mitte des Gartens (3,6) führt daher nicht zur Lebenssteigerung, sondern zu dessen Minderung, letztlich zum Ausschluss vom Lebensbaum (*Erffa* 105; *Brandscheid* 723f).

Die Identität von Lebens- und Erkenntnisbaum gehört anscheinend zum jüdischen Glauben (vgl. Spr 3,18). Das häufigste der jüdischen Symbole, der siebenarmige Leuchter, die Menora des Tempels, deren komplizierter Konstruktionsplan sehr genau beschrieben wird (Ex 25,31–40), gleicht in seiner Grundform dem mesopotamischen Lebensbaum (*Brosse* 60). Auch heißen die Holzstäbchen, auf welche die Thorarolle aufgewickelt ist und die man beim Lesen in beiden Händen hält, »Lebensbaum« (*Erffa* 105). Gemeinsam dürfte beiden Anspielungen sein, dass das Licht der göttlichen Weisungen Leben in Fülle spendet (vgl. Ps 119,105).

Abb. 15.1: Christus als Baum des Lebens, Evangeliar Heinrichs II., frühes 11. Jh.

Im Christentum werden die beiden Bäume von Anfang an unterschieden und antithetisch interpretiert: Der Baum der Erkenntnis steht als Todesbaum dem Lebensbaum gegenüber. Dieser ist unzugänglich seit dem Ungehorsam der Ureltern; umso mehr beschäftigt er jedoch die Glaubensfantasie. Der Weg zum Baum des Lebens ist zwar streng bewacht (Gen 3,24), er bleibt aber grundsätzlich begehbar – wenn auch nicht ohne erneute Heilsinitiative Gottes: Das Leben und Sterben Jesu Christi erschließt einen neuen Zugang zur universalen endzeitlichen Lebensfülle. Sein Kreuz gilt nunmehr als »arbor vitae«, das Kreuzesholz als »lignum vitae«.

Dieser Glaube wird im Mittelalter katechetisch veranschaulicht durch Legenden vom Kreuzesholz (*Angenendt* 216f). Eine der Varianten lautet so: Der sterbende Adam schickt seinen Sohn Seth zum Paradiesgarten, um die Frucht der Unsterblichkeit vom Baum des Lebens zu holen. Der Kerub verwehrt ihm den Zutritt, lässt ihn aber einen Blick in den Garten tun. Seth sieht »einen herrlichen Baum, dessen Wipfel den Himmel berührt und dessen Wurzeln bis in die Unterwelt hinabreichen. Mitten in seinen Zweigen schaut ein wunderschönes, wie die Sonne strahlendes Kind sieben Tauben zu, die es umflattern. Es sitzt auf den Knien der lieblichsten Frau, die Seth je gesehen hat. Der Erzengel sagt ihm, dieses Kind sei der zukünftige Erlöser ... Dann schickt er Seth fort, nachdem er ihm ... drei kleine Samenkörner von den Früchten des Baumes übergeben hat ...« Seth kommt jedoch zu spät. Er legt die Kerne unter die Zunge des toten Adam. Daraus erwächst ein Baum, dessen Holz nach einer wechselvollen und variantenreichen Geschichte für das Kreuz Christi benutzt wird – gerade an der Stelle, wo Adam einst begraben wurde und sogar zur gleichen Stunde des Tages.

Stärkere Auswirkungen hat die Ineinssetzung von Kreuz und Lebensbaum in zahlreichen Kreuzformen gefunden, die durch florale Elemente andeuten, dass jetzt – im Kreuz Christi – die Verheißung des Lebensbaumsymbols in Erfüllung gegangen ist. Den verbalen Kontext dazu liefert der Kreuzeshymnus des *Venantius Fortunatus*, eines geistlichen Dichters am Merowingerhof (6. Jh.): »Heilig Kreuz, du Baum der Treue, edler Baum, dem keiner gleich, keiner so an Laub und Blüte, keiner so an Früchten reich.«

E Osterbilder

16. Fragwürdige Auferstehungsbilder

Das österliche Kuppelfresko in der Abteikirche von Neresheim (1771)

Das Grundproblem

Ein intelligent gemachtes und zur Nachdenklichkeit anstiftendes modernes Religionsbuch für das 4. Schuljahr bringt das Problem so prägnant wie verständlich auf den Punkt: »Auferstehung ist kein Zurückkehren ins Erdenleben, sondern ein Auferstehen in das Leben Gottes. Kann man das in Bildern zeigen? Wer das Leben Gottes hat, lebt nicht mehr im ›Fleisch‹. Man kann ihn nicht fotografieren. Darum sprechen die Jünger von ›Erscheinungen‹: man erkennt ihn und erkennt ihn doch wieder nicht, man berührt ihn, und er ist doch unberührbar, er ist derselbe und doch ganz anders. Über tausend Jahre hindurch wollten die Christen ihren auferstandenen Herrn nicht malen. ›Das geht nicht‹, sagten sie, ›er ist ganz anders‹. Stattdessen verwiesen die drei Frauen am leeren Grab auf den Osterglauben. Der Engel sagte zu ihnen: ›Was sucht ihr den Lebenden bei den Toten?‹ Auferstehung ist ein Geschehen in Gott. Niemand kann es malen« (*Hubertus Halbfas*).

Über tausend Jahre hindurch

Etwa seit der Mitte des 3. Jahrhunderts gibt es christliche Kunst; zuerst am Ort des Todes, in den Katakomben von Rom, als Zeugnis einer Hoffnung, die dem Tod die Allmacht bestreitet. Die Mehrzahl der Bildstenogramme auf Gräbern unter Tage erinnert an biblische Rettungsparadigmen aus der Todesnot: Sinn-Bilder des Glaubens an die Überwindung des Todes, die das Bekenntnis zur Auferstehung Christi voraussetzen und bestärken. Aber, merkwürdig, die Auferstehung Christi selbst kommt als Ereignisbild nicht vor. Man beschränkt sich – auch nach der Konstantinischen Wende – auf indirekte Hinweise.

Nicht mehr im »Fleisch«

Welche Vorbehalte dabei eine Rolle gespielt haben könnten, lässt sich dem Fragment eines Briefes entnehmen, mit dem *Eusebius* das Verlangen der Kaiserin *Konstantia* nach einem direkten Christusbild barsch zurückweist. Er beruft sich dafür auf seine Verklärungschristologie: »Wer auch immer könnte den hellen, strahlenden Glanz solcher Würde und Herrlichkeit mit toten, unbeseelten Farben und Linien wiedergeben, wenn nicht einmal die göttlichen Jünger den so Gesehenen anzuschauen ertragen konnten, die auf ihr Gesicht fielen und damit bekannten, dass das Gesehene ihnen nicht ertragbar sei?« (zit. n. *Thümmel*). Die Knechtsgestalt Christi sei durch die Auferstehung heilsgeschichtlich überholt, der Mensch Jesus Christus existiere jetzt nur noch als Verherrlichter. Kein irdisches Bild würde ihm deshalb gerecht werden.

Dieses verklärungschristologische Argument mag für die Darstellung des vorösterlichen Jesus nicht stimmig sein und uns sogar doketistisch anmuten. Für die Bilder des auferstandenen Christus gilt es jedoch heute ebenso wie damals. Seitdem wir wissen, dass auch die Erzählungen vom vorösterlichen irdischen Jesus durch und durch nachösterlich-verherrlichend gefärbt sind, wäre sogar erneut zu fragen, ob es von diesen kerygmatischen Texten überhaupt zureichende bildliche Darstellungen geben könne. Immerhin dürfte der Nimbus, den der vorösterliche Jesus in der christlichen Kunst durchweg trägt, an den kerygmatisch-österlichen Bezug erinnern.

Er ist ganz anders

Bilder des auferstandenen Christus können ihn immer nur in irdischen, »nichtverklärten« Farben und Formen vorstellen. So fördern sie unwillkürlich das Vorurteil, die Wirklichkeit des Auferstandenen sei mehr oder weniger von der uns gewohnten raum-zeitlichen Konstitution. Notgedrungen wird eine solche Bildkunst einseitig diejenigen Auferstehungstexte favorisieren, die den Auferstandenen als den unerkannt Mitwandernden, leiblich Berührbaren und sogar Essenden zeigen. »Dies steht in deutlicher Spannung zum sonstigen neutestamentlichen Verständnis der Leiblichkeit des Auferstandenen ... und beschwört die Gefahr eines grob-sinnlichen, pseudophysikalischen Missverständnisses der Auferstehung Jesu herauf, als würde sie objektiv-neutraler Feststellbarkeit unterliegen« (*Kessler* 134). Wenn Bilder nur als verlässliches Abbild einer irdisch-leiblich sichtbaren und empirisch feststellbaren Realität fungieren, gleichsam als Fotoersatz, leisten sie diesem Missverständnis Vorschub. »Weder die radikale Verwandlung (in himmlische Gestalt)«, noch die »absichtlich widersprüchliche Art der Ostererscheinungen« (*Kessler* 280) lassen sich ohne weiteres im gegenständlichen Bild berücksichtigen.

Das alles ist tatsächlich auch zehnjährigen Adressaten zu vermitteln, vielleicht sogar leichter zu vermitteln als Erwachsenen, weil jene unbefangener sind. Es geht nicht darum, traditionelle Bilder von der Auferstehung Christi »aus dem Verkehr« zu ziehen. Sie sind unvermeidlicher Bestandteil unserer religiösen Kultur. Die religionspädagogische Aufgabe besteht vielmehr darin, ihre Fragwürdigkeit adressatengerecht bewusst zu machen und die – nicht zuletzt durch geläufige Bilder der Kunst – geronnene Vorstellung von der materiell-greifbaren Realität des Auferstandenen zu verflüssigen, sei es durch Texte, die die Andersartigkeit des Auferstandenen herausstellen, sei es durch die Suche nach künstlerischen Gegenbildern. Wenn beispielsweise der auferstandene Christus aus einem offensichtlich noch verschlossenen und versiegelten Grab aufschwebt, wie es *Jörg Ratgebs* Herrenberger Altar zeigt, so wird dem Betrachter klar, dass dies kein rein irdisch-empirischer Vorgang sein kann (vgl. *Mense)*. Erst recht wird das deutlich, wenn *Alfred Manessier* eine explodierende Sonne als Ostersinnbild präsentiert (vgl. *Lange* 1988).

Die drei Fauen am leeren Grab

Bei dieser in Ost und West von Anfang an geläufigen Darstellung des Osterevangeliums entfallen die beschriebenen Probleme. Es handelt sich um ein erzählendes Bildbekenntnis zum Mysterium der Auferstehung, ohne dass der Auferstandene persönlich auf der Bildfläche erscheint. Hier wird der historische und theologische Vorrang des Wortes gegenüber dem Bild respektiert; denn ein die Frauen ansprechender »angelus interpres« weist über das Bild hinaus auf die Botschaft: »Er ist nicht hier (weder im Grab noch im Bild), er ist auferstanden« (Mt 28,6).

Damit ist das Grundproblem des traditionellen Auferstehungsbildes offensichtlich: Es »verunklärt« den Verklärungsstatus des Auferstandenen – jedenfalls wenn es von gegenständlich-abbildhafter Art ist. Somit würde es eher Glaubensmissverständnissen Vorschub leisten, als das »surrexit Dominus vere« (Lk 24,34 Vulgata) des Glaubens zu bestärken.

Bilder vom Kampfessieg

Innerhalb des so gekennzeichneten Problemhorizontes konzentrieren wir uns im Folgenden auf einen einzelnen Bildtyp: Auferstehung als ausdrücklicher Triumph über sichtbar gemachte Gegner der Menschen – sei es der Tod, der Teufel, die Sünde, die böse Welt oder welche Konkretisierung des Gott- und Menschenfeindlichen auch immer.

Der Auferstandene wird zwar in fast allen geläufigen Bildversionen als strahlender Sieger gekennzeichnet, sein ›Kampf‹ und die unterlegenen ›Gegner‹ bleiben jedoch in den meisten Fällen unsichtbar. (Es gibt im Hoch- und Spätmittelalter immerhin einzelne Auferstehungsbilder, auf denen Christus gleichsam heimlich über die hintere Grabwand hinausklettert, als wolle er die tölpelhaften Bewacher des Grabes überlisten; vgl. *Aurenhammer* 241; *Stock* 14ff.) Umso größere Aufmerksamkeit verdient das aus der Michaelsikonographie seit dem 9. Jahrhundert bekannte Kampfmotiv, wenn es im Zusammenhang mit der Auferstehung Christi erscheint.

Indirekte Hinweise auf die Auswirkungen des »Kraftaktes« der Auferstehung gibt es auch im traditionellen Bild, z.B. wenn die Soldaten nicht etwa, wie im Evangelium, vor der Erscheinung des Engels, sondern vor dem Auferstandenen wie betäubt zu Boden gehen oder zu Winzlingen schrumpfen vor der Größe Christi (vgl. Abb. 18.1). Von einem »Kraftakt« erzählt auch der verschobene Deckel des Sarkophags oder Stein der Grabeshöhle. Auf der Anastasis-Ikone der Ostkirche zeugen davon die aufgesprengten Hadespforten, die kreuzweise am Boden liegen und auf die der Herr tritt (vgl. *Lange* 1988). Auch ist der Kreuzstab des Auferstandenen gelegentlich als Lanze oder Speer, also als Waffe gestaltet und erinnert so an den vorausgegangenen Kampf. Aber das sind alles doch nur Andeutungen.

In einem seit dem 4. Jahrhundert gebräuchlichen überzeitlichen Erlösungsbild, dem *Christus-Victor*, der oft zugleich ein *Christus militans* ist, tritt dagegen unübersehbar der Sieger zum Zeichen des Triumphes (entsprechend Ps 91,13) auf Löwen und Drachen, d.h., das Böse wird »bestialisiert« (s. Lektion 6; Abb. 6.4). Uns interessiert im Folgenden stattdessen die Personifizierung des Gott- und Menschenfeindlichen.

Im Zusammenhang der Auferstehungsikonographie finden sich Personifikationen des Todes seit dem 8. Jahrhundert auf den östlichen Anastasis-Bildern. Hades/Satan ist hier in der Regel ein athletisch gebauter, weißhaariger alter Mann, der, nur mit einem Lendenschurz bekleidet, unter den Füßen des Auferstandenen liegt. Christus tritt auf ihn! Das ist eine aus der politischen Ikonographie übernommene Geste, die lateinisch als *calcatio* bezeichnet wird. In ihr wird die totale Un-

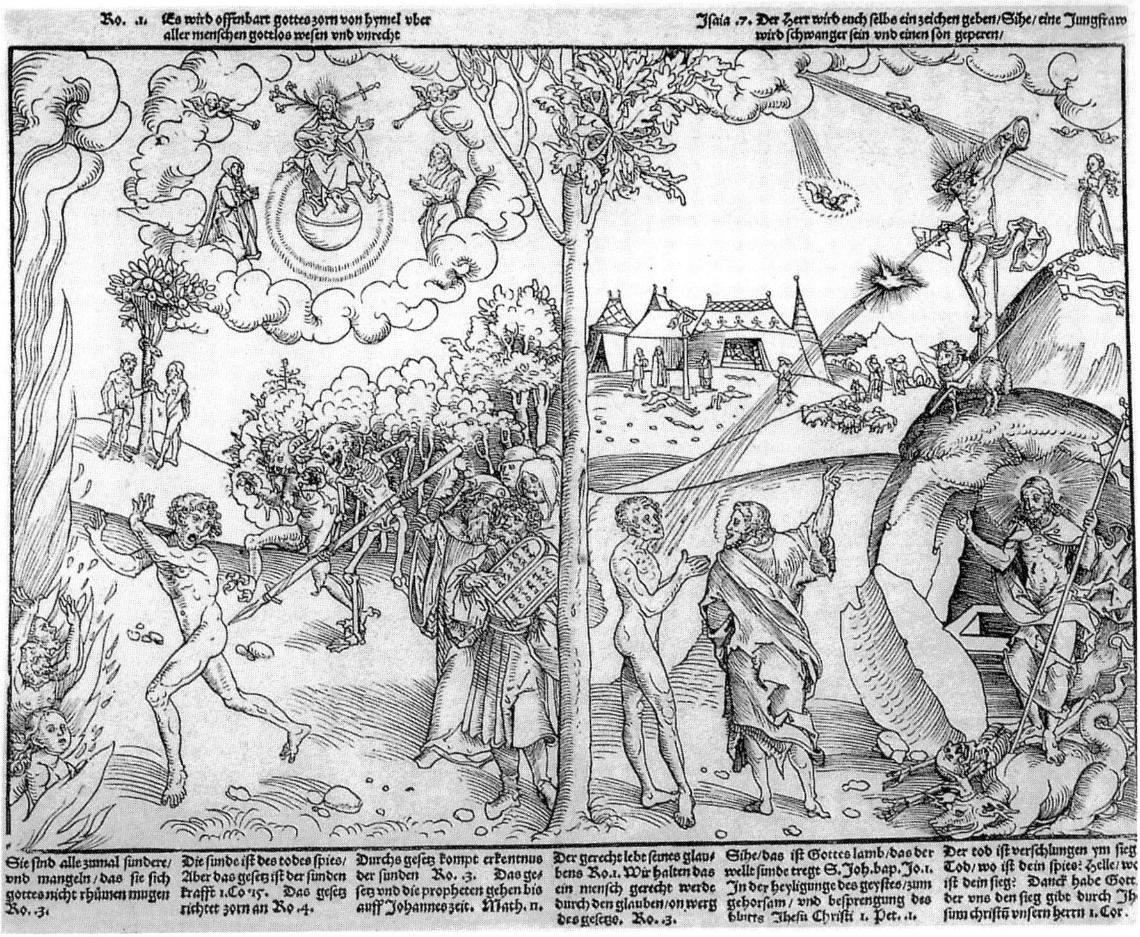

Abb. 16.1: Lucas Cranach d.Ä., Gesetz und Gnade, Holzschnitt, 1529/30

terwerfung und Erniedrigung des Gegners realsymbolisch vollzogen. Dieser Anastasis-Typ wurde zwar im Westen bald rezipiert, dann aber durch das neue Bild vom Ausstieg Christi aus dem Grab seit dem 12./13. Jahrhundert mehr oder weniger verdrängt (s. Lektion 17).

Zu neuer Aktualität kommt das Motiv der *calcatio* in der reformatorischen Ikonographie von »Gesetz und Evangelium«. Wenn die durch den Auferstandenen besiegten Mächte ausdrücklich vorgeführt werden, so drückt sich darin gewiss schon die streitbare, polemisch agitierende kirchliche Religiosität jener Epoche aus (Abb. 16.1).

Aber auch die ganze Komposition dieses »wohl bedeutendsten und folgenreichsten protestantischen Merk- und Lehrbildes« (*Schuster* 210) ist antithetisch angelegt. »Gesetz und Evangelium« , »Verdammnis und Erlösung« , »Sünde und Gnade« lauten die Titel der seit 1529 in mehreren Versionen verbreiteten Allegorie. »Die Bildidee darf als Schöpfung Luthers gelten«; nicht zufällig ist es die Zeit, in der auch sein Katechismus entsteht. Mit diesem eingängigen Lehrbild sollten die spätmittelalterlichen katholischen Glaubensbilder »reformiert« und eine bildliche Glaubenssumme gezogen werden (*Schuster* 210). »Das Bild ist ein knapper lutherischer Katechismus« (*Ohly* 20).

In strenger Zweiteilung sind Gesetz (links) und Gnade (rechts) gegenübergestellt. Die linke Hälfte des Bildes demonstriert die Verlorenheit des Menschen: Er wird von den gemeinsam agierenden Mächten Tod und Teufel (oder: Sünde) mit einem Spieß in das Höllenfeuer gejagt. Der Tod als grinsendes Gerippe, Sünde/Teufel als eine Art aufrecht gehende Chimäre. Dieses Monstrum scheint den Menschen nur zu erschrecken, während der Tod tatkräftig mit beiden Händen die Lanze führt.

Die rechte Bildhälfte versinnbildet die Erlösungsgewissheit. Johannes der Täufer verweist den Menschen mit erhobener rechter Hand auf das Gotteslamm zu Füßen des Gekreuzigten. Aus dessen Seitenwunde ergießt sich ein Blutstrahl, der – zusammen mit der Taube des Hl. Geistes – auf den umkehrwilligen Sünder zielt und ihn erlösend trifft.

Auf dem Eckplatz, unterhalb der Senkrechten des Kreuzes, vor dem Grabeshügel und neben dem Dialogpaar Mensch/Täufer, steht der Auferstandene, ganz in konventioneller Erscheinung, jedoch unverkennbar mit den Füßen »trampelnd«: auf dem rücklings am Boden liegenden, sich ergebenden Totengerippe und auf dem sich duckenden Teufelsmonstrum. Aus dem aktiv und überlegen handelnden Unheilsduo links sind rechts ohnmächtige Unterlegene geworden, jedoch, wohlgemerkt, keine Leichen.

In dieser Bilderfindung wird der Kampfessieg des Christus-Victor und der Anastasis auf das im Westen üblich gewordene Auferstehungsbild übertragen. Dieses wurde dadurch dramatisiert und in ein Kampfbild verwandelt. Neu ist auch, dass Tod und Teufel/Sünde deutlich unterschieden, aber miteinander agierend und regierend dargestellt werden. Neu ist, dass der Tod als Knochenskelett erscheint. Neu und katechetisch relevant ist aber auch, dass der zugehörige Schrifttext (1 Kor 15,55) unter der Szene angebracht wurde und so der lehrhafte und lernbare Sinn der Szene gesichert wird: »Tod, wo ist dein Spieß, Hölle, wo ist dein Sieg? Dank habe Gott, der uns den Sieg gibt durch Jesum Christum unsern Herrn«.

Der »miles christianus« und seine Gegner

Zu den »Strategien barocker Bildpropaganda« (so der Titel eines kunstwissenschaftlichen Elisabeth-Buches von *Cordula Bischoff*) auf katholischer Seite gehört offenbar auch die Übernahme und Steigerung des letztgenannten Motivs. Vor allem wird nun die Gestalt des Bösen neben dem Tod verdoppelt und verdreifacht und außerdem alles personalisiert: Der Teufel erhält männlich-menschliche Formen, Welt und Sünde treten davon unterschieden in weiblicher, die Lust (cupido) in kindlich-personifizierter Gestalt auf. Und alle zusammen stürzt sie der Auferstandene in den Orkus.

Bevor wir einen monumentalen Höhe- und Endpunkt dieser ikonographischen Entwicklung, das Auferstehungsfresko von *Martin Knoller* in der Abteikirche Neresheim, ausführlicher vorstellen und diskutieren, soll ein aufschlussreiches Zwischenglied vorgeschaltet werden, um die Zuspitzung in Neresheim besser einordnen zu können. Zur kirchlichen Selbstvergewisserung in der konfessionell gespaltenen Christenheit gehört nicht nur die Abgrenzung vom kirchlichen Gegner, sondern ebenso der kämpferische Elan nach innen, gegen die eigenen Versuchungen und Laster. Die Sünden- und Lasterallegorie findet im »miles christianus« ihre volle ikonographische Ausprägung.

Als Beispiel wähle ich ein Kölner Flugblatt von 1609. Hier wird der soldatische Christ von fünf mit Großbuchstaben ausdrücklich benann-

Abb. 16.2: Johannes Bussemacher, Der Miles christianus, Köln, 1609 (nach einem Kupferstich von Hieronymus Wierix)

ten Feinden bedrängt, von MUNDUS, PECCATUM, DIABOLUS, MORS und CARO. Was diese Darstellung mit jener aus der Reformationszeit auf den ersten Blick verbindet, ist der Wortbezug: eine Fülle von Schriftzitaten, die hier so hervortreten, dass man geneigt ist, das ganze Blatt als visuelles mnemotechnisches Hilfsmittel anzusehen, das die einschlägigen Schriftstellen für die paränetische Barockpredigt zusammenstellt.

Wir interessieren uns im Folgenden hauptsächlich für die Charakterisierung der Feinde des Christenmenschen. Die Grundidee ist dem Epheserbrief entnommen (6,14–17). Dort wird das Tun des Gläubigen durch das Bild vom gut ausgerüsteten Kämpfer veranschaulicht (vgl. *Gnilka*): »Steht also, eure Hüften umgürtet mit Wahrheit und bekleidet mit dem Brustpanzer der Gerechtigkeit, unter die Füße gebunden die Bereitschaft für das Evangelium des Friedens. Zu all dem ergreift den Schild des Glaubens, mit dem ihr alle feurigen Pfeile des Bösen auslöschen könnt. Und nehmt den Helm des Heiles und das Schwert des Geistes, das ist das Wort Gottes.« Das für unsere Frage nach den »Gegnern« maßgebliche Schriftwort sieht als den Spitzenfeind den Diabolos an (6,11). Hinter ihm stehen die Gewalten, die Mächte, die Weltherrscher der Finsternis, die Geistwesen der Bosheit in den himmlischen Bereichen (6,12–13). Es ist die geschlossene Phalanx derjenigen Mächte, von denen die Menschen versklavt worden sind. Sie werden aus ihrer Anonymität geholt und konkretisiert, indem sie im Flugblatt visualisiert werden. Das geht weit über den Wortlaut des Epheserbriefes hinaus, aber es entspricht auch stärker den Erfahrungen der Adressaten des Blattes.

Die neuzeitliche Wirkungsgeschichte des militärisch-bellizistischen Bildfeldes von Eph 6,10ff hat *Andreas Wang* untersucht. Auf seine Auslegung stütze ich mich bei der Auslegung des Flugblattes von 1609. Der Teufel ist auf der rechten Bildseite wiederum als ein gehörntes Mischwesen dargestellt, mit Fledermausflügeln, Raubvogelbeinen und einer dämonisch grinsenden Fratze. Mit drei feurigen Pfeilen auf gespanntem Bogen zielt er auf den Schild des gewappneten Christenmenschen. Es sind wohl die teuflischen Suggestionen gemeint, die das Herz des Gläubigen mit lasterhafter Begehrlichkeit in Brand setzen. Die Dreizahl der Pfeile könnte sich auf die Hauptlaster beziehen (superbia, invidia, ira). Aber die inhaltliche Unbestimmbarkeit der Pfeile dient auch der Steigerung ihrer Gefährlichkeit.

Die Fledermaus, nicht zuletzt durch *Dürers* Denkbild Melencolia I in ihrem Bedeutungsgehalt erschließbar, steht für den »Aufstieg mit betrügerischen Mitteln, als der überhebliche Versuch einer Maus, sich in die Lüfte zu erheben, was unmittelbar wieder zum Sturz in die Tiefe führen muss« (*Schuster* 168). Auch die Abwendung des Nachttieres vom Licht mag eine Rolle spielen, wenn der Diabolus Fledermausflügel trägt.

Vor dem Diabolus schreitet *Mors*, in der Kontur teilweise eins mit dem Teufel. Das Totengerippe kommt mit einem lebensfeindlichen Gifthauch aus dem Mund auf den Christen zu, die Sense schwingend, die daran erinnert, dass das Sterben vergleichbar ist mit dem Einbringen der Garben zur Erntezeit (Ijob 5,26).

Unter den Füßen des christlichen Kämpfers liegt am Boden, schräg-rücklings vor dem Betrachter, *Caro* als junge Frau, die nur knapp bekleidete weibliche Personifikation der Fleischeslust, auf deren erotische Zonen durch Panzerung hingewiesen wird. Es sind damit die Anfechtungen gemeint, die aus den Begierden des eigenen Fleisches erwachsen. In der Siegerpose der *calcatio* stellt sich der überlegene Mann auf die unterlegene Frau, ohne sie eines Blickes zu würdigen.

Hier ist die Vorgabe des Epheserbriefes überschritten. Es finden sich aber andere biblische Belege genug, z.B.: »Ich züchtige und unterwerfe meinen Leib« (1 Kor 9,27). Ausgedrückt wird in der calcatio-Geste der Sieg des Geistes über den Körper, d.h. die Umkehrung des Sieges des Körperlichen über das Geistige im prototypischen Sündenfall der Stammeltern (der insofern platonisch-dualistisch interpretiert wird). Bei »Frau Fleisch« ist also damit zu rechnen, dass hier an Eva erinnert werden soll (*Wang* 127).

Von links nähert sich die modisch-aufwendig gekleidete »Dame Welt«. Auch für diese Allegorie lassen sich genügend biblische Vorgaben beibringen, z.B.: »Habt Mut: Ich habe die Welt besiegt« (Joh 16,33); »Das ist der Sieg, der die Welt besiegt hat: unser Glaube« (1 Joh 5,4). Dass der Mundus weiblich auftritt, obwohl grammatisch männlichen Geschlechts, ist Ausdruck einer »immer wieder in Predigt und Schrift in Escheinung tretenden Frauenfeindlichkeit« (*Gsodam* 497; vgl. *Stammler* 35).

Die personifizierte »Welt« ist nicht die unterlegene, sondern die verführerische Person. Ihr wendet sich der Christenmensch direkt zu, schaut sie an und zeigt ihr die scharfe Schneide seines Schwertes. Sie balanciert auf ihrem Haupt als ihr Machtsymbol den Reichsapfel, in der Linken offeriert sie einen Weinpokal, das Sinnbild der Völlerei und Unzucht (vgl. Offb 17,2–4; 18,3). Rechts trägt sie einen Beutel, vielleicht einen Geldbeutel, das Sinnbild der Habsucht. Es gibt Darstellungen der Frau Welt, auf denen sie als Sinnbild der gleisnerischen Heuchelei einen Fächer aus Pfauenfedern hält (Abb. bei *Schuster* und *Wang*): »›Frau Welt‹ stellt sich lockend an den Rand des Weges, der zum Himmel führt, und versucht, den Christen davon abzulenken« (*Wang* 120).

Auf der anderen Seite der »via arta« (Mt 7,14 Vulgata) ins himmlische Jerusalem figuriert männlich-nackt Peccatum, die Sünde, mit schlangenförmigem Unterleib, mit einem Schlangennest auf dem Kopf und der Figur des nagenden Gewissenswurmes als Stoßwaffe in beiden Händen.

Der gewappnete Christ in der Mitte unter der Geisttaube und deren Strahlenkranz steht abwehrbereit. Den Kampf hat er ja nicht gesucht, er wird ihm aufgezwungen. Er steht fest, weil er sich an den Eckstein anlehnen kann, der Christus ist (vgl. 1 Petr 2,6), den die Bauleute verworfen haben (Ps 118,22; Mk 12,10 u.ö.). Letztlich verdankt er seinen Sieg der Tatsache, dass die Feinde des Menschen auch die Feinde Gottes sind. So setzt die Ausrüstung und Kampfkraft des Christen, seine Chance zu siegen, immer schon den Erlösungssieg Christi voraus: »Die stehende Haltung des ›miles christianus‹ repräsentiert ... Christus als ›victor‹, d.h. Christus in der Phase der Auferstehung« (*Wang* 144). – Damit kehren wir zum eigentlichen Auferstehungsbild zurück.

Der Triumph des Osterhelden

Im Jahre 1771 schuf *Martin Knoller* (1725–1804) in der von *Balthasar Neumann* erbauten Abteikirche von Neresheim ein monumentales Auferstehungsfresko.

Mit der Abbildung 16.3 (Seite 219) beschränken wir uns auf die Darstellung des Auferstehungsvorgangs und seiner Auswirkung für die bösen Weltmächte. Das Fresko befindet sich im Zentrum der Kuppel über dem Chor der Mönche.

Die Komposition geht zurück auf einen Entwurf *Paul Trogers* (1698–1762), bei dem *Knoller* gelernt hat. Christus steht »schwindelfrei« auf dem spitzen Eck seines Sarkophags, schiebt sogar einen Fuß über die Vorderkante hinaus. Er erscheint mit der römischen Imperator-Geste, kein Gedanke ans Segnen, aber auch nicht ans Kämpfen. Er steht aufrecht im strahlenden Licht eines Sonnenaufgangs, erhebt sein füllig-weiches Banner, das an einem Kreuzstab befestigt ist – eine athletische Christusgestalt, fast nackt, lässig umschlungen von einem großspurig wallenden Purpurmantel. Effektvoll inszenierte Epiphanie des christlichen Helden nach der Erringung des Sieges!

Die Ölskizze *Trogers* vermittelte den Eindruck, als wolle Christus herabsteigen; der Auferstandene blickte nach unten. *Knoller* setzt zur Steigerung von Distanz und Dramatik den Sarkophag mit steilerer Perspektive ins Bild und lässt seinen Helden den Blick erheben: »Er ist die Quelle des Lichts und der Aktion« (*Baumgartl* 132). Die vorspringenden glatten Flächen und scharfen Kanten der grauen Tumba scheiden die Zone des Lichtes oben von der Schattenzone unten. Nur der weiß gekleidete Heroldsengel (vgl. Mt 28,3) vermittelt gestisch zwischen beiden Bereichen. Die steinkalten Tumbaflächen lassen die Bewegungen der lebendigen Leiber besonders plastisch hervortreten.

Die Vehemenz der Erscheinung des Helden spiegelt sich im Absturz der Widersacher. Sie stürzen über den Rand der Kuppel, heraus aus dem lorbeerbekränzten Rahmen, in die Tiefe (des Mönchs-Chores!). Der Tod links scheint sich gegen diesen Sog stemmen zu können. Sein Abstand zum Lastertrio fällt ebenso auf wie seine anekdotische Geste der Fassungslosigkeit: Er fasst sich an den Kopf, als ginge ihm in diesem Moment etwas auf. Ihm entspricht auf der gegenüberliegenden Seite ein abgestorbener Baumstumpf, dessen neue Triebe an das Jesse-Reis (vgl. Jes 11,1) erinnern.

Die stürzende Mittelgruppe besteht aus den Personifikationen von Teufel, Frau Welt bzw. Sünde und Cupido. Frau Welt/die Sünde ist, optisch gesehen, das eigentliche Gegenüber des Auferstandenen. Sie liegt auf derselben senkrechten Bildachse, ihr Fleisch leuchtet hell auf, ihr Leib ist ebenso ansehnlich geformt wie der des Auferstandenen. Ihre (dezent) enthüllte Brust, ihr entblößtes Bein sollen sie wohl als lasterhaft charakterisieren. Der üppig entfaltete kobaltblaue Mantel der Frau Sünde/Welt bildet das suggestive Gegenstück zur Purpurschleppe Christi. Die Frau fällt als einzige Gestalt rücklings. Ihre Hände sind leer, sie formen sich zu einer haltsuchend-abwehrenden Gebärde. Im Sturz verliert sie ihre Maske: Das Schau-Spiel ist aus! Durch dieses kleine Detail wird dem Betrachter endgültig klar, dass die ganze Szenerie wie eine pompöse Show arrangiert ist.

Auferstehung wird in Neresheim interpretiert als Gegenpol zum Fall. An den Ur-Fall, den Anfang der Heilsgeschichte, erinnert die Schlange mit dem Apfel, die sich um den Oberschenkel des Teufels und den Oberarm der Frau windet. So wie Frau Welt die Sünde mitvertritt, dürfte Cupido auch Caro repräsentieren. Damit wäre die übliche Lastertrias gewahrt: Teufel (Eph 6,2), Welt (1 Kor 15,32) und das eigene Fleisch (1 Kor 9,27) gelten als die drei Feinde – zuerst des Mönchs, dann eines Christenmenschen schlechthin, wie wir es dem Flugblatt der »militia christiana« entnehmen konnten (vgl. *Wenzel*).

Cupido und Amor verkörpern die Macht des Eros, als amor carnalis vergröbert zum Sinnbild einer unwiderstehlichen sexuellen Begierde, des Liebesspiels und der Tändelei. Seine Macht gilt als unumschränkt und unwiderstehlich. In unserem Fresko tritt Cupido als fast ganz nacktes Kind auf. Pfeil und Bogen, die wir im Flugblatt als Attribute des Teufels wahrnahmen, sind jetzt Cupidos Waffe – allerdings stecken die Pfeile im Köcher und der Bogen ist schlaff. Dass Cupido mit teuflischer

Abb. 16.3: Martin Knoller, Die Auferstehung Christi (Ausschnitt), Kuppelfresko der Abteikirche Neresheim, 1771

Blindheit geschlagen ist, hat *Knoller* mit einem genrehaften Zug verdeutlicht: Der Fuß des Teufels verdeckt Cupidos Augen.

Statt mit einem Nimbus ist Cupidos Haupt hinterfangen von einem prachtvollen hellblauen Pfauenrad; Pfauenhals und -köpfchen überschneiden ihrerseits das Teufelsbein. Der negative Aspekt des Pfauensymbols bringt das Zurschaustellen, die Selbstverliebtheit, die Lust am Aufplustern und Einherstolzieren, den Hang zu Luxus, Hochmut und Eitelkeit zum Ausdruck (vgl. *Reimbold*). »Was der Pfau am Kopf zu wenig hat, das hat er am Schwanz zu viel«, sagt das Sprichwort.

Zur Fragwürdigkeit des militanten Triumphbildes

Die lehrhaft-trockene Illustration *Cranachs* hat in der katholisch-spätbarocken Bildstrategie *Martin Knollers* hinreißende visuelle Überzeugungskraft gewonnen. Trotzdem – oder gerade deswegen – sollen zuletzt die theologisch-katechetischen Fragwürdigkeiten einer solchen Bildinszenierung für heute erkundet werden (vgl. auch Lektion 6, zu Abb. 6.4).

Die Kritik kann nicht in Bausch und Bogen erfolgen, als wären die Bildfelder von Widersacher, Kampf und Sieg von vornherein mit dem Geist des Evangeliums unvereinbar. Die Interpretation der Erlösung als *Sieg* ist m.E. unverzichtbar, auch wenn die dafür gebrauchten militanten Bilder missbrauchbar sein mögen.

- Auch das Motiv des *Kampfes* ist als solches theologisch-katechetisch nicht obsolet. Wir Heutigen sind zwar sensibilisiert für das unselige Aggressionspotenzial, das offensichtlich auch im Christentum steckt. Erfahrungen des widergöttlichen und antihumanen Bösen und die Notwendigkeit, dieses in uns und um uns in Schach zu halten und dagegen anzugehen, sind damit aber nicht hinfällig.
  Das agonale und antithetische Denken zieht sich durch die Theologiegeschichte; es scheint sich praktisch bewährt zu haben – von *Augustins* Beschreibung des Kampfes zwischen der Civitas Dei und der

Civitas terrena als Hauptthema der Weltgeschichte im 5. Jahrhundert, über die Bewertung der Heiligen Schrift als Buch des Kampfes des Herrn durch *Rupert von Deutz* im 12. Jahrhundert, bis zu den Exerzitien des *Ignatius* im 16. Jahrhundert, in denen am vierten Tag der zweiten Woche der Mensch vor die Entscheidungsfrage gestellt wird, unter welchem Banner, dem Banner Christi oder dem des Teufels, er von nun an kämpfen wolle. »Christliche Theologie ist«, so *Moltmann*, »eine Kampflehre, die vom Bösen befreien und erlösen will. Vom Sieg Gottes über das Satanische und Infernalische ist einleuchtend nur im Kampf, nicht auf der Zuschauerbühne zu reden. Ist Gottes Sein im Kommen, dann ist des Satans Nichts im Vergehen« (6).

Tatsächlich enthält christliche Liebe immer auch ein Element von Widerspruch und Feindschaft – nämlich gegen Feindschaft, Hass und Lieblosigkeit. Für das Evangelium als Option für etwas Bestimmtes, das zugleich anderes ausschließt und deshalb Kampf einschließt, hat uns die Befreiungstheologie die Augen neu geöffnet. Jedenfalls spricht auch die zeitgenössische, für Missbrauch durchaus sensible theologische Auferstehungsreflexion vom »andauernden dramatischen Kampf des neuen Lebens mit den Mächten des Todes und der Zerstörung«, von der »gegenwärtigen Herrschaft Jesu Christi als Kampf mit den Mächten des Todes« und von der »solidarischen Liebe im Widerstreit mit dem Willen zur Selbstbehauptung durch Machtsteigerung« – bevor dann die »Erfahrung der Kraft seiner Auferstehung in der Gemeinschaft mit seinem Leiden« thematisiert wird (*Kessler* 390ff). »Offenbar stehen zwei Mächte einander gegenüber und befinden sich in einem dramatischen Ringen: ›Fleisch‹ und ›Geist‹ (wie Paulus sagen kann) oder die Mächte der Welt und die so ganz andere Macht des gekreuzigten und erhöhten Jesus« (*Kessler* 396).

- Die klare Benennung von *Gegenspielern* ist ebenso wenig zu beanstanden. Wie ein Begriff »theorietechnisch« nur brauchbar ist, wenn klar wird, was er ausschließt, so wird ein Verständnis von Christentum und christlichem Glauben inhalts- und profillos, wenn darin nicht konkretisiert ist, gegen wen oder was diese sich richten und was sie ausschließen.

- Auch in *Personifizierungen* vermag ich an sich kein katechetisches Übel zu erblicken. Die Personifikation des Todes z.B. begrenzt die schweifende Phantasie, humanisiert die Todesvorstellung und bannt ihren Schrecken. In der Personifikation wird das Negative sozusagen überschaubar und dadurch besprechbar und bearbeitbar gemacht. Nur wenn solche Personifikationen im Gegenteil dazu dienen, Angst zu verstärken und natürliche Gegebenheiten wie den Tod zu dämonisieren, wären sie zu vermeiden. Ich möchte auch darauf aufmerksam machen, dass im Fresko von Neresheim die Verkörperungen des Bösen in durchaus ansehnlicher und keineswegs diffamierender Körperlichkeit präsentiert werden. Sie stürzen, aber sie verlieren dadurch nicht ihre Attraktivität. Und die Verklärung Christi spiegelt sich in der männlich-physischen Schönheit des Auferstandenen. Leiblichkeit als solche wird also keineswegs verächtlich gemacht. Eher im Gegenteil! Die Schriften der Gegenreformation haben den Künstlern ausdrücklich empfohlen, den Auferstandenen »in verklärter Schönheit« wiederzugeben (*Aurenhammer* 241). Daran hat sich der Neresheimer Freskant gehalten.
- Es ist schließlich nicht zu übersehen, dass der Auferstandene nicht direkt als Kämpfender charakterisiert wird. Der betonte Abstand zwischen ihm oben und dem Chaos der Besiegten unten, der die barbarische Pose der *calcatio* entschärft, sowie seine waffenlose Nacktheit gegenüber den waffentragenden Gegnern am Abgrund deuten bereits das »ganz Andere« der Macht Jesu an. Das Bild suggeriert, die bloße Epiphanie des Auferstandenen habe die Gegenmächte aus dem Gleichgewicht gebracht, habe ihre Waffen: Sense, Forke und Flitzbogen, als unbrauchbar erwiesen und ihren Sturz in die Tiefe verursacht. Der Auferstehungssieg ist hier wie ein phänomenales Naturereignis gestaltet, dem strahlenden Aufgehen der Sonne im Osten vergleichbar, vor der die Finsternis nach Westen entweichen muss.

Was macht dieses Osterbild trotz alldem fragwürdig?

Zweifellos lässt sich mancherlei über die süddeutsch-katholische Osterfrömmigkeit in der 2. Hälfte des 18. Jahrhunderts daraus entnehmen, und sicher ließen sich in der damaligen Predigtliteratur, in Liedern und Katechesen analoge verbale Belege dafür finden. Vermutlich würde sich zeigen, dass dieses Fresko verkündigungstheologisch auf der Höhe der Zeit war und Kopf, Herz und Fantasie der Gläubigen zu beeindrucken vermochte.

Unsere Frage lautet: Ist es *für heute* brauchbar? Was spricht beispielsweise dagegen, es in der Osternachtfeier einer Gemeinde während der Erneuerung des Taufversprechens – bei der Absage an Satan bzw. an das Böse – auf eine weiße Wand hinter dem Taufbecken zu projizieren? Ich will drei Einwände vorbringen:

- Erstens ist uns das Bild des strahlenden Helden fragwürdig geworden. Im selben Jahrzehnt, in dem *Martin Knoller* dieses Auferstehungsfresko schuf, entstand in Landshut (1777) das beliebte Osterlied »Das Grab ist leer, der Held erwacht«. Es darf als Pendant zum Neresheimer Kuppelbild gelten. Aber die barocke Heldenkategorie passt nicht zu einem Christusbild, das sich aus den Evangelien speist. Die Krise des sog. Historienbildes im 18. Jahrhunderts hat auch mit der Krise des Helden und der entsprechenden Pathetik zu tun (vgl. *Busch*). In dieser Art Heldenpose gerät Jesus, gewollt oder nicht, auf die falsche Seite, nämlich auf die des »Willens zur Selbstbehauptung durch Machtsteigerung«. Lediglich traditionell, durch seine Wundmale und durch das Kreuz auf der Bannerstange, wird an die Sendung Christi zur »solidarischen Liebe« erinnert. Infolgedessen muss sich diese Darstellung die Frage gefallen lassen, ob denn das Böse wirklich durch Aktionen und Demonstrationen von Macht überwindbar sei. Ist das nicht die teuflische Versuchung Jesu in der Wüste (vgl. Abb. 10.2)? Und ist das nicht der Gegenstand des Ringens Jesu im Garten Gethsemane? Gehört zum Programm des authentischen Jesus nicht die Überwindung des Bösen durch das Leiden?

Das Böse wird im stellvertretenden Leiden Gottes am Kreuz besiegt (vgl. *Eibach* 59). Bezeichnenderweise tritt in der Apokalypse der Triumphator in der Gestalt des geschlachteten Lammes auf (Offb 5,6). Das alles kommt in diesem Osterbild zu kurz. Vielleicht sollten wir das bekannte Bild des Schmerzensmannes, der die Seitenwunde vorweist (also das Sterben schon hinter sich hat) und der im offenen Grab oder davor aufrecht steht, als »unser« Auferstehungsbild neu entdecken?

- Zweitens wirkt die naive allegorische Personifikation des Bösen auf uns mehr theatralisch als existenziell. An den Erfahrungen des abgrundtiefen Bösen in unserem Jahrhundert zerbrechen solche Allegorisierungen. Das gilt erst recht, wenn als »Bildspender« für die Metaphorik der bösen Realitäten die Gestalt der üppigen Frau herhalten muss, in der die Verführbarkeit Evas, die Triebhaftigkeit der Erotik und alle Lasterhaftigkeit der Sexualität zugleich verkörpert erscheinen. Damit wird der verhängnisvollen Einengung von Sündhaftigkeit auf das 6. Gebot Vorschub geleistet. Gewiss hat *Knoller* geschickt eine bloße Aufzählung von Lastern vermieden; aber unvermeidlich sehen wir im Zueinander des stürzenden Paares den Beginn einer brutalen Vergewaltigungsszene. Nicht die Ungeheuerlichkeit des Bösen, nicht die Schlechtigkeit der gefallenen Welt und die Verderbtheit von Sünde stehen hier zur Debatte, sondern dass und wie Mann, Frau und Kind zu Sinnbildern für alles dies gemacht werden. Außerdem wird so das Böse einseitig in die private Sphäre verlegt: Auferstehungssieg als asketischer Sieg über Leidenschaften, Süchte und Laster. In der heutigen Verkündigung ist dagegen zuerst gesellschafts- und zeitgeistkritisch zu bestimmen, was mit dem »Mächten der Welt« hier und heute gemeint sein könnte, wie sie in Erscheinung treten und wirken (vgl. *Kessler* 396ff), und dann ist eventuell nach einer symbolischen Verdichtung dafür zu suchen. Mit anderen Worten: Wir stoßen hier an die Grenzen des Gebrauchs von Bildern der Vergangenheit in der Verkündigung der Gegenwart. Zeitgemäße, glaubwürdige und verbindliche Sinnbilder des Bösen neu zu finden und einzusetzen wäre schon ein Akt der Bekämpfung des Bösen hier und heute.

- Bei einem dritten Einwand bin ich mir nicht so sicher wie bei den zwei vorhergehenden. Das Fresko in der Kuppel deklariert den Sturz der Gegner Gottes durch die Auferstehung seines Christus als perfekt, als schon geschehen. Wir erleben uns aber weiterhin als versuchbar und sprechen vom Teufel als einem Widersacher, »der umhergeht und sucht, wen er verschlinge« (1 Petr 5,8). Versetzt ein solches Bild nicht den Christen in einen illusionären Siegesrausch, der dem barocken Lebensgefühl entsprechen mag, der aber den klaren Blick für die Gegebenheiten der heutigen Welt trübt? – Andererseits: Ist das Evangelium nicht in jedem Fall verlässliche Siegesbotschaft, Nachricht vom irreversiblen Sieg der Gnade? Und ist das nicht tröstlich, bestärkend und Gelassenheit fördernd in unseren alltäglichen Kämpfen? Im Blick auf den endgültigen (»eschatologischen«) Sieg seines Christus fasse der Christ Mut in all seinen Bedrängnissen: Das wäre dann der Appell und die legitime Funktion einer solchen Darstellung wie in Neresheim.

Es bleibt der Verdacht, dabei könnte es sich lediglich um eine bombastische Behauptung handeln. Wie ist die Wirksamkeit der Auferstehung Christi in meinem Leben zu verifizieren? Wie ist das »surrexit vere« zu bewahrheiten? Da halte ich mich lieber an eine bescheidenere Erklärung: »... wo wir über unsere Kräfte hinausgehoben werden zur Gerechtigkeit, obwohl sie nicht populär ist, zum Frieden trotz Bedrohung, zur Liebe ohne Gegenliebe, trotz Undank, ja bei Feindschaft. Dort ist der Auferstandene gegenwärtig, dort kommt er zur Sprache, dort steht er auf ..., um über Mächte und Gewalten zu siegen, dort ist ihm in einem kleinen Stück Welt alle Macht gegeben« (*Schoonenberg*). In letzter bilddidaktischer Konsequenz hieße das, die Darstellungen von Werken der Barmherzigkeit als Auferstehungsbilder zu betrachten!

Angesichts des Kuppelfreskos in Neresheim bleibt die Frage: In welchem Verhältnis steht der Sieg Christi (oben) zum österlich gelebten

Christsein auf dem Boden der Kirche (unten)? Betrachten wir das Auferstehungsfresko im Kontext der Kirchenarchitektur insgesamt, müsste man sogar sagen, die Personifikationen des Bösen stürzen nicht auf Nimmerwiedersehen in den Orkus, sondern nach der Raumlogik fallen sie auf die Ebene der Kirchenbesucher herab. Eine solche Konstellation enthält auch die Offenbarung des Johannes, nach der der Widersacher zwar schon tödlich versehrt ist, aber aus dem Himmel auf die Erde herabgeworfen wird und dort die Gemeinde wutentbrannt verfolgt (Offb 12,12).

Der heutige Abt von Neresheim, *Norbert Stoffels*, hat in einer kurzen Erläuterung des Auferstehungsfreskos die Verbindung zu der unter dieser Kuppel mehrmals täglich Gott lobenden Mönchsgemeinschaft und ihrer Lebensform hergestellt: »So will ihr (der Mönche) Leben künden von der endzeitlichen Vollendung, die mit dem Ostersieg Christi begonnen hat. Denn nur aus der Kraft dieses Sieges können sie es wagen, der Auflehnung des Teufels das Gelübde des Gehorsams, der Eitelkeit der Frau Welt das Gelübde der Armut und der Triebhaftigkeit des Cupido das Gelübde der Keuschheit entgegenzusetzen. Damit verliert der Tod seinen Stachel ...« (*Stoffels* 13f).

17. Plädoyer für ein anderes Osterbild

Das Bild der Höllenfahrt als Anastasisbild

In der »Eucharistischen Andacht« des Gebet- und Gesangbuches »Gotteslob« wird Artikel 6 der Liturgiekonstitution des Zweiten Vaticanums zitiert: »Die Kirche hat niemals aufgehört, sich zur Feier des Pascha-Mysteriums zu versammeln, dabei zu lesen, was in allen Schriften von ihm geschrieben steht, die Eucharistie zu feiern, in der Sieg und Triumph seines Todes dargestellt werden, und zugleich Gott für die unsagbar große Gabe Dank zu sagen in Christus Jesus zum Lob seiner Herrlichkeit« (Gotteslob, Nr. 779.3). Dem Bildliebhaber und -didaktiker fällt sofort auf, dass in dieser kompakten und zentralen Formel die Oster*bilder* fehlen. Sie sind – wie die Apokryphen, mögen sie noch so erbaulich sein – anscheinend nicht »liturgiewürdig«. Oder werden sie zu den »Schriften« gezählt – nach dem uralten Vor- und Missverständnis, Bilder seien als Schriftersatz für die Analphabeten zu betrachten? Andererseits soll es in der Eucharistiefeier zentral um die »Darstellung« (repraesentatio) von Sieg und Triumph des Todes Christi gehen. Ist das aber nicht exakt die Aufgabe, die auch dem künstlerisch realisierten Osterbild zufällt – nur eben außerhalb der Liturgie? Dessen Wirksamkeit bezeugt uns *Teresa von Avila*. Sie berichtet von ihrer ersten Vision: »Als ich an einem Feste des hl. Paulus der Messe beiwohnte, zeigte sich mir die ganze heiligste Menschheit Christi, so wie sie in der Auferstehung gemalt wird, mit einer unaussprechlichen Schönheit und Majestät« (*Stoichita* 47). Die Messe als Ort, wo sich der Auferstandene zeigt – wie gemalt!

Für den nicht visionär begabten durchschnittlichen Christenmenschen gilt dasselbe. Die landläufig anzutreffende innere Vorstellung, die er sich von der Auferstehung seines Herrn macht, ist de facto geprägt von gemalten Bildern, mehr jedenfalls als von biblischen Texten oder liturgischen Vollzügen. Von dieser Voraussetzung sollte die Praktische Theologie unbefangen ausgehen – zunächst unabhängig davon, wie das theologisch-normativ zu bewerten sein mag.

Der Standard-Typ

Die kirchlich geprägten Gläubigen – und dementsprechend auch die Lehrer und Verkündiger des Glaubens – haben beim Stichwort »Auferstehung« das Bild vom solitären Ausstieg Christi aus einem Kastengrab oder Sarkophag vor ihrem inneren Auge. Deshalb nenne ich diesen Bildtyp im Folgenden den »Standardtyp«.

Die Dominanz dieses Typs in der Glaubensfantasie ist erstaunlich, denn was am Grab Christi in der Osternacht vor sich ging, bleibt in den kanonischen Evangelien buchstäblich im Dunkeln; es wird verschwiegen oder, genauer gesagt, es wird nicht wie andere Vorgänge der Passionsgeschichte im Lichte alttestamentlicher Zeugnisse ausgestaltet. Das Exsultet der Osternacht preist ausdrücklich die Nacht selig, die *allein* gewürdigt wurde, »Zeit und Stunde«, d.h. »den genauen Zeitpunkt der Auferstehung zu kennen, über den selbst die Heilige Schrift keine Auskunft gibt« (*Fuchs/Weikmann* 71). Wir dürfen wohl davon ausgehen, dass es sich um eine kerygmatisch absichtsvolle und deshalb verbindliche Unterlassung handelt; die Anspielung auf unser Nichtwissen vom Zeitpunkt der Parusie Christi (Mk 13,32) ist im Exsultet-Text unüberhörbar.

Etwa tausend Jahre lang hat die Christenheit in ihrer Oster-Ikonographie das Schweigen der Evangelien über das Herauskommen Jesu aus seinem Grab respektiert. Mit dem Aufkommen der mittelalterlichen Schaufrömmigkeit und den entsprechenden paraliturgischen Praktiken entfallen jedoch – vereinzelt schon im 11. Jahrhundert, allgemein ab dem 13. Jahrhundert – offensichtlich solche Hemmungen. Dabei setzt man sich im Standardtyp von Anfang an zugleich auch über die biblische Feststellung hinweg, dass es sich beim Grab Jesu (bzw. des Josef von Arimathäa) um eine Grabhöhle im Felsen handelte, und min-

Abb. 17.1: Markuslöwe und auferstehender Christus, Reichenauer Evangeliar im Bamberger Domschatz, um 1020 (Ausschnitt)

dert damit auch den anschaulichen Zusammenhang zwischen Grab und der Totenwelt (Scheol/Hades).

Schon die früheste bekannte Darstellung, die das Ereignis des Ausstiegs aus dem Grab wiederzugeben versucht, zeigt einen nimbierten jugendlichen Christus, der, statt aus einer Felsengrabhöhle hervorzutreten, frontal in einem flachen offenen Sarg steht, bis zu den Hüften sichtbar, in der Linken das Siegeskreuz, die Rechte segnend erhoben. Der lateinische Titulus lautet übersetzt: »Siehe, der starke Löwe überschreitet die Grenze des Todes«; seine Fortsetzung: »Markus, der die Kunde bringt, staunt über die kraftvollen Taten«.

Wenn wir die Apokryphen so definieren, dass in ihnen ein elementares Sehbedürfnis der Gläubigen gestillt wird, indem sie die zahlreichen Anschauungslücken der vier kanonischen Evangelien füllen, dann kommen wir nicht an der Feststellung vorbei: Das heute prägende Bild von der Auferstehung Christi ist »apokryph«. Dem entsprechen die Vorbehalte, die in der Gegenreformation gegen das Sujet vorgebracht werden: Die tridentinische Rückbesinnung auf die biblischen Vorgaben führt dazu, dass die Darstellung der Auferstehung aus dem offenen Sarg und vor Zeugen als theologisch falsch abqualifiziert wird (vgl. *Aurenhammer* 246). In der Tat ist es ja das apokryphe Petrus-Evangelium (2. Jh.), das erstmals den Vorgang der Auferstehung als fulminantes Ereignis vor Zeugen schildert (*Schneemelcher* 187)!

Mögliche Einwände gegen den Standard-Typ

Die Gründe für das Aufkommen dieses neuen Bildtyps und für dessen Siegeszug in der westlich-christlichen Ikonographie des Mittelalters und darüber hinaus wurden oben schon angedeutet (vgl. auch *Schrade; Braunfels; Rademacher*); sie sollen hier nicht weiter erörtert werden. Vielmehr möchte ich religionspädagogisch-katechetisch reflektieren, sozusagen pastoral-strategisch: Was stört an dieser Darstellung? Was kommt dabei zu kurz? Welche Alternativen gibt es? Welche Vorzüge hätte ein anderes Osterbild?

Das biblische Schweigen über den Vorgang der nächtlichen Auferstehung wäre, für sich genommen, noch kein hinreichender Grund, den Standardtyp abzuqualifizieren, denn in vielen anderen Fällen setzt sich die christliche Ikonographie ebenfalls ungeniert über das Schweigen des kanonischen Textes hinweg. Wir merken es nur in der Regel nicht, weil wir die von den Bildern gelieferten zusätzlichen Informationen wie selbstverständlich in die biblischen Texte hineinlesen: den »Apfel« des Paradiesbaumes; den »Stall« von Bethlehem; Golgotha als »Berg«; das »Pferd«, von dem Paulus stürzt; aber auch, weniger harmlos, die Gestalt Jesu als überragende männliche Schönheit; Gottvater als »Alten«, und so fort. Selbst das, was wir uns vorstellen, wenn wir hören oder lesen »und sie kreuzigten ihn«, wird weitgehend nicht dem Text, sondern der Glaubensphantasie der Tradition verdankt.

Schwerer wiegt ein inhaltlicher Vorbehalt. Suggeriert der Standardtyp nicht allzuleicht, bei der Auferstehung Christi handele es sich um eine *Rückkehr* in die diesseitige Welt, also in das bisherige Raum-Zeit-Kontinuum mit seiner vergänglichen Materialität, vergleichbar der Wiederbelebung des Lazarus, des Jünglings von Nain und der Tochter des Jairus? *Hubert Schrade* hat sogar vermutet, »um des Ausdrucks der Rückkehr zur Welt willen« sei überhaupt der Bann, der bis dahin über diesem Vorgang lag, gebrochen worden (104). Ostern hätte damit aufgehört, als »Übergang« (Pascha, Transitus) gesehen zu werden! Letztlich also eine Ver-Weltlichung des Auferstehungsmotivs? Das widerspräche eklatant dem normativen christlich-theologischen Vorverständnis, wie es z.B. *Bernhard von Clairvaux* (12. Jh.) – vielleicht weil er es schon gefährdet sah? – auf den Punkt gebracht hat: »Christus, ihr Brüder, kehrte nicht wieder, sondern ging hinüber ... Deshalb wird das Pascha, das wir feiern, als *transitus*, nicht als *reditus*, als Übergang und nicht als Rückkehr erklärt« (zit. n. *Schrade* 104f; umso bemerkenswerter das Wort »transitus« im Titulus der obigen Abb.17.1).

Der stärkste Einwand ist aber damit noch nicht vorgebracht. Ich kann der Darstellung des solitären Ereignisses nicht entnehmen, was die Auferstehung Jesu für mich und die Menschheit bedeutet. »Pro nobis et propter nostram salutem«, das gilt doch nicht nur für die Passion und den Kreuzestod Jesu, sondern muss ebenso für seine Auferweckung gelten. Stattdessen sieht es hier so aus, als handele es sich um ein Privatereignis Jesu. Das verbietet jedoch sowohl die paulinische Ostertheologie wie auch die Version des Matthäus-Evangeliums vom Tode Jesu: »Die Gräber öffneten sich und die Leiber vieler Heiligen, die entschlafen waren, wurden auferweckt. Nach der Auferstehung Jesu verließen sie die Gräber, kamen in die Heilige Stadt und erschienen vielen« (Mt 27,52f). Das mag befremdlich wirken, will aber auf jeden Fall mitteilen, dass Tod und Auferstehung Jesu Folgen für das Todesschicksal der Menschen haben.

Als ob der Verfertiger eines der frühesten Beispiele des Standardtyps dieses Defizit gespürt hätte, setzt er als Umschrift die Worte hinzu:

»Noluerat solus de morte resurgere XPICTUC, Sed secum plures dedit ecce resurgere testes« – nicht *allein* wollte Christus vom Tode auferstehen, sondern sehet, er fügt es, dass mit ihm viele Zeugen auferstehen (zit. n. *Schrade* 78). Vielleicht liegt hier sogar der Grund, warum im Standardtyp Christus sich in der Regel aus einem Kastengrab, also dem für die Gläubigen üblichen Grabtyp erhebt, statt aus dem für ihn spezifischen Felsengrab?

Natürlich hat der christliche Glaube immer die Auferstehung als Vorbild und Verbürgung der Auferstehung *aller* angesehen, sodass man sagen könnte, das isolierte Bild der individuellen Auferstehung Christi vertritt zugleich das Bekenntnis zur Auferstehung aller, aber das wird in der Bildgestalt selbst nicht sichtbar, man muss es zusätzlich wissen oder gesagt bekommen. Sehen kann man es gerade nicht.

Mögliche Alternativen

Die ältesten Auferstehungsdarstellungen in Ost und West – beginnend bereits in der christlichen Hauskirche in Dura Europos, um 250 n.Chr. – setzen die Auferstehung Jesu als vollzogen voraus; sie schildern dementsprechend den Gang der Frauen (griech. Myrophoren – Salbenträgerinnen) zum Grab und deren dortige Zurückweisung durch Gottes Boten. Die Botschaft lautet: Hier, am Ort der Bestattung und der Verwesung, gibt es nichts mehr zu pflegen, zu sehen oder zu holen. Das Bild weist mich als Betrachter weg vom leeren Grab, das zwar so sichtbar wie nur wünschenswert ist, aber – gerade deshalb – mehrdeutig bleibt. Das leere Grab für sich genommen führt zu der Aufforderung, nicht an dem hängen zu bleiben, was es vordergründig zu sehen gibt. Stattdessen werde ich an das Hören der Botschaft verwiesen, die adäquat nur als Wort nach der Art der Liturgie zu haben ist: »Er ist auferstanden!« Insofern fungiert die Darstellung der Abweisung der Frauen am Grab von Anfang an als theologisch angemessenes, geradezu programmatisches Gegenstück zum späteren Standardtyp. Bis zum 12./13. Jahrhundert wurde dementsprechend das Bild der Frauen am Grab schlicht als »resurrectio« bezeichnet (*Schiller* III,18): ein Fall von negativer Bildtheologie!

Dennoch bilden sich im Laufe des ersten Jahrtausends der Geschichte der christlichen Ikonographie weitere Möglichkeiten heraus, die Auferstehungsbotschaft zu symbolisieren, ohne sie direkt zu visualisieren. Meistens geht es dabei um den Erhöhungsaspekt des Kreuzestodes Jesu. Ich kann hier nur einige Hinweise geben. Im 4. Jahrhundert wird der Sieg Christi über den Tod dadurch verkündet, dass sein Kreuz als Trophäe (von griech. tropaion – Siegeszeichen) gestaltet ist. Das von einem Lorbeerkranz umgebene Christusmonogramm (XP) krönt zum Beispiel ein schlankes Kreuz, und bezeichnenderweise wird diese Kreuzart »Anastasiskreuz« genannt. Seinen Sitz im Leben hat es am Ort des Todes, in der Mittelnische der Schauseite eines Sarkophags (vgl. *Dinkler* 70). Ebenso sind die alttestamentlichen Rettungsparadigmen an den Wänden der Katakombengräber (Jona, Noach, Daniel, Drei Jünglinge) als Zeichen für die neutestamentliche Auferstehungshoffnung zu deuten. In vielen Fällen wird das Kreuz durch vegetative Zugaben als Lebensbaum charakterisiert und damit als Zugang zu der durch Christus eröffneten paradiesischen Lebensfülle (vgl. Lektion 15). Wenn unter dem gekreuzigten Christus, womöglich in einer dunklen Höhle, ein Totenschädel liegt, so kann sich dies auf Adam als den Repräsentanten der Menschheit beziehen: auf ihn fließt das erlösende Blut herab (vgl. Abb.14.4 und 14.5). Die universale Reichweite des Kreuzestodes, wie sie sich in der Auferstehung herausstellt, wird so in einer optischen Kurzformel angedeutet. Noch deutlicher wird die Befreiungstat Christi visualisiert im Motiv des Christus Victor: Er tritt – in Anlehnung an Ps 91,13 – auf Löwen und Drachen, die Sünde, Tod und Teufel, alles Gott- und Menschenfeindliche versinnbilden (vgl. Abb. 6.4; 16.3). Ich breche hier ab; die spontane Liste ließe sich leicht verlängern, systematisch differenzieren und exemplarisch anreichern.

Das schlechthin andere Osterbild

Aus der Vielzahl solcher Möglichkeiten, die Bedeutung und Tragweite der Auferstehung Christi zu bekennen, ohne diese direkt zu visualisieren, ragt eine Alternative hervor, die ich bisher ausgespart habe, die aber kerygmatisch-katechetisch allen anderen Alternativen vorzuziehen ist: Das sog. Höllenfahrtsbild, das in der östlichen Theologie und in der byzantinischen Kunstgeschichte den Titel Anástasis, also Auferstehung – Ostern trägt, weil es den Aus- und Aufstieg Christi nicht aus einem Einzelgrab, sondern aus der Totenwelt thematisiert. Es ist *das* Osterbild der östlichen Christenheit, die Festikone der orthodoxen Osternachtfeier. Es war auch im Westen als Osterbild weit verbreitet, z.B. auf den Exsultet-Rollen, die in Süd- und Mittelitalien zwischen dem 10. und 13. Jahrhundert entstanden sind und in der dortigen Osterliturgie Verwendung fanden (vgl. *Fuchs/Weikmann*).

Der Vereinfachung halber seien zwei Anastasis-Exemplare gewählt, die die Bildgestalt so reduzieren, dass das Wesentliche des Geschehens, die personale Beziehung zwischen Retter und Geretteten, unmittelbar ins Auge springt. Damit entfallen hier viele Begleitmotive, die das voll ausgebildete Anastasis-Sujet bereichern, z.B. die dunkle Hadeshöhle als Sinnbild für die Gefängnis-Situation der dem Tode Ausgelieferten; die Personifizierung des Todes zu Füßen des Auferstandenen und das sieghafte Treten Christi auf dessen Körperkontur; die gekreuzten Hadespforten als Zeichen dafür, dass die Irreversibilität des Todes nun ein für alle Mal aufgesprengt ist; Johannes der Täufer sowie David und Salomon als Propheten, die den Sieg Christi vorausverkündet haben, außerdem weitere anonyme Menschen im Machtbereich des Todes, für die die Stunde der Rettung aus der Unterwelt geschlagen hat (genauere Beschreibung der Vollform des Bildes und adressatenbezogene Erklärungen solcher Details bei *Lange* 1988, 228–234). Erst recht entfällt der Tierrachen, der die Todeserfahrung gesteigert als Verschlungenwerden durch ein gefräßiges Monstrum deutet.

Mit dem Wegfall dieser Zugaben sind zwar viele narrative Motive, die zu schauen und zu denken geben, verschenkt; aber diese sind doch auch reichlich erklärungsbedürftig und verkomplizieren das an sich einfache Kernthema des Bildes.

Mein *erstes Beispiel* stammt aus einem Paderborn-Abdinghofer Evangeliar aus der Zeit der ersten Jahrtausendwende nach Christus. Die Federzeichnung gibt im unteren Teil das Kernthema eines jeden Anastasisbildes wieder: Der Auferstandene, hier ohne Wundmale, durch Nimbus und geschulterten Kreuzstab als Christus Victor gekennzeichnet, schreitet, von links kommend, auf *den* Menschen, auf Adam zu, beugt sich vor und packt ihn mit seiner rechten Hand fest am Handgelenk, während Adams rechte Hand schlaff herabhängt. Adam seinerseits nähert sich Christus im sog. Knielauf – gestischer Ausdruck seiner Sehnsucht nach Erlösung.

Abb. 17.2: Drei Frauen am Grab und Anastasis (Höllenfahrt Christi), Evangeliar aus Paderborn-Abdinghof, um 1000

Der vehemente »Griff ans Handgelenk« fehlt auf keiner auch noch so abgekürzten Darstellung der Anastasis. Er verkörpert als Rettungsgriff die Erlösung. Hinter Adam kniet Eva. Sie hat ebenfalls ihre Rechte sprechend und flehend ausgestreckt – Begrüßung und Bereitschaft signalisierend. Die Ureltern sind knapp bekleidet, der Sieger Christus dagegen ist üppig gewandet.

Im oberen Teil ist die Begegnung der drei Frauen mit dem Verkündigungsengel am leeren Grab Christi dargestellt. Faszinierend der Zusammenhang beider Szenen: Oben die Botschaft des (christusähnlichen) Engels an die Frauen: »Er ist nicht mehr hier!« Und wo ist er? Das Bild antwortet mit seinem unteren Teil: Er ist auferstanden, und das heißt in diesem Fall: Er ist mit der Befreiung, Rettung und Erlösung der Menschheit befasst, einer Menschheit, die durch Adam und Eva repräsentiert wird: »Adam und Eva sind nicht Vertreter des Alten Bundes, sondern der auf Erlösung harrenden Menschheit« (*Schiller* III,61).

Die Zusammenstellung von leerem Grab und Anastasis ist übrigens nicht singulär, z.B. kommt sie auch – in noch engerer Verbindung beider Szenen – am bekannten romanischen Taufstein in Freckenhorst/Westfalen vor (*Schiller* III, Abb.157; vgl. *Kittel*).

Das *zweite Beispiel* stammt aus der ältesten erhaltenen Exsultet-Rolle (Cod.Vatic.Lat. 9820), die fast zur gleichen Zeit wie das Abdinghof-Beispiel, aber geographisch weit entfernt von ihm, und zwar in Benevent in Unteritalien, entstanden ist, schätzungsweise im Jahre 981 (Abb. 17.3). Außer dem Kerngehalt gibt es hier jedoch etwas mehr Kontext. Ich übernehme die ausführliche Verbalisierung der Bildgestalt aus dem Kommentar von *Felix Vongrey*: »Im Vordergrund der Szene liegt unten ein Flügel des gesprengten, aus den Angeln geworfenen Höllentores. In der linken Bildecke, über den Torflügel hinaus, lodern in zwei Reihen hohe rote Flammenbündel empor, aus denen die Oberkörper der Ureltern Adam und Eva herausragen; sie sind frontal gegeben, nackt bis auf ein um die rechte Schulter gelegtes Gewandstück. Evas Kopf ist in Dreiviertelansicht, der Adams in reinem Profil nach rechts gewendet. Eva sieht dem Erlöser entgegen, Adam blickt bittend und vertrauensvoll zu ihm auf. Flehend hebt Eva die Linke empor, passiv und todesmatt ist die Hand Adams, dessen Gelenk der Erlöser mit kraftvollem, Leben spendendem Griff umfasst hat. Dieser Gestus Christi, der im Mittelpunkt der Bildkomposition steht, versinnbildet die Erlösung.

Mehr als die Hälfte des Bildes, das sich in diagonaler Komposition aus der linken Ecke nach rechts oben entwickelt, beherrscht die stürmisch ausschreitende Gestalt des Auferstehenden. Die rot-goldene Mandorla, das Zeichen der Lichtepiphanie, hebt seine Person in die göttliche Sphäre. Christus ist bekleidet mit der knöchellangen, weitärmeligen Tunika von blauweißer Farbe mit roten Clavi. Das helle, grünliche Pallium mit Ornamentverzierung *(Calliculus)* ist um den

Körper geschlungen und über die linke Schulter geworfen. Die schwungvoll zur Seite flatternden Zipfel und der weit nach rückwärts ausschwingende Saum der Tunika unterstreichen die Dynamik des Vorwärts- und Emporstrebens, die mit der Statik der riesigen Mandorla im Hintergrund wirkungsvoll kontrastiert.

Das Haupt Christi mit schulterlangen Haaren und spitzem Bart ist von einem großen Kreuznimbus umgeben. Der Blick des Erlösers ist in die Höhe gerichtet, wohin auch der Zeigefinger der Linken weist. Diese Hand hält das lange Stabkreuz, die siegreiche Waffe, die er geschultert trägt. Die gleichlangen Kreuzbalken sind geschweift und an den breiten Enden mit Voluten versehen. Auf den Kreuzestod deuten auch die angegebenen Wundmale hin.

Im Hintergrund links oben zwei kleine Riefelsarkophage, aus denen sich je zwei Mumien erheben und staunend das Geschehen verfolgen. Die biblische Quelle für sie bietet das Evangelium (Mt 27,52f). Sie geben zugleich einen eschatologischen Hinweis, repräsentieren, wie auch die Ureltern, die erlöste Menschheit, sind das Unterpfand für die Auferstehung der ganzen Menschheit« (88–90).

Alle Beteiligten schauen auf den nach vorn-oben stürmenden Christus; dieser aber schaut auf zum Himmel: Die Rettungsaktion zielt eindeutig auf Transitus statt auf Reditus.

Der katechetische Gewinn

Der Anastasis-Typ stellt den Tod (Abstieg) und die Auferstehung (Aufstieg) Christi als Wende im Todesschicksal der Menschheit vor Augen. Das »pro nobis« der Auferstehung wird nicht nur behauptet, sondern – ergreifend im buchstäblichsten Sinn – vorgeführt. Der vehemente Griff des Erlösers an das Handgelenk des Untergegangenen, sein kraftvolles Ziehen nach oben stellen körpersprachlich vor Augen, was mit Pascha gemeint ist. Und dieser leibhaftige Gestus ist auch für heutige Adressaten lesbar – innerlich nachvollziehbar und verstehbar. Es ist die Urgeste der Rettung des versinkenden Schwachen durch den Starken. Das

Anastasis-Bildmotiv verkündet: Jesus Christus ist in das gemeinsame Todesschicksal der Menschen eingetreten und hat es von innen heraus verwandelt.

Das zugrunde liegende Theologumenon und seine Verbildichung sind auch entstanden aus der Heilssorge um die Toten vor Christus. Kommen sie zu kurz, weil sie zu früh lebten? Gehören sie zum Müll der Heilsgeschichte? Das Anastasisbild sprengt mit den Pforten des Hades ein ehernes Gesetz der Zeit auf. Es besagt: Die Vergangenheit lässt sich rekapitulieren, die Erlösung durch Christus ist so universal, dass sie sogar rückwärts wirkt, sie ist »sanatio in radice«, Heilung an der Wurzel – radikaler ist sie nicht denkbar.

Übersetzt man das Anastasis-Motiv in theologisch-katechetische Sprache, so bedeutet es:

Jesus war wirklich tot. Er hat sich der scheinbaren Allmacht des Todes unterworfen (= der Karfreitagsaspekt); in seiner Auferstehung ist er dem Machtbereich des Todes entkommen, dieser ist statt zur Endstation zum Durchgang geworden (= der hier gezeigte Osteraspekt). Das Bild hilft uns daher, Karfreitag und Ostern zusammenzuschauen (= der Karsamstagsaspekt). Es zeigt uns, dass Jesu Auferstehung nicht nur ein »Privatereignis« für ihn persönlich ist. Sein Ostersieg hat Relevanz für die ganze Menschheit – repräsentiert in Adam. Es fordert mich auf, selber angesichts des sicheren Todes meine Zukunft bei Gott zu bedenken. Kurzum: ein Bild, das die Mitte des Glaubens der Christen hoffnungsvoll aufleuchten lässt, sodass Universalität und Konzentration des Glaubens in eins zu sehen sind. Ein katechetischer Glücksfall!

Mögliche Einwände

Ein erheblicher Einwand gegen das »andere Osterbild« könnte sich aus dem Motiv des Kampfes Christi gegen die heilsfeindlichen Mächte, Tod und Teufel, und seines Triumphes über sie ergeben. Oft stellen die westlichen Descensus-Bilder gerade dies heraus. *Urs von Balthasar*, der in der neueren systematischen Theologie den Höllenabstieg Christi

Abb. 17.3: Anastasis (Höllenfahrt Christi), Exsultet-Rolle aus Benevent, um 981–987

aufwertete und ihn sogar radikalisierte, hat seinerseits entschiedene Kritk am Kampfmotiv und an dessen Triumphalismus geübt (*Lochbrunner*, 173). Darüber wäre weiter zu diskutieren, da das Bildfeld von Kampf und Sieg sowohl in der Heiligen Schrift wie in der frühen kirchlich-liturgischen Tradition durchaus beheimatet ist (vgl. zu Abb.16.3). Zugegeben: Ein naiv-unschuldiger Gebrauch dieser Bildsprache ist für unser katechetisches Bewusstsein tatsächlich nicht mehr möglich; jedenfalls bedarf sie der Erläuterung.

Im vorliegenden Fall erübrigt sich jedoch diese Diskussion, da bewusst zwei Beispiele gewählt wurden, in denen als zentrales Motiv nicht Kampf und Sieg fungieren, sondern die persönliche Beziehung und Rettung. Die mythisch-bildhafte Einkleidung des Theologumenons als solche stellt keinen Einwand dar; sie lässt sich, wie im vorigen Abschnitt gezeigt, für heutige Adressaten relativ leicht in existenzielle Kategorien übersetzen.

Es bliebe als letzter Einwand denkbar: Auch dies ist ein »apokryphes« Bild. Sein Inhalt ist nicht zufällig im apokryphen Nikodemus-Evangelium bzw. in den diesem hinzugefügten Descensus-Kapiteln (vgl. *Davies-Weyer*) thematisiert und geradezu märchenhaft-legendarisch dramatisiert worden. Im Nikodemusevangelium legen in den Kapiteln 17–27 (*Schneemelcher* I,414ff) zwei von Jesus aus dem Hades Befreite – Leukios und Carinos – vor der jüdischen Obrigkeit Zeugnis ab von dem, was sich in der Osternacht im Hades abspielte (vgl. Mt 27,52f). Ich zitiere nur einige Haupt-Sätze:

»Wir weilten in der Unterwelt mit allen von Anfang der Welt an Verstorbenen. Zur mitternächtlichen Stunde drang in die dortige Finsternis etwas wie Sonnenlicht und glänzte, und Licht fiel auf uns alle, und wir sahen einander.« Die Welt des Todes wird als Dunkelheit gedeutet, in der man einander nicht wahrnimmt. Tod als Abbruch aller Beziehungen, Auferstehung als Beziehungsfülle. Dann »ertönte wie Donner eine gewaltige Stimme: Öffnet, ihr Herrscher, die Tore, gehet auf, ewige Pforten! Einziehen wird der König der Herrlichkeit«. – »Als Hades die Stimme zum zweiten Mal hörte, verhielt er sich wie ein Ahnungsloser und fragte: Wer ist dieser König der Herrlichkeit? Die Engel des Herrn erwiderten: Ein mächtiger und gewaltiger Herr, ein Herr, machtvoll im Kriege! (Ps 24,8) Und zugleich mit diesem Bescheid wurden die ehernen Tore zerschlagen und die eisernen Querbalken zerbrochen und die gefesselten Toten alle von ihren Banden gelöst und wir mit ihnen. Und es zog ein der König der Herrlichkeit wie ein Mensch, und alle dunklen Winkel des Hades wurden licht.« Dann »streckte der König der Herrlichkeit seine rechte Hand aus, ergriff den Urvater Adam und richtete ihn auf. Dann wandte er sich auch zu den Übrigen und sprach: Her zu mir alle, die ihr durch das Holz, nach dem dieser griff, sterben musstet! Denn seht, ich erwecke euch alle wieder durch das Holz des Kreuzes ... Dann stieg er mit ihnen aus der Unterwelt empor.« Dabei werden Siegeshymnen zum Lobe Gottes gesungen (vgl. *Lange* 1988, 229f; *Schiller* III,45f).

Unsere beiden hier vorgestellten Bilder konzentrieren sich auf diese letzte Passage und relativieren dadurch den vorhergehenden apokryphen Kontext. Außerdem steht fest, dass hier mit Glaubensfantasie entwickelt wurde, was in der Heiligen Schrift und der kirchlichen Praxis keimhaft schon angelegt ist (vgl. *Kittel*).

Biblisch-liturgische Bezeugung

Es lässt sich im Einzelnen zeigen, dass die Descensus-Version des Nikodemus-Evangeliums, mindestens in seiner westlich verbreiteten Fassung, mehrfach Anspielungen auf das letzte Buch des Neuen Testaments, die Apokalypse enthält (*Davis-Weyer* 186f). Der metaphorische Kerngehalt der Bilderfindung hat darüber hinaus durchaus biblische, zumal alttestamentliche Wurzeln: »Herr, du hast mich herausgeholt aus dem Reich des Todes, aus der Schar der Todgeweihten mich zum Leben gerufen«, heißt es beispielsweise in Ps 30,4. Oder in Ps 107,10.14.16: »Sie, die saßen in Dunkel und Finsternis, gefangen in Elend und Eisen ..., die er herausführte aus Dunkel und Finsternis und deren Fesseln er zerbrach ..., weil er die ehernen Tore zerbrochen, die eisernen Riegel zerschlagen hat.« Metaphorisch vom Zerreißen der Fesseln des Todes spricht ebenfalls Ps 116,3.6: »Mich umfingen die Fesseln des Todes, mich befielen die Ängste der Unterwelt, mich trafen Bedrängnis und Kummer ... Ich war in Not, und der Herr brachte mir Hilfe.« Solche alttestamentlichen Anklänge zeigen, wie sehr unser Motiv auf dem Bildhumus des Glaubens Israels gewachsen ist. Hier brauchte neutestamentlich »nur« für das Handeln Gottes der Name Christi eingesetzt zu werden: Christus hat durch seinen Tod (ein für alle Mal) den entmachtet, »der die Gewalt über den Tod hat, nämlich den Teufel, um die zu befreien, die durch die Furcht vor dem Tod ihr Leben lang der Knechtschaft verfallen waren« (Hebr 2,14–15). Oder: »Ich war tot, nun lebe ich in alle Ewigkeit, und ich habe die Schlüssel zum Tod und zur Unterwelt« (Offb 1,18).

Das stärkste Argument gegen die Abwertung des Anastasis-Motivs ergibt sich freilich aus dem Apostolischen Glaubensbekenntnis: descendit ad inferna – »hinabgestiegen in das Reich des Todes«. Dieser Bekenntnissatz wird im Westen zum ersten Mal literarisch greifbar im Glaubensbekenntnis von Aquileja, das *Rufinus* um 404 kommentiert hat, im Wesentlichen durch Rückgriff auf die Psalmen 22,16; 29,10; 69,3. Nach Rufinus wird das Werk Christi in der Unterwelt darüber hinaus erklärt durch 1 Petr 3,19: »So ist er auch zu den Geistern gegangen, die im Gefängnis waren, und hat ihnen gepredigt.«

Derart gehen in der Verkündigungspraxis der Kirche die durch Verbalisierung erzeugten inneren Bilder deren äußerer Gestaltwerdung voraus. Schon bevor der Descensus Christi in den Symbola, den Glaubensbekenntnissen, begegnet, wird er – wenigstens beiläufig – in exe- getischen oder homiletischen Schriften der Kirchenväter erwähnt (vgl. *Kroll* 85–87; *Lochbrunner* 162ff). Ein Zeugnis für den frühen Einbau des Descensus-Theologumenons in die Liturgie bietet die Traditio Apostolica des Hippolyt (gest. 235). Die dort überlieferte Anaphora erwähnt unmittelbar vor den Konsekrationsworten die mit dem Descensus verbundenen Motive: »Als er sich freiwilligem Leiden überantwortete, um den Tod aufzuheben, die Fesseln des Teufels zu zerbrechen, die Unterwelt niederzutreten, die Gerechten zu erleuchten, eine Grenze zu setzen und die Auferstehung kundzutun, nahm er das Brot, sagte Dank und sprach ...« (*Lochbrunner* 170).

Statt die Reihe der Zeugnisse der Kirchenväter fortzusetzen (die ohnehin meist weniger die Erlösung Adams als den Kampf gegen Tod und Teufel thematisieren), sei hier nur noch ein Beispiel aus Pseudo-Epiphanius zitiert: »Da nun aber der Herr durch seine Ankunft das Unterste des Untersten erfassen wollte, darum vernahm als Erster jener Adam, der Urvater und Erstgeschaffene aller Menschen, der erste Sterbliche, der allen am inwendigsten ist und mit großer Sorgfalt gefangen gehalten wurde, das Nahen der Schritte des Herrn, der zu den Gefangenen kam, und er erkannte seine Stimme, wie er im Kerker wandelte, und wandte sich an alle, die seit Weltbeginn mit ihm zusammen gefesselt waren und sagte: Ich höre jemandes Schritte, der zu uns kommt! ... Und während er sprach, trat der Herr herein mit der Siegesfahne des Kreuzes. Und als der Urvater Adam ihn erblickte, schlug er sich staunend an die Brust und rief den anderen zu: Mein Herr sei mit euch allen! Und Jesus gab Antwort und sagte zu Adam: Und mit deinem Geiste. Und er ergriff seine Hand und sprach: Steh auf, du Schläfer, und erhebe dich von den Toten, und Christus wird dich erleuchten (Eph 5,14)« (PG 43,440–464; *de Lubac* 387).

Im 8. Jahrhundert, zur Zeit des Bilderstreits, richtet ein bilderfreundlicher Theologe, Johannes von Jerusalem, ein Schreiben an den bilderfeindlichen Kaiser, um den kerygmatischen Wert von Bildern aufzuzeigen. Zu diesem Zweck beschreibt er eine katechetische Mustersituation, in deren Rahmen das Bild des Gekreuzigten zusammen mit dem Anastasisbild einem erwachsenen Heiden vorgestellt wird: »Sag mir, o Mensch, wenn ein Heide zu dir kommt und dich auffordert: Zeig mir deinen Glauben, damit auch ich glaube, was zeigst du ihm dann? Führst du ihn nicht vom Wahrnehmbaren hinauf zum Unsichtbaren, weil dieses so leichter annehmbar ist? ... So höre denn wie das vor sich geht: Du führst ihn in die Kirche. Du zeigst ihm den Schmuck, mit dem sie ausgestattet ist. Du eröffnest ihm die Darstellungen auf den heiligen Bildern. Der Ungläubige sieht sie selber und fragt: Wer ist denn dieser Gekreuzigte? Wer ist dieser da, der aufersteht und den Kopf dieses Alten niedertritt? Belehrst du ihn dann nicht vom Bild her, indem du sagst: Dieser Gekreuzigte ist der Sohn Gottes, der gekreuzigt worden ist wegen der Sünden der Welt. Der aber, der aufersteht, der mitauferweckt den Vorvater der Welt, Adam, der gefallen ist wegen des Ungehorsams, ist derselbe, der zugleich den Hades niedertritt, jenen, der ihn so lange Zeiten mit unlösbaren Fesseln und Riegeln gebunden in der Unterwelt festgehalten hat. Und so bringst du ihn wohl zur Erkenntnis Gottes« (PG 95,325C–328C; vgl. *Lange* [2]1999, 153; *Plank* 43). Hier wird nicht nur die katechetische Zusammengehörigkeit von Karfreitags- und Osterbild deutlich. Ebenso klar ist aus dem Kontext, dass die beiden Bilder der sakramentalen Initiation vorgeordnet sind. Indem sie jedoch die Glaubenserkenntnis beim sensual-imaginativen Wahrnehmen beginnen lassen, stimmen sie in ihrer formalen Struktur mit dem sakramentalen Handeln überein.

Die höchsten Weihen erhält »das andere Osterbild« jedoch durch das österliche Exsultet: »Dies ist die selige Nacht, in der Christus die Ketten des Todes zerbrach und aus der Tiefe als Sieger emporstieg« – wenngleich nur aus dem Kontext hervorgeht, dass es sich dabei nicht um ein solitäres Handeln Christi für sich handelt, sondern um eines, in das unser alter Adam verwickelt ist und das »pro nobis« geschah.

Aus diesem Potpourri von Texten lässt sich schließlich auch die Eigenleistung der Bildform gegenüber Texten ermessen. Der vehemente Griff Christi an das Handgelenk Adams, das Zentrum eines jeden Anastasis-Bildes, pointiert das Verhältnis Adam – Christus in einer Weise, wie sie von keinem der zitierten Texte erreicht wird. Die Geste wird – wie wenn ein dramatischer Filmablauf einen Moment lang stillgestellt ist – zum andächtig meditierbaren Inbild des österlichen Heilsgeschehens.

Reanimationen

Es bleibt die Frage, warum »das andere Osterbild« nicht nur im Mittelalter vom »Standardtyp« überflügelt wurde, sondern mit dem Beginn der neuzeitlichen Kunst ganz von der (westlichen!) Bildfläche verschwindet, obwohl doch im Apostolikum und im Exsultet seine verbalen Grundlagen unverdrossen weiter rezitiert wurden. Ist damit die Vergeblichkeit des vorliegenden Versuchs nicht schon vorprogrammiert? Weckt das andere Osterbild überhaupt noch andere als bloß historisch-antiquarische Interessen? Nach meiner Erfahrung bewegt es Menschen nur noch, wenn es ihnen geduldig erschlossen und sein Gehalt im Blick auf die zentrale Gestik ausdrücklich formuliert und existenziell nahe gebracht wird. Das immerhin! Aber es inspiriert anscheinend keine Künstler mehr und findet deshalb heutzutage keinen authentischen künstlerischen Ausdruck mehr.

Unverhofft taucht das zugrunde liegende Muster jedoch in anderen biblischen Zusammenhängen und in anderer Gestalt auf. *Ulrich Boom*/Miltenberg machte zum Beispiel in einem Tagungsgottesdienst darauf aufmerksam, dass der Farbholzschnitt »Guter Hirt« von *Thomas Zacharias* auch als Anastasis-Bild lesbar sei.

Der Holzschnitt bezieht sich zwar auf die biblischen Hirtenworte in Lk 15 und Joh 10, aber er entzieht sich weitgehend der seit der Katakombenmalerei traditionellen Sichtweise, die den Hirten als erfolgreichen »Schafträger« vor Augen stellt. *Thomas Zacharias* gibt dem Bild – im intuitiven Einklang mit dem Lebensgefühl heutiger Menschen – eine andere Pointe. Er wählt nicht den repräsentativen Augenblick nach der Rettung, sondern den dramatischen Augenblick vorher. Noch befindet sich das »verlorene« Lebewesen auf der abschüssigen Bahn nach unten, aber schon hat sich der ihm nachgehende Retter in diesen dunklen Abgrund vorgewagt; schon wendet das Verlorene den Kopf hin zur rettenden Hand, aber noch hat diese Hand den entscheidenden Griff nicht getan.

In diesem Schwebezustand zwischen Schon und Noch-nicht liegt das inhaltlich Neue des Holzschnitts. In der Schrägstellung des Hirten kommt seine äußere Aktivität als Abstieg und zugleich seine innere Zuneigung zum Ausdruck. Dass er dabei gleichsam in Feindesland eindringt, in das Land der Finsternis und des Todes, und so sein Leben aufs Spiel setzt, deuten die vier nachtblauschwarzen Wölfe hinter seinem Rücken an.

Damit haben wir die Elemente zusammen, die zum Anastasis-Motiv passen. Der vehemente Griff ans Handgelenk ist freilich ersetzt durch eine einladende Geste der rechten Hand des rettenden Hirten – auch das im Einklang mit unserer Glaubenserfahrung, dass Gott uns weniger bezwingt als lockt. Der Platzhalter Gottes ist unter Einsatz seines Lebens hinabgestiegen in die Todeszone, in die »dunkle Schlucht«, in der sich das ihm anvertraute Geschöpf verfangen hat. Er wird es herausholen: Das ist die ganze Hoffnung der Christen.

Hat man diese Variante einmal akzeptiert, lassen sich weitere biblische Rettungsparadigmen daraufhin anschauen, wie in ihnen der Anastasis-Vorgang bzw. die Szene vom leeren Grab Jesu durchschimmern. Daniel zum Beispiel wird in die tödliche Löwengrube geworfen, diese wird mit einem Stein verschlossen und zusätzlich versiegelt. Daniel ist den Rachen der Löwen ausgeliefert. Als der König »in aller Herrgottsfrühe« an den vermeintlichen Todesort kommt, findet er Daniel unversehrt: Ein Engel hat den Löwen den Rachen zugehalten. Daraufhin wird Daniel heraufgezogen (*Kittel* 475). Im Grunde entsprechen die alttestamentlichen Rettungsbilder der Katakomben (neben Daniel noch: Noach, Jona, Drei Jünglinge im Feuerofen) alle dem zugrunde liegenden metaphorischen Verständnis von Grab und Machtsphäre des Todes.

Darüber hat *Gisela Kittel* Augen öffnend geschrieben. Aus ihren neuen Arbeiten ergeben sich m.E. weitreichende Perspektiven für die Zukunftsfähigkeit des Anastasis-Motivs. *Kittel* geht der Scheol-Vorstellung nach und macht Ernst damit, dass in der biblischen Welt jedes Grab als realer Zugang zum Totenreich gilt. Gräber vertreten exemplarisch das Totenreich – wie Ozean und Wüste es ihrerseits tun. »Jedes einzelne Grab ist im Grunde ein kleines ›Totenreich‹« (*Keel*), »das Totenreich manifestiert sich als ›Urgrab‹« (*Ch. Barth*). Dann aber ist das geöffnete Grab Christi analog zu sehen mit den aufgesprengten Hadespforten, und das leere Grab analog zu der durch den Ostersieg Christi entleerten Unterwelt. So würde auch das oben beklagte Manko des Standardtyps, nämlich dass darin die Universalität der Auferstehung Jesu ausgeblendet werde, hinfällig: Die sichtbare Leere des Christusgrabes verweist auf die allgemeine Entleerung des Hades! Auch die vorhergehende Verschlossenheit des Grabes Jesu lässt sich so als Hinweis

Abb. 17.4: Thomas Zacharias, Der gute Hirt, Farbholzschnitt, 1964

auf die bis zu Jesu Auferstehung verriegelte Todeswelt lesen. Der durch die Frauen nicht zu verrückende »sehr große Stein« (Mk 16,4) symbolisiert – in Analogie zu den Hadespforten – »die Schranke des Todes, die nur durch Gottes auferweckende Macht durchbrochen werden konnte« (*Kittel* 475).

So würden Hadesab- und -ausstieg als Bildwahrheit ganz nahe an den zeichenhaften Sinn des leeren Grabes heranrücken. Apokryphe Ausmalung und kanonische Bezeugung würden einander stützen und ergänzen. Tatsächlich zeigt sich, wenn man einmal darauf aufmerksam geworden ist, dass nicht selten auch ikonographisch beide Szenen so eng wie möglich miteinander kombiniert werden. Das Befreiende dieser »metaphorischen« Sichtweise liegt u.a. darin, dass die Strahlkraft der Erzählung vom leeren Grab nicht mehr reduziert wird auf die historische Frage, »ob ein bestimmtes Grab in einem bestimmten historischen Augenblick leer war und ob ein Historiker dies objektiv feststellen oder widerlegen kann« (*Kittel* 477).

So stellt sich zum Schluss die Frage, die aber nicht nur für Mk 16,1–8, sondern ebenso für das Bekenntnis »hinabgestiegen in das Reich des Todes« gilt: »Können wir die biblische Sprache, die gleichnishaft und metaphorisch in die Lebensmacht Gottes hinüberweist, auch in unserer ... Zeit noch verstehen bzw. neu lernen, oder ist die in sich geschlossene empirisch-faktische und rational aufgeklärte Welt der einzige Horizont unseres Lebens und Denkens?« (*Kittel* 479).

18. Liebling frommer Frauen: Der auferstehende Christus in Wienhausen

Ein fingierter Dialog zur Vorbereitung einer Bildbegegnung

Sie legen Ihre theologische Stirn in Falten angesichts der Wahl dieses Bildes?

Das Bildwerk aus Wienhausen ist für die Zisterzienserinnen im dortigen Kloster um 1290 geschaffen worden. Trotz der historischen Distanz spricht es mich unmittelbar an. An sich ist das die beste Gewähr dafür, dass ich mit einem solchen Blatt in der Schule oder Gemeinde arbeiten kann. Bedenken kommen bei mir tatsächlich nicht aus der Gegend des Sonnengeflechts, sondern aus dem theologischen Hinterkopf: Erstens fehlt der Darstellung des Ausstiegs Christi aus dem Sarg die biblische Grundlage, und zweitens verstärken solche Bilder allzuleicht das Missverständnis, bei der Auferstehung Jesu handele es sich um die Rückkehr in die bisherige Lebensform (reditus statt transitus) – so wie beim Jüngling von Nain. Ein drittes Bedenken rührt daher, dass es sich beim Original um eine Skulptur, um ein freiplastisches Werk handelt, das grundsätzlich aus verschiedenen Blickwinkeln betrachtet werden kann und will. Das Foto legt uns stattdessen auf eine, nämlich die strikte Vorderansicht fest. Aber, um das gleich zu erledigen: Das ganze Bildwerk ist derart auf Frontalität ausgerichtet (mit einer nur leichten Drehung des Körpers Christi), dass wir dieses dritte Bedenken wohl vernachlässigen dürfen.

Aber wieso soll hier die biblische Grundlage fehlen?

Die Evangelien lassen das Geschehen der Osternacht im Dunkeln und in der Verschwiegenheit eines Mysteriums. Sie erzählen von der Grablegung Jesu und dann vom Gang der Frauen zum bereits leeren Grab. Was dazwischen passiert ist, gilt offenbar als unbeschreiblich, jedenfalls gibt es keine Zeugen dafür. Nur dem Ergebnis kann man sich nähern (in Begegnungen mit dem Auferstandenen), nicht dem Vorgang. Erst die sog. Apokryphen versuchen, unsere Anschauungslücken zu schließen, und erst ab dem 12. Jahrhundert und nur in der westlichen Kunst gibt es solche SCHEINBAR ABBILDHAFTEN direkten Darstellungen des auferstehenden Christus. Zugegeben, im vorliegenden Fall ist das ein besonders charmanter Versuch.

Gibt es Erklärungen für diese nun schon 700 Jahre dauernde Verletzung eines Tabus?

Generell gesprochen mag es am steigenden Anschauungsbedürfnis des Glaubens im Hochmittelalter (12./13. Jh.) liegen. Wir kennen viele Beispiele für visuelle Innovationen in dieser Epoche – vom Erheben der Hostie beim Hochgebet der Messe bis zum Anbringen riesenhafter Christophorusgestalten an optisch günstigen Stellen. Speziell die mittelalterlichen Osterspiele nötigten dazu, Anschauungsdefizite zu beheben und alles lückenlos und ganz genau vor Augen zu stellen. Das wurde anscheinend nicht als Tabubruch empfunden.

Müssen unsere Adressaten davon etwas wissen, bevor wir mit ihnen das Blatt betrachten?

Nein, nicht unbedingt. Die sinnliche Evidenz geht erst einmal vor. Da den Betrachtern beim Stichwort »Auferstehung« zuerst der Bildtyp »Verlassen des Sarkophages« (und nicht etwa der viel ältere Typ »Gang der Frauen zum Grab« oder »Höllenfahrt«) einfallen wird, werden sie die theologische Grenzüberschreitung nicht sofort bemerken; sie ist selbstverständlich geworden. Aber in einer anspruchsvolleren Auseinandersetzung mit dem Bildtyp darf die Frage nach dem biblischen Bezugstext nicht fehlen. Das Manko wird sich dann herausstellen und zu bedenken

Abb. 18.1: Auferstehender Christus im Kloster Wienhausen bei Celle, 108 cm hoch, um 1290

sein. Immerhin sind die drei Krieger in den Arkaden der Vorderfront des Sarges biblisch (Mt 27,64ff). Ursprünglich gab es rechts und links vom auferstehenden Christus noch zwei assistierende Engel, und die gehören irgendwie auch in das biblische Osterszenarium.

Heutigen Betrachtern werden zuerst die »unnatürlichen« Größenverhältnisse auffallen: Die Kiste ist zu kurz; die Wächter, die doch die Herrschaft über das verschlossene Grab ausdrücken sollen, sind zu Winzlingen geworden.

Genau. An solchen Beobachtungen von IRREALITÄT könnte man ansetzen. Wir nennen die absichtlichen Disproportionen »BEDEUTUNGSGRÖSSE«: Die Körpergröße der Figuren richtet sich nach deren Heilsbedeutung. Daraus lässt sich bereits die angemessene Voreinstellung zu diesem Bildwerk erschließen. Es handelt sich um ein vielschichtiges SINNBILD, nicht um ein reales Abbild. In Bezug auf die Grabwächter hieße das: Gemessen an der Bedeutung des Aufstiegs Christi sehen wir hier den »Abstieg« von Vertretern der Weltmächte; sie wirken nur noch wie Spielzeug – puppenhaft. Die Wächter bringen geradezu eine »versöhnliche Note« *(Wentzel)* in die Gesamtkomposition. Mit militärischer Machtausübung ist dem Herrn Jesus Christus nicht beizukommen; sein Sieg über den Tod kehrt die Machtverhältnisse um. Dem hingestreckt liegenden, schwer gepanzerten Soldaten in der Mitte tritt Jesus sogar mit seinem bloßen (d.h. schutzlos-verletzlichen) Fuß auf den Kopf.

Ja, aber ich empfinde das merkwürdigerweise nicht nur als die übliche Geste der Unterdrückung. Die Härte eines Fußtritts wird vermieden, als ob der Sieger den gelöst Schlafenden nicht stören möchte.

Von nahem gesehen stellt sich wirklich heraus, dass der rechte Fuß Christi den Helm des Soldaten nicht berührt.

Alle drei Soldaten wirken im Grunde wie respektable ritterliche Typen, wie die Leibgarde Christi, des neuen Herrschers. Jedenfalls bilden sie nicht den feindlichen Gegenpol zum Auferstehenden. Eher könnten sie den Schlaf andeuten, aus dem Christus gerade erwacht ist.

Text 1

Auf einer großen Weltkarte des 13. Jahrhundert aus dem Kloster Ebstorf ist das bunte Bild der Welt dem Bild Gottes, der die Welt lenkt, auf doppelte Weise verbunden. Über den Rändern des Erdkreises erscheinen in den vier Himmelsrichtungen das Antlitz Christi und seine durchwundeten Hände und Füße derart, dass der Betrachter glauben kann, Christus, der Schmerzensmann, stehe hinter der Welt und umspanne sie. In der Mitte des Erdkreises aber ist Jerusalem, der »Nabel der Welt«, durch ein großes goldenes Feld hausgehoben. »Gott, unser König von alters«, lautet die Beischrift, »hat das Heil in der Mitte der Welt vollbracht. Jene Stadt bewahrt das Grab des Herrn, zu dem zu pilgern die ganze Welt begehrt, weil der Sieger über den Tod, von den Toten auferstehend, das Grab geadelt hat.« So wird auf der Karte das goldene Feld, das Jerusalem andeutet, vom Grabe Christi eingenommen, aus dem der jugendliche Gott über die schlafenden Schläfer hinweg aufersteht« (*Schrade* 1f).

Da der Wächter zur Rechten Christi (von uns aus gesehen links vom ihm) sogar das Wappen des Lüneburger Fürstenhauses, also der Stifterfamilie des Klosters, vorzeigt, erinnern diese pagenhaften Gestalten tatsächlich nicht an die Wachsoldaten des Pilatus, sondern eher an die Ritterschaft des 13. Jahrhunderts, die hochgemut das heilige Grab in Jerusalem für die Christenheit zurückgewinnen wollte.

Kann denn die adeligen Frauen im Kloster die Kreuzzugsideologie bewegt haben?

Männliche Mitglieder der Stifterfamilie hatten sich an den Kreuzzügen beteiligt. Den Frauen blieb nur die Begleitung der Kreuzfahrer im fürbittenden Gebet. »Ihr Jerusalem war, wie Bernhard von Clairvaux es für das Verhältnis der Zisterzienser zu den Kreuzzügen allgemein formulierte, das Kloster« *(Hengevoss-Dürkop)*. Auf den Karten dieser Zeit befindet sich Jerusalem in der Weltmitte. Die berühmte Ebstorfer

Weltkarte, im gleichen Jahrhundert und im selben Fürstentum Lüneburg entstanden wie unsere Skulptur, zeigt nicht nur im Mittelpunkt übergroß die Mauern Jerusalems, sondern diesen Rahmen füllt eine Darstellung der Auferstehung Christi, mit der die Wienhäuser eng verwandt ist (vgl. Text 1). »Das Grab Christi in Jerusalem ist das Herz der Welt«, meinte seinerzeit Abt *Petrus Venerabilis* von Cluny.

Bei aller Kritik an den Kreuzzügen wird so doch wenigstens etwas von der religiösen Sehnsucht sichtbar, die dahinter steckte. – Können wir auf das zurückkommen, was es hier zu sehen gibt?

Der STEIGERUNG der BEDEUTUNG des Auferstandenen dient auch die beanstandete VERKÜRZUNG des Sarkophags. So wird die Senkrechte betonter herausgestellt und damit der triumphale Charakter des Arrangements erhöht; das Gebilde wirkt steiler, es signalisiert »aufsteigendes Leben über der Ruhe der Erstreckung« *(Schrade).* Zur Steigerung von SCHÖNHEIT, Glanz und Köstlichkeit trugen auch das Goldblech und die vielen Schmucksteine bei, die einst ebenso die Truhe des Todes wie den großen Nimbus schmückten, der das Haupt Christi so auffällig hervorhebt. Leider sind von den meisten Edelsteinen und Perlen nur noch die entsprechenden Vertiefungen im Eichenholz zu sehen. Mit etwas Fantasie kann man sich aber vorstellen, wie intensiv sich das Ganze bei »lebendigem« Kerzenlicht, golden schimmernd, glänzend und funkelnd, den Nonnen von Wienhausen tagtäglich auf dem Altar ihrer Messfeier, ja beim Stundengebet fast stündlich darbot.

Wie ein Tabernakel.

Das liegt näher als man denkt! Der Grabkasten diente nämlich zugleich als Reliquienbehälter. In Wienhausen wurde eine Heilig-Blut-Reliquie verwahrt und verehrt. Die leibhafte Nähe Christi im Bild wird noch übertroffen durch die leibhaftige Gegenwart eines Tropfens seines für uns vergossenen kostbaren Blutes. Ganz gleich, was man davon hält – auf dem Altar, unmittelbar unter diesem Bildwerk mitsamt seiner Reliquie, wurde täglich das sakramentale Einsetzungswort über den

Wein gesprochen: «Das ist mein Blut, das für euch und für alle vergossen wird.« Übrigens konnte auf der Rückseite der Christusfigur auch eine konsekrierte Hostie aufbewahrt werden. Was der Glaube beim Anblick der Hostie an Christus-Schau ersetzen muss, das wird im Bild des Auferstandenen eindringlich vor Augen geführt: Die Gegenwart des verklärten Herrn in sozusagen bildlicher REALPRÄSENZ.

Dann ist dieser Christus Tabernakel und Monstranz in einem.

Dafür spricht auch die SONNENSYMBOLIK seiner Wunden. Die farbliche Fassung der Plastik zeigt nämlich noch deren Urzustand! Wie einen Vorhang zieht die linke Hand Christi den roten Mantel beiseite, damit in einer spitzen Mandorlaform des goldenen Untergewandes der Leib Christi mitsamt seiner flammende Seitenwunde erscheint.

Alles Blut aus den vier sichtbaren Wunden ist sonnenstrahlenförmig geronnen.

Die Sonnensymbolik spielt in der Osterliturgie, -ikonographie und -spiritualität eine dominierende Rolle. Das müsste man zusätzlich erschließen, z.B. mithilfe von *Alfred Manessiers* bekannter Farblithographie der Ostersonne (und der zugehörigen Kommentare).

Oder auch die Blumenassoziation wäre zu bedenken. In einem mittelalterlichen Gebetbuch, das als typisch für norddeutsche Frauenklöster gilt (heute in Trier verwahrt), ist für die Osternacht ein Gebet vorgesehen, in welchem es heißt: »do stunt he up van dode alse en bloyende blome«. Hier hat die Herz-Jesu-Frömmigkeit einen ihrer Ursprünge. Im selben Gebetbuch heißt es zum Ostertag: »Tu auf die Augen deines Herzens und sieh, wie weit die Tür des benedeiten Herzens offen steht.«

Ist dieser Hinweis nicht verfehlt? Die Seitenwunde befindet sich ja gar nicht »links, wo das Herz schlägt«.

Das ist auf allen alten Bildern so und ist in der Tat erklärungsbedürftig. Schlagen wir die Bibel auf (Joh 19,34), so heißt es einfach: »Einer der

Soldaten stieß mit der Lanze in seine Seite.« Welche Seite das war, bleibt offen, obwohl man natürlicherweise annehmen sollte, dass der Stich auf das Herz zielte. Die Künstler verlegen den Einstich wohl deshalb auf die rechte Seite, weil dies die sinnbildlich bevorzugte ist und weil Maria, die Verkörperung der Kirche (gerade deswegen) dort steht. Die Seitenwunde rechts ist ein weitere Beleg dafür, dass die SYMBOLISCHE INTENTION sich stärker durchsetzt als das korrekte anatomische Wissen.

Die linke Hand Christi kommt einem merkwürdig leer vor. Fehlt da was?

Ursprünglich steckte in dieser Hand wohl ein Siegeszeichen, vermutlich die übliche Osterfahne. Reste der roten Fahne sind im Kloster noch vorhanden.

Ich würde das nicht einfach den Adressaten mitteilen, sondern mit den Beteiligten überlegen, was sie als Gegengewicht zur Sprech- und Segenshand (Victory-Symbol!) und als Symbol der neuen Lebensart in der linken Hand dieses Siegers finden möchten (Friedenstaube, Blumen entsprechend dem zitiertenGebet, eine Sonnenblume o.Ä.).

Das wäre zwar anachronistisch, aber nicht abwegig – ein produktiver Umgang mit dem Bildwerk.

Auf unserem Weg von außen nach innen und von unten nach oben sind wir jetzt endlich beim Sprechendsten angelangt, dem Gesicht. Ein ungewohnt jugendlicher Christus! Der angemalte braune Kinnbart mindert kaum den Eindruck eines kindlichen »Milchgesichts«. Vor allem überrascht das leise Lächeln, das um seinen geschürzten Mund spielt.

Dass Jesus nicht gelacht, nicht einmal gelächelt habe, gehört offensichtlich zu den Prämissen der christlichen Kunst – auch wenn diese Prämisse theologisch umstritten war. Umso »erlöster« wirkt hier die Andeutung von LÄCHELN (vgl. Text 2). Der seltene Wienhäuser Christustyp

Text 2
»Es gibt keinen lächelnden Jesus. Liegt es an ihm oder an den Evangelisten, an beiden? Und wenn sich das Lächeln Jesu der ganzen Christenheit mitgeteilt hätte – ein wissendes, aber freundliches, versöhnendes Lächeln über die Nachfolger des Petrus und der Apostel – und wenn auch diesen, den Hirten, – als Zugabe zur Amtsgnade – das Lächeln über die blöden Schafe und sturen Böcke ihrer Herde und nicht zuletzt über sich selbst gegeben wäre – es würde der Kirche nicht zum Schaden gereichen.« (Friedolin Stier, Vielleicht ist irgendwo Tag, Freiburg 1981, 11; zit. n. *Boos* 126)

steht in Korrelation zur Frömmigkeit der dortigen Klosterfrauen. Es ist ihr »Andachtsbild« – der vermutlich einzige norddeutsche Beitrag zu dieser religiösen Bildgattung. Sein Ausdrucksgehalt ist vergleichbar der typisch süddeutschen sog. Johannesminne, wo sich der Lieblingsjünger an die Herzgegend Jesu schmiegt. In diesem Christus sehen die mystisch inspirierten Frauen zugleich den BRÄUTIGAM (sponsus) des Hohenliedes, der auf innerste Vereinigung (unio mystica) mit der Braut drängt. *Schrade* spricht deshalb vom »sponsushaften Lächeln« Christi und von seiner »idealisierten Jugendlichkeit«. *Gertrud Schiller* sieht das jugendliche Antlitz »wie vom Traum umfangen beim ›Erwachen in der Frühe‹ (Ps 57,9)«. Dieser Eindruck hat auch mit dem Originalformat zu tun. Die Christusfigur ist unterlebensgroß, das Bildwerk insgesamt misst 108 cm in der Höhe. In diesem Christus erblickt die mit aller Gefühlsintensität liebende Betrachterin nicht nur den Gekreuzigt-Auferstandenen, sondern assoziiert ebenso dessen Kindheitsgeschichte. Wenn der menschliche Leib verklärt, d.h. von Gottes Licht- und Lebensfülle durchflutet wird, dann kann es keine Anzeichen von Altern und Vergänglichkeit mehr geben, dann ist Jugendlichkeit angesagt. Im bereits zitierten Gebetbuch gibt es für die Betrachtung des Auferstandenen eine Passage, die vor einer solchen Skulptur gesprochen sein könnte: »Denk auch, mit welch spielender Wonne die liebe Seele in dem verklärten Fleisch (des Auferstandenen) weidete und spielte, mit welcher Süßigkeit und Wollust der milde Gottesgeist in den verherrlichten Adern jubilierte und spielte, als ... ein süßer Harfenklang in dem Grab so fröhlich sang: ... da stand er auf von dem Tod als eine blühende Blume« usw.

Historisch mag das ja erhellend sein, aber auf mich wirkt das wie Edelkitsch.

Solche Gebete und Lieder sind nur verständlich, wenn man voraussetzt, dass hier Entzückte und Verliebte ihre innersten Gefühle im Stil ihrer Zeit ausdrücken. Das kennen Jugendliche heute von Schlagern. Wem die authentische Frauenmystik des 13./14. Jahrhunderts zu fremdartig vorkommt, der könnte die Sache vereinfachen und Lieder aus dem 16./17. Jahrhundert heranziehen. Ich denke zum Beispiel an *Angelus Silesius*, Morgenstern der finstern Nacht (Gotteslob Nr. 555). Das ist BRAUTMYSTIK pur! »Schau dein Himmel ist in mir, er begehrt dich seine Zier, säume nicht ... Komm herein, leucht in meines Herzens Schrein« usw. Auch Lied Nr. 472: »O Jesu, allmein Leben bist du ...« käme infrage, sowie Nr. 551: »Schönster Herr Jesu« und Nr. 554: »Wie schön leuchtet der Morgenstern«, wo anschließend im Gotteslob in Kleindruck unter Hinweis auf neutestamentliche Schriftstellen erklärt wird, was ein »geistliches Brautlied« sei. Auf diese Weise vermag auch ein heutiger Mensch etwas von der Innigkeit und Herzlichkeit zu spüren, die vor solch einer Skulptur sich entzünden konnte. Der Auferstehende kommt gleichsam seiner Braut entgegen. Sein Ausstieg zielt direkt auf die Betrachterin. Übrigens gibt es auch heute noch Zisterzienserinnen z.B. neuerdings im nahe gelegenen Helfta, denen mystische Liebesdichtung gelingt (vgl. Text 3).

Es bleibt noch das zu Anfang genannte zweite Bedenken übrig: Fördern solche Darstellungen nicht doch das Vorurteil, die Wirklichkeit des Auferstandenen sei von unserer raumzeitlichen Konstitution – reditus statt transitus?

Die Frage ist, wie sich die neue Wirklichkeit, also VERKLÄRTE Leiblichkeit, visualisieren lässt. Vielleicht durch Schweben? Oder dadurch, dass der Auferstehende leibhaftig aus einem weiterhin verschlossenen

Text 3

Gott spricht: »Ich bin dein Haus / und dein Hüter, / dein Herr und dein Hirt / dein Liebesgemahl, / bin die Liebe, / die dich zu Tode liebt / und zum ewigen Leben. / Du bist meine Liebe, / bist in meiner Liebe, / bist meine Liebeshaus, / in dem ich wohne. / Ich bin auch der Pfeil, / der dich durchbohrt, / und das Feuer, / das dich verwandelt / und verzehrt, / bis mein Verlangen gestillt ist, / und du ein Hauch / und ein Licht und ein Leben bist / mit mir / und ich nichts mehr finde, / was mir noch zu verwandeln bliebe / von dir / in mich. / Ich ruhe nicht, kann wegen meinem Gottsein / nicht ruhn, / bis ich dich / ganz verzehrt / und ganz vernichtet / und ganz vergottet / und ganz einverwandelt habe / mir.« (Vgl. Maria Assumpta Schenkl OCist, Steh auf meine Freundin und komm! Geistliche Texte in Anlehnung an das Hohelied, St. Ottilien 1994)

und versiegelten Grab herauskommt? Beide Möglichkeiten hat der Skulpteur ungenutzt gelassen. Der Auferstandene soll ja auch nicht wie ein Gespenst erscheinen! Im Laufe der Bilderschließung sind uns aber allerlei Elemente begegnet, die als Signale der ÜBERREALITÄT gedeutet werden können (mögliche Stichworte dafür sind im obigen Text in GROSSBUCHSTABEN gedruckt; sie könnten im Laufe des Gesprächs schon notiert werden).

Ich schlage vor, wir sammeln abschließend mit den an der Bildbetrachtung Beteiligten diese Signale des Überirdischen und diskutieren die Frage angesichts der visuellen Phänomene.

Das Ergebnis dieser Suche darf offen bleiben; es ist das Problem der Auferstehungs-Ikonographie schlechthin. Eine These könnte in unserem Fall lauten: »Durch die Anmut der Erscheinung wird der Gegensatz zwischen dem irdischen Stoff und der überirdischen Natur dieses Leibes überwunden« *(Braunfels)*.

19. Wiedersehen – Thomas und Christus

Eine Skulptur von Ernst Barlach, die zu denken gibt

Nach anfänglichem Zögern benannte *Ernst Barlach* eines seiner Hauptwerke, eine Holzskulptur von halber Lebensgröße, nicht nur »Wiedersehen«, sondern fügte in Klammern »Thomas und Christus« hinzu (in dieser ungewohnten Reihenfolge!). Die Doppelung des Titels gibt zu denken: Auch die Darstellung biblischer Motive muss auf menschliche Grund-Erfahrungen und Ur-Gesten zurückgreifen, um allgemein verständlich zu sein und unser Lebensgefühl zu berühren (vgl. Lektion 7).

Wiedersehen

Zunächst nehme ich wahr: Zwei Menschen, vermutlich Männer, begegnen sich. Beide sind zeitlos klassisch gekleidet. Das erleichtert die Übertragung ins Biblische, verallgemeinert aber auch das Menschliche an dieser Begegnung und hebt sie über den Einzelfall hinaus.

Ein gebeugter Mann, der sich von rechts nähert, sucht und findet Halt an einem, der ihm links aufrecht und in sich gesammelt gegenübertritt. Der Hinzutretende hat seine linke Hand vertrauensvoll auf die Schulter seines Gegenübers gelegt. Im Gegenzug umfasst dieser ihn mit seiner rechten Hand, hält und stützt ihn und lässt ihn so Angenommensein, Nähe und Zuneigung leibhaftig spüren. Der Mensch mit dem verkrampft gekrümmten Rücken blickt fragend und bittend, jedenfalls groß und offen in das Gesicht dessen, dem er leidenschaftlich, fast zudringlich zugewandt ist. Dieser lässt sich anschauen, blickt aber

Abb. 19.1: Ernst Barlach, Wiedersehen (Thomas und Christus), Holz, 1926

mit tief eingefurchten Stirnfalten ein wenig zur Seite – verlegen, ratlos? Mürrisch, melancholisch?

Wenn es nicht zu banal klingt: Ein Fragezeichen wendet sich an ein Rufzeichen. Der Angefragte ist so betroffen davon, dass er nachdenklich schweigt, ohne sich jedoch zu entziehen. Beide Männer mögen grundverschieden sein – sie kommen von diametral entgegengesetzten Seiten – , und doch haben sie zu einer engen, ja innigen Beziehung gefunden. Trotz aller wechselseitigen Zuwendung wahrt das »Rufzeichen« freiliche seine Distanz gegenüber dem »Fragezeichen«. Seine Überlegenheit ist unübersehbar.

Thomas und Christus

Wer sich dermaßen in die sichtbare Figurengruppe von 1926 »eingelesen« hat, »sieht« anschließend auch die biblische Geschichte von der Überwindung des Thomaszweifels mit anderen Augen.

Diese Geschichte fungiert als Schlussbild des ganzen Johannesevangeliums (20,24–31). Vorbildlich ist dort nicht der uns heute so sympathische Zweifel des Apostels, sondern sein hohes, eigentlich ungeheuerliches Bekenntnis »Mein Herr und mein Gott«. Es formuliert die letzte Konsequenz aus aller Ostererfahrung der frühen Kirche. An jedem Weißen Sonntag sind wir herausgefordert, uns dieses Bekenntnis und die persönliche Ergriffenheit, die daraus spricht (zweimal »mein«), zu Eigen zu machen.

An *Barlachs* Skulptur fehlen zwar nicht die Wundmale des Gekreuzigten, sie bleiben aber ganz unauffällig; die »mystisch« erregendste, die Seitenwunde, entzieht sich bei dieser Komposition sogar ganz den Blicken. Nicht deren Herausstellung und die handgreifliche Prüfung ist – wie in der bisherigen Bildkunst – das Thema, sondern das, was drauf folgt, sei es das verbale Bekenntnis des Thomas, sei es das Echo, das dieses bei Jesus findet.

So lässt sich dieses Bildwerk als körpersprachliche Umsetzung des Ausrufes »Mein Herr und mein Gott« interpretieren. Doch hier

»klingt« das ganz anders als in der Bibel, nämlich nicht als Feststellung eines Überwältigten, sondern wie eine dringliche Anfrage; als ein mühsamer Versuch, sich an das Persongeheimnis Christi heranzutasten, ihn dogmatisch »auszuquetschen« – fast wie eine plumpe Versuchung Jesu durch Thomas, der sozusagen die Theologenzunft repräsentiert.

Und wie reagiert »mein Herr und mein Gott«? Es sieht so aus, als ob für ihn das Schweigegebot Mk 8,30 (das »Messiasgeheimnis«) auch nach Kreuzigung und Auferstehung noch gültig sei. Dieser Christus nimmt das Bekenntnis zu seiner göttlichen Hoheit jedenfalls nicht als etwas selbstverständlich ihm Gebührendes an. Er geht auch nicht – wie im Text – einfach darüber hinweg, sondern verharrt und bedenkt, was er gehört hat, horcht in sich hinein und prüft gleichsam, ob dies mit seinem Selbstbewusstsein und seiner inneren Erfahrung übereinstimmt.

In einer bewegenden Weise gibt diese Skulptur Einblick in das, was dem Evangelium fern liegt: in die psychologisch einfühlbare menschliche Resonanz, die das Bekenntnis zu Christus als »Herr« und »Gott« auf beiden Seiten auslöst. Sie zeigt auf Jesu Seite etwas von der Belastung, die ein derartiges Bekenntnis für ihn bedeuten mag.

Gleitet der Blick vom Antlitz Jesu zu seiner rechten Hand, so wirkt diese nun nicht mehr nur als ein liebevolles Ergreifen und Halten des fragwürdigen Jüngers, sondern zugleich wie der Anfang des Aufrichtens. So, als wollte Jesus auch ausdrücken: Lass es gut sein! Oder: Quäle dich nicht weiter! Oder: Lerne aus deinem Bekenntnis, von jetzt an auf eigenen Füßen zu stehen und aufrecht zu gehen – als mein Jünger.

F Hoffnungsbilder

20. Bilder vom Himmel

Annäherungen an das Unvorstellbare

Christusbegegnung im Tod

Marias Tod ist erst im 9. Jahrhundert bildwürdig geworden – basierend auf dem ältesten Marienfest der Christenheit am 15. August, das im Westen Mariä Himmelfahrt (heute liturgisch korrekt: Mariä Aufnahme in den Himmel) heißt, in Jerusalem und im ganzen Osten aber seit dem 5. Jahrhundert als »Entschlafen« (griech. Koimesis) der Gottesmutter gefeiert wird. Uns interessieren hier jetzt nicht die vielen Legenden, die sich um das Ereignis ranken (siehe die Legenda aurea des *Jacobus de Voragine* zum 15. August), auch nicht seine klassische Darstellung auf Ikonen. Offenbar gab die westliche Darstellung des Marientodes jeder Generation Gelegenheit, ihre Vorstellung vom guten Sterben vor aller Augen zu stellen und so verbindlich zu machen. Das linke Drittel eines Wiener anonymen Tafelbildes von ca. 1420 lässt erkennen, dass die Muttergottes jedenfalls nicht einsam stirbt. Von den vollständig um ihr Lager versammelten Aposteln sind drei – lesend – im Bildausschnitt zu sehen. Vom vierten, dem dominanten Petrus, der als Einziger priesterlich gekleidet ist, sehen wir gerade noch die rechte Hand mit dem Weihwasserwedel (Aspergill).

Die Szene spielt sich vor einem Goldgrund ab. Das besagt: In diesem an sich traurigen Geschehen leuchtet etwas auf vom Glanz der Herrlichkeit Gottes. Der Tod wird gewissermaßen vom Licht des Glaubens er-

Abb. 20.1: Wiener Meister, Marientod, um 1420 (Ausschnitt)

hellt und bekommt dadurch ein neues Gesicht. Die aufgeschlagenen Bücher der Apostel liefern die Impulse für diese Betrachtungsweise.

Die eigentliche Glaubenspointe des Bildes findet sich aber an anderer Stelle: Über dem Kopfende der Liegestatt Marias zeigt sich – genau auf der Linie der diagonal gestellten Kopflehne des Bettes – die Halbfigur Christi. Sein Mantel weht noch, das heißt: Christus ist gerade »von oben« herbeigeeilt, um Maria, nun klein wie ein Mädchen, liebevoll an sich zu ziehen. Ihre Köpfe berühren sich, ihre Blicke begegnen sich, als wenn sie beide verliebt wären.

Diese Marienfigur in den Armen Christi soll im Mittelalter die »Seele« Marias darstellen. Aber was hindert uns zu bekennen, was man im Bild wirklich vom Himmel zu sehen bekommt: Der ganze Mensch kommt zu Gott und dabei ist seine Seele still »wie ein kleines Kind bei der Mutter« (Ps 131,2).

Der lebendige, liebende Gott ist unsere himmlische Zukunft. Mehr weiß der Glaube im Grunde nicht zu sagen und zu zeigen. Aber dieses Wenige ist genug. »Gott ist das ›letzte Ding‹ des Geschöpfes. Er ist als Gewonnener Himmel, als Verlorener Hölle, als Prüfender Gericht, als Reinigender Fegefeuer ... Er ist es aber so, wie er der Welt zugewendet ist, nämlich in seinem Sohn Jesus Christus, der die Offenheit Gottes und damit der Inbegriff der ›Letzten Dinge‹ ist« *(Hans Urs von Balthasar)*.

»Erhebet die Herzen« – »Wir haben sie beim Herrn«

Abb. 20.2: Himmelfahrt Christi (Fragment), Elfenbeintafel, Anf. 9. Jh.

Dieser Elfenbeintafel aus der Zeit Karls des Großen ist es ergangen, wie es uns mit gegenständlichen Himmelsbildern geht: Der sichtbar von der Erde zum »Himmel« aufsteigende Jesus ging verloren, der obere Teil der Tafel ist abgebrochen. Uns bleibt allein der Blick auf die glaubenden Zeugen (vgl. Lk 24,50–53; Apg 1,9–11).

Die Zeugen als Gruppe, als apostolische Kirche! Dicht gedrängt und ganz nach oben ausgerichtet. »Strebt nach dem, was im Himmel ist, wo Christus zur Rechten Gottes sitzt« (Kol 3,1). Schon ihre Füße sind wie schwebend arrangiert. Die Gewandfalten steigen in heftigen Umschwüngen aufwärts. Im oberen Drittel kulminiert das Bild gewordene »Sursum Corda« in der lebhaften Sprache der Kopfhaltungen und vor allem der Hände. Sie sprechen von Entzücken und Erstaunen, von demütigem Flehen und von nachdrücklichem Hinweisen (ansteigend von links nach rechts).

Maria bildet die beschwingte Mitte. Ihr Kopftuch und ihre verhüllten Hände erinnern daran, dass sie die »Magd des Herrn« (Lk 1,38) verkörpert. Dennoch – oder gerade deswegen – ist sie in diesem kirchlichen Männerensemble die taktgebende Dirigentin, deren Konturen von niemandem überschnitten werden.

Als humanistisch-philosophisches Gegenbild wäre die Darstellung eines Astronomen denkbar, der nächtens die Welt der Gestirne kontempliert und so in die vermeintlich göttliche Sphäre eintaucht, weil für den naturreligiös Gestimmten sky = heaven ist. (Ich denke u.a. an *Dürers* Denkbild Melencolia I.) Dieses Elfenbeinfragment ist geprägt vom biblischen Glauben und sieht es deshalb anders: Der Himmel als »sky« ist so weltlich wie alles andere Geschaffene. Die Sehnsucht nach dem Himmel = heaven geht darüber hinaus, ist an die Person Christi gebunden und führt auch zu anderen dichten Formen der (liturgisch oder charismatisch gefeierten) gemeinschaftlichen Erwartung.

Eine anthropologische Voraussetzung für die Erwartung des Heils »von oben« dürfte in der aufrechten Gestalt des Menschen zu sehen sein. Vielleicht gehört sogar, noch elementarer, eine »instinktive Bereitschaft, das Heil in der Höhe zu suchen« *(G.J. Baudy)*, zu unserer evolutiven Verwandtschaft mit den Primaten, für die das Erreichen eines Baumwipfels die letzte Rettung bedeuten mochte (s. Lektion 15)?

Das halbierte Himmelfahrtsbild aus dem Hessischen Landesmuseum in Darmstadt stellt uns Heutige vor die Frage: Sind nicht alle überlieferten Himmelsbilder Wunschbilder derer gewesen, die vor uns geglaubt haben? Das, was von diesem einst integren Schnitzbild als Fragment übrig geblieben ist, hält den Wunsch nach dem Himmel wach, während das Bild des Himmels selbst sich uns entzieht.

Angesichts dieser Darstellung stellt sich zugleich die Frage, ob unsere Gottes- und Himmelsbilder überhaupt etwas anderes als Projektionen sind. Schauen wir zu einem selbst erzeugten Phantom auf? Dieser neuzeitliche Verdacht ist rein rational wohl nicht aus der Welt zu schaffen. Damit muss der Christ des 21. Jahrhunderts beherzt zu leben lernen.

… wenn Gott der Ozean ist

Das Bildfeld Wasser/Meer/Ozean ist ambivalent. Überwiegend sieht die poetische Theologie darin Gottfeindliches und Lebensbedrohliches. Sogar der Himmelsozean, der nach dem alten Weltbild durch das Firmament stabilisiert wird, kann sich als tödlich erweisen (Sintflut). Das Meer bedeute die sündige Welt, sagen die Kirchenväter durchweg. Aber es gibt auch das Gegenteil: Ozean als Gottesmetapher, Gott allein als »unendliches Meer des Seins« *(Savonarola)*.

Ein Predigtexempel vom Anfang des 13. Jahrhunderts, das in verschiedenen Varianten weitergegeben wurde, erzählt: »Irgendein« Theologe erging sich, über die Trinität nachsinnend, am Ufer des Meeres. Dort traf er ein Kind, das versuchte, mit einem Löffel den unendlichen Ozean auszuschöpfen, indem es Meerwasser in eine kleine Kuhle am Strand füllte. Der Gelehrte macht das Kind auf das Aussichtslose seine Vorhabens aufmerksam und bekommt zur Antwort, ebenso unmöglich sei es, das unfassbare Geheimnis Gott durch menschliche Vernunft ergründen zu wollen.

Abb. 20.3: Michael Pacher, Kirchenväteraltar: Augustinus, um 1480 (Ausschnitt: Ozeangleichnis)

Man muss diese Wanderlegende weder auf das Mysterium der Trinität noch auf den heiligen Augustinus beschränken; aber nachdem sie im 15. Jahrhundert Augustinus, dem Trinitätstheologen schlechthin, angehängt worden war, erlangte sie größte Popularität.

Daran hat sich auch *Michael Pacher* gehalten, als er um 1480 für das Kloster Neustift bei Brixen seinen berühmten Kirchenväteraltar schuf (heute in der Alten Pinakothek in München). Er platzierte den prallen Knaben zu Füßen des Heiligen, um diesen zu charakterisieren und dem

Betrachter eine Lektion in theologischer Bescheidenheit zu erteilen. (Dass der historische *Augustinus* das nötig gehabt hätte, ist eher unwahrscheinlich).

Man darf das hier visualisierte Gleichnis auf alle anderen »Himmelsbilder« beziehen. »Was wir wissen, ist ein Tropfen, was wir nicht wissen, ein Ozean«, hat *Isaac Newton* von der physischen Welt behauptet – und das gilt erst recht von der Zukunft bei und mit Gott.

Nach *Karl Rahner* ist Gott wie der unendliche Ozean: »Nichts weiß der Mensch in der letzten Tiefe genauer, als dass sein Wissen ... nur eine kleine Insel in einem unendlichen Ozean des Undurchfahrenen ist« Die existenzielle Frage an den Erkennenden sei, »ob er die kleine Insel seines so genannten Wissens oder das Meer des unendlichen Geheimnisses mehr liebe ...« (Grundkurs des Glaubens, 33). An anderer Stelle sieht Rahner in den Menschen Küstenbewohner, die die feuchten Sandkörner durch ihre Hände rieseln lassen und sich so dessen innewerden, dass sie »am Rand des unendlichen Meeres des Geheimnisses wohnen« (Schriften IX, 170).

Caspar David Friedrich hat Anfang des 19. Jahrhunderts in seinem Gemälde »Mönch am Meer« die Zwiespältigkeit des nachdenklichen religiösen Meerblicks vor Augen gerückt. Darf ich mich dieser leeren Weite von Meer und Himmel anvertrauen? Geht das bruchlos? – Seit langem habe ich einen kühnen Satz von Pater Lacordaire O.P., dem berühmten französischen Kanzelredner, ebenfalls 1. Hälfte des 19. Jahrhunderts, im Ohr: »Was bedeutet mir der Schiffbruch, wenn Gott der Ozean ist?«

Auf Abrahams Schoß

Ein langbärtiger, grauhaariger Mann auf goldenem Thron – aber nicht Gottvater; ein lächelndes Schoßkind – aber nicht Christus; überwiegend weibliche Begleitpersonen – aber keine Engel. Tänzelnd geziertes Zeigen, Geben und Nehmen von Früchten und Blumen. Ein bunt sich entfaltender Baum, in dessen Blattwerk fünf Gesichter sprießen. Ein

Abb. 20.4: Lazarus auf Abrahams Schoß, Landgrafenpsalter, um 1210

Goldgrund, der anzeigt, dass hier etwas Herrliches offenbart wird. Aber was?

Es handelt sich um eine ganzseitige Miniatur aus dem sog. Landgrafenpsalter. Erste Empfängerin und Benutzerin dieses frühgotischen Laienbreviers war *Sophia von Thüringen*, die Schwiegermutter der *hl. Elisabeth*. Von Elisabeth ist bezeugt, dass sie schon als Kind auf der Wartburg das Lesen und Betrachten des Psalters durch die Erwachsenen spielerisch imitierte.

Thema der Bildseite ist »Abrahams Schoß«. Damit wird das Totenofficium des Psalters eingeleitet; es folgen Totenvesper und -matutin. Das Bild gibt dem christlichen Blick auf die Toten gleichsam Farbe und Glanz. Ein Gegenbild zum von Heilsangst geprägten düsteren »Dies Irae«, der vorkonziliaren Sequenz in Totenmessen. Natürlich liegt diesem Bild das lukanische Gleichnis vom reichen Prasser und dem armen Lazarus zugrunde (Lk 16,19–31). Aber nicht die Qual des in der Welt des Todes verlorenen »reichen Prassers« wird hier thematisiert, sondern ausschließlich die Wonne des geretteten Lazarus. Ein Hoffnungs- und Sehnsuchtsbild! Ein Inbild der Glückseligkeit, wie sie zur Nähe Gottes und zu seiner Ausstrahlung gehört.

Abraham thront als rot und blau gewandeter, würdevoller Greis übergroß und frontal in der Mittelachse des Bildes. Typisch sind die nach östlicher Art hoch gesträubten Scheitellocken. Auf seinem Schoß sitzt, kaum festgehalten und ziemlich bewegt, der kleine Lazarus – in Gestalt seiner Seele (vgl. Abb. 20.1). Der Knabe ist damit beschäftigt, rotbackige Äpfel an die ihm nächststehenden zwei jungen Frauen zu verteilen. Diese reichen die Paradiesfrüchte weiter. Sie sind gekleidet wie in vornehmen Kreisen um 1200 üblich; die offenen Haare kennzeichnen sie als unverheiratet.

In der oberen Zone der Miniatur wird durch vier Personen dasselbe Thema variiert. Auf schwingenden Bodenwellen, wie auf Flügeln, steht rechts und links ein gekröntes Paar, beide in leuchtend roten Gewändern. Neben dem König rechts sein Gefolgsmann, neben seiner Frau deren Gefährtin. Hier werden Rosen gereicht, und zwar über die Standesgrenzen hinweg.

Zu den biblischen Bezugstexten des Bildes gehört auch das Hohelied des Alten Testaments: »Erfreut mich mit Blumen, stärkt mich mit Äpfeln, denn ich bin krank vor Liebe« (Hld 2,5). Die zeitgenössische Theologie hat diese Liebeslieder mit ihrem »Duft von Heiterkeit und Jugend« als »Chiffren für die Himmelswonnen« verstanden *(Kroos)*. Verschenkte Rosen galten als »Inbegriff von Schönheit und Minne« (LCI 3, 564).

So entsteht ein graziös-beschwingtes Bild. Im himmlischen Paradies ist niemand allein; Vielfalt der menschlichen Beziehungen kennzeichnet die wahre Lebensfülle. Paradiesisch ist wohl auch der Baum in der Mitte gemeint (unwillkürlich erinnert die Pflanze an die »hohe lichtblaue Blume« der Romantik, in der ja auch ein Gesicht schwebt!). Die Früchte des Fantasiebaumes stehen für immer währende Jugend und Todenthobenheit. Die jugendlichen Köpfe in den Blättern des Baumes deuten weitere Selige an. So kommt ein »Glanz von Jugendschönheit, Liebe und Sommerfreude« in die Jenseitshoffnung der Christen hinein, der auch uns Heutigen wohl tut.

21. Himmelsleitern

Lehrhaft – tugendhaft – kritisch

Umgangssprachlich fällt einem bei »Leiter« zuerst die Karriere ein, der gesellschaftliche Aufstieg zu Macht und Einfluss, zu Ansehen und Einkommen – womöglich auf dem Rücken anderer. Unten und Oben gehören dabei zum selben System; die oberste Sprosse ist Selbstzweck. »Unter euch soll es nicht so sein«, sagt Jesus (Lk 22,26) und kehrt die gesellschaftliche Rangordnung um, sodass das Bild von der Karriereleiter für die Kirche eigentlich nicht mehr zutreffen sollte. Die »Himmelsleiter« darf jedenfalls damit nicht verwechselt werden. Bei ihr geht es nicht um die Struktur der Kirche, sondern um ihren Daseinszweck – um die kürzeste und sicherste Verbindung mit Gott (und insofern auch darum, was die wahre, von ihr gelebte Werteordnung sein soll).

Vorbild aller Himmelsleitern ist die Jakobsleiter (Gen 28,12). »Wohl kaum ein Bild hat in Jahrtausenden jüdisch-christlicher Tradition eine ähnliche Vielfalt von Deutungen auf sich gezogen, wie die Leiter aus Jakobs Traum« (*Heinrich* 58). Sie zeigt einerseits Distanz an zwischen Gott und Mensch, eine Beziehungsstörung sogar; sie bietet andererseits eine Überbrückung, eine Wiederherstellung der Verbindung an.

Um das Traumgesicht des auf der Flucht befindlichen, unter freiem Himmel nächtigenden Patriarchen von vornherein als Metapher zu verstehen und deren Sinn besser zu erfassen, ist daran zu erinnern, dass im hebräischen Urtext von einer *Treppe* die Rede ist (vgl. die Einheitsübersetzung z. St.) – wohl entsprechend dem frühgeschichtlichen, abgestuften Tempelturm des Vorderen Orients, der auch »Tor des Himmels« heißen konnte (Zikkurat; vgl. den Turm zu Babel, Gen 11).

Ob Leiter oder Treppe – immer geht es um eine begehbare Beziehungsmöglichkeit zwischen der irdischen Ebene und der ganz andersartigen und eigentlich unzugänglichen himmlischen Sphäre. Die Engel, die ursprünglich ohne Flügel zu denken sind, stellen eine zusätzliche personale Übersetzung des Dingsymbols Treppe oder Leiter dar: Die Leiter hat Engelfunktion, die Engel haben die Funktion einer Leiter. Deshalb kann auf einem frühchristlichen Grabmal für ein 18-jähriges Mädchen eine (sechssprossige) Leiter als einziges Hoffnungssignal für das Angekommensein bei Gott fungieren. Dass es in unserem Bildbeispiel eindeutig die Christusgestalt ist, die »Gott« vertritt, entspricht der klassischen Bildertheologie (s. Lektionen 5 und 6).

Abb. 21.1: Jakobs Traum von der Himmelsleiter, Deutsche Historienbibel, um 1450

Die Botschaft der Himmelsleiter lautet verbalisiert: Es gibt in der irdischen Erfahrungswelt Stellen und Augenblicke, an denen Gott zugänglicher ist als sonst und anderswo; Orte und Zeiten, in denen er direkter erreichbar ist, weil er sich hier herablässt und zeigt. Himmel und Erde, so grundverschieden sie sein mögen, gehen gelegentlich eine Verbindung ein. Und weiter: Das Ziel des Menschen, die Erfüllung seiner Sehnsucht nach Leben in Fülle, liegt nicht in der Horizontalen, sondern in einem qualitativ anderen, im wörtlichsten Sinn transzendenten Oben, zu dem er aufschaut und auf das er zugeht. Es handelt sich um ein Symbol des Aufstiegs und des Austausches; der Aufstieg ist nur möglich, wenn und weil der Himmel sich geöffnet hat und der Erde entgegengekommen ist.

Lehrhafte Deutung – christologisch, mariologisch, ekklesiologisch

Abb. 21.2: Die Kreuzbesteigung. Aus: Herrad von Landsberg, Hortus Deliciarum, um 1200

Neutestamentlich ist Jesus Christus die leibhaftige Verbindung von Himmel und Erde: »Ihr werdet den Himmel geöffnet und die Engel Gottes auf- und niedersteigen sehen über dem Menschensohn« (Joh 1,51). In ihm durchdringen sich Himmel und Erde. »Christus selbst, der Sprechende, ist der Erste, dem sein eigener Leib, indem er ihn auf die Zunge nimmt, zum Bild wird« (*Heinrich* 56).

Das wird im Laufe der Frömmigkeitsgeschichte und der Entfaltung ihrer Bildpotenziale weiter konkretisiert, zum Beispiel indem das Kreuz Christi auf Golgota als Himmelsleiter betrachtet wird, entweder emblematisch in direkter Identifizierung der beiden Holzkonstrukte, oder narrativ, indem das freiwillige Besteigen des schon errichteten Kreuzes durch Christus mithilfe einer Leiter ausdrücklich und auffällig thematisiert wird. Dabei schwingt immer mit, was im Lob des Kreuzes besungen wird: »Du (Kreuz) bist die sichre Leiter, darauf man steigt zum Leben, das Gott will ewig geben« (Gotteslob Nr. 182,4).

Und immer spielt eine kosmische Bedeutung hinein; denn Kreuz und Leiter lassen sich auch als gegenständliche Ausformung der Weltachse verstehen – wie die Berge (Kalvarienberg ebenso wie der Olymp oder der Fujijama), wie einzelne Bäume (Yggdrasil, die Weltenesche), wie steil aufragende Gebäude (Zikkurat, Pyramiden, Obeliske, Kirchtürme) oder markante Säulen (die Irminsul) und Pfähle (vgl. Lektion 15).

Die radikalste Nachfolge des gekreuzigten Christus sieht die frühe Kirche im Martyrer. Das Martyrium gilt ihr als der sicherste Weg zu Gott *(Tertullian)*. Am 7. März 203 sterben im Amphitheater von Karthago Perpetua und vier andere junge Menschen den Martertod. Ihre »Passio« gilt als das ergreifendste Dokument der ganzen Verfolgungszeit. Noch vor ihrer Verurteilung hat Perpetua eine Vision, in der sich die *eschatologische* Bedeutung ihres Todes spiegelt: Sie sah eine eiserne (andere Version: goldene), sehr hohe Leiter, die bis an den Himmel reichte, aber so eng war, dass immer nur einer hinaufsteigen konnte. An den Holmen steckten Sicheln und scharfe Messer, die nur den nicht verletzten, der nach oben schaut. Am Fuß der Leiter aber lag ein riesiger Drache, der die Aufsteigenden abzuschrecken versuchte. Perpetua tritt ihm auf den Kopf und steigt hinauf. Oben trifft sie einen »altersgrauen« Hirten im Paradiesgarten, der sie mit vielen Tausenden in weißen Kleidern willkommen heißt und ihr zu essen reicht. Später kommt neben der christologischen die *mariologische* Deutung der Leiter stärker zum Zuge. Im Mittelalter gilt Maria als die »Jakobsleiter«, auf der Christus zu uns herabgestiegen ist. Sie ist aber auch die Leiter, über die die Gläubigen in den Himmel kommen können. So konnte die Leiter z.B. auf Ikonen zu einem Attribut Marias werden (auf Abb. 21.3 hält sie eine Leiter vor ihrem Oberkörper).

Abb 21.3: Maria, Unverbrennbarer Dornbusch, russische Ikone, Ende 18. Jh.

Seit *Bernhard von Clairvaux* gilt die Jakobsleiter auch als Bild der *Kirche*, »die teilweise noch auf Erden Dienst tut, mit Teilen aber schon im Himmel regiert«. In der Pfarrkirche in Erwitte/Westfalen wird das konkretisiert.

Abb. 21.4a: Jakobsleiter, Steinrelief, Pfarrkirche St. Laurentius, Erwitte/Westf., um 1170

An den östlichen Ecksäulen der Vierungspfeiler, am Eingang zum Altarraum, erscheint rechts und links je ein urtümliches Relief der Jakobsleiter. Das heißt doch wohl: In der Liturgie, die dort gefeiert wird, geht in Erfüllung, was Jakob erkannt hat: »Wirklich, der Herr ist an diesem Ort ... Hier ist nichts anderes als das Haus Gottes und das Tor des Himmels!« (Gen 28,16f). Wenn man die Exegese der Kirchenväter, des *hl. Augustinus* oder *Gregors des Großen*, einbeziehen darf, so sind außerdem in den auf- und absteigenden Engeln (n.b. die Reihenfolge schon im biblischen Text!) die Verkünder des Wortes Gottes zu sehen: Sie sollen zuerst Gottes Wesen meditieren und dem Herrn zustreben (hinaufsteigen) und dann erst predigen oder katechisieren (hinabsteigen). Das hieße: Die Jakobsleitern in Erwitte markieren zugleich den zentralen Ort und die zentralen Akteure der Liturgie; Mystik und Verkündigung gehören zusammen.

Ethische Deutung – die Tugendleiter als Kontrastprogramm

Natürlich dient die Leiter auch als Symbol der (Aufstiegs-)Mystik; sie ist Sinnbild der »via contemplationis«. In allen platonisch angehauchten Denkbewegungen dient sie zur Kennzeichnung der Erhebung des Geistes. »Du wirst dich zurückbilden zu dem Niedrigen, das die Tiere sind«, sagt *Pico della Mirandola* am Beginn der neuzeitlichen Anthropologie, oder »du wirst dich aus eigenem Willen erheben können zu dem Höheren, das göttlich ist« (*Heinrich* 70).

Den intensivsten (und problematischsten) Gebrauch macht die Askese von der Leitermetapher. Da wird der Aufstieg als die Tugend des Menschen gesehen, sich selbst zu verbessern – und dergestalt sich Gott zu nähern. Als Kontrastprogramm zur sozialen Karriereleiter und zu deren Glorifizierung des Durchsetzungsvermögens fungiert die Himmelsleiter in der christlichen Spiritualität – speziell des Mönchtums. Schon *Johannes Cassianus* (5. Jh.) sieht in der Demut das beste Mittel, um Gott zu erreichen, und nennt zehn Kriterien für deren Echtheit. Daraus entwickelt sich der Topos von den Stufen der Demut. Die Regel des *hl. Benedikt* (6. Jh.) bringt diese ausdrücklich in Zusammenhang mit der Jakobsleiter (cap.7): Durch Selbsterhöhung steigen wir auf ihr hinab, durch Demut hinauf: »Die so errichtete Leiter ist unser irdisches Leben. Der Herr (!) richtet sie zum Himmel auf, wenn unser Herz demütig geworden ist.« Diese Demutsleiter hat zwölf Sprossen oder Stufen, beginnend mit dem Leben in der Gegenwart Gottes (Ps 139) und endend mit der demütigen Körperhaltung – in Erinnerung an den Zöllner im Tempel (Lk 18,13).

Die östliche Version desselben Leiter-Topos stammt vom *Abt Johannes* des Sinaiklosters (7. Jh.), der sogar den Beinamen *Klimakos* (»der von der Leiter«) trägt. Er hat eine Schrift vom geistlichen Aufstieg und Fortschritt verfasst, die er in dreißig Stufen gliedert.

Seine Leiter beginnt mit der Abkehr von der Welt und führt über viele Einzelmaßnahmen der Askese zu den Sprossen 27 bis 30: Herzensruhe – Gebet – Freiheit von Leidenschaft – Liebe. Mit an-

Abb. 21.4b: Jakobsleiter, Steinrelief, Pfarrkirche St. Laurentius, Erwitte/Westf., um 1170

Abb. 21.5: Paradiesesleiter der orthodoxen Mönchsaskese, rumänischer Holzschnitt, Anf. 19. Jh.

deren Worten: Es handelt sich um die Zusammenfassung eines scharfen, schrittweisen Trainingsprogramms zur Vereinigung mit Gott in Gebet und Liebe. Hier sollen »alle Gebote des geistlichen Lebens beschrieben werden, die diejenigen, die ihnen genau und pünktlich nachkommen, ohne Abweg auf dem wahren Pfad des Heils führen« – so lautete der Schreibauftrag an *Johannes Klimakos*. Kein Wunder, dass *Martin Luther* verschiedene Male sein Missbehagen gegenüber der so instrumentalisierten Jakobsleiter ausdrückt!

Die Gefährlichkeit eines solchen Unternehmens, bei dem man eben auch leicht abstürzen kann, also den Kampf mit den Anfechtungen im Aufstieg zeigt besonders krass die 15-sprossige westliche Version im »Hortus Deliciarum« der *Herrad von Landsberg*, Äbtisin des Klosters Hohenberg im Elsaß (12. Jh.). Am Fuß der Leiter lauert wiederum der Drache (vgl. Perpetua), oben, am himmlischen Ende, streckt die Hand Gottes der glücklich Angekommenen die »Krone des Lebens« entgegen. Eine Vielzahl von lateinischen Beischriften erläutert die Einzelheiten. Acht Personen aller christlichen Stände sind auf dem Weg nach oben, die meisten jedoch stürzen ab. Schutz-Engel verteidigen die ihnen Anvertrauten gegen Pfeile schießende Teufel. Im unteren Drittel links hat eine Nonne mit wehendem Schleier zwar die ersten Sprossen erklommen, fällt jedoch zurück, verführt von einem Kleriker, der die verweltlichte Kirche verkörpert. Als Verlockungen des Lebens werden unten rechts Stadt, Pferd, Waffen, Essgelage angedeutet. Von der Leiter stürzen sowohl Ritter (miles) wie Laie (laica), Priester (clericus) wie Mönch (monachus) und Einsiedler (inclusus, heremita), wenn und weil sie zur weichen Ruhestätte und zum Geld streben. Die Tugendleiter als Gewissens-Spiegel der Kirche!

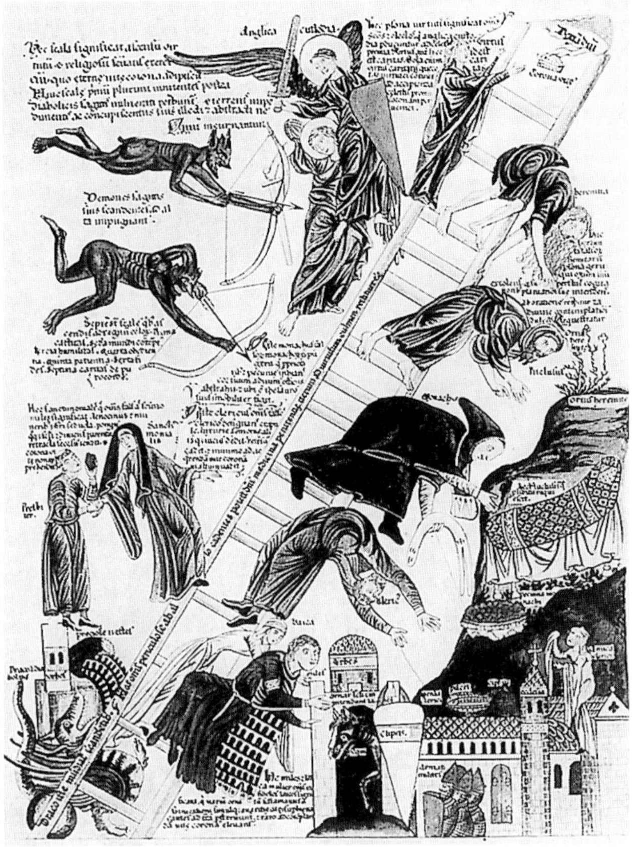

Abb. 21.6: Askese-Leiter zum ewigen Leben. Aus: Herrad von Landsberg, Hortus Deliciarum, um 1200

Tröstlich ist, was schon *Hieronymus* (4./5. Jh.) dazu weiß: »Der Herr reicht den Ermatteten die Hand und muntert auf zu weiterer Anstrengung durch seinen Anblick ... Die Heiligen stürzen, wenn sie nachlassen, und die Sünder gelangen bis zur obersten Sprosse, wenn sie ihre Vergehen durch die Tränen der Buße abwaschen.« Die Jakobsleiter, meint der Kirchenvater an anderer Stelle, zeige den Herrn und seine Engel, »damit der Sünder nicht an seiner Rettung verzweifle und der Gerechte nicht zu sehr auf seine Tugend baue.« Demnach kommt es letztlich nicht auf die eigene Anstrengung an, auch wenn die Leiter das nahe legt. Die Ungewissheit über das, worauf es wirklich ankommt, hat die Dich-

Abb. 21.7: St. Birgitta von Schweden und der »dreist Fragende« auf der Himmelsleiter, Lübeck, um 1490

terin *Christine Lavant* mit einem Fragezeichen versehen: »Ich weiß nicht, ob der Himmel niederkniet, / wenn man zu schwach ist, um hinaufzukommen?« Wer es leichtgewichtiger haben möchte, halte sich an Wilhelm Busch, der unter dem Titel »Leider« dichtet: »Aufsteigend musst du dich bemühen, / Doch ohne Mühe sinkest du. / Der liebe Gott muss immer ziehen, / Dem Teufel fällts von selber zu«.

Wider die theologische Dreistigkeit

Eine theologiekritische Note bekommt die Himmelsleiter schließlich in den Visionen der *hl. Birgitta von Schweden* (14. Jh.). Als sie eines Tages mit anderen zum Schloss Vadstena reitet und unterwegs betet, gerät sie in Verzückung. Sie sieht im Geiste eine Leiter, deren oberes Ende den Himmel berührt, wo Christus richtend thront, zu seinen Füßen Maria, um sie herum die Engel und Heiligen des Himmels. »Auf der Mitte der Leiter erblickte Frau Birgitta einen gewissen, ihr bekannten Ordenspriester, der damals noch im Leibe lebte und der von großer theologischer Gelehrsamkeit, jedoch auch voll Arglist und teuflischer Bosheit war ...« Der Herr

Theologieprofessor trug Christus »mit ungeordneter und höchst unruhiger Gebärde« neugierige und vorwitzige Fragen vor, die dieser jedoch »mit sanfter und ehrbarer Gebärde in Kürze, aber weisheitsvoll« beantwortete.

Abb. 21.8: Jakobs Traum, niederländischr Holzschnitt, um 1480

Ausblick

Hat das Bild von der Himmelsleiter noch die zündende Kraft einer kühnen Metapher? Oder hat es im Bewusstsein der Leere des Weltraums seine Faszination eingebüßt? Gewiss darf das Bild nicht naiv-wörtlich genommen werden, als ob es primär um die Überwindung einer räumlichen Distanz oder Störung ginge; das Räumliche muss – wie so oft in der religiösen Bildsprache – ins Existenzielle übertragen werden. Letztlich stellt uns das Leitersymbol vor die Frage: Wo siehst du den Menschen (dich!) stehen? Am Fuß einer Leiter, sodass er aufschaut und dass es sich lohnt aufzuschauen und zu -steigen (zu transzendieren) – oder als einen an der Spitze, der auf alles herabschaut und wie Narziss unfähig oder unwillig ist, etwas anderes zu lieben als sich selbst, – und damit die unstillbare Sehnsucht nach Erhebung, Leichtigkeit des Seins und Gottesnähe zu verraten droht.

22. Bilder vom Tierfrieden

Die Fragwürdigkeit der Schöpfung und die Verheißung einer Alternative

Zur Problematisierung

Im »Kleinen Atheismus-Katechismus« aus dem Haffmans Verlag findet sich folgende Notiz von *Ulrich Horstmann*: »Diese tiefe Empörung eines Kindes beim Anblick eines Raubtieres, das seine Beute reißt und – womöglich bei lebendigem und zuckendem Leibe – zu verschlingen beginnt. Wir aber machen uns von höherer Warte zum Fürsprecher der Natur und liefern unser ›So ist das nun einmal in der Welt!‹ oder ›Fressen oder Gefressenwerden, das ist nicht zu ändern!‹ ab. Und das Menschenjunge versteht nicht – weder den bestialischen Stoffwechsel, dessen Zeuge es ist, noch unsere nicht minder bestialische Gleichgültigkeit –, und es starrt und kämpft mit den Tränen. Und erst jetzt, plötzlich, steigt für einen Augenblick auch in uns die uralte Wut auf gegen das Teufelswerk der Schöpfung, gegen uns selbst und unser verkommenes Einverstandensein, dreht uns die Revolte den Magen um, könnten wir im Affekt einen Planeten kurz und klein schlagen, auf dem die fassungslosen Kinder bis in alle Ewigkeit Recht behalten werden.«

Die nachfolgenden Gedankensplitter und Vorstellungspartikel versuchen, auf diesen Wutschrei zu antworten. Vermögen sie dem Aufschrei Paroli zu bieten? Halten sie stand? Wäre Empörung angebrachter? Realistischer? Zufall, dass in der christlichen Ikonographie die einschlägige Stelle aus dem Propheten Jesaja nur selten dargestellt wurde? Oder Zeichen der kleinlauten Verlegenheit?

Biblischer Befund

Das ikonographische Motiv des Tierfriedens geht auf die Ankündigung des messianischen Friedensreiches durch den Propheten Jesaja zurück (Jes 11,6–9; vgl. 65,25): Dann wohnt der Wolf beim Lamm, der Panther liegt beim Böcklein, Kalb und Löwe weiden zusammen, ein kleiner Knabe kann sie hüten. Kuh und Bärin freunden sich an, ihre Jungen liegen beieinander. Der Löwe frisst Stroh wie das Rind. Der Säugling spielt vor dem Schlupfloch der Natter, das Kind streckt seine Hand in die Höhle der Schlange. Man tut nichts Böses mehr und begeht kein Verbrechen auf meinem ganzen heiligen Berg; denn das Land ist erfüllt von der Erkenntnis des Herrn, so wie das Meer mit Wasser gefüllt ist. Zuvor (Jes 11,1–5) wird ein unverhoffter davidisch-messianischer Herrscher angekündigt: ein »Reis aus dem Baumstumpf Isais« (= Jesses). Dank seiner Geistesgaben setzt er Gottes Gerechtigkeit durch. Dann (Jes 11,6–9) weitet sich der Blick auf eine neue Schöpfung, die mit dem Messias-Christus kommt. In einer weit verbreiteten und an sich berechtigten politischen Katastrophenstimmung soll das Wort des Propheten Hoffnung wecken und Vertrauen stiften, da Gottes Treue zu seinem Volk und seiner Schöpfung feststeht.

Das Bild vom Tierfrieden artikuliert in einer unheilen Welt die Sehnsucht nach versöhnter Verschiedenheit, mehr noch: nach versöhnter Feindschaft. Ein bloßer Traum? Zuviel des Guten? Eine Allegorie? Umkehrung der Tierfabeln, in denen doch über die »wahre« Wolfsnatur aufgeklärt wird? Eschatologische Hoffnung oder präsentischer Impuls – oder beides?

Wenn man das Thema biblisch genau und entsprechend eng fasst, gibt es nicht viele Bildbeispiele in der christlichen Kunst dafür. Man könnte das Sujet erweitern, indem Bilder des Paradieses, der Erschaffung der Tiere durch den Schöpfer, der Namensgebung durch Adam, des Einzugs in die Arche dazunimmt – immer vorausgesetzt, dort wären Raub- und Weidetier, Wolf und Lamm zum Beispiel, in friedlicher Beziehung nahe beieinander zu sehen. Man könnte noch weiter gehen und die Macht der Heiligen über wilde und scheue Tiere hinzunehmen, von Daniel in der Löwengrube über die Martyrer in der Arena bis zu *Hieronymus*, der mit einem Löwen, *Franziskus*, der mit dem Wolf von Gubbio oder *Korbinian*, der mit einem Bären vertrauten Umgang pflegte. »Dass Tiere ihre Wildheit ablegen, wenn sie Heiligen begegnen, und dass sie ihnen treu Gefolgschaft leisten, ist ein Topos der Hagiographie« *(B. Kötting)*.

Auch in solchen Topoi mag die Sehnsucht nach einer befriedeten Welt zeichenhaft zum Ausdruck kommen, aber von »Tierfrieden« sollte man eigentlich nur sprechen, wenn Tiere, die für einander oder für den Menschen natürliche Feinde sind, als friedlich miteinander lebende vor Augen geführt werden. Ich beschränke mich deshalb auf die Fälle, in denen direkt Jes 11,6–8 verbildlicht wird. Allenfalls könnten noch frühchristliche Darstellungen von Orpheus dazugehören, der durch die Macht seiner Musik wilde und zahme Tiere bezaubert und sie dadurch friedlich um sich schart. Orpheus als mögliches Sinnbild Christi, von dem es ja auch heißt, er habe zeitweilig bei oder mit den wilden Tieren gelebt (Mk 1,13). Aber die bezaubernde Musik bringt die Tiere nicht in eine neue Beziehung zueinander; sie vergessen nur zeitweilig ihre animalischen Interessen. So großartig dieser Gedanke (und seine christologische bzw. ekklesiologische Implikation) sein mag, er ist jetzt nicht mein Thema.

Zeitgenössische Realisierungen

Im 20. Jahrhundert finden sich häufiger künstlerische Gestaltungen des Themas »Tierfriede« – sicher kein Zufall.

Richard Seewald hat die Prophezeiung des Jesaja wortgetreu illustriert – als Trost; »denn Nacht hat sich über die Kirche herabgesenkt. Sie tappt im Dunkel einher, ungewiss ihres Weges ...«, sagt er in den ersten Sätzen seines Jesaja-Buches von 1969.

Abb. 22.1: Richard Seewald, Die Prophezeiung des Isaias, 1964

Abb. 22.2: Logo der holländischen 8. Mai-Bewegung

Die nachkonziliare, kirchenreformerische holländische »Achte-Mai-Bewegung« (»für Erneuerung in Kirche und Gesellschaft«) wählte das traute Miteinander von Lamm und Löwe als Logo.

Abb. 22.3: Michael Prechtl, Umschlagbild zu: Thomas Morus, Utopia, 1989

Michael M. Prechtl versieht 1989 das Umschlagbild für eine Neuausgabe der Utopia von Thomas Morus mit einem utopischen Bild: Wolf und Schaf umarmen sich wie ein Menschenpaar auf einem Hochzeitsfoto. Grundschulkinder, denen das Jesaja-Motiv vom Tierfrieden im Religionsunterricht gezeigt wurde, haben gefragt, ob das Prechtl-Bild fotografiert oder gezeichnet sei. Das spricht nicht nur für die zeichnerische Akkuratesse des Künstlers, sondern führt weiter zu der Glaubenssicht: »Reich Gottes« im vollen Sinn wäre, wenn Tierfriede fotografierbar ist.

Im vorletzten Jahrhundert hat sich der amerikanische Maler *Edward Hicks* (1780–1849) des Motivs in zahlreichen Varianten bedient, um den Friedensschluss unter verfeindeten Gruppen in ein religiöses Licht zu stellen und seinen vom Quäkertum geprägten Friedens- und Freundschaftswillen auszudrücken.

Abb. 22.4: Edward Hicks, Das Königreich des Friedens (William Penn verhandelt mit den Indianern), 1826

Im Hintergrund ist der Quäker *William Penn* (1644–1718) zu sehen, wie er 1682 unter einer großen Ulme mit den Indianern Kaufverträge über von ihnen bis dahin beherrschte Gebiete abschließt und zwar an der Stelle, wo sich heute Philadelphia (»Bruderliebe«) befindet (vgl. Lutterbach).Verfolgte aus allen Ländern wurden eingeladen, in den nach *Penn* benannten Bundesstaat Pennsylvania zu kommen und sich dort anzusiedeln. Zu einigen Versionen seiner Bilder vom Tierfrieden ließ *Hicks* auf den Rahmen schreiben: »The wolf did with the lambkin dwell in peace, / His grim carnivorous nature then did cease, / When the great Penn his famous treaty made, / With Indian chiefs beneath the elm tree's shade.«

Warum hat eigentlich noch niemand gewagt, an die Weihnachtskrippe statt Ochs und Esel (entsprechend Jes 1,3) Wolf und Lamm oder Kalb und Löwe (entsprechend Jes 11,6) zu versetzen – und damit aus der Krippenidylle eine prophetische Predigt zu machen? Wie *Penn* den Indianern »faire Preise« zahlte, würde so vielleicht der Zusammenhang zwischen der Menschwerdung Gottes und den Folgen der Globalisierung deutlicher. Das mit Weihnachten Gemeinte ist keineswegs schon abgegolten; das Fest hat, wenn es nicht verfälscht wird, eine ausgesprochen präsentisch-kritische und adventlich-eschatologische Komponente. Die Freiheit, die sich einst die Tradition genommen hat, zwei Tiere, nämlich Ochs und Esel, aus dem Propheten Jesaja als »stumme Predigt« an die Krippe zu versetzen, hätten wir allemal auch!

Buchstäbliche oder allegorische Deutungen

Dass Begegnungen mit Wolf oder Löwe, Bär oder Natter lebensbedrohlich sind, gehört zu den Urerfahrungen der Menschen der Bibel: »Ich muss mich mitten unter Löwen lagern, die gierig auf Menschen sind. Ihre Zähne sind Spieße und Pfeile, ein scharfes Schwert ihre Zunge« (Ps 57,5). Weil solche Tiere zum Inbegriff des Angstmachenden und des Feindlichen gehören, können sie in der biblischen Metaphorik zu »Lichtspendern« für die Einschätzung bewaffneter feindlicher Menschen werden. Erst solche realistischen Erfahrungen machen deutlich, dass es sich bei der Vision des Propheten Jesaja um ein »Wunschbild des Glaubens« handelt. Demgemäß kennt das Alte Testament die Verheißung, dass Gott, wenn der Messias kommt, die Raubtiere ausrotten wird. Erst dann kann man »in der Steppe sicher wohnen und in den Wäldern schlafen« (Ez 34,25; vgl. Lev 26,6; Ijob 5,22–23; Ps 91,13 mit Abb. 6.4).

Die Jesaja-Verheißung geht aber darüber hinaus. Die Raubtiere werden nicht erlegt und erledigt, sondern ändern ihre Natur: Sie werden zahme Vegetarier. Das gehört zum ganz und gar Utopischen dieser Vision. Beim Wort genommen, wirkt es ärgerlich. Soll man es wörtlich-physisch verstehen? Oder sind andere Lesarten näher liegend?

Die Jesaja-Prophetie hat von Anfang an zwei sehr unterschiedliche Auslegungen erfahren, und dementsprechend lassen sich auch die wenigen bildlichen Realisierungen der Vision verschieden auslegen. Die einen, vor allem die jüdischen Ausleger, beziehen Jes 11,6–9 auf die verheißene endzeitliche Umgestaltung der Welt, auf das Wunder einer neuen Schöpfung. So können sie am buchstäblichen Verständnis festhalten. Die anderen bevorzugen eine spirituell-allegorische und ethische Auslegung. Demnach seien mit den Tieren – wie im obigen Psalm-Zitat – im übertragenen Sinn »wilde« Menschen gemeint, Raubtiernaturen, die sich jedoch von ihrer tierischen Art bekehren und durch den Glauben (für Christen: an den Messias Jesus von Nazaret) humanisiert und zu Menschen Gottes werden. Die allegorisch argumentierenden Ausleger meinen übrigens, ein wörtliches Verständnis von Jes 11 verstoße gegen die Würde des Schöpfergottes: Die Tiere müssten ja dann gegen ihre (von Gott verliehene) wahre Natur handeln.

Die gezeigten Bildbeispiele sind als solche allerdings resistent gegen die genannte Alternative. Erst in ihrer Deutung taucht die Frage nach der Anwendbarkeit auf: eschatologisch oder präsentisch, kollektiv oder persönlich, buchstäblich oder allegorisch. Metapherntheoretisch gesprochen: Bilder dieser Art sind – wie der Jesaja-Text – »Lichtspender« für verschiedene Zustände und Probleme (»Lichtempfänger«).

Wenn die allegorische Auslegung zutrifft, dann würde in diesen prophetischen Bildern der Kirche als der Gemeinschaft der Glaubenden ein Spiegel vorgehalten, ob in ihr wirklich versöhnte Verschiedenheit und versöhnte Feindschaft gelten können. Wo zum Beispiel raffgierige Menschen ihren Lebensstil auf Kosten anderer ablegen und einträchtig als Kirche zusammenleben; wo Mächtige und Habenichtse liebevoll miteinander umgehen und teilen, was sie haben – dort würde Jesaja bewahrheitet.

In der Christusgestalt selbst wird diese Auslegung anschaulich: Er ist gleichsam Lamm und Löwe in einer Person (Die Grenze dieser christologischen Version würde jedoch sichtbar werden, wenn jemand auf die Idee käme, in seiner Person Wolf und Lamm vereint zu sehen! Vgl. Abb. 17.4: Christus zwischen Lamm und Wolf). Im Codex Aureus von St. Emmeram in Regensburg stehen sich Christus als Lamm und Christus als Löwe auf zwei Seiten gegenüber.

Säkularisierte Versionen

An einer Stelle kommt freilich die buchstäbliche Deutung schon in diesem Aion zu Ehren, nämlich dort, wo es Menschen gelingt, Raubtiere zu zähmen. Dann entsteht sozusagen eine säkularisierte Version der Jesaja-Prophetie. Eine solche hat im 19. Jahrhundert der englische Tiermaler Sir *Edwin Landseer* im Bild des Dompteurs *Isaac van Amburgh* geschaffen.

Die überraschende Perspektive des Bildes: Der Betrachter sieht sich in den Löwenkäfig versetzt, die Zuschauer bleiben im Hintergrund außen vor (dem Gitter). Der Dompteur liegt gemächlich zwischen einem Tiger, einem Löwen und einer Löwin sowie zwei Leoparden. Die biblische Anspielung und Zuspitzung der Bildinszenierung besteht darin, dass *von Amburgh* am nächsten ein Lamm steht – ins volle Licht gerückt und ohne Anzeichen von Furcht – und weniger überschnitten als alle anderen Tiere.

Der beinahe 80-jährige *Goethe* hat 1826 in seiner »Novelle« dem Motiv ebenfalls eine innerweltliche Deutung gegeben: In einer Residenzstadt, die als eine Art Weltmodell fungiert, ist anlässlich einer Feuersbrunst der Löwe einer exotischen Schaustellertruppe ausgebrochen. Er wird durch das anmutige Kind der Schausteller besänftigt – durch die verwandelnde Macht von Flötenklang und geheimnisvoll psalmodierender Liedzeilen. Eine der immer wieder abgewandelten Strophen des Liedes lautet:

Abb. 22.5: Sir Edwin Landseer, Isaac von Amburgh and his Animals

»Denn der Ew'ge herrscht auf Erden,
Über Meere herrscht sein Blick;
Löwen sollen Lämmer werden,
Und die Welle schwankt zurück;
Blankes Schwert erstarrt im Hiebe,
Glaub' und Hoffnung sind erfüllt;
Wundertätig ist die Liebe,
Die sich im Gebet enthüllt.«

23. Christophorustypen

Impulsgeber für eine erzieherische Spiritualität

Die frühesten Darstellungen des Christophorus als Christus-Träger finden sich in Südtirol. Das dürfte kein Zufall sein, denn dort, wo die elementaren Naturgewalten bedrohlicher als anderswo erlebt werden und die Straßen und Wege den Reisenden und Pilgern als besonders gefährlich galten, benötigte man offensichtlich den Schutz des heiligen Nothelfers in höherem Maße als sonst. Das (leider schlecht erhaltene) Außenfresko an der Burgkapelle zu Hocheppan gilt als frühestes Beispiel. Zuvor kannte man nur Darstellungen des Heiligen als Martyrer mit der Palme in der Hand, also ohne die Christusgestalt. Christophorus war bis dahin allein identifizierbar durch die Beischrift und eventuell noch durch seine auffällige Größe.

Die »Zugabe« der Christusgestalt in den Armen oder auf den Schultern des zwölf Ellen großen Heiligen ab dem 12. Jahrhundert wird nun aber nicht etwa der Legenden-Episode vom Fährmannsdienst verdankt, wie wir leicht zu denken geneigt sind. Vielmehr verhält es sich umgekehrt: Die attributive Christusgestalt setzte die Glaubensfantasie in Bewegung und führte zur Erweiterung der Legende um ein Zwischenstück, die Fährmannepisode, die uns heute als Zentrum und als Höhepunkt der ganzen Legende erscheint.

Christophorus als innerlicher Christusträger

Wie wären dann also die Bilder zu verstehen, die die Fährmannsgeschichte erst auslösten, die Christophorus als Christusträger im buchstäblichen Sinn zeigen, aber noch nichts von einem Fährmannsdienst wissen? In Taufers (im Münstertal, St. Johann) hat sich ein überlebensgroßes Fresko des Heiligen erhalten, auf dem dieser einen Christus trägt, der als erwachsener Mann wiedergegeben ist: Der Riese trägt – vor der linken Brust, in der Herzgegend also – nicht das Christuskind, sondern den Kyrios, den erhöhten, herrscherlichen Christus. Bei diesem und anderen Bildern handelt es sich um die schlichte Visualisierung des Namens: Christusträger! Und dieser Name formuliert seit alters ein Programm: Jeder getaufte Christ ist ein Christusträger, erst recht derjenige, der sich für Christus »einen Kopf kürzer hat machen lassen« wie der Martyrer Christophorus. Nur weil der Tragende so riesenhaft groß ist, erscheint der Getragene, Christus, von weitem und oberflächlich gesehen, wie ein Kind.

Aus diesem repräsentativen Urtyp des Christophorusbildes – der Heilige aufrecht, frontal, statisch; der Christus-Kyrios in dessen Herzhöhe thronend, herrscherlich, segnend – lässt sich ein Impuls für die erzieherische Spiritualität gewinnen.

Abb. 23.1: Christophorus als pneumatisch-sakramentaler Christusträger, Niedermendig, Eifel, 13. Jh.

Erster Impuls

In dieser Bildversion ist gleichsam der Paulussatz visualisiert, der für jeden getauften Christgläubigen, erst recht für den in der Glaubensvermittlung Engagierten gilt: »Ich lebe – aber nicht mehr als ich; es lebt in mir Christus« (Gal 2,20). Demzufolge ist das Leben des Christen nicht mehr durch sein Ego begründet, sondern durch das in ihm neu geschaffene Leben, personifiziert in Christus. Der Glaube macht unser Herz zu einer Wohnstätte Christi (vgl. Eph 3,17).

Dieses sakramentale bzw. pneumatische Sein geht allem didaktischen Kalkül voraus. Es wird sich bei der immer häufiger anzutreffenden Distanz von getauften wie nichtgetauften Schülern zum praktischen Vollzug des Glaubens nicht so sehr in konkreten Strategien und Maßnahmen auswirken, wohl aber in einer Grundhaltung, die atmosphärisch wirkt: Im Respekt vor dem anderen (Christusträger) vielleicht, oder in schöpferischer Geduld, aber auch in Verblüffungsfestigkeit oder in Frustrationstoleranz. Diese sakramentale, ja eigentlich mystische Dimension des ursprünglichen Christophorusbildes kann davor warnen, Religion mit Moral in eins zu sehen und den Unterricht zu einer Ansammlung von bloßen Appellen und zersplitterten Informationen verkommen zu lassen. Es gibt eine theologische Tradition vom inneren Lehrer, in der diese Sicht zum Zuge kommt; Erlösungsordnung und Schöpfungsordnung sind dabei anscheinend nicht strikt voneinander zu trennen.

Simone Weil etwa versteht das Übernatürliche der Liebe – zum Nächsten, zur Schönheit der Welt, zur religiösen Praxis und in der Freundschaft – so, dass nicht wir den Nächsten lieben, sondern Gott in uns ihn liebt: »Wir imitieren nur die göttliche Liebe, die uns geschaffen hat, wie auch die Liebe zur Schönheit der Welt nur Nachahmung jener göttlichen Liebe ist, die dieses Universum und uns in ihm schuf.« *Karl Rahner* hat unablässig betont, dass das Christentum der Zukunft nicht nur von außen auferlegte Norm sein darf, bloß autoritativ und amtlich vermittelt, sondern den Menschen individuell ansprechen muss auf das hin, was er zuinnerst schon ist, nämlich »ein Mensch, der schon im allgemeinen Heilswillen Gottes steht, der von Christus erlöst ist, in dessen innerster Mitte die Gnade mindestens als angebotene Möglichkeit übernatürlichen Handelns schon lebt und treibt.« Unsere ganze Bemühung »ist also nicht eigentlich das Andozieren eines Fremden von außen, sondern die Erweckung eines noch unverstandenen, aber wirklich vorhandenen Inneren ...«

Diese zwar anspruchsvolle, aber doch auch wohltuende, weil unser katechetisches Tun entlastende Sicht der Dinge (wir fangen niemals bei »Null« an; niemand ist leerer »Hohlraum«; wir sind bestenfalls »Auslöser«, aber nicht »Macher«) lässt sich schon bei *Augustinus* finden. In seiner Schrift »De magistro – über den Lehrer« begründet er das Verbot Jesu, sich Magister-Lehrer nennen zu lassen (Mt 23,8–10) folgendermaßen: Kinder sollen nicht lernen, was ihr Lehrer denkt; denn der befindet sich der Wahrheit gegenüber in der gleichen Lage wie seine Schüler. Er ist selbst ein Belehrter. Lehren und Lernen, sagt Augustinus, gehen anders vor sich als man gewöhnlich (und dementsprechend oberflächlich) denkt. Der einzige Wahrheitslehrer ist Gott selbst, und durch ihn, der die Wahrheit selber ist, wird im Inneren des Schülers erschlossen, was an Wahrheit immer schon in ihm grundgelegt ist. Mithilfe seines inneren Lehrers, des Logos-Christus, merkt der Schüler, ob das von außen an ihn Herangetragene wirklich einleuchtend ist. Der »magister interior« aktiviert im Schüler wie im Lehrer das für die Erkenntnis der Wahrheit nötige Erkenntnislicht.

Das Bild des Heiligen, der Christus, den göttlichen Logos, äußerlich trägt, zum Zeichen, dass er pneumatisch-geistlich-innerlich von ihm erfüllt ist, könnte auf diese Weise den Beruf des Religionslehrers und der Religionslehrerin versinnbilden – oder vielmehr darauf aufmerksam machen, worauf es letztlich dabei ankommt.

Christophorus als entstellter Heiliger

Ursprünglich stammt die Christophoruslegende aus dem christlichen Orient, und orientalisch mutet uns ein anderer Darstellungstyp des Heiligen an: der hundsköpfige (kynokephale) Christophorus. Das Ikonenmuseum in Recklinghausen besitzt zehn Ikonen dieses Typs. Auf heutige Betrachter wirken sie kurios bis grotesk. Nichtsdestotrotz lässt sich auch daraus ein spiritueller Impuls gewinnen.

Die Vorstellung, »am Rande« der Welt gehe die Menschenwelt allmählich in die Tierwelt über und dort existierten infolgedessen tierköpfige Menschen, war schon in der heidnischen Antike weit verbreitet; in vielen Religionen tragen Götter Tierköpfe und solche Mischwesen geistern immer wieder durch die Sagen und Märchen der Menschheit. Die älteste Version der Christophoruslegende erzählte vom Leben und vom Martyrium eines solchen hundsköpfigen Christenmenschen. Durch seine Taufe war er humanisiert worden: Sie verlieh ihm nicht nur den Ehrennamen Christophorus, sondern auch die Fähigkeit menschlich zu sprechen und dementsprechend, trotz seiner ungewöhnlichen und abschreckenden Erscheinung, zu missionieren. (Unwillkürlich erinnert das an die alte Vätertradition, Jesus sei seiner äußeren Gestalt nach abstoßend und hässlich gewesen, weil er ja den Gottesknecht des Jesaja verkörperte, der »keine Gestalt und Schönheit« besaß.) Da man an die Realität solcher Mischwesen glaubte, demonstriert dieser zunächst befremdliche Zug der Christophoruserzählung die Universalität des Heils, das sich »bis an die Grenzen der Erde« erstreckt. Wenn mittelalterliche Theologen im 9. Jahrhundert darüber reflektieren, ob es sich um Menschen oder Tiere handele, entscheiden sie sich jedenfalls dafür, dass auch solche Mischwesen zu den Menschen zu rechnen seien; als Beweis dafür verweisen sie auf den heiligen Christophorus. Aber bereits Ende des 10. Jahrhunderts stößt das Bild des hundsköpfigen Heiligen – entsprechend dem Reformwillen der Zeit – auf kirchlichen Widerspruch, und bei der weiteren Tradierung der Legende im Westen verschwindet dieser exotisch-befremdliche Zug der Tierköpfigkeit bzw. wird bewusst ersetzt.

Zweiter Impuls

Kynokephalie, die im damaligen Weltbild geo- und ethnographisch verstanden wurde, lässt sich heute im übertragenen Sinn verstehen: meine eigene »Hundsköpfigkeit«, die mich doch nicht hindert, als Mann oder Frau des Evangeliums in Religionsunterricht und Katechese zu wirken. Natürlich wäre es schöner, ich strahlte mit allen Poren die

Schönheit des Glaubens aus; ich könnte durch meine bloßes Aussehen eine überzeugende Figur des Christseins machen; man könnte mein Christsein auch physiognomisch feststellen ... Wir finden genug Anleitungen zum Christsein, die darauf abheben, die uns aber eher belasten als befreien.

In Wirklichkeit gibt es Zeiten, Tage, Stunden und Situationen, in denen meine Bosheit und Ironie oder auch nur meine Trägheit dominieren; in denen ich mich, um zu überleben, auf das »Wie-du-mir-so-ich-dir« zurückziehen zu müssen meine; in denen Gerechtigkeit beim Notengeben und Liebe zum Schüler partout nicht in Einklang zu bringen sind. Tage und Stunden, in denen ich gereizt bin, grantig und knurrig wie ein bissiger, oder schwunglos wie ein lahmer Hund. Dann kann Christophorus zu meinem Patron werden. Der Blick auf den kynokephalen Christophorus zeigt mir, dass trotz meiner Fehlformen Christsein und Vermittlung des Glaubens möglich sind. Der Blick auf den Hundskopf des Heiligen entlastet mich – wenigstens so lange ich davon überzeugt bin: Meine Botschaft ist kein Angst erregendes Gekläff, sondern sie ist sprachlich schön, ist menschlich wohltuend, ist lebenswahr.

Eine andere spirituelle Deutungsvariante wäre vorstellbar: Vielleicht noch nicht in Südtirol, aber anderwärts immer mehr kommen sich Religionslehrer und -lehrerinnen in der öffentlichen Schule wie Randfiguren vor (für Randstunden gerade gut genug), werden be-

Abb. 23.2: Kynokephaler Christophorus, russische Ikone, 18. Jh. (Ausschnitt)

staunt wie Exoten oder gemieden wie Aussätzige. Mit dieser Deklassierung muss einer erst mal leben lernen. Ich erinnere nochmals an die alte Idee von der Hässlichkeit Jesu: Er war Gottes Sohn inkognito, trotz aller Wundergeschichten; er war auch am Kreuz eins mit Gottes Wesen und d.h. mit seiner Liebe, aber er war es in der Gestalt des Ohnmächtigen: »ein Wurm, kein Mensch«.

Christophorus im Dienst des Kindes

Wie wir sahen, entsteht aus dem Bedürfnis, das scheinbare Missverhältnis zwischen dem riesengroßen Heiligen und dem entsprechend kleinen Christus-Kyrios fromm zu erklären, die in die überlieferte Legende neu eingeschobene Fährmannepisode. Seit 1230 etwa liegt sie fertig vor. Sie enthält für uns Heutige die stärkste geistliche Impulskraft. Ich darf sicher davon ausgehen, dass sie bekannt ist und hier nicht explizit vorgestellt werden muss.

Christophorus ist demnach »begabt« mit einer hünenhaften Figur, und das heißt auch: mit Riesenkräften. Er denkt nicht daran, diesen Vorteil für sich auszunutzen und selber den großen Herrn zu spielen. Er will von vornherein seine Kräfte in den Dienst eines Größeren und Höheren stellen. Insofern spiegelt sein Altruismus zugleich die mittelalterliche, hierarchisch stabilisierte Ständeordnung wider.

Die Suche nach dem Superlativ und die Abneigung gegen jeden Kompromiss in dieser Sache gibt dem Lebenslauf des Protagonisten Dynamik. Von Anfang an zielt seine Lebensfigur unbewusst mit dieser Dynamik auf Gott, von dem man weiß, dass über ihn hinaus nichts Größeres gedacht werden kann *(Anselm von Canterbury)*. Als irdischer Vertreter dieser höchsten Instanz fungiert in der Legende der Einsiedler. Der Vertreter Gottes und der Kirche Jesu Christi versucht zunächst den suchenden Riesen für die mönchische Lebensform zu interessieren. Sie galt zur Entstehungszeit dieses Legendenteils als das Nonplusultra des Christseins. Christophorus wehrt sich jedoch gegen die Zumutung, sein Leben mit »Fasten und Beten« zuzubringen. Er will Gott dienen mit seinem spezifischen Charisma, den Leibeskräften. Das bringt den kirchlichen Ratgeber auf eine neue Idee: Christophorus soll sich als Menschen-Träger durch den reißenden Fluss betätigen. So findet er schließlich seine wahre Berufung.

Man kann gar nicht genug die Glaubensfantasie und die Treffsicherheit des anonymen Legendendichters bewundern, der es verstanden hat, die Pointe des Evangeliums von der Menschwerdung Gottes in ein derart einprägsames, originelles Bild zu übersetzen. Gott ist seit der Menschwerdung Christi nicht mehr nur in der Vertikalen »oben«, sondern ebenso in der Horizontalen »unten« zu suchen und zu finden. Diese Wende in der Heilsgeschichte wird von Christophorus praktiziert. Ein Glaubenszeugnis ohne Worte! Das Wort Jesu: »Was ihr dem Geringsten getan habt, habt ihr mir getan« (Mt 25), findet hier seine überzeugende Konkretisierung.

Das wird nun im weiteren Verlauf der Geschichte demonstriert. Christophorus vernimmt den hartnäckigen Ruf Christi, lässt sich in seiner Ruhe aufstören und lässt sich auf den Ruf ein, obwohl es eine Kinderstimme ist, die ihn ruft, und Christus sich ihm im Kind, also im Unscheinbaren und Unansehnlichen schlechthin, offenbart. Nicht im Größten, wie er früher gemeint hat, sondern im Kleinsten und Untersten begegnet ihm Gott.

Indem die romanisch-feierliche Christophorusgestalt mit dieser Geschichte identifiziert wird, ändert sich ihr Aussehen radikal. Der Heilige schreitet nunmehr durch Wasser, seine Figur ist ins Profil gewendet und geht gebeugt unter ihrer Last. Paradoxerweise erweist sich das Kind nämlich als schwere Belastung. Im Wortlaut der Legende:

»Siehe ..., das Kind ward so schwer wie Blei. Je weiter er schritt ..., je schwerer ward ihm das Kind auf seinen Schultern, sodass er in große Angst kam und fürchtete, er müsste ertrinken ...«

Abb. 23.3: Christophorus unter der Last des Gotteskindes, Studienblatt von Albrecht Dürer, 1521

Dritter Impuls

Zur biblischen Offenbarungsweise (Theophanie, Epiphanie) gehört der Macht- und Herrlichkeitsglanz Gottes. Er wird in dieser Geschichte ersetzt durch das als bedrohlich empfundene Körpergewicht des Getragenen. Immerhin entspricht das der Urbedeutung von Herrlichkeit. Das hebräische »Kabod« hat auch die Bedeutung von Gewichtigkeit, und selbst in unserer Alltagssprache schlägt das noch durch: »Du bist eine Wucht!«

Christophorus als Fährmann verkörpert somit eine Glaubenserfahrung, die auch in unserer Spiritualität Platz haben darf: das Unterwegssein im Strom der Zeit, gebeugt unter der Last des menschgewordenen Gottes und der Institutionen, in denen dieser weiterlebt.

Geht es uns mit unserer Kirche gegenwärtig nicht ähnlich? Wir sind als Institution riesengroß und tun uns trotzdem schwer, Jesus Christus und das Befreiende seiner Botschaft »rüberzubringen«. Das kann uns sehr bedrücken, obwohl Jesus uns sagt: »Mein Joch ist angenehm und meine Last ist leicht« (Mt 11,30). Der Blick auf diesen Typ des Christophorusbildes sagt mir: Du darfst als Katechet, Prediger oder christlicher Erzieher stöhnen, ohne gleich ein schlechtes Gewissen haben zu müssen.

Gravierender ist aber ein letzter Impuls: Die Kinder sitzen uns im Nacken. Sie können eine wahrhaft schwere Last sein. Dass dieser Christophorus dreimal gerufen werden muss, bevor er sich erhebt und sich das Kind auf seine Schultern lädt, findet nicht nur (in 1 Sam 3) seine biblische, sondern auch seine biorhythmisch-natürliche Entsprechung beim morgendlichen Aufbrechen zum Dienst an den Kindern.

Die Verheißung der Legende ist jedoch unübertrefflich: Gerade in dem Kind, das dir im Nacken sitzt und dich belastet, gerade darin begegnet dir Christus selbst. Die Begegnung mit den Kindern ist eine spezifische Art, wie Lehrer und Erzieher »zur Kommunion gehen«. In der Fährmannepisode der Christophoruslegende stellt sich das nicht von Anfang an und nicht schon im Vollzug des Dienstes heraus, sondern erst am anderen Ufer und also im Nachhinein. Auch das entspricht unserer Erfahrung. Die Geschichte wird jedoch überliefert, damit wir die uns anvertrauten Kinder von vornherein im Lichte dieser Pointe zu sehen und zu behandeln lernen.

Rückschau mit Ausblicken

Meine Liebe zur bildenden Kunst hat der Maler und Kunsterzieher *Lorenz Humburg* in der unmittelbaren Nachkriegszeit durch seinen Kunstunterricht am Warburger Gymnasium Marianum durch persönliche Begegnungen und gemeinsame Unternehmungen entzündet und grundgelegt. Eine wichtige Rolle spielte dabei *Romano Guardinis* kleine Schrift »Über das Wesen des Kunstwerks«. Wie der kulturell aufgeschlossene *Guardini* das Verhältnis von Kunst und Religion sah, finde ich (an anderer Stelle) von ihm folgendermaßen knapp ausgedrückt:

»Ein Kunstwerk ist umso reiner, je weniger der Verstand zu reflektieren und hinzuzudenken braucht; je einfacher der aufnehmende Blick schauen kann. Darüber darf aber nicht vergessen werden, dass es Wirklichkeiten gibt, die nicht in die einfache Anschaubarkeit eingehen, sondern auch angesichts des Kunstwerks aus ihrer wesentlichen Quelle empfangen werden müssen. Dazu gehören vor allem die religiösen. Man kann das religiöse Kunstwerk nicht bloß »künstlerisch« auffassen. Wer so tut, ist ein Ästhet oder Historist, dem das Eigentliche verborgen bleibt. Das religiöse Kunstwerk ist keine autonome Schöpfung, sondern steht in einem Auftrag und kann daher nur aus diesem Auftrag heraus verstanden werden. Es steht im Dienst des Glaubens, so wird sein Inhalt nur durch das Wort des Glaubens deutlich. Erst dann ... sieht man, was das Kunstwerk sagen will. Es ist falsch, in einer Madonna bloß eine schöne, oder andächtige, oder mütterliche Frau sehen zu wollen ... Die wirkliche Madonna hingegen ist eine schöne, andächtige, jungfräulich enthobene und mütterlich bewegte Frau, in der etwas anderes, Geheimnisvolles, Heiliges waltet. Was aber dieses andere ist, sagt erst der Glaube« (*Romano Guardini*, Der religiöse Gehalt der Sigmaringer Jesus-Johannes-Gruppe, Berlin 1947, 27f).

Den hier geäußerten Grundimpuls der »Unterscheidung des Christlichen« habe ich, so viel ich sehe, ein Leben lang in meiner religionspädagogischen Lehr- und Schreibtätigkeit beibehalten, zumal er durch meinen akademischen Lehrer und Doktorvater, *Theoderich Kampmann* (für den dieser Grundimpuls in der NS-Zeit seine Bewährungsprobe bestanden hatte), immer von neuem zugespitzt und eingeschärft wurde. Er wird ja auch im vorliegenden Buch unter dem Stichwort »Rahmenthema« öfters aufgegriffen.

Dennoch missfällt mir heute die programmatisch und entsprechend selbstsicher vorgetragene dichotomisch-polarisierende Scheidung von »künstlerisch« und »religiös«, besonders wenn das in kirchlichen Kreisen darauf hinausläuft, einem ästhetisch sensiblen und kompetenten Menschen den Zugang zum »Eigentlichen« abzusprechen oder mit dem (an sich berechtigten) Slogan »Kirche ist kein Museum« die ganzheitliche Begegnung mit religiösen Kunstwerken abzublocken, statt die Freude am ästhetisch Gelungenen pastoral einzubeziehen und zu nutzen. Hier läge m.E. eine besondere Chance, mit solchen Zeitgenossen, die sich als religiös »unmusikalisch« betrachten oder sich vom Kinderglauben verabschiedet haben, aber kulturell interessiert sind, ins religiöse Gespräch zu kommen.

Das »Ästhetische« und das »Historische« sind dem Kunstwerk nicht äußerlich; sie dürfen deshalb auch vom Theologen nicht diskreditiert werden. Das »Eigentliche« des Kunstwerks ist nun einmal die Verschmelzung von Gestalt und Gehalt. Da jede Annäherung an das Werk mit den Augen, und das heißt: mit dem sichtbaren Bildbestand beginnt (der seinerseits historisch situiert und kontextabhängig ist) und auch zu ihm zurückführt, kann der spezifische Gehalt eines Kunstwerks nicht davon abgelöst bestimmt werden. Statt die beiden Sphären (nicht nur zu unterscheiden, sondern sie, wie ich es bei *Guardini* wahrnehme, auch) zu trennen, wären sie eher zu korrelieren: Das heißt, jede Sphäre, die ästhetische wie die religiöse, muss bei ihrer starken Seite genommen werden, sie müssen sich gegenseitig erhellen und dürfen nicht von vornherein in ein hierarchisches Verhältnis von Unter- und Überordnung gebracht werden. Das führt allerdings zu Freiheiten der Bildkunst, die der zugespitzten Eindeutigkeit der christlichen Botschaft nicht immer günstig sind. Darin dürfte ein Grund zu finden sein, dass Bilder als Medium der Verkündigung immer auch einen Beigeschmack von dogmatischer Strittigkeit hatten und haben. Wenn ich alle meine diesbezüglichen Arbeiten überschaue, so ergibt sich als ein von mir bewusst verfolgtes Grundmotiv, diese Strittigkeit nicht zu überspielen, sondern aus der eigenständigen Bildkunst – gerade wegen ihrer »Autonomie« – einen auch theologisch-spirituell kostbaren Gewinn zu ziehen, den die bloße theologisch-begriffliche Ausarbeitung eines Themas nicht hergibt.

Aber das vorliegende Buch will nicht den Prinzipienstreit beleben. Es ist einer Collage vergleichbar. Was sein Verfasser von den Künstlern behauptet, gilt gewissermaßen auch von ihm: Er selbst ist wahrscheinlich nicht der beste Interpret seines Opus, denn es handelt sich nicht um eine reine Willens- und Kopfgeburt. Die Leser und Benutzer werden sich ihr eigenes Bild von dieser »Collage« machen müssen.

Gemessen an der Vorliebe der heute praktizierten Religionspädagogik für die Kunst der Zeitgenossen des 20./21. Jahrhunderts ist dieses Buch altmodisch. Es bevorzugt die »alte« Kunst und wagt sich – von einzelnen Ausnahmen abgesehen – gerade mal vor bis zur frühen Neuzeit. Das war nicht von vornherein Programm, sondern hat sich aus der Einsicht ergeben, dass es für unsereinen praktisch unmöglich ist, »alte« und »moderne« Kunst gleich gut im Blick zu behalten und in gleicher Weise verantwortlich darüber zu sprechen. Also überlasse ich das Erschließen von zeitgenössischer Kunst lieber den vielen dafür Kompetenteren. Was »zum religionspädagogischen Umgang mit modernen Bildwerken« aus meiner Sicht zu sagen wäre, lässt sich im Übrigen nachlesen in KatBl 116 (1991), 116–122.

Ob sich das Faible für »alte Sachen« lohnt im Hinblick auf die heutigen Adressaten und Subjekte der religiösen Lernprozesse, kann wohl nicht generell beantwortet, es muss von Lektion zu Lektion, von Einzelfall zu Einzelfall erkundet werden. Ein gutes Gefühl sagt mir: Es lohnt sich durchaus! Sonst hätte ich die unverdrossene, mich immer noch beflügelnde Arbeit an diesen »Sachen« gar nicht durchgehalten.

Außerdem: Das altehrwürdige Bildmaterial steht unter dem Verdacht, verstaubt und verbraucht zu sein. Deshalb braucht es Fürsprecher. Sollen sich Religionsunterricht der Schule und Katechese der Gemeinde nicht immer auch als Anwalt der Schwächeren verstehen? Dann dürfen sie sich nicht scheuen, gleichsam antizyklisch vorzugehen und sich auch sanft widerspenstig zu verhalten. Die ästhetischen und religiösen »Sinnreserven« der Geschichte müssen nicht etwa entsorgt, sondern sorgfältig für heute erschlossen werden. Die religiöse Bildgeschichte ist weithin Gebrauchsgeschichte *(Belting)*; das wäre einerseits mit jungen Menschen zu erkunden und andrerseits auf unterrichtliche Weise fortzusetzen. Auf den spirituellen Gebrauchswert für heute kommt es an (weitere Erwägungen in Lektion 3).

Dazu bietet das Buch einige Anregungen. Antiquiert kommen mir die gewählten Bildbeispiele gerade nicht vor; lebendig werden sie allerdings nicht durch nur flüchtiges Hingucken. Sie benötigen durchweg mehr Sehgeduld, als manche Zeitgenossen zu investieren bereit sind. Sollen wir deshalb kapitulieren? Als Ideal schwebt mir vor, was ich einmal poetisch so ausgedrückt fand: Man müsste jedes Bild betrachten wie einen Tautropfen, der, einzeln wahrgenommen und in das Licht der Sonne getaucht, schimmert wie ein Ozean. Dabei ist dann auch in Kauf zu nehmen, dass überwältigend viele weitere »Tautropfen« anonym und unberücksichtigt bleiben.

Manche Hinführung zum einzelnen Bild mag langatmig, umständlich und kleinlich wirken. Von den Überblicken einmal abgesehen, handelt es sich um Versuche, »sich schriftlich an die erforderliche Intensität der Betrachtung anzunähern«, wie es in der seriösen Kunstwissenschaft üblich ist. Andrerseits wollte ich möglichst »verbrauchernah und -freundlich« sein. Unter dieser Spannung steht alles, was ich geschrieben habe.

Die Benutzer dieses Buches sollten sich dabei immer vor Augen halten, dass sie es hier nur mit Reproduktionen zu tun haben. Schon deren Verkleinerung im Buch nimmt dem Original viel von seiner Wirksamkeit, erst recht natürlich, wenn auf eine farbige Wiedergabe verzichtet werden muss. Und auch die schönste farbige Wiedergabe leidet unter ihrer Verkleinerung, d.h. Verharmlosung.

Immer wieder stelle ich fest, dass es einen großen Unterschied macht, ob ich mit den Adressaten meiner Bemühungen zu dem Bild aufschaue, oder ob wir auf ein Buch oder ein Blatt Papier in der Hand herabschauen; es verändert die Atmosphäre und die Intensität der Betrachtung! Wenn schon Begegnungen mit den Originalen der hier behandelten Bilder nicht möglich sind, sollte doch der Unterschied in den Präsentations- und Erscheinungsweisen eines Bildes immer mit bewusst sein bzw. bewusst gemacht werden.

In den jeweiligen »Hinweisen« zu den einzelnen Lektionen ist im Anhang nachzulesen, was und wie viel ich anderen verdanke – vermutlich mehr, als mir bewusst ist. Eingedenk der Behauptung *Gilbert Keith Chestertons*, die ich irgendwo aufgeschnappt und gern behalten habe, Dankbarkeit sei ein Prüfstein des Glücklichseins, ist es mir eine Freude, an dieser Stelle den Mitarbeitern zu danken. Erst seitdem ich selbst Literatur beschaffen und Seiten daraus kopieren, Karteikarten anlegen und einordnen, Dias herstellen, rahmen und beschriften muss, weiß ich vollauf zu würdigen, was ich ihnen verdanke: Andreas Barner, Markus Barner, Sabine Nicolic, Detlef Stengel, Georg Wiesemann, Guido Osthoff, Johannes Kirsch, der Schreibkraft am Lehrstuhl und Regisseurin aller Hilfskräfte: Monika Konik – und der Gesprächspartnerin nun schon vieler Jahre: Rita Burrichter.

Aufblick zum Gekreuzigten

Die zwei »Seher« auf dem Umschlag dieses Buches hat derselbe »Meister von Flémalle«, *Robert Campin,* gemalt, dessen Darstellung der Verkündigung an Maria oben eingehender betrachtet worden ist (siehe Abb. 12.2 und 12.3).

Die beiden aufblickenden Männer befinden sich unter dem Kreuz eines der Verbrecher, die mit Jesus gekreuzigt wurden. Vermutlich ist »Dismas« gemeint, der »gute« Schächer, obwohl seine Position zur Linken des Gekreuzigten Christus (vom Betrachter aus gesehen: rechts) ungewöhnlich ist. Durch seinen friedlichen Ausdruck und seine ganze Körperhaltung unterscheidet er sich charakteristisch vom

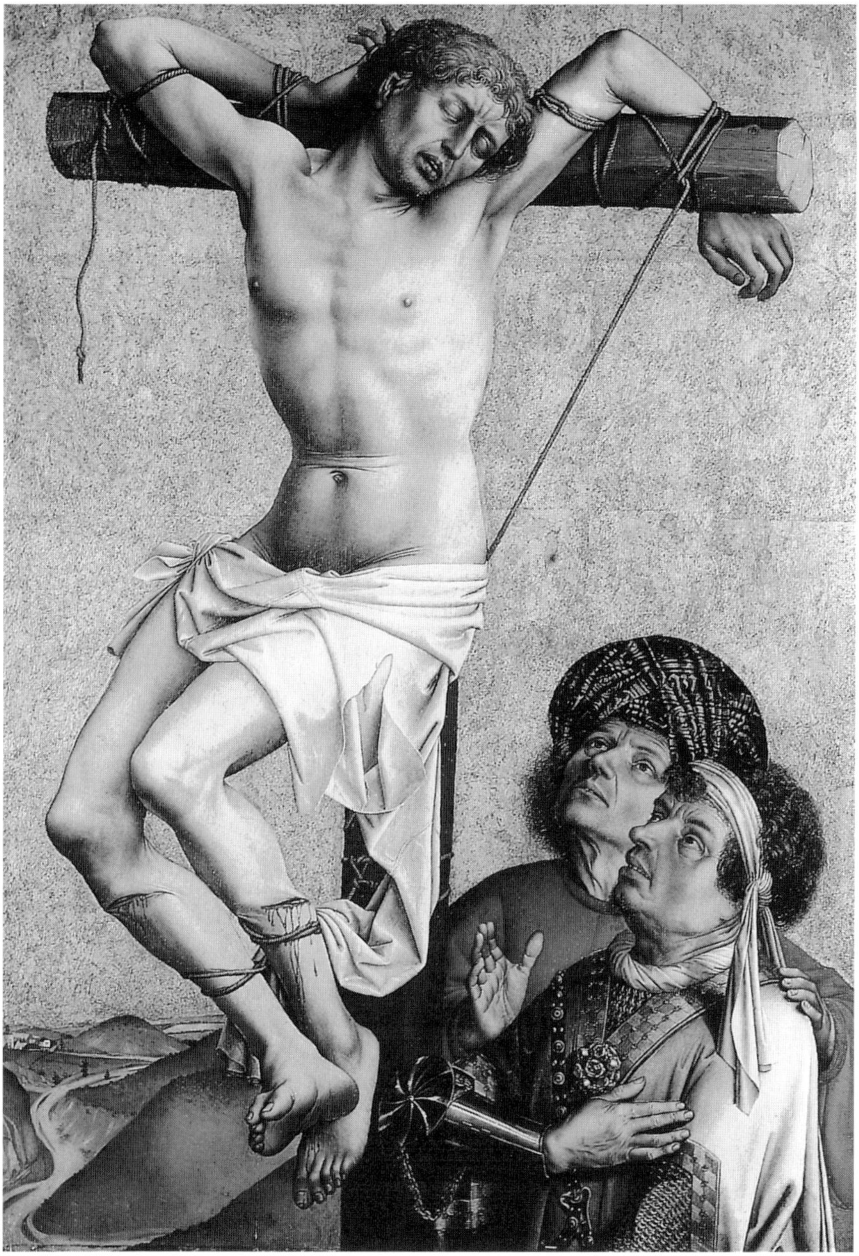

Abb 24.1: Robert Campin (Meister von Flémalle), Guter Schächer, Fragment eines Triptychons, um 1425/30

»bösen« Schächer. Er sei Christus angeglichen, meint *Felix Thürlemann* (64) und fährt fort: »Die beiden unter dem Kreuz stehenden Männer auf dem Frankfurter Fragment erklären die Angleichung des guten Schächers an Christus und machen diese für den Gläubigen zu einer zentralen Aussage des Altars: Der mit einem Kettenpanzer bekleidete römische Hauptmann schaut zu Christus auf der Mitteltafel hinüber und drückt mit der Geste innigen Glaubens – der auf das Herz gelegten Hand – aus, was die Maler üblicherweise mit Hilfe eines Spruchbandes erläutern: ›Vere filius Dei erat iste‹ (Dieser war wahrlich Gottes Sohn). Der orientalische Jude mit Turban hingegen, der dem Hauptmann die Linke über die Schultern legt, schaut zum reuigen Verbrecher hoch, den Christus durch seinen Opfertod als ersten Menschen vor der ewigen Verdammnis errettet hat. Durch die verbindenden Blicke und Gesten der beiden Männer unter dem Kreuz hat Campin die Angleichung des Schächers an Christus hervorgehoben und das von Lukas überlieferte Versprechen des Erlösers anschaulich gemacht (Lk 23,43): ›Wahrlich, ich sage dir: Heute noch wirst du mit mir im Paradiese sein.‹«

Die beiden Sehenden sind also keine distanzierten Zuschauer. Sie verkörpern auf vorbildliche Weise, was im Idealfall einer gemeinsamen Bildbetrachtung geschieht: verbindliches Miteinander, aufmerksame Nahsicht, persönliche Anteilnahme und gläubige Reaktion auf das im Schauen Wahrgenommene und Erlebte. Die drastische Wirklichkeitsnähe und bestechende »Lebendigkeit« der gemalten Augenzeugen könnte »eine höhere Stufe der Bildmeditation des Betrachters reflektieren«, meint *Jochen Sander*. Es ist, als ob »die unbelebten Abbilder des heiligen Geschehens«, wie wir sie bis dahin auf den Altären der Kirchen sehen, »vor dem geistigen Auge des in frommer Meditation Versunkenen gleichsam durch die lebendigen Urbilder selbst ersetzt worden« wären (*Sander* 150).

Die kleine – von den Graphikern vorgeschlagene – visuelle Beigabe zum (Unter-)Titel dieses Buches wirkt, so gesehen, geradezu programmatisch für den vom Autor angestrebten Umgang mit den »Bildern zum Glauben«.

Anhang

Anmerkungen

1. Adam und Eva – schwarz auf weiß (S. 15–20)

Der Holzschnitt »Bedrohtes Paar« von HAP Grieshaber wurde von Hubertus Halbfas »entdeckt« und in die Religionspädagogik eingeführt als Titelbild seines Lesebuches »Das Menschenhaus«, Düsseldorf [1]1972; zugleich mit der Besprechung dieses Buches habe ich dessen Titelbild ausführlich besprochen in: KatBl 98 (1973) 742–745. Freundlicherweise hat Halbfas den Text im vollen Wortlaut in seinen Lehrerkommentar zum »Menschenhaus« übernommen: Düsseldorf 1974, 135–138. Die hier vorgelegte konzentriertere Version wurde beim Morgenlob der Katechetischen Herbsttagung zum Thema »Kunst und Religionsunterricht im Gespräch« in Graz am 7.9.1994 vorgetragen und in der Dokumentation der Tagung abgedruckt.

2. Was heißt ein Bild sehen und deuten? (S. 21–25)

Literatur

Svetlana Alpers, Kunst als Beschreibung, Köln 1985 (dort im Vorwort S. 12 f. das Zitat von Wolfgang Kemp)

Michael Bockemühl, Vom unvollendeten zum offenen Kunstwerk, in: Michael Hesse/Max Imdahl (Hg.), Studien zu Renaissance und Barock (Festschrift Manfred Wundram), Frankfurt/M. 1986, 111–133

Bernard Dorival, Cézanne, Hamburg 1949

Theodor Hetzer, Zur Geschichte des Bildes von der Antike bis Cézanne (Schriften, Bd. 9), Stuttgart 1998

Dieser Beitrag ist zuerst erschienen im Themenheft »Bildende Kunst der Gegenwart« der Zeitschrift Meditation, Heft 1/2001, 9–12; das dortige, allzu knappe Bildbeispiel ist hier weggelassen, siehe aber Lektion 19 in diesem Buch.

3. Zum Bildergebrauch in der theologischen Bildungsarbeit (S. 26–45)

Zum Ganzen:

Rita Burrichter (Bearb.), Bilder im Religionsunterricht, in: Im Blickpunkt. Literaturhinweise und Texte zu aktuellen Themen, hg. v. Comenius-Institut, Münster 2000, Bd. 17 (197 S.)

Zur Strittigkeit von Bildern:

- Für das Bilderverbot bevorzuge ich: *Christoph Dohmen*, Das Bilderverbot. Seine Entstehung und seine Entwicklung im Alten Testament, Frankfurt [2]1987. Kürzestfassung in LThK[3], 2 (1994), 441–443.
  Zur Geschichte der theologischen Legitimierung von Bildern siehe: *Hans Georg*

Thümmel, ebd., 444–445. Grundlegend: *Ders.*, Die Frühgeschichte der ostkirchlichen Bilderlehre, Berlin 1992. Ferner: *Helmut Feld*, Der Ikonoklasmus des Westens, Leiden 1990; *Pascal Weitmann*, Sukzession und Gegenwart, Wiesbaden 1997; *Christian Hecht*, Katholische Bildertheologie im Zeitalter von Gegenreformation und Barock, Berlin 1997. Als Überblick mit weiterführender Literatur sind besonders geeignet die Beiträge von *Thümmel* u.a. in TRE, 6 (1980), 515–568. Zur Strittigkeit speziell des Gottvater-Bildes: siehe Lektion 5.

Zum Verhältnis von Bild und Wort:

- Zum Verhältnis von Bild und Wort greife ich auf meine Dissertation zurück: *Günter Lange*, Bild und Wort. Die katechetischen Funktionen des Bildes in der griechischen Theologie des 6.–9. Jahrhunderts, Paderborn ²1999.
  Versuche der Zusammenfassung von Einsichten und Ergebnissen u.a. in: KatBl 94 (1969), 269–278, sowie in: *Alex Stock* (Hg.), Wozu Bilder im Christentum? Beiträge zur theologischen Kunsttheorie, St. Ottilien 1990, 17– 43. Neuerdings ist heranzuziehen: *Alex Stock*, Keine Kunst. Aspekte der Bildtheologie, Paderborn 1996. Ohne Bezug zur Theologie reflektiert die gegenwärtige didaktische Diskussion zum Wort-Bild-Verhältnis: *Ernst Rebel* (Hg.), Sehen und Sagen. Das Öffnen der Augen beim Beschreiben der Kunst, Ostfildern 1996.
- Die nötige Aufklärung zur »Armenbibel« liefert: *Maurus Berve*, Die Armenbibel. Herkunft, Gestalt, Typologie, Beuron ²1989; weitere Lit. unter dem Stichwort »Biblia pauperum« in LThK³.
- Zum hier nur beiläufig erwähnten Bilderkonzil (7. ökumenisches Konzil = 2. Konzil von Nizäa, im Jahre 787) findet sich alles Nähere samt Vorgeschichte in: *Gervais Dumeige*, Nizäa II, Mainz 1985. Eine dogmatische Synthese zur klassischen Bildertheologie hat vorgelegt: *Christoph Schönborn*, Die Christus-Ikone. Eine theologische Hinführung, Schaffhausen 1984. Kritischer: *Hans-Georg Beck*, Die griechische Kirche im Zeitalter des Ikonoklasmus, in: Hubert Jedin (Hg.), Handbuch der Kirchengeschichte, Bd.III/1, Freiburg 1966, 31–61 (vgl. auch den Akademie-Vortrag von H.-G. Beck, München 1975, mit dem bezeichnenden Titel »Von der Fragwürdigkeit der Ikone«). Zu vergleichen wäre meine Nach-Lese zur Neuauflage 1999 meiner Dissertation von 1969 (siehe oben).
- Der zitierte Text von *Herbert Fendrich* wurde seiner Ankündigung eines Seminars für das Sommersemester 1998 im Rahmen der Praktischen Theologie der Kath.-Theol. Fakultät der Ruhr-Universität Bochum entnommen.

Zum Mehrwert von Bildern:

- Das Zitat von *Herbert Fendrich* und der folgende Absatz gehen zurück auf einen Artikel von *Fendrich* in: KatBl 116 (1991), 123–131: »Wozu sind Bilder gut?«
- Als gute Zusammenfassung dieses Aspekts ist zu empfehlen: *Gunter Otto/Maria Otto*, Auslegen. Ästhetische Erziehung als Praxis des Auslegens in Bildern und des Auslegens von Bildern, 2 Bde., Velber 1987.
- Museumspädagogische und -didaktische Arbeitshilfen gibt es inzwischen in fast jedem Museum, gelegentlich auch mit religiösen Bildthemen. Kirchlicherseits werden Kinderführer für Bischofskirchen und Diözesanmuseen immer öfters angeboten, z.B. in Trier, Paderborn, Freising und München. Unabhängig von solcher Kon-

zentration auf religiöse Bildthemen gibt es gelungene Einführungen in die Kunst für junge Leser, die auch unterrichtlich höchst anregend sind und Erwachsene begeistern können.

Zur Überwindung der historischen Distanz:
Die Gebärdensprache der Protagonisten (nicht nur auf mittelalterlichen Bildern) wird u.a. erschlossen durch: *Jean-Claude Schmitt*, Die Logik der Gesten im europäischen Mittelalter, Stuttgart 1992; *Moshe Barasch*, Giotto and the Language of Gesture, Cambridge 1987; *Vilém Flusser,* Gesten. Versuch einer Phänomenologie, Düsseldorf 1991; *Jan Bremmer/Herman Roodenburg*, A Cultural History of Gesture, Cambridge 1991; *Ilsebill Barta Fliedl/Christoph Geissmar (Hg.)*, Die Beredsamkeit des Leibes. Zur Körpersprache in der Kunst, Salzburg-Wien 1992; *Silvia Schroer/Thomas Staubli*, Die Körpersymbolik der Bibel, Darmstadt 1998; *Margreth Egidi* u.a. (Hg.), Gestik. Figuren in Text und Bild, Tübingen 2000.

Zur Bedeutung der Ikonographie:

- Für das weite Feld der christlichen Ikonographie ist das Lexikon der Christlichen Ikonographie (LCI) grundlegend. Die ersten vier Bände behandeln biblische Themen, weitere vier Bände sind der Ikonographie der Heiligen gewidmet: *Engelbert Kirschbaum* (Hg.), LCI, 8 Bde., Freiburg 1968ff. Zur neutestamentlichen Ikonographie gilt als Standardwerk: *Gertrud Schiller*, Ikonographie der christlichen Kunst, 7 Bde., Gütersloh 1966ff.
- Handlichere, aber dadurch natürlich auch weniger ergiebige, einbändige Werke: *Hannelore Sachs/Ernst Badstübner/Helga Neumann*, Christliche Ikonographie in Stichworten, zuerst: Leipzig 1973, dann auch Hanau 1983 unter dem Titel: Wörterbuch zur christlichen Kunst; *Heinrich und Margarethe Schmidt*, Die vergessene Bildersprache christlicher Kunst. Ein Führer zum Verständnis der Tier-, Engel- und Mariensymbolik, München 1981. Eine weniger lexikonartige, zusammenhängende Einführung: *Aloys Butzkamm*, Christliche Ikonographie. Zum Verstehen mittelalterlicher Kunst, Paderborn 1997. Speziell für die ostkirchliche Kunst (Ikonen): *Konrad Onasch*, Liturgie und Kunst der Ostkirche in Stichworten, Leipzig 1981.
- Zur Farbsymbolik: *Albert Biesinger/Gerhard Braun*, Gott in Farben sehen. Die symbolische und religiöse Bedeutung der Farben, München 1995.
- Die Apokryphen in zuverlässiger Übersetzung: *Wilhelm Schneemelcher,* Neutestamentliche Apokryphen, Bd. 1: Evangelien, Tübingen 1987 (Kap. X: Kindheitsgeschichten). Eine neue Edition speziell der Kindheitsevangelien in der Reihe »Fontes Christiani« (Bd. 18): *Gerhard Schneider,* Evangelia infantiae apocrypha/Apocryphe Kindheitsevangelien, Freiburg 1995.
- Die maßgebliche Legendensammlung des Mittelalters: *Richard Benz*, Die Legenda aurea des Jacobus de Voragine, Gütersloh [13]1999. Eine Auswahlausgabe (in modernerem Deutsch): *Jacques Laager*, Legenda aurea, Zürich 1982. Eine zweisprachige Ausgabe ist in Vorbereitung in der Reihe Fontes Christiani.

Zur Methodik der Bildbegegnung:

- Die hier gegebenen methodischen Hinweise habe ich in ähnlicher Form bereits mehrfach vorgelegt, vgl. *Gottfried Adam/Rainer Lachmann (Hg.)*, Methodisches Kompendium für den Religionsunterricht, Göttingen [3]1998, 247–261; vgl. ebenfalls: Aus Bildern klug werden, in: entwurf. Religionspädagogische Mitteilungen, Stuttgart 1997, H. 1, 8–13, nachgedruckt im eingangs genannten Sammelband von *Rita Burrichter.*

Gediegen und kompakt, vor allem zur Einführung und Einübung geeignet: Hans Schmid, Die Kunst des Unterrichtens. Ein praktischer Leitfaden für den Religionsunterricht, München 1997, 125–178: Ein Grundmodell des Umgangs mit Bildern im Religionsunterricht. Neuestens: *Georg Hilger,* Ästhetisches Lernen, in: Ders./Stephan Leimgruber/Hans-Georg Ziebertz, Religionsdidaktik. Ein Leitfaden für Ausbildung, Studium und Beruf, München 2001, 305–318.

- Was mit »strukturaler Bildanalyse« gemeint ist, hat *Alex Stock* skizziert in: *Manfred Wichelhaus/Alex Stock*, Bildtheologie und Bilddidaktik, Düsseldorf 1981, 36–43.
- Methodisch Hilfreiches in Bezug auf einzelne Bildbeispiele findet sich u.a. in: *Margarete Luise Goecke-Seischab/Erhard Domay*, Botschaft der Bilder. Christliche Kunst sehen und verstehen lernen am Beispiel von 9 Farbtafeln und 9 Dias, Lahr 1990; *Dies./Frieder Harz*, Bilder zu neutestamentlichen Geschichten im Religionsunterricht. Einführung in die Bilddidaktik und Ikonographie christlicher Kunst mit acht ausführlich kommentierten Bildbeispielen für Sechs- bis Zwölfjährige, Lahr 1994; *Dies.*, Von Klee bis Chagall. Kreativ arbeiten mit zeitgenössischen Grafiken zur Bibel, München/Stuttgart 1994. Speziell zu Chagall: *Christoph Goldmann*, Kinder entdecken Gott mit Marc Chagall, Göttingen/Freiburg 1978.
- Über den Bildgebrauch in Religionsbüchern reflektiert: *Christina Kalloch*, Bilddidaktische Perspektiven für den Religionsunterricht der Grundschule, Hildesheim 1997.
- Besonderes Interesse verdient die Art und Weise, wie im Kunstunterricht der Sekundarstufe II christliche Bezüge gesehen und erschlossen werden: *Werner Broer/Annemarie Schulze-Weslarn*, Verfremdung, Provokation, Deutung. Christliches in der Kunst des 20. Jahrhunderts (Arbeitstexte für den Kunstunterricht), Hannover 1993.

Die hier vorgelegte zusammenfassende Einführung in die religionspädagogische Bildproblematik wurde auf Anregung des Lehrstuhls für Ev. Religionspädagogik in Leipzig (Prof. Hanisch) für ein dortiges Internet-Vorhaben verfasst (www.uni-leipzig.de/ru/). Auf Initiative von Dieter Wagner kam der Text auch in der »Lupe«, Zeitschrift für die Religionslehrer im Bistum Fulda, Heft 1/1998, zum Abdruck. Die dort herangezogenen Beispiele aus der spätgotischen Karlsruher Passion sind in der vorstehenden Fassung entfallen.

4. Wie kommt Mose zu zwei Hörnern? (S. 46–48)

Literatur

Johannes B. Bauer, Art. »Horn I«, in: RAC 16 (1994), 547ff

Ruth Mellinkoff, The Horned Moses in Medieval Art and Thought, Berkeley 1970 (210 S., mit 130 Abb.)

Ruth Mellinkoff, More about Horned Moses, in: Jewish Art 12/13 (1986/87), 184–198

Für Auskünfte und Hilfen danke ich Joachim Lange/Tübingen-Bebenhausen und Gerhard Walter/Leipzig. Der Beitrag wurde zuerst veröffentlicht in: KatBl 126 (2001), 37–38.

5. Die Bildgeschichte Gottes, ihre Ursachen und ihre Folgen (S. 49–67)

Literatur

Akten des Moskauer Konzils der Jahre 1666 und 1667: Über die Ikonenmaler und Sabaoth, Kap. 43, Moskau 1893

Oskar Bätschmann, Einführung in die kunstgeschichtliche Hermeneutik, Darmstadt [5]2001

François Boespflug, La représentation de Dieu le Père dans l'art d'Occident. Histoire d'une dérive vers l'insignifiance, in: Communio (französ. Ausgabe), Dezember 1998.

Wolfgang Braunfels, Die Heilige Dreifaltigkeit, Düsseldorf 1954

Catechismus Romanus, dt. Bielefeld/Paderborn 1845 (III,2,18: In welchen Weisen vorzüglich Gott durch Bilder beleidigt werden könne)

Irmgard Corell, Gottvater. Untersuchungen über seine bildlichen Darstellungen bis zum Tridentinum, zugleich ein Beitrag zur östlichen und westlichen Bildauffassung. Diss. (ungedruckt), Heidelberg 1958, 26–52.

Gervais Dumeige, Nizäa II, Mainz 1985

Karl Frielingsdorf, Der wahre Gott ist anders. Von krankmachenden und heilenden Gottesbildern, Mainz 1997

Karl Frielingsdorf, Dämonische Gottesbilder, Mainz [3]1997

André Grabar, Christian Iconography, Washington 1968

Renate Kroos, in: Kommentarband zum Faksimile des Landgrafenpsalters, Graz/Bielefeld 1992

Klaus Krüger, Das Bild als Schleier des Unsichtbaren, München 2001

Günter Lange, Bild und Wort. Die katechetischen Funktionen des Bildes in der griechischen Theologie des 6. bis 9. Jahrhunderts, Paderborn [2]1999

Günter Lange, Christos polymorphos. Die Vorstellung von der Vielgestaltigkeit Jesu und ihre religionspädagogische Relevanz, in: Christoph Dohmen/Thomas Sternberg (Hg.): ... kein Bildnis machen. Kunst und Theologie im Gespräch, Würzburg 1987, 59–67

Hans Liebesschnetz, Fulgentius Metaforalis, Leipzig 1926

Petra Maisak, Johann Wolfgang Goethe, Zeichnungen. Stuttgart 1996. Die im Text erwähnte Zeichnung des »Alten« findet sich dort unter Nr. 82 (S. 250; Weimar SWK/GNM, Inv. 1362, Corpus IVB, 222).

G.K. McKay: »The Eastern Christian Exegetical Tradition of Daniel's Vision of the Ancient of Days«, in: Journal of Early Christian Studies 7 (1999), 139–161

Léonide Ouspensky, La Théologie de l'icone dans l'Église orthodoxe, Paris 1980

Julius Schnorr von Carolsfeld, Die Bibel in Bildern, Leipzig 1852–1860

Christoph Schönborn, Die Christus-Ikone, Schaffhausen 1984

Hermann M. Stenger, Im Zeichen des Hirten und des Lammes. Mitgift und Gift biblischer Bilder, Innsbruck 2000

Thomas Sternberg, Bilderverbot für Gott, den Vater?, in: Eckhard Nordhofen (Hg.), Bilderverbot: Die Sichtbarkeit des Unsichtbaren, Paderborn 2001, 59–115

Thomas Sternberg, »Das Nichtdarstellbare darstellen«, in: Lebendiges Zeugnis 50 (1995), 253–263; hier: 255–258

Jürgen Werbick, Bilder sind Wege. Eine Gotteslehre, München 1992

Johannes Zahlten, Creatio mundi. Darstellungen der sechs Schöpfungstage und naturwissenschaftliches Weltbild im Mittelalter, Stuttgart 1979

Paul Zanker, Die Maske des Sokrates. Das Bild des Intellektuellen in der antiken Kunst, München 1995, 281ff: Das doppelte Gesicht Christi

Unter dem Titel: »›... seh ich den Alten gern‹? Zur Bildgeschichte Gottes, ihren Ursachen und ihren Folgen«, zuerst erschienen in: Ursula Heindrichs/Heinz-Albert Heindrichs (Hg.), Alter und Weisheit im Märchen. Forschungsbericht aus der Welt der Märchen, München 2000, 296–321.

6. Jesus Christus im Spiegel der Kunst (S. 68–95)

Bildmaterial

Um konzentriert und trotzdem anschaulich genug vorgehen zu können, habe ich mich auf das Bild Christi selbst beschränkt und szenische Darstellungen nicht berücksichtigt. Um praxisfreundlich zu sein, habe ich durchweg (Ausnahme Abb. 6.4) auf Exempel zurückgegriffen, die in Band 7 der DiaBücherei von *Jörg Zink* (Eschbach 1983) als Dia zur Verfügung stehen. Die Bildauswahl und die fundierten Bildkommentare dieses Bandes stammen von *Gerhard Boos*.

In der umfangreichen Folien-Sammlung von *Siegfried Gruber* (Autor) und *Josef Ruf* (Herausgeber): »Christusbilder« (Religionspädagogisches Seminar der Diözese Regensburg 1997, Tel. 0941/5699–238) finden sich drei der behandelten Beispiele (Abb. 6.2; 6.7; 6.11).

Literatur

- Zu einer ersten Orientierung dienten die Christusbild-Artikel in den Lexika: RGG, RDK, RAC (Johannes Kollwitz), RBK (Klaus Wessel), TRE, LThK[2], LThK[3], LCI, sowie Aurenhammers (nicht über das Stichwort »Christus« hinausgekommenes) Lexikon der christlichen Ikonographie.
- Für den ersten Teil konnte ich mich zusätzlich auf eigene bereits publizierte Vorarbeiten stützen. Zum polymorphen Christusbild speziell auf: *Günter Lange*, Christos polymorphos. Die Vorstellung von der Vielgestaltigkeit Jesu und ihre religionspädagogische Relevanz, in: Christoph Dohmen/Thomas Sternberg (Hg.), ... kein Bildnis machen. Kunst und Theologie im Gespräch, Würzburg 1987, 59–67.
- Zur Christusikone wurden hauptsächlich die Ikonenarbeiten von *Konrad Onasch* herangezogen, v.a.: Die Ikonenmalerei. Grundzüge einer systematischen Darstellung, Leipzig 1968; neuerdings: *Annemarie Schnieper*, Ikonen. Faszination und Wirklichkeit, Freiburg 1995.
- Zu Christus Victor: *Günter Lange*, Christus auf Löwe und Drache. Eine Miniatur des Werdener Psalters als katechetische Herausforderung, in: Baldur Hermans (Hg.), Zeugnis des Glaubens – Dienst an der Welt (Festschrift Franz Kardinal Hengsbach), Mülheim/Ruhr 1990, 643–674. Dort Belege und religionspädagogische Problematisierung. – Vgl. *Ingo Herklotz*, in: Zeitschrift für Kunstgeschichte 52 (1989), 174ff. – Gegen den verbreiteten Konsens einer Abhängigkeit von der kaiserlichen Ikonographie neuerdings: *Thomas F. Mathews*, The Clash of Gods. A Reinterpretation of Early Christian Art, Princeton 1993. Kritisch zu Mathews: *Gudrun Brühl*, in: Journal für Kunstgeschichte 2 (1998), 9–11. – Zum ikonographischen Niederschlag der Auseinandersetzung der Katholiken mit den Arianern in Ravenna: *Reiner Sörries*, Die Bilder der Orthodoxen im Kampf gegen den Arianismus, Frankfurt/M. 1983, 247ff.; kritisch dazu: *Knut Schäferdiek*, in: Zeitschrift für Kirchengeschichte 95 (1984), 254–258.
- Zu Hans Leinberger: *Bernhard Decker*, Das Ende des mittelalterlichen Kultbildes und die Plastik Hans Leinbergers, Bamberg 1985

- Zur Wende von der Hoheit zur Niedrigkeit im Christusbild: *Arnold Angenendt*, Geschichte der Religiosität im Mittelalter, Darmstadt 1997, 121–147, bes. 138ff. *Günter Lange*, Mit Bildern dem Leid begegnen. Jesus, Hiob und der Bauer im Elend, in: Karl Josef Lesch/Margot Saller (Hg.), Warum Gott ...? Der fragende Mensch vor dem Geheimnis Gottes (Festschrift Ralph Sauer), Kevelaer 1993, 249–257. – Vgl. *Sabine Fehlemann*, Christus im Elend, in: Bazon Brock/Achim Preiß (Hg.), Ikonographia. Anleitung zum Lesen von Bildern (Festschrift Donat de Chapeaurouge), München 1990, 79–96; *Wilhelm Schlink*, Der Beau-Dieu von Amiens. Das Christusbild der gotischen Kathedrale, Frankfurt/Main 1991, 43–57; *Peter-Klaus Schuster*, Melencolia I. Dürers Denkbild, Berlin 1991, 365f; *Hans-Ernst Mittig*, Dürers Bauernsäule. Ein Monument des Widerspruchs, Frankfurt 1984.
- Zum christomorphen Selbstporträt Dürers: *Ernst Rebel*, Albrecht Dürer. Maler und Humanist, München 1996, 154–180; Katalog Albrecht Dürer. Die Gemälde der Alten Pinakothek, München 1998, 314–340; *Peter-Klaus Schuster* (s.o.), 231–246 u.ö. – Vgl. *Milton Nahm*, The Theological Background of the Theory of the Artist as Creator, in: Journal of the History of Ideas 8 (1947), 362–372; *Dieter Wuttke*, Dürer und Celtis. Von der Bedeutung des Jahres 1500 für den deutschen Humanismus, in: The Journal of Medieval and Renaissance Studies, 10 (1980), 73–129; *Donat de Chapeaurouge*, Der Christ als Christus. Darstellungen der Angleichung an Gott in der Kunst des Mittelalters, in: Wallraf-Richartz-Jahrbuch 48/49 (1987/88), 77–96. – Vgl. *Arnold Nesselrath*, Apocalypse now. Die Jahrhundertwende von 1500 (ungedr. Vortrag 2000), Ms. 13f.
- Zu Rembrandt: *Herbert Fendrich*, Rembrandts Darstellungen des Emmausmahles, Frankfurt/Main 1990, 55–65; *Wolfgang Hildesheimer*, Schule des Sehens [2]1997, 66–69; *Hubertus Halbfas*, Lehrerkommentar zu Religionsbuch 5/6, Düsseldorf 1992, 326–328; *Nikolaj Leskov*, Der versiegelte Engel, Zürich 1998 (ebenfalls in: *Anne Marie Fröhlich* (Hg.), Engel. Texte aus der Weltliteratur, Zürich 1991, 313–423; Zitate ebd. 365 und 397).
- Zu Jawlensky: *Manfred Wichelhaus*, Jawlenskys Gesichte: Antlitz und Urbild, in: Manfred Wichelhaus/Alex Stock, Bildtheologie und Bilddidaktik. Studien zur religiösen Bildwelt, Düsseldorf 1981, 97–107; *Alex Stock*, Gesicht – bekannt und fremd. Neue Wege zu Christus durch Bilder des 19. und 20. Jahrhunderts, München 1990, 119–133; *Stefan Gronert*, Alexej Jawlensky, Große Meditation: »Verhaltene Glut«, Frankfurt/Main 1997; *Itzak Goldberg*, Die Religion des Gesichts, in: Katalog »Alexej von Jawlensky«, Dortmund 1998, 64–75. (Dort, 104–119, auch die Lebenserinnerungen des Künstlers.) – Im neuesten Katalog: *Angelika Affentranger-Kirchrath*, Jawlensky in der Schweiz 1914–1921, Bern 2001, kommt die religiöse Dimension in Jawlenskys Bildern besonders zur Geltung: »ein Werkverständnis, das nicht allein Irdisches in transzendente Sphären übersetzt, sondern auch umgekehrt die transzendente Erfahrung im Bild des menschlichen Gesichtes vermittelt« (211).
  Das Gedicht des portugiesischen Dichters *Ribeiro* ist entnommen aus: *Gisbert Kranz* (Hg.), Gedichte auf Bilder. Anthologie und Galerie, München 1975, 241.
- Gut lesbare monographische Behandlung der Geschichte des Christusbildes: *Paulus Hinz*, Deus Homo, 2 Bde., Berlin 1973 und 1981. Übersichtlicher und geistreicher

Essay zum Thema: *Alex Stock*, Das Christusbild. Bildtheologische und bilddidaktische Aspekte, in: *Manfred Wichelhaus/Alex Stock*, Bildtheologie und Bilddidaktik, Düsseldorf 1981, 64–96. – Darstellungen zum Christusbild des 20. Jhs., die zugleich auf die Vorgeschichte eingehen: *Horst Schwebel*, Das Christusbild in der bildenden Kunst der Gegenwart, Gießen 1980; *Katharina Winnekes*, Christus in der bildenden Kunst. Von den Anfängen bis zur Gegenwart, München 1989; *Günter Rombold/Horst Schwebel*, Christus in der Kunst des 20. Jahrhunderts, Freiburg 1983.

- Für die mögliche Fortsetzung anhand von Bildern der Kreuzigung sei hingewiesen auf: *Günter Lange/Rita Burrichter*, Das Kreuz in der Kunst. Konfrontationen in didaktischer Absicht, in: Glaube und Lernen 11 (1996), H. 2, 172–192.

Der Beitrag ist zuerst erschienen in: Jahrbuch der Religionspädagogik 15 (1999), 173–194.

7. Das Bildnis Christi als Rahmenthema (S. 96–106)

Literatur

Jan Bialostocki, Die »Rahmenthemen« und die archetypischen Bilder, in: Ders., Stil und Ikonographie, Dresden 1966, 111–125; Köln 1981,144–160.

Otto Demus, Die byzantinischen Mosaikikonen, 1. Die großformatigen Ikonen, Wien 1991, 29–33

Arne Effenberger, Das Mosaik aus der Kirche San Michele in Affricisco zu Ravenna, Berlin 1955

Gisbert Greshake, Art. Anthropologie, systematisch-theologisch, in: LThK^3, 1 (1993), 726–729

Godehard Schäfer (Hg.), Das Handbuch der Malerei vom Berge Athos, Trier 1855, § 453.

Hubert Schrade, Vor- und Frühromanische Malerei, Köln 1958

Staatliche Museen zu Berlin (Hg.), Das Museum für Spätantike und Byzantinische Kunst, Mainz 1992 (zur Isis-Darstellung, Abb. 7.3. Dort heißt es S. 154 allerdings vorsichtiger: Es sei »nicht ausgeschlossen«, dass das Isisbild erst nachträglich verchristlicht worden sei.)

Alex Stock, Das Christusbild. Bildtheologische und bilddidaktische Aspekte, in: Manfred Wichelhaus/Alex Stock, Bildtheologie und Bilddidaktik, Düsseldorf 1981, 64–96

Kurt Weitzmann u.a., Die Ikonen, Freiburg 1998

Klaus Wessel, Art. Christusbild, in: RBK, 1 (1966), 1022ff

Klaus Wessel, Das Bild des Pantokrator, in: Polychronion (Festschrift Franz Joseph Dölger), Heidelberg 1966, 521–538.

Dies ist mein gekürzter und bisher nicht veröffentlichter Beitrag zu dem Symposion, das zu Ehren des Leipziger Kunstwissenschaftlers Gerhard Walter anlässlich seines 60. Geburtstages in der Regie von Ulrich Kuder und Irmtraud Thierse am 17. September 1999 an der Berliner Humboldt-Universität veranstaltet wurde.

8. Das schockierte Jesuskind (S. 107–111)

Diese Predigt wurde am 20.2.2000 bei der Schwesterngemeinschaft der Salzkottener Franziskanerinnen auf dem Aventin in Rom gehalten.

Nachträglich sehe ich, dass die gelöste Sandale am Fuß Christi auch weniger genrehaft gedeutet werden kann:

Sie ist »mit der Perikope von der Fußwaschung und der Ankündigung des Judasverrats durch Christus in Verbindung gebracht worden, doch könnte wohl eher Gen 3,15 (›... du triffst ihn an der Ferse‹) herangezogen werden. Jedenfalls wird durch dieses ergreifende Motiv der Betrachter emotional berührt« (*Ivan Bentchev/Eva Haustein-Bartsch*, Muttergottesikonen, Kunsthalle Recklinghausen 2000/2001, 140). Dort auch weitere Informationen zu diesem Ikonentyp: »Die Ikone der »Muttergottes der Passion« wird als Gnadenbild sowohl von Orthodoxen als auch von Katholiken verehrt ... Erst im 15. Jahrhundert fand der vollentwickelte Typus der Passionsmadonna durch zahlreiche Ikonen der sog. italo-kretischen Schule ... große Verbreitung. Möglicherweise geht die Popularisierung dieses Typus auf Andreas Ritzos (2. Hälfte 15. Jh.) aus Herakleion auf Kreta zurück ... Schon damals wurde diese im ganzen Osten beliebte Ikone von der Kunst der römisch-katholischen Kirche adaptiert. Jedenfalls ist der Typus im 16. Jahrhundert ein gängiges Sujet, insbesondere in Süditalien und Venedig ... Der Ursprung des berühmten katholischen Gnadenbildes ›Maria von der Immerwährenden Hilfe‹ in S. Alfonso in Rom ist ebenfalls Kreta. Bei der Besetzung der Insel durch die Türken wurde die Ikone nach Ostia in die Kirche S. Matteo gebracht. Dort wurde sie zuerst verehrt, denn die während der Überfahrt in Seenot geratenen Flüchtlinge hatten vor dieser Ikone inständig um den Beistand der Muttergottes gebetet. Seit 1865 befindet sich dieses Gnadenbild als Geschenk des Papstes Pius IX. in der Redemptoristenkirche S. Alfonso auf dem Esquilin in Rom, wohin es in einer feierlichen Prozession überführt wurde. Seit 1866 verschickte der Vatikan unzählige ›authentische‹ Kopien des Gnadenbildes, das dadurch seinen Platz in fast jeder katholischen Kirche fand. Am 23. Juni 1867 erfolgte seine Coronatio (Krönung) im Auftrag des Vatikanischen Kapitels. Ihre Popularität in Deutschland verdankt die Darstellung ebenfalls der Verbreitung durch Redemptoristen und Augustinereremiten.«

9. Jesus im Konflikt mit seinen Eltern (S. 112–116)

Literatur

Rainer Brandl, Die Tafelbilder des Simone Martini, Frankfurt/M. 1985, 174ff

Don Denny, Simone Martinis »The Holy Family«, in: Journal of the Warburg and Courtauld Institutes 30 (1967) 138–149

Agnes Gosche, Simone Martini, Leipzig 1899, 90–91

Andrew Martindale, Simone Martini, Oxford 1988, 49ff

Henk van Os, Marias Demut und Verherrlichung in der sienesischen Malerei 1300–1450, 's Gravenhage 1969, 117f

Heinz Schürmann, Das Lukasevangelium, 1. Teil, Freiburg 1969

Alex Stock, Junglehrer und Musterknabe. Zur Bildgeschichte des zwölfjährigen Jesus, in: Franz Pöggeler (Hg.), Bild und Bildung. Beiträge zur Grundlegung einer pädagogischen Ikonologie und Ikonographie, Frankfurt/M. 1992, 365–388

Der Beitrag ist zuerst erschienen in: KatBl 120 (1995), 867–870.

10. Jesus im Konflikt mit dem Teufel (S. 117–125)

Literatur

Gerda Grober-Glück, Das Aussehen des Teufels nach der Sage und Umfrage des Atlas der deutschen Volkskunde in synchronen und

historischen Vergleichen, in: Rheinisches Jahrbuch für Volkskunde 26 (1985/86), 109–140
Legenda aurea des Jacobus de Voragine, aus dem Lateinischen übersetzt von Richard Benz, Gütersloh [13]1999
Karl Lehmann, Vom Geheimnis des Bösen. Vorfragen zur theologischen Diskussion um die Gestalt des Teufels, in: Intern. Kath. Zeitschrift »Communio« 8 (1979), 193–201
Fritz Löffler (Hg.), Ewiges Vorbild. Zeichnungen zum Alten und Neuen Testament von Josef Hegenbarth, Berlin 1960
Lutz Röhrich, Lexikon der sprichwörtlichen Redensarten, Neuauflage, Freiburg 1994, Bd. 5, 1611
Alexander Sand, Das Evangelium nach Matthäus, Regensburg 1986
Ph. Schmidt, Das Bild des Teufels in der Illustration der Lutherbibeln, in: Ders., Die Illustration der Lutherbibeln 1522–1700, Basel 1962, 464ff
Peter-Klaus Schuster, Melencolia I. Dürers Denkbild, Berlin 1991

Der Beitrag ist zuerst erschienen in: Franz Georg Friemel/Franz Schneider (Hg.), »Ich bin ein Kind der Hölle«. Nachdenken über den Teufel (Pastoralkatechetische Hefte 74), Leipzig 1996, 173–181. Der Schlussabschnitt wurde neu konzipiert. Es wäre zusätzlich heranzuziehen, was an anderen Stellen dieses Buches zur Ikonographie des Bösen gesagt wird (vgl. dazu Abb. 1.1; 6.4 sowie 16.1; 16.2 und 16.3).

11. Der beschwingte Heiland, die bekümmerte Kirche und das menschliche Leid (S. 126–137)

Literatur

Paul Barolsky, The Theology of Vasari, in: Source 19 (1999), H. 3, 1–6
Gordon Bendersky, Remarks on Raphael's Transfiguration, in: Source 14 (1995), H. 4, 18–25
François Boespflug u.a., Le Christ dans l'art, Paris 2000, 168
Margriet van Eikema Hommer, Discoloration or chiaroscuro? An interpretation of the dark areas in Raphael's Transfiguration, in: Simiolus 28 (2000/01), 4–43
Herbert von Einem, Die »Verklärung Christi« und die »Heilung des Besessenen« von Raffael, Mainz/Wiesbaden 1966, 297–326
Sydney Joseph Freedberg/Fabrizio Mancinelli/Konrad Oberhuber, A Masterpiece Close-up: The Transfiguration by Raphael, Cambridge/Mass. 1981
Ernst H. Gombrich, The Ecclesiastical Significance of Raphael's Transfiguration, in: Ars Auro Prior (Festschrift Jan Bialostocki), Warschau 1981, 241–244
Dieter Janz, Epilepsy, Viewed Metaphysically. An Interpretation of the Biblical Story of the Epileptic Boy and of Raphael's Transfiguration, in: Epilepsia 27 (1986), 316–322
Hubert Locher, Raffael und das Altarbild der Renaissance, Berlin 1994
Fabrizio Mancinelli, Primo piano di un capolavoro: La Trasfigurazione di Raffaello, Città del Vaticano 1979
Konrad Oberhuber, Vorzeichnungen zu Raffaels »Transfiguration«, in: Jahrbuch der Berliner Museen 4 (1962), 116–149
Konrad Oberhuber, Raphaels »Transfiguration«. Stil und Bedeutung, Stuttgart 1982
Konrad Oberhuber, Raffael. Das malerische Werk, München 1999
Rudolf Preimesberger, Tragische Motive in Raffaels »Transfiguration«, in: Zeitschrift f. Kunstgeschichte 50 (1987), 89–115
John Shearman, Raphael's clouds, and Correggio's, in: Micaela Sambucco Hamoud/Maria Letizia Strocchi (Hg.), Studi su Raffaello, Urbino 1987, Bd. 1, 657–668

John Shearman, Only connect ..., Art and the Spectator in the Italian Renaissance, Princeton 1992
Alex Stock, Levitation und Epilepsie. Theologisches zu Raffaels letztem Bild, in: Barbara Wichelhaus/Hermann Sturm (Hg.), BRECCIEN artifiziell (Festschrift Hans Brög), Viersen 1995, 34–42
Alex Stock, Raffaels letztes Bild, in: Ders., Poetische Dogmatik. Christologie, Bd. 3, Paderborn 1998, 402–408
Ernst Ullmann, Raffael, Leipzig 1983, 246f
Giorgio Vasari, Lebensläufe der berühmtesten Maler, Bildhauer und Architekten (1550), übers. v. Trude Fein, Zürich 1974, 415f
Kathleen Weil-Garris, La morte di Raffaello e la »Trasfigurazione«, in: Marcello Fagiolo/Maria Luisa Madonna (Hg.), Raffaello e L'Europa, Roma 1990, 177–187
Jörg Zink, DiaBücherei Christliche Kunst, Bd. 20, Dias Nr. 52–55

Der Beitrag ist erschienen in: KatBl 126 (2001), H.4, 268–275. Für sein Entgegenkommen, für Auskünfte und Hinweise danke ich Herrn Prof. Dr. *Arnold Nesselrath* (Musei Vaticani); für die mir gewährte Gastfreundschaft während der Abfassung dieser Lektion danke ich meinem »Vetter« und Freund, Msgr. *Reinhard Heldt* in Rom.

12. »Je mehr Welt, umso weniger Gott«? (S. 138–166)

Literatur

Hans Belting/Christiane Kruse, Die Erfindung des Gemäldes. Das erste Jahrhundert der niederländischen Malerei, München 1994
Norman Bryson, Looking at the Overlooked. Four Essays on Still Life Painting, London 1990, 146–155
J. Couchman, Actio and Passio. The Iconography of of the Scene of Christ at the Home of Mary and Martha, in: Studi Medievali, Ser. 3/26,2 (1985), 711–719
Kenneth M. Craig, Pars Ergo Marthae Transit: Pieter Aertsen's ›Inverted‹ Paintings of Christ in the House of Martha and Mary, in: Oud Holland 97 (1983), 25–39
Ulrich Dobhan (Hg.), Teresa von Avila, Olten 1979, 199–206
John Drury, Painting the Word. Christian Pictures and their Meanings, London 1999, 156–168
Sybille Ebert-Schifferer (Hg.), Giovanni Gerolamo Savoldo und die Renaissance zwischen Lombardei und Venetien. Von Foppa und Giorgione bis Caravaggio, Mailand-Frankfurt/M. 1990
Jan Ameling Emmens, »Eins aber ist nötig« – Zu Inhalt und Bedeutung von Markt- und Küchenstücken des 16. Jahrhunderts, in: Album Amicorum J.G. van Gelder, Den Haag 1973, 93–101
Marcus Frings, in: Journal für Kunstgeschichte 3 (1999) H. 1, 57–63
Dorothea Gall, Augustinus auf dem Mt. Ventoux: Zu Petrarcas Augustinus-Rezeption, in: Mittellateinisches Jahrbuch 35 (2000), 301–322
Johan Huizinga, Das Problem der Renaissance. Renaissance und Realismus, Berlin 1991
Creighton E. Gilbert, The Works of Giralomo Savoldo, New York-London 1986
Jutta Held/Norbert Schneider, Sozialgeschichte der Malerei vom Spätmittelalter bis ins 20. Jahrhundert, Köln 1993
Brigitte Heublein, Der »verkannte« Joseph. Zur mittelalterlichen Ikonographie des Heiligen im deutschen und niederländischen Kulturraum, Weimar 1998
Janner, Individualismus und Religiosität der Renaissance, in: Dt. Vierteljahrsschrift für Literaturwiss. und Geistesgeschichte (1953), 374f

Carl Justi, Diego Velázquez und sein Jahrhundert, (Bonn 1888), Leipzig ²1991
Klaus Krüger, Das Bild als Schleier des Unsichtbaren, München 2001
Ulrich Kuder, Ottonische Buchmalerei, in: Kunsthistorische Arbeitsblätter (1999), H.3, 31–38
Günter Lange, Die Auferstehung Christi als Liebesgeschichte, in: KatBl 111 (1986), 132f
Erika Langmuir, National Gallery London. Museumsführer (neue Ausgabe), London 1999
Wilhelm Messerer, Figur und Bildinhalt im Werk von Velázquez, in: Ders., Vom Anschaulichen ausgehen. Schriften zu Grundfragen der Kunstgeschichte, Wien 1992, 200–220
Charles Ilsle Minott, The Theme of the Mérode Altarpiece, in: The Art Bulletin 51 (1969), 267–271
Otto Pächt, Van Eyck. Die Begründer der altniederländischen Malerei, München 1989, 35–78
Mary Pardo, The Subject of Savoldo's Magdalena, in: The Art Bulletin 71 (1989), 67–91
Francesco Petrarca, Dichtungen, Briefe, Schriften, Frankfurt/M. 1956, 80–89
Joachim Pfeiffer, Petrarca und der Mont Ventoux, in: Germanisch-Romanische Monatsschrift 47 (1997), 1–24
Meyer Schapiro, »Muscipula Diaboli«: The Symbolism of the Mérode Altarpiece, in: The Art Bulletin 27 (1945), 182–187
Meyer Schapiro, A note on the Mérode Altarpiece, in: The Art Bulletin 41 (1959), 327–328
Felix Scheffler, Das spanische Stillleben des 17. Jahrhunderts, Frankfurt/M. 2000, 393ff
Helga Siefert, Peter Cherry, Xante Brooken, Murillo – Kinderleben in Sevilla, München 2001
Martín S. Soria, An Unknown Painting by Velázquez, in: The Burlington Magazine 91 (1949), 123–128
Felix Thürlemann, Der Blick hinaus auf die Welt. Zum Raumkonzept des Mérode-Triptychons von Robert Campin, in: Peter Fröhlicher u.a. (Hg.), Espaces du texte: recueil d'hommages pour Jacques Geninasca, Lausanne 1990, 383–396
Felix Thürlemann, Das Mérode-Triptychon. Ein Hochzeitsbild für Peter Engelbrecht und Gretchen Schrinmechers aus Köln, Frankfurt/M. 1997
Jörg Traeger, Renaissance und Religion. Die Kunst des Glaubens im Zeitalter Raphaels, München 1997
Paul Verbraeken, in: Arnout Balis (Hg.), Flämische Malerei im Kunsthistorischen Museum Wien, Zürich 1989
Immo Wagner-Douglas, Das Maria- und Martha-Bild, Baden-Baden 1999, 244ff
Georg Weise, Il Rinnovamento dell'Arte Religiosa nella Rinascita, Florenz 1969

Zuerst als Abendvortrag am 26. November 1999 auf der Hegge bei Warburg gehalten – zum Gedenken an den 100. Geburtstag von *Theoderich Kampmann,* des Gründers der Hegge-Gemeinschaft und meines Doktor-Vaters, am 11. August desselben Jahres. Der Beitrag wurde um die persönlichen Kampmann-Erinnerungen zu Beginn des Vortrags gekürzt; der Vortragstil wurde weitgehend beibehalten, die Belege wurden nachgetragen. – Das erste Beispiel, das Mérode-Triptychon der Verkündigung an Maria, basiert auf einer ausführlicheren Erstfassung: KatBl 118 (1993), 778–785. – Eine ausführlichere Beschreibung des zweiten Beispiels, des Maria-Magdalena-Bildes von Savoldo, stand ebenfalls zuerst in: KatBl 116 (1991), 498–504. – Die ausführlichere Erstfassung des letzten Beispiels findet sich in der Festschrift für Hermann-Josef Pottmeyer: *Wilhelm Geerlings/Max Seckler* (Hg.), Kirche sein, Freiburg 1994, 443–452, unter dem Titel:

Säkularisierung oder Realisierung? Zur Strittigkeit religiöser Weltdeutungen in Bildern. – Ein Jugendroman, der die Annäherung an den Maler Velázquez ermöglicht, von dem nur wenige biografische Einzelheiten bekannt sind: *Elizabeth Borton de Trevino,* Der Freund des Malers, Weinheim 2001. – Ursprünglich war auch die Besprechung des Selbstporträts von Albrecht Dürer (Abb. 6.7) Bestandteil dieses Vortrags.

Erst nach Fertigstellung des Manuskripts für den Druck war mir die erweiterte Habilitationsschrift von *Klaus Krüger* zugänglich: Das Bild als Schleier des Unsichtbaren. Ästhetische Illusion in der Kunst der frühen Neuzeit in Italien, München 2001. In ihr wird an zahlreichen religiösen Bildbeispielen überzeugend gezeigt, dass und wie die neuen ästhetischen Qualitäten der nachmittelalterlichen Kunst keineswegs zur Schwächung der religiösen Relevanz führen, sondern diese mit neuen Mitteln neu zur »Sprache« bringen. Von daher wäre die Fragestellung, mit der sich die 12. Lektion befasst, ästhetisch entschieden zu erweitern und zu vertiefen.

13. Der nackte Jesus: verworfen, vermenschlicht, verklärt (S. 167–176)

Literatur

Gottfried Bachl, Der schwierige Jesus, Innsbruck-Wien [2]1996; 43–76: Der nackte Jesus

Hans Peter Duerr, Nacktheit und Scham, Frankfurt/M. 1988

R. Grégoire, Art. »Nudité«, in: Dict. Spir., Paris 1982, 509–513

Nikolaus Himmelmann, Ideale Nacktheit, Opladen 1985

Klaus Krüger, Das Bild als Schleier des Unsichtbaren, München 2001, 82–85 (zu Mantegnas »Cristo in scurto«)

Karl Möseneder, Schleier Mariens und Lendentuch Christi – Zu Passionsmotiven der Severinsmadonna, in: Das Münster 54 (2001), 98–107

Gerda S. Panofsky, Die Ikonographie von Michelangelos »Christus« in Santa Maria Sopra Minerva in Rom, in: Münchner Jahrbuch der bildenden Kunst 39 (1988), 89–112

Gerda S. Panofsky, Michelangelos »Christus« und seine römischen Auftraggeber, Worms 1991

Klaus Schreiner/Norbert Schnitzler (Hg.), Gepeinigt, begehrt, vergessen. Symbolik und Sozialbezug des Körpers im späten Mittelalter und in der frühen Neuzeit, München 1992

Kerstin Schwedes, Historia in statua. Zur Eloquenz plastischer Bildwerke Michelangelos im Umfeld des Christus von S. Maria sopra Minerva zu Rom, Frankfurt/M. 1998

Leo Steinberg, The Sexuality of Christ in Renaissance Art and in modern Oblivion, New York 1983 ([2]1997)

Leo Steinberg, Adams Verbrechen, in: Christoph Geissmar-Brandi/Eleonora Louis (Hg.), Kat. Glaube Hoffnung Liebe Tod, Wien 1995, 166–174

Felix Thürlemann, Mantegnas Mailänder Beweinung. Die Konstitution des Betrachters durch das Bild, Konstanz 1989

William E. Wallace, Michelangelo's Risen Christ, in: Sixteenth Century Journal 28 (1997), 1251–1280

Terrance Walsh, Donatello's David, or flesh made spirit, in: Religion and the arts 1 (1997), 8–33

Klaus Wessel, Der nackte Crucifixus von Narbonne, in: Riv. archeol. crist. 43 (1967), 333–345

Jürgen Zänker, Crucifixae. Frauen am Kreuz, Berlin 1999

Der Beitrag ist zuerst erschienen in: KatBl 125 (2000), 120–124.

14. »Mein Gott, warum hast du mich verlassen?« (S. 177–199)

Literatur

Bernhard Andreae, Odysseus. Archäologie des europäischen Menschenbildes, Frankfurt/Main 1982, Kap.16

Bernhard Andreae, Laokoon und die Gründung Roms, Mainz 1988

Arnold Angenendt, Das Kreuzigungsbild auf Grünewalds Isenheimer Altartafel (Privatdruck)

Helmut Bethe, Art. »Astkreuz«, in: RDK 1 (1937), 1152–1161

Willibald Bösen, Der letzte Tag des Jesus von Nazareth, Freiburg 31995, 291ff

Emidio Campi, Kruzifixus und Pietà Michelangelos für Vittoria Colonna. Versuch einer theologischen Interpretation, in: Sylvia Ferino-Pagden, Vittoria Colonna. Dichterin und Muse Michelangelos, Katalog Wien 1997

Anne Derbes, Picturing the Passion in Late Medieval Italy, Cambridge 1996

Leopold David Ettlinger, Exemplum Doloris. Reflections on the Laocoon Group, in: De Artibus opuscula XL. Essays in Honour of E. Panofsky, Bd.I, New York 1961

Hugo Friedrich, Epochen der italienischen Lyrik. Frankfurt a. Main 1964

Ottmar Fuchs, Klage als Gebet. Eine theologische Besinnung am Beispiel des Psalms 22, München 1982

Ottmar Fuchs, Die Freude in der Klage!, in: KatBl 109 (1984), 90–99

Klaus Ganzer, Michelangelo und die religiösen Bewegungen seiner Zeit, Stuttgart 1996

Volker Kapp, Art. Vittoria Colonna, in: LThK[3]; 2 (1994), 1266

Walter Haug/Burghart Wachinger (Hg.), Die Passion Christi in Literatur und Kunst des Spätmittelalters, Tübingen 1993

Reiner Haussherr, Michelangelos Kruzifixus für Vittoria Colonna. Bemerkungen zu Ikonographie und theologischer Deutung, Opladen 1971

Michael und Renate Hertl, Laokoon. Ausdruck des Schmerzes durch zwei Jahrtausende, München 1968

Heuser (Übers.), Ausgewählte Offenbarungen der hl. Birgitta, Köln 1851

Godehard Hoffmann, Der Cruxifixus dolorosus in St. Maria im Kapitol zu Köln. Neue Erkenntnisse nach seiner Restaurierung und ihre Bedeutung für die Kunst des frühen 14. Jahrhunderts, in: Colonia Romanica 15 (2000), 9–82

Eberhard Jüngel, Tod, Stuttgart-Berlin 1971

Eberhard König, Französische Buchmalerei um 1450, Berlin 1982

Günter Lange, »Seht das Holz des Kreuzes«. Das Kreuz-Thema in der christlichen Kunst bis zum Ende des Mittelalters, in: Ders. (Hg.), »Scandalum Crucis« (Theologie im Kontakt 5), Bochum 1997

Gotthold Ephraim Lessing, Laokoon oder über die Grenzen der Malerei und Poesie, in: Werke, 6. Band, München 1974

Lexikon der Kunst, Art. »Laokoongruppe«, Bd. 4, Leipzig 1992, 223f

Lexikon der Kunst, Art. »Mystikerkruzifix«, Bd. 5, Leipzig 1993, 72f

James Marrow, Passion Iconography in Northern European Art of the Late Middle Ages and Early Renaissance, Kontrijk 1979

Fried Mühlberg, Crucifixus Dolorosus. Über Bedeutung und Herkunft des gotischen Gabelkruzifixes, in: Wallraf-Richartz-Jahrbuch 22 (1960), 69–86 Lexikon der Kunst, Art. »Mystikerkruzifix« Leipzig

Erwin Panofsky, Die altniederländische Malerei, Köln 2001

Francis P. Pickering, Literatur und darstellende Kunst, Berlin 1966, darin Kap. IV: Christi Kreuzigung: Das neutestamentliche Wort, das mittelalterliche Bild (146–192)

Rudolf Schnackenburg, Das Johannesevangelium, Teil III, Leipzig 1977

Henk van Os, The Art of Devotion in the Late Middle Ages in Europe 1300–1500, Amsterdam 1994
Alexander Sand, Das Evangelium nach Matthäus, Regensburg 1986
Franz-Georg Untergaßmair, Kreuzesworte Jesu, in: LThK[3], 6 (1997), 457f
Matthias Winner, Zum Nachleben des Laokoon in der Renaissance, in: Jahrbuch der Berliner Museen, NF 16,1974

Dies ist mein Beitrag zur Festschrift für Bischof Dr. Hubert Luthe, die unter dem Titel »Ne Crux Evacuetur« zu dessen 75. Geburtstag am 22. Mai 2002 erscheint. – Die Miniatur aus dem Rohan-Stundenbuch habe ich ausführlicher behandelt unter dem Titel »Gottes Not mit dem Leid«, in: KatBl 117 (1992), 774–782 und sie Franz-Josef Nocke zum 60. Geburtstag gewidmet; der Artikel wurde übernommen von Theo Eggers in seinem Lehrerkommentar zu den Religionsbüchern »Gott und Welt«, Bd.9/10, Düsseldorf 1996, 365–371. In einer Nachbemerkung (371) hat Theo Eggers noch einen Gesichtspunkt beigesteuert: »Vor dem Hintergrund einer archetypischen (Schrift-) Auslegung lässt sich ... fragen, ob Maria und Johannes nicht vielleicht die beiden Seiten ein und derselben Person verkörpern, den emotional-affektiven und den rational-intellektuellen Anteil des Menschen, die Reaktion, durchzuhängen *und* sich aufzulehnen angesichts einer Situation, wo ein geliebter Angehöriger bzw. Freund ums Leben gekommen ist und zerstört am Boden liegt«.
Die für 2001 angekündigte Monographie von *Claudia-Elisabetta Schurr,* Vittoria Colonna und Michelangelo Buonarotti. Künstler- und Liebespaar der Renaissance, war bei Redaktionsschluss des vorliegenden Bandes noch nicht erschienen.

15. Das Kreuz als Lebens- und Weltenbaum (S. 200–204)

Literatur

Zofia Ameisenowa, The tree of life in Jewish iconography, in: Journal of the Warburg Institute 2 (1938/39), 326–345
Arnold Angenendt, Geschichte der Religiosität im Mittelalter, Darmstadt 1997
Gerhard J. Baudy, Art. »Baum«, in: Hubert Cancik/Burkhard Gladigow/Matthias Laubscher (Hg.), Handbuch religionswissenschaftlicher Grundbegriffe, Bd. 2, Stuttgart 1990, 109–116
Romuald Bauerreiß, Arbor Vitae. Der Lebensbaum und seine Verwendung in Liturgie, Kunst und Brauchtum des Abendlandes, München 1938
Hellmuth Bethe, Art. »Baumkreuz«, in: RDK 2 (1948), 100–105
Werner Boette, Art. »Lebensbaum«, in: Handwörterbuch des deutschen Aberglaubens 5 (1938), 960–965
Renate Brandscheit, Art. »Lebensbaum«, in: LThK[3] 6 (1997), 723–724
Jacques Brosse, Mythologie der Bäume, Solothurn [2]1994
Wolfgang Brückner, Art. »Lebensbaum«, in: Rolf W. Brednich (Hg.), Enzyklopädie des Märchens 8 (1996), 820–824
Roger Cook, The tree of life. Symbol of the centre, London 1974
Erika Dinkler-von Schubert, Art. »Lebensbaum«, in: RGG[4] 4 (1960), 251–252
Gabrielle Dufour-Kowalska, L'arbre de vie et la croix, Genf 1985
Mircea Eliade, Das Kreuz und der Lebensbaum, in: Ders., Geschichte der religiösen Ideen, Bd. 2, Freiburg 1979, 339–341
Gottfried Engelhardt, Das Lebensbaum-Motiv in der Kunst, Steyr 1974
Kurt Erdmann u.a., Art. »Baum«, in: RAC 2 (1954), 1–34

Hans Martin von Erffa, Ikonologie der Genesis. Die christlichen Bildthemen aus dem Alten Testament und ihre Quellen, Bd. 1, München 1989
Johanna Flemming, Art. »Baum, Bäume«, in: LCI 1 (1968), 258–268
Leopold Kretzenbacher, Kreuzholzlegenden zwischen Byzanz und dem Abendlande, München 1995
Lenz Kriss-Rettenbeck, Lebensbaum und Ährenkleid, in: Bayerisches Jahrbuch für Volkskunde, Regensburg 1956, 42–56
Manfred Lurker, Der Baum in Glauben und Kunst unter besonderer Berücksichtigung der Werke des Hieronymus Bosch, Baden-Baden ²1976
Manfred Lurker, Wörterbuch biblischer Bilder und Symbole, München ⁴1990
Vinzenz Pfnür, Das Kreuz: Lebensbaum in der Mitte des Paradiesgartens. Zur Bedeutung der christlichen Kreuzessymbolik, in: Maria-Barbara von Stritzky/Christian Uhrig (Hg.), Garten des Lebens (Festschrift für Winfried Cramer), Altenberge 1999, 203–222 (mit weiteren Literatur-Angaben)
Hugo Rahner, Das Mysterium des Kreuzes, in: Ders., Griechische Mythen in christlicher Deutung, Zürich 1957, 73–100
Liselotte Stauch, Art. »Baum«, in: RDK 2 (1948), 63–73
Urs Winter, Der Lebensbaum in der altorientalischen Bildsymbolik, in: Harald Schweiger (Hg.), »... Bäume braucht man doch!«. Das Symbol des Baumes zwischen Hoffnung und Zerstörung, Sigmaringen 1986

Dieser Beitrag ist unter dem Titel »Der Lebensbaum« zuerst erschienen in: Museum für Völkerkunde Hamburg (Hg.), Das gemeinsame Haus Europa. Handbuch zur europäischen Kulturgeschichte, München 1999, 476–478.

16. Fragwürdige Auferstehungsbilder (S. 205–226)

Literatur

Hans Aurenhammer, Lexikon der christlichen Ikonographie 1 (1959)
Edgar Baumgartl, Martin Knoller (1725–1804) als Deckenmaler, Hildesheim 1986
Cordula Bischoff, Strategien barocker Bildpropaganda. Aneignung und Verfremdung der heiligen Elisabeth von Thüringen (Studien zur Kunst- und Kulturgeschichte, Bd. 9), Marburg 1990
Werner Busch, Das sentimentalische Bild. Die Krise der Kunst im 18. Jahrhundert und die Geburt der Moderne, München 1993
Bruno Bushart, Martin Knoller – der Freskant, in: Die Abteikirche Neresheim, Neresheim 1975, 33–81
Ulrich Eibach, Die Versuchung, das Böse durch Macht zu besiegen, in: ThBeitr 23 (1992), 57–61
Joachim Gnilka, Der Epheserbrief, Leipzig 1971, 303ff
Gertrude Gsodam, Art. »Frau Welt«, in: LCI 4 (1972), 497
Hubertus Halbfas, Religionsbuch für das 4. Schuljahr, Düsseldorf 1986 (dazu: Ders., Lehrerhandbuch 4, Düsseldorf 1986, 328ff)
Hans Kessler, Sucht den Lebenden nicht bei den Toten. Die Auferstehung Christi, Düsseldorf 1985
Kunst der Reformationszeit, Ausstellungskatalog der staatlichen Museen zu Berlin, Berlin 1983, 357–360
Günter Lange, Kunst zur Bibel, München 1988, 220–227 (zu Manessier, Auferstehung); 229–331 (zum Anastasis-Mosaik aus Daphni)
Günter Lange, Christus auf Löwe und Drache, in: Baldur Hermans (Hg.), Zeugnis des Glaubens – Dienst an der Welt (Festschrift Franz Kardinal Hengsbach), Mülheim/Ruhr 1990, 643–674

Josef Mense, Die Auferstehung Christi. Zum »Herrenberger Altar« des Jörg Ratgeb, in: KatBl 117 (1992), 507–517
Jürgen Moltmann, Zwölf Bemerkungen zur Symbolik des Bösen, in: EvTh 52 (1992)
Friedrich Ohly, Gesetz und Evangelium. Zur Typologie bei Luther und Lucas Cranach, Münster 1985
Erwin Panofsky, Der blinde Amor, in: Studien zur Ikonologie (Studies in Iconology). Humanistische Themen in der Kunst der Renaissance, Köln 1980, 153–202
Joseph Popp, Martin Knoller, Innsbruck 1905
Ernst Thomas Reimbold, Der Pfau. Mythologie und Symbolik, München 1983
Manfred Schindler, Die Kuppelfresken der Abteikirche Neresheim. Ein Deckenatlas, hrsg. v. der Abtei Neresheim, Neresheim 1990
Piet Schoonenberg, Wege nach Emmaus. Unser Glaube an die Auferstehung Jesu, Graz u.a. 1974 (hier zit. nach KatBl 104 (1979), 425)
Peter-Klaus Schuster, »Gesetz und Gnade«, in: Werner Hofmann (Hg.), Luther und die Folgen für die Kunst, München 1983
Peter-Klaus Schuster, Melencolia I. Dürers Denkbild, Berlin 1991 (Stichwort »Christlicher Ritter«)
Wolfgang Stammler, Frau Welt. Eine mittelalterliche Allegorie, Freiburg/Schweiz, 1959
Alex Stock, Auferstehungsbilder, in: Ders./Manfred Wichelhaus, Ostern in Bildern, Reden, Riten, Geschichten und Gesängen, Zürich 1979
Norbert Stoffels, Ein Gang durch die Abteikirche Neresheim, in: Die Abteikirche Neresheim, Neresheim 1975, 11–14
Hans Georg Thümmel, Die Frühgeschichte der ostkirchlichen Bilderlehre, Berlin 1992, 45–51
Hans Georg Thümmel, Eusebios' Brief an Kaiserin Konstantia, in: Klio 66 (1984), 210–222
Andreas Wang, Der »Miles Christianus« im 16. und 17. Jahrhundert und seine mittelalterliche Tradition, Frankfurt/M. 1975
Siegfried Wenzel, The Three enemies of Man, in: Mediaeval Studies 29 (1967), 47–66

Der Beitrag ist zuerst erschienen in der Festschrift für den Erzbischof von Paderborn, Johannes Joachim Degenhardt: *Josef Ernst/Stephan Leimgruber* (Hg.), Surrexit Dominus vere. Die Gegenwart des Auferstandenen in seiner Kirche, Paderborn 1995, 495–513 (hier leicht gekürzt). – Nicht unerwähnt lassen möchte ich meine Erstbegegnung mit einer Reproduktion des Freskos von Martin Knoller: Sie hing in der Sakristei der Kath. Akademie in Stuttgart-Hohenheim, in der in großem Kreis der 70. Geburtstag von Gabriele Miller gefeiert wurde, beginnend mit einer Eucharistiefeier, in der ich die Predigt halten durfte – und zuvor im Blick auf dieses Bild Konzentration und Gelassenheit zu gewinnen versuchte. Der erste Eindruck bewegte mich so, dass ich später zur Autopsie nach Neresheim gefahren bin.

17. Plädoyer für ein anderes Osterbild (S. 227–248)

Literatur

- Außer den theologischen Lexika wie LThK und TRE wurden speziell zur Ikonographie der Anastasis/Auferstehung herangezogen: LCI, RAC, RBK, RDK, Schiller und Aurenhammer
- Zur Ikonographie der Auferstehung im Allgemeinen:
Hubert Schrade, Die Auferstehung Christi, Berlin 1932
Wolfgang Braunfels, Die Auferstehung, Düsseldorf 1951
Franz Rademacher, Zu den frühen Darstellungen der Auferstehung Christi, in: Zeit-

schrift für Kunstgeschichte 28 (1965), 195–224

- Zur Ikonographie der Anastasis im Besonderen:
  Guido Fuchs/Hans Martin Weikmann, Das Exsultet, Regensburg 1992
  Caecilia Davis-Weyer, Die ältesten Darstellungen der Hadesfahrt Christi, des Evangeliums Nikodemi und ein Mosaik der Zeno-Kapelle, in: Roma e l'eta Carolingia, Rom 1976, 183–194
  Anna D. Kartsonis, Anastasis. The making of an Image, Princeton 1986
  Josef Kroll, Gott und Hölle, Studien der Bibliothek Warburg 20 (1932), 56–125
  Manfred Lochbrunner, Descensus ad inferos. Aspekte und Aporien eines vergessenen Glaubensartikels, in: Forum Katholische Theologie 9 (1993), 161–177
  Elisabetta Lucchesi Palli, Der syrisch-palästinensische Darstellungstypus der Höllenfahrt Christi, in: Römische Quartalschrift 57 (1962), 250–267
  Wilhelm Nyssen, Anastasis – Auferstehung. Zu einer nordrussischen Ikone des 15. Jahrhunderts, Köln 1990
  Peter Plank, Die Wiederaufrichtung des Adam und ihre Propheten. Eine neue Deutung der Anastasis-Ikone, in: Ostkirchliche Studien 41 (1992), 34–49
  Hans-Joachim Schulz, Die »Höllenfahrt« als »Anastasis«, in: Zeitschrift f. kath. Theologie 81 (1959), 1–66
  Hans-Joachim Schulz, Die Anastasis-Ikone als Erlösungsaussage und Spiegel des sakramentalen Christusmysteriums, in: Der Christliche Osten 36 (1981), 3–11. 39–45
  Felix Vongrey, Commentarium zur Exultet-Rolle, Graz 1975
  Herbert Vorgrimler, Fragen zum Höllenabstieg Christi, in: Concilium 1 (1966), 70–75
- Zur Anastasistheologie und -ikonographie religionspädagogisch-katechetisch:
  Günter Lange, Bildkatechese zur Auferstehung, in: KatBl 86 (1961), 388–394
  Thomas Schreijäck, Descensus ad inferos – Höllenfahrt Christi, in: KatBl 111 (1986), 799–803
  Günter Lange, Kunst zur Bibel, München 1988, 228–239

- Weitere Literatur:
  Gisela Kittel, Das leere Grab als Zeichen für das überwundene Totenreich, in: Zeitschrift für Theologie und Kirche 96 (1999), 458–479
  Gisela Kittel, Befreit aus dem Rachen des Todes. Tod und Todesüberwindung im Alten und Neuen Testament, Göttingen 1999
  Henri de Lubac, Glauben aus der Liebe, Einsiedeln 1970 (m. Anhang: Pseudo-Epiphanius)
  Victor I. Stoichita, Das mystische Auge. Vision und Malerei im Spanien des Goldenen Zeitalters, München 1997

Der Artikel ist in seiner Urfassung Franz Kohlschein in Bamberg zum 65. Geburtstag und zum Abschied vom dortigen Lehrstuhl für Liturgiewissenschaft gewidmet und für dessen Festschrift vorgesehen: *Hans J. Ignatzi/Peter Wünsche* (Hg.), Das ist heute. Die Osterfeier und ihre Deutung in Text und Handlung. – Da sich das Erscheinen der Festschrift verzögerte, erschien der Text gekürzt vorab in: rhs 43 (2000), 116–125. Den Schlussabschnitt habe ich in der vorliegenden Version geändert. – Josef Kloppenburg/Kassel half mir freundlicherweise bei der Besorgung der Fotografie aus der Murhardschen Bibliothek in Kassel (Abb. 17.1).

18. Liebling frommer Frauen: Der auferstehende Christus in Wienhausen (S. 249–259)

Literatur (chronologisch geordnet)
Hubert Schrade, Die Auferstehung Christi, Berlin 1932
Hans Wentzel, Die Madonna in Wienhausen, in: Zeitschrift für Kunstwissenschaft 1 (1947), 77–88
Wolfgang Braunfels, Die Auferstehung, Düsseldorf 1951
Horst Appuhn, Der Auferstandene und das Heilige Blut zu Wienhausen, in: Niederdeutsche Beiträge zur Kunstgeschichte 1 (1961), 73–138, bes. 98ff
Gertrud Schiller, Ikonographie der Christlichen Kunst 3 (1971), 77
Gerhard Boos, Christusbilder, in: Jörg Zink (Hg.), DiaBücherei Christliche Kunst 7 (1983), 124–126 (mit 2 Dias des auferstehenden Christus aus Wienhausen: Dia Nr. 49: Gesamtbild; Nr. 50: Ausschnitt: Brustbild Christi)
Günter Lange, Hat Jesus gelacht?, in: KatBl 109 (1984), 103–108
Elisabeth Vavra, Bildmotiv und Frauenmystik – Funktion und Rezeption, in: Peter Dinzelbacher/Dieter R. Bauer (Hg.), Frauenmystik im Mittelalter, Ostfildern 1985, 201–231
Günter Lange, Kunst zur Bibel, München 1988, 220–227 (zu Manessier, Ostersonne)
Petra Zimmer, Die Funktion und Ausstattung des Altares auf der Nonnenempore. Beispiele zum Bildgebrauch in Frauenklöstern aus dem 13.–16. Jahrhundert, Köln 1990, 36–70
Kerstin Hengevoss-Dürkop, Jerusalem – Das Zentrum der Ebstorf-Karte, in: Hartmut Kugler (Hg.), Ein Weltbild vor Columbus. Die Ebstorfer Weltkarte, Weinheim 1991, 205ff
Peter Dinzelbacher, Mittelalterliche Frauenmystik, Paderborn 1993
Kurt Ruh, Geschichte der abendländischen Mystik, Bd. 2: Frauenmystik und Franziskanische Mystik der Frühzeit, München 1993
Kerstin Hengevoss-Dürkop, Skulptur und Frauenkloster. Studien zu Bildwerken der Zeit um 1300 aus Frauenklöstern des ehemaligen Fürstentums Lüneburg, Berlin 1994, bes. 121–161
Kerstin Hengevoss-Dürkop, Der Wienhauser Auferstehungs-Christus. Überlegungen zum Frauenkloster als Formgelegenheit, in: Herbert Beck/Kerstin Hengevoss-Dürkop (Hg.), Studien zur Geschichte der europäischen Skulptur im 12./13. Jahrhundert, Bd. 1, Frankfurt/Main 1994, 483–493

Der Beitrag ist zuerst erschienen in: KatBl 125 (2000), 102–107. Eine neue Zugabe sind die drei Beitexte.

19. Wiedersehen – Thomas und Christus (S. 260–263)

Zuerst erschienen im 10. Jahresbericht der selbstverwalteten Bildungs- und Freizeitstätte »Landhaus am Heinberg e.V.« in Warburg/Westfalen (2001). Diesem gemeinnützigen Unternehmen und den Mitgliedern des Trägervereins fühle ich mich seit langem verbunden.

Der erste Abschnitt (Wiedersehen) in teilweise enger Anlehnung an die erste Hälfte eines instruktiven Artikels von *Thomas Noll*: Ernst Barlach, Christus und Thomas, in: Niederdeutsche Beiträge zur Kunstgeschichte 28 (1999), 303–320. In der zweiten Hälfte seines Artikels stellt Noll die Figurengruppe in den Rahmen der persönlich gefärbten christlichen Weltanschauung Barlachs; ich meinte, diese hier übergehen zu dürfen.

20. Bilder vom Himmel (S. 265–273)

Erstdruck der verschiedenen »Himmelsbilder« in: KatBl 123 (1998), 174; 252; 384 und 127–130.

- *Zum Ozean-Beispiel:* Die Geschichte des von Pacher gemalten Exempels hat v.a. *Henri Marrou* aufgeklärt; vgl. zusammenfassend *Aurenhammer,* Lexikon der christlichen Ikonographie, 268f. – Die Hinweise auf Rahner verdanke ich Franz-Josef Nocke. – »Mönch am Meer« farbig reproduziert und von *Alex Stock* kommentiert in KatBl 1983,429–433. Ausführlichere Behandlung, gleichfalls unter dem Titel »... wenn Gott der Ozean ist«, in: *Gotthard Fuchs/Jürgen Werbick* (Hg.), Der dreieinige Gott. Predigten mit Hintergrund, Donauwörth 1999, 137–143.
- *Zu »Abrahams Schoß«* aus dem Landgrafenpsalter ausführlicher in: KatBl 123 (1998), 127–130. Die Zitate stammen von *Renate Kroos* im Kommentar zur Faksimile-Ausgabe des Psalters, Graz 1992, 63–139.

21. Himmelsleitern (S. 274–283)

Literatur

Hans Martin Erffa, Ikonologie der Genesis, Bd.2, München 1995, 271–293 (mit einer unausschöpfbaren Fülle von Lit.-Hinweisen)

Anna Eörsi, Haec scala significat ascensum virtutum. Remarks on the Iconography of Christ Mounting the Cross on a Ladder, in: Arte Cristiana 780 (3/1997), 151–166

Christian Heck, L'Echelle Céleste dans L'Art du Moyen Age, Paris 1997 (mit 195 Abb.)

Richard Heinrich, Die Erhebung des Gedankens. Ein Essay, Wien 1990, bes.42ff (ein geistreicher und entsprechend anstrengender Gang durch die Geistesgeschichte unter dem Leitmotiv der Jakobsleiter).

Ferdinand Holböck, Gottes Nordlicht. Die hl. Birgitta von Schweden und ihre Offenbarungen, Stein a. Rh. 1983, 192f

Hans Holländer, Über die Bedeutung der Jakobsleitern von Erwitte, in: H. Fegers (Hg.), Das Werk des Künstlers (Festschrift Hubert Schrade), Stuttgart 1960, 101–107

Leopold Kretzenbacher, Bilder und Legenden, Klagenfurt 1971, 16–42: Der schwierige Weg nach oben. Legende und Bild von Jakobstraum, Paradiesesleiter und Himmelsstiege

John Rupert Martin, The illustration of the Heavenly Ladder of John Climacus, Princeton 1954

Uwe Wolff, Alles über Engel, Freiburg 2001, Art. »Himmelsleiter«, 97–101

Die Erstfassung erschien als Begleittext zu einer Bildserie in: KatBl 124 (1999), 245–249.

22. Bilder vom Tierfrieden (S. 284–293)

Literatur

François Bovon, The Child and the Beast: Fighting Violence in Ancient Christianity, in: Harvard Theol. Review 92 (1999), 369–392

Vinzenz Buchheit, Tierfriede in der Antike, in: Würzburger Jahrbücher für Altertumswissenschaft 12 (1986), 143–167

Vinzenz Buchheit, Tierfriede bei Hieronymus und seinen Vorgängern, in: JbAC 33 (1990), 21–35

Erika Dinkler-von Schubert, Art. »Tierfriede«, in: LCI 4 (1972), 317–320

Ernst Haag, Der neue David und die Offenbarung der Lebensfülle Gottes nach Jesaja 11,1–9, in: Michael Böhnke/Hanspeter Heinz (Hg.), Im Gespräch mit dem dreieinen

Gott (Festschrift Wilhelm Breuning), 1985, 97–114
Thomas Hieke, »Dann wohnt der Wolf beim Lamm ...« (Jes 11,6). Utopien in den prophetischen Schriften des Alten Testaments, in: Lebendiges Zeugnis 54 (1999), 245–264
Günter Lange, Wenn Wolf und Lamm an der Krippe zusammenkommen, in: Michael Langer (Hg.), Mit Schülern Gott suchen, Regensburg 1995, 21–24
Hubertus Lutterbach, Der Bilderzyklus »Eschatologischer Tierfriede« von Edward Hicks (1780–1849). Zugang zur Spiritualität der Quäker, in: Pietismus und Neuzeit. Ein Jahrbuch zur Geschichte des neueren Protestantismus, Bd. 25, Göttingen 1999, 105–124
George Reilly, Die Vision einer gerechteren Welt. Unterrichtsvorschläge in Anlehnung an die Religionsdidaktik von Ingo Baldermann (Sekundarstufe I), in: ru 2/1996, 57f
Odil Hannes Steck, »... ein kleiner Knabe kann sie leiten«. Beobachtungen zum Tierfrieden in Jesaja 11,6–8 und 65,25, in: Jutta Hausmann/Hans Jürgen Zobel (Hg.), Alttestamentlicher Glaube und biblische Theologie (Festschrift Horst Dietrich Preuss), Stuttgart 1992, 104–113
Erich Zenger, Die Verheißung Jesaja 11,1–10. Universal oder partikular?, in: Jacques van Ruiten/Marc Vervenne (Hg.), Studies in the Book of Isaiah (Festschrift Willem A.M. Beuken), Leuven 1997, 137–147

Eine erste Fassung dieses Beitrags ist erschienen in: KatBl 118 (1993), 171–176.
Die »Novelle« Goethes findet sich in: *Peter von Matt* (Hg.), Goethe erzählt. Geschichten, Novellen, Schilderungen, Abenteuer und Geständnisse, Zürich 1982, 171–190.
Max Ophüls hat aus der »Novelle« 1953 im Südwestfunk ein bezauberndes Hörspiel gemacht (Cotta's Hörbühne, Stuttgart 1986, Kassette 76100).

Ein Märchenroman von Silvio Blatter nimmt das Motiv neuerdings wieder auf: Drei Ausreißer unternehmen gemeinsam eine Lebensreise: der Junge Blinky, der bankrotte Madox und der Löwe Tom (er ist Vegetarier). Tom ist aus seinem Käfig ausgerissen, Blinky aus dem Elternhaus und Madox aus dem Altenheim. Gemeinsam machen sie sich auf den Weg zum Meer ...: *Silvio Blatter,* Avenue America, Frankfurt/M. 1992 (vgl. FAZ v. 22.12.1992, 28).

23. Christophorustypen (S. 294–303)

Literatur

- Grundlegend für die Geschichte der Christophoruslegende und des Christophorusbildes: *Hans-Friedrich Rosenfeld*, Der hl. Christophorus. Seine Verehrung und seine Legende, Leipzig 1937. Scharfe theologische Unterscheidungen und Wertungen am historischen Material nimmt vor: *Aemiliana Löhr*, Der heilige Christophorus und die Wandlungen im christlichen Heiligenkult, in: Mayer/Quasten/Neunheuser, Vom christlichen Mysterium (Festschrift Odo Casel), Düsseldorf 1951, 227–259. Von mir resümierend dargestellt in meiner ersten Veröffentlichung: *Günter Lange*, Der heilige Christophorus, in: KatBl 86 (1961), 105–113. Leicht zugänglich: *Gertrud Benker*, Christophorus. Patron der Schiffer, Fuhrleute und Kraftfahrer. Legende, Verehrung, Symbol, München 1975.
- Zusammenfassende Artikel u.a. in folgenden Lexika: LThK[2] 2 (1958), 1167 f; LThK[3] 2 (1994), 1174ff; RAC 2 (1954), 1241–1250; EM 2 (1979), 1405–1411; LCI 5 (1973), 496–508; Aurenhammer, Lexikon der christl. Ikonographie, 1 (1959–1967), 435–453.

- Die Dissertation von *Ingrid Müller*, Die Darstellung des heiligen Christophorus in der Tiroler Wandmalerei (aus den 60er-Jahren) ist mir leider nicht zugänglich. Gesammelt liegen Bildbeispiele aus Südtirol vor in einem mit spirituellen Kurzimpulsen versehenen Taschenbuch: *Renate Sotriffer*, St. Christophorus in Südtirol, Bozen 1991. Farbige Reproduktionen aber auch z.B. in *Oswald Kofler*, Kunsterlebnis Südtirol, Bozen 1986, oder in *Nicolò Rasmo*, Kunstschätze Südtirols, Rosenheim 1985, sowie in *Waltraud Kofler-Engl*, Frühgotische Wandmalerei in Tirol, Bozen 1995.
- Zum ersten Impuls: *Rosenfeld*, 392f; *Löhr* 328f. Vgl. *Heinrich Schlier*, Der Brief an die Galater, Göttingen 1951, 63f; Ders., Der Brief an die Epheser, Düsseldorf 1957, 169. – *Simone Weil*, Das Unglück und die Gottesliebe, München 1953 (zusammengefasst in Kindlers Literatur Lexikon (dtv-Ausg.), 4 (1974), 1242 f. – *Karl Rahner* wird zitiert aus seinen Beiträgen zur Pastoraltheologie: Sendung und Gnade, Innsbruck 1959, 118. – Zu *Augustinus* vgl. *Stefan Gilson*, Der Heilige Augustin, Hellerau 1930, 124–145. Eine Aktualisierung der Lehre vom »inneren Lehrer« im Vergleich von Rahner mit Augustinus unternimmt: *Rosemarie Nürnberg*, Mystagogische Theologie bei Augustinus und Karl Rahner, in: Wissenschaft und Weisheit 50 (1987), 93–125.
- Zum zweiten Impuls: Grundlegend sind die Studien von *Walter Loeschke*, zuletzt unter dem Titel: Neue Studien zur Darstellung des tierköpfigen Christophorus, in: Beiträge zur Kunst des christlichen Ostens, Bd. 3, Recklinghausen 1965, 37–88. Neuerdings: Martin Bock, Christophoros kynokephalos. Die Darstellungen des hundsköpfigen Christophoros auf Ikonen des Ikonen-Museums Recklinghausen, Recklinghausen 1997.
- Zum dritten Impuls: Der authentische lateinische Wortlaut v.a. des Fährmannteils der Legende findet sich in: *Theodor Graesse*, Jacobi a Voragine Legenda Aurea [3]1890; Nachdruck Osnabrück 1969, 430–434. In altertümelndes Deutsch übersetzt bei: *Richard Benz*, Die Legenda aurea des Jacobus de Voragine, Köln 1969, 498–503; in modernerem Deutsch: Legenda aurea. Heiligenlegenden, ausgewählt und übersetzt von *Jacques Laager*, Zürich 1982, 247–254. Vereinfachte Fassung der Christophoruslegende: *Hubertus* und *Ursula Halbfas*, Das Menschenhaus, Düsseldorf 1972, 204–206. Daran angelehnt meine eigene Fassung samt Kommentierung: *Günter Lange*, Legenden vom Heil in Christus. Impulse für den Unterricht, in: *Alfred Läpple* u.a., Religionspädagogische Gegenwartsfragen, Donauwörth 1980, 33–61.

Der Beitrag wurde erstmals veröffentlicht in: Gabriele Miller/Georg Reider (Hg.), Vom Geist des Lehrens. Aspekte erzieherischer Spiritualität, Brixen 1998, 21–28.

Rückschau mit Ausblicken (S. 304–310)

Jochen Sander, Niederländische Gemälde im Städel 1440–1550, Frankfurt a. M. 1993, 129ff

Felix Thürlemann, Robert Campin, Das Mérode-Triptychon, Frankfurt a. M. 1997

Verzeichnis der bildtheologischen und bilddidaktischen Veröffentlichungen von Günter Lange 1961–2002

Bücher

- Bild und Wort. Die katechetischen Funktionen des Bildes in der griechischen Theologie des sechsten bis neunten Jahrhunderts, Würzburg 1969, erneut aufgelegt Paderborn 1999 (mit Nach-Lese 265–279)
- Bilder des Glaubens. Vierundzwanzig Farbholzschnitte zur Bibel von Thomas Zacharias. Texte bearbeitet von Martin Fritz, München 1978; Lizenzausgabe Leipzig 1978
- Kunst zur Bibel. 32 Bildinterpretationen, München 1988 (unter Mitarbeit von Richard Hoppe-Sailer und Hans-Dieter Schütz)

Lexika, Handbücher

- Art. »Bildkatechese«, in: Lexikon der Pädagogik, Neue Ausgabe, Bd. 1, Freiburg 1970, 174
- Art. »Umgang mit Bildern«, in: Gottfried Bitter/Gabriele Miller (Hg.), Handbuch Religionspädagogischer Grundbegriffe, Bd. 2, München 1986, 530–533
- Art. »Bibel und Bild«, in: Wolfgang Langer (Hg.), Handbuch der Bibelarbeit, München 1987, 81–87
- Art. »Comic«. in: Volker Drehsen u.a. (Hg.), Wörterbuch des Christentums, Gütersloh 1988, 222
- Art. »Umgang mit Kunst«, in: Gottfried Adam/Rainer Lachmann (Hg.), Methodisches Kompendium für den Religionsunterricht, Göttingen 1993 (^{3}1998), 247–261, Bd. 2, Freiburg 1994
- Art. »Comics«, in: LThk^{3}, Bd. 2, Freiburg 1994, 1271–1272
- Art. »Ästhetische Bildung im Horizont religionspädagogischer Reflexion«, in: Hans-Georg Ziebertz/Werner Simon (Hg.), Bilanz der Religionspädagogik, Düsseldorf 1995, 339–350
- Art. »Lebensbaum«, in: Wulf Köpke/Bernd Schmelz (Hg.), Das gemeinsame Haus Europa. Handbuch zur europäischen Kulturgeschichte – Museum für Völkerkunde Hamburg, München 1999, 476–480
- Art. »Bild, Bilddidaktik«, in: Norbert Mette/Folkert Rickers (Hg.), Lexikon der Religionspädagogik, Bd. 1, Neukirchen-Vluyn 2001, 186–192
- Art. »Bildwerke« in: Neues Handbuch religionspädagogischer Grundbegriffe, München 2002 (im Erscheinen)

Beiträge in Zeitschriften und Sammelbänden

- Bildkatechese zur Auferstehung, in: KatBl 86 (1961) 388–394
- »Du hast den Stachel des Todes überwunden und den Gläubigen die Reiche der Himmel geöffnet«, Bildkatechese zur Himmelfahrt, in: KatBl 90 (1965) 433–442
- Bilder des Heils, in: KatBl 92 (1967) 577–588
- Ein Bild des erhöhten Christus für die Klasse, in: KatBl 92 (1967) 629–630
- Bildbetrachtung zu Weihnachten, in: KatBl 92 (1967) 705–706
- Bild und Wort, in: KatBl 94 (1969) 269–278
- Der neue Sinn der alten Bilderskepsis, in: Günter Lange/Wolfgang Langer (Hg.), Via Indirecta. Beiträge zur Vielstimmigkeit der christlichen Mitteilung (Festschrift

Theoderich Kampmann), Paderborn 1969, 151–166
– Sehfähigkeit für das Hintergründige, in: Otto Betz (Hg.), Tugenden für heute, München 1973, 63–77
– Farbholzschnitte zur Bibel von Thomas Zacharias. Interpretationen und Unterrichtspraxis mit bildnerischer Kunst, München 1973, (zusammen mit Folkert Doedens und Thomas Zacharias), 9–16; 26–32; 33–41; 42–53; 67–77
– HAP Grieshaber, Bedrohtes Paar. Holzschnitt 1949, in: KatBl 98 (1973) 742–745 (Nachdruck in: Hubertus Halbfas, Lehrerhandbuch zu »Das Menschenhaus«, Düsseldorf 1974, 135–138; gekürzter Nachdruck in: Religionspädagogisches Institut Graz (Hg.), Kunst und Religionsunterricht im Gespräch, September 1995, 38–40)
– Meditationen zu acht Farbholzschnitten von Thomas Zacharias (Schallplatte), München 1974
– Ein Bild zieht Kreise, in: KatBl 100 (1975) 705–707
– Ist die Bibel comic-abel? (zusammen mit Rolf Werz), in: KatBl 101 (1976) 174–191
– Religionsunterricht in der Primarstufe als Sehschule, in: Günter Stachel u.a. (Hg.), Inhalte religiösen Lernens, Zürich 1977, 171–176
– Bild und Wort im Bilderstreit der Alten Kirche, in: Karl Josef Schmitz (Hg.), Alte und neue Kunst, Paderborn 1977, 77–95
– Religionsunterricht als Sehschule durch Metaphern, in: KatBl 102 (1977) 715–723
– Wie sind Bibelcomics zu beurteilen?, in: rhs 21 (1978) 66–74
– Vom Bibelwort zum Bilderstreifen, in: Jutta Wermke (Hg.), Kerygma in Comic-Form, München 1979, 20–67
– Zu den Bildern der »Schulbibel für 10- bis 14jährige« in: KatBl 104 (1979) 957–959
– »Wurzel Jesse«. Ein Bild aus der »Schulbibel für 10–14jährige«, in: KatBl 104 (1979) 959–966
– »Die Verspottung Christi« von Mathis Gothart Neithardt (gen. Grünewald). Ein Bild aus der »Schulbibel für 10–14jährige«, in: KatBl 105 (1980) 60–64
– »Mann am Fenster« (Walter Habdank). Zur Arbeit mit Bildern, in: Christlich-Pädagogische Blätter 93 (1980) 33–40
– Zu den Bildkommentaren in der »Schulbibel für 10–14jährige«, in: KatBl 105 (1980) 187–192
– Kommentare zu sieben biblischen Holzschnitten von Walter Habdank, in: Paul Neuenzeit (Hg.), Bilder der Hoffnung, Bd. 1, München 1980, 28–31 (Nachdruck in: The Sower, H. 3/1980, III–VI); 32–35;48–51;52–55;60–63; 92–95; 96–98
– Didaktische Modelle zu zwei Holzschnitten von Walter Habdank, in: Paul Neuenzeit (Hg.), Bilder der Hoffnung, Bd. 2, München 1980, 73–78; 87–90
– Die Auslegung der Bibel durch Bilder, in: Lebendige Katechese, 1/1980, 47–50 (Nachdruck in: Informationen für Religionslehrer im Bistum Limburg 3/1980)
– Bibelbilder kommentieren, in: Religionspädagogische Beiträge 5/1980, 95–110
– »Christus – Sieger über den Tod«. Das Anastasis-Bild der »Schulbibel für 10- bis 14jährige«, in: KatBl 105 (1980) 419–428
– Bilder der Kunst zur Bibel. Auswahl, Einleitung und Kurzkommentare (zu 48 Dias), München 1980
– »Jeschi erregt Aufsehen«. Heft 1 einer neuen Bibel-Comic-Serie, in: KatBl 106 (1981) 411–414
– Gottvater – als alter Mann dargestellt?, in: rhs 24 (1981), 156–157
– Gottesbilder?, in: ru 11 (1981) 147–150
– Anmerkungen zum unterrichtlichen Umgang mit dem Haiti-Hungertuch von 1982, in: KatBl 107 (1982) 58–61 (Nach-

druck in: Werkmappe Misereor 1982 zum Hungertuch, Teil 5)
- Zum Signet des Deutschen Katechetischen Kongresses, in: KatBl 107 (1982) 690–692
- Weihnachtsbilder entdecken, in: KatBl 107 (1982) 885–888
- Die Sehgeduld stärken. Wie wir heute Bilder von gestern meditieren, in: Kunst und Kirche 2/1983, 73–77
- Anschauliches Denken in Karikaturen, in: Hans-Günter Heimbrock (Hg.), Spiel-Räume. Kreativität im Horizont des christlichen Glaubens (Festschrift Ursula Jaeschke), Neukirchen-Vluyn 1983, 133–140 (auszugsweiser Nachdruck: KatBl 109 (1984) 137–138)
- Jesus als Kind, in: KatBl 108 (1983) 804–809
- Hinweise zum Engelbild, in: KatBl 109 (1984) 771–775
- Zur Methodik der Erschließung von Bildern der Kunst im Religionsunterricht, in: rhs 27 (1984) 279–282
- Darf ich Jesus menschlich darstellen? Zur Problematik der Annäherung an Jesus durch Bilder, in: KatBl 110 (1985) 277–281
- »Noach im Kasten«. Zum Noachbild der Schulbibel, in: KatBl 111 (1986) 21–27
- Die Bilder im Kreuzgang zu Brixen – katechetisch betrachtet, in: KatBl 111 (1986) 130–133
- Hinführung zur Bibel durch Bilder, in: Verband Bildung und Erziehung, Landesverband NRW (Hg.), Beiträge zur Bildungsdiskussion, Köln 1985, 1–8
- »Mose und der Berg in Flammen«. Zum Mose-Bild der Schulbibel, in: KatBl 111 (1986) 273–281
- Bild, Symbol, Metapher – und die Erschließung der Wirklichkeit, in: Rundbrief Nr. 19 des Aktionsausschusses Niedersächsischer Religionslehrer (ANR), November 1986, 63–71 (Nachdruck in: Erwachsenenbildung 33 (1987) 28–35)
- »Christus – Herr der Mächte«. Zu Bild Nr. 21 aus der Schulbibel, in: KatBl 112 (1987) 63–71 (Nachdruck in: Informationen zum Evangelischen Religionsunterricht, 17 (1987) 40–43)
- Christos polymorphos. Die Vorstellung von der Vielgestaltigkeit Jesu und ihre religionspädagogische Relevanz, in: Christoph Dohmen/Thomas Sternberg (Hg.), ... kein Bildnis machen. Kunst und Theologie im Gespräch, Würzburg 1987, 59–67
- »Woge« und »Seesturm«. Eine Bildpredigt, in: Eugen Paul/Alex Stock (Hg.), Glauben ermöglichen. Zum gegenwärtigen Stand der Religionspädagogik (Festschrift Günter Stachel), Mainz 1987, 327–334
- Bilder in der Glaubensvermittlung – drei Ratschläge, in: Bernhard Nacke (Hg.), Dimensionen der Glaubensvermittlung in Gemeinde, Erwachsenenbildung, Schule und Familie, München 1987, 364–373
- »Die Auferweckung des Jünglings von Nain«. Zu Bild Nr.20 aus der Schulbibel, in: KatBl 112 (1987) 554–562
- Das Bild als Medium der Glaubensvermittlung, in: Hans-Joachim Schulz/Jakob Speigl (Hg.), Bild und Symbol – glaubenstiftende Impulse, Würzburg 1988, 164–184
- Erlösungsglaube handgreiflich. Eine Seite aus der »Armenbibel« als Hilfe, in: Lebendige Katechese, 10 (1988) 159–164
- Der eine Christus und die vielen Christusbilder. Ein religionspädagogischer Nachruf auf das Turiner Grabtuch, in: Nicolaus Klimek (Hg.), Universalität und Toleranz. Der Anspruch des christlichen Glaubens (Festschrift Georg B. Langemeyer), Essen 1989, 259–263 (Nachdruck in: KatBl 115 (1990) 357–363)
- »Der leidende Mensch, der leidende Gott«,

in: Informationen für Religionslehrerinnen und Religionslehrer im Bistum Limburg, 4/1989, 3–16 (gekürzter Nachdruck in: Hefte der Deutschen Gesellschaft für Christliche Kunst 8 (1989), Nr.15, 26–42)
– Thomas Zacharias, Gang nach Emmaus, in: Michael Langer (Hg.), Sinnsuche und Gottesbegegnung. Predigten nicht nur zur Fastenzeit, Regensburg 1990, 10–15
– Bilder christlicher Hoffnung über den Tod hinaus, in: Albert Gerhards (Hg.), Die größere Hoffnung der Christen. Eschatologische Vorstellungen im Wandel (QD 127), Freiburg 1990, 159–178
– »Christus auf Löwe und Drache«. Eine Miniatur des Werdener Psalters als katechetische Herausforderung, in: Baldur Hermans (Hg.), Zeugnis des Glaubens – Dienst an der Welt (Festschrift Kardinal Hengsbach), Essen 1990, 643–674
– Inspiration – bildlich, in: KatBl 115 (1990) 669–672
– Die Herrlichkeit des Herrn loben (»Majestas Domini«), in: Lobet den Herrn, alle Völker. Materialien zur Gebetswoche für die Einheit der Christen, Stuttgart 1990, 11–18
– Thomas Zacharias, Einzug in Jerusalem, in: Michael Langer (Hg.), Zukunft und christliche Hoffnung. Predigten nicht nur zur Fastenzeit, Regensburg 1991, 11–17 (revidierter Nachdruck in: rabs 4/1993, 117–119)
– Zum religionspädagogischen Umgang mit modernen Bildwerken, in: KatBl 116 (1991) 116–122
– Bildrhetorik – Bildgedächtnis – Bildbeschriftung. Was die Bilderfreunde von den Bildern dachten und wie eine heutige Bilddidaktik dazu steht, in: Alex Stock (Hg.), Wozu Bilder im Christentum? Beiträge zur theologischen Kunsttheorie, St. Ottilien 1990, 17–43
– Ein Gottesbild sieht alt aus, in: KatBl 116 (1991) 231
– »Sie wandte sich ihm zu«. Savoldos Londoner Magdalena, in: KatBl 116 (1991) 498–504
– »Pictor errans in historia sacra« ? Zur Ikonographie der Bekehrung des Paulus, in: Wolfgang Fleckenstein/Horst Herion (Hg.), Lernprozesse im Glauben (Festschrift Paul Neuenzeit), Gießen 1991, 247–252
– Maria lernt lesen, in: KatBl 116 (1991) 595–596
– Thomas Zacharias, Der gute Hirt, in: Michael Langer (Hg.), Christen zwischen Schuld und Versöhnung. Predigten nicht nur zur Fastenzeit, Regensburg 1992, 10–15
– Gottes Not mit dem Leid. Eine Miniatur aus dem Rohan-Stundenbuch, in: KatBl 117 (1992) 774–782
– Jakobus vor Augen. Zu Beginn des Pilgerjahres 1993, in: KatBl 118 (1993) 3
– Tierfriede, in: KatBl 118 (1993) 171–176
– Petrus und Paulus – ein ökumenisches Zweigespann, in: KatBl 118 (1993) 418–421
– »Verkündigung an Maria«. Ein rätselhaftes Bild des Meisters von Flémalle, in: KatBl 118 (1993) 778–785
– Das Bild in der Bibel: Eine Interpretation des Bildes »Der Schöpfergott als Baumeister der Welt«, in: Bibel und Kirche 48 (1993) 70–78
– Das Leiden der Menschen und das Leiden Gottes. Eine visuelle Theodizee, in: Günter Lange (Hg.), Was ist der Mensch? Aktuelle Fragen der Theologischen Anthropologie (Theologie im Kontakt, Bd. 1), Bochum 1993, 145–179
– Mit Bildern dem Leid begegnen. Jesus, Hiob und der Bauer im Elend, in: Karl Josef Lesch/Margot Saller (Hg.), Warum,

Gott ...? Der fragende Mensch vor dem Geheimnis Gottes (Festschrift Ralph Sauer), Kevelaer 1993, 249–257
- Die göttliche Lust am Spielen, in: KatBl 119 (1994) 79
- Säkularisierung oder Realisierung? Zur Strittigkeit religiöser Weltdeutungen – in Bildern, in: Wilhelm Geerlings/Max Seckler (Hg.), Kirche sein. Nachkonziliare Theologie im Dienst der Kirchenreform (Festschrift Hermann Josef Pottmeyer), Freiburg 1994, 443–452 (teilw. Nachdruck unter dem Titel: Katechese in der Küche? Zum Küchenbild mit »Christus bei Maria und Martha« von Diego Velázquez, in: KatBl 122 (1997) 332–338)
- Die Heilige Sippe, in: KatBl 119 (1994) 890–893
- Unauffällige Antijudaismen in der christlichen Kunst, in: KatBl 120 (1995) 318–321
- Wenn Wolf und Lamm an der Krippe zusammenkommen. Ein Schulgottesdienst zum Weihnachtsfest, in: Michael Langer (Hg.), Mit Schülern Gott suchen. Elemente für den Gottesdienst in der Sekundarstufe, Regensburg 1995, 21–24
- Die Berufung des Paulus. Eine Bildpredigt, in: Bistum Essen (Hg.), Wortbilder. Radierungen zur Bibel von Thomas Zacharias, Essen 1995, 84–85
- Jesus und Johannes im Grundschulalter, in: KatBl 120 (1995) 818
- Konflikt in der Hl. Familie. Zu Simone Martinis Gemälde in Liverpool, in: KatBl 120 (1995) 867–870
- Ein christliches Teufelsbild? Religionspädagogische Erwägungen zu Josef Hegebarths Pinselzeichnung von 1958: Versuchung Jesu, in: Franz-Georg Friemel/Franz Schneider (Hg.), »Ich bin ein Kind der Hölle«, Nachdenken über den Teufel (Pastoral-katechetische Hefte 74), Leipzig 1996, 173-181
- Fragwürdige Auferstehungsbilder, in: Josef Ernst/Stephan Leimgruber (Hg.), Surrexit Dominus vere. Die Gegenwart des Auferstandenen in seiner Kirche (Festschrift Johannes Joachim Degenhardt), Paderborn 1996, 495–513
- Das Kreuz in der Kunst. Konfrontationen in didaktischer Absicht (zusammen mit Rita Burrichter), in: Glauben und Lernen 11 (1996) 172–192
- Luther als Heiliger? Eine ikonographische Anregung für den Religionsunterricht. Zu Luthers 450. Todestag am 18.2.1996, in: KatBl 121 (1996) 55
- Aus Bildern klug werden, in: entwurf, 1/1997, 8–13 (Nachdruck: Wolfgang Müller/Jürgen Heumann (Hg.), Kunst-Positionen. Kunst als Thema gegenwärtiger evangelischer und katholischer Theologie, Stuttgart 1998, 149–156; sowie: Rita Burrichter (Bearb.), Im Blickpunkt: Bilder im Religionsunterricht, Münster 2000, 127–131
- Handgreifliche Erlösung. Zur Farbtafel »Anastasis«, in: KatBl 122 (1997) 103–106
- »Seht das Holz des Kreuzes«. Das Kreuz-Thema in der christlichen Kunst bis zum Ende des Mittelalters, in: Günter Lange (Hg.), »Scandalum Crucis« (Theologie im Kontakt 5), Bochum 1997, 9–44
- Zum Umgang mit Bildern der Kunst im Religionsunterricht, in: Die Lupe (Bistum Fulda), 1/1998, 4–15
- Religionsunterricht als Sehschule. Zur ästhetischen Dimension religiösen Lernens in Grundschulen, in: Bensberger Protokolle 95: Dimensionen religiösen Lernens, Bensberg 1998, 65–89
- Christophorus-Typen als Impulsgeber für eine erzieherische Spiritualität, in: Gabriele Miller/Georg Reider (Hg.), Vom Geist des Lehrens. Aspekte erzieherischer Spiritualität (Festschrift Alfred Frenes), Brixen 1998, 21–28

– Artikelreihe »Himmelsbilder«, in: KatBl 123 (1998): Noach im Kasten, 26; Der Auferstandene als Schmerzensmann, 106; Christusbegegnung im Tod, 174; »Erhebet die Herzen« – »Wir haben sie beim Herrn«, 252; Gottes Last und des Himmels Leichtigkeit, 352 (Nachdruck in: Christophorus 44 (1999) 158); Wenn Gott der Ozean ist, 384
– Auf Abrahams Schoß. Zum Paradiesbild des Landgrafenpsalters, in: KatBl 123 (1998) 127–130
– »Die Bilder mit Bildern austreiben« (zusammen mit Gotthard Fuchs), in: KatBl 124 (1999) 226–230
– Himmelsleitern, in: KatBl 124 (1999) 245–249
– Das Wort der Verkündigung und die »Rahmenthemen« der christlichen Kunst, in: Analecta Cracoviensia 29 (1997, erschienen 1999) 249–261
– Bild und Wort. Religionspädagogische Einsichten und Ausblicke, in: Religionspädagogische Beiträge 41/1999, 3–29 (Nachdruck in: Rita Burrichter (Bearb.), Im Blickpunkt: Bilder im Religionsunterricht, Münster 2000, 62–75)
– Christus im Spiegel der Kunst – Einblicke in die Geschichte des Christusverständnisses anhand exemplarischer Bilder, in: Peter Biehl u.a. (Hg.), Jahrbuch der Religionspädagogik, Bd. 15, Neukirchen-Vluyn 1999, 173–194
– »... seh ich den Alten gern«? Zur Bildgeschichte Gottes, ihren Ursachen und ihren Folgen, in: Ursula Heindrichs/Heinz-Albert Heindrichs (Hg.), Alter und Weisheit im Märchen, München 2000, 296–321
– Liebling frommer Frauen: Der Wienhauser Christus. Ein fingierter Dialog zur Vorbereitung einer Bildbegegnung, in: KatBl 125 (2000) 102–107
– Jesus nackt: verworfen, vermenschlicht, verklärt, in: KatBl 125 (2000) 120–124
– »Gottvater« aus dem Epitaph des Ulrich Schwarz von Hans Holbein d. Ä. (1508), in: Materialbrief Folien 1/2000, 3–5
– Plädoyer für ein anderes Osterbild, in: rhs 43 (2000) 116–125
– »Höre, Tochter, sieh her und neige dein Ohr« (Ps 45,11). Eine Nowgoroder Ikone der Verkündigung an Maria, in: Meditation 26 (2000) 19–22
– Dürers christomorphes Selbstbildnis von 1500 und sein Widerschein in der frühen Moderne, in: KatBl 125 (2000) 328–335
– Wie kommt Mose zu zwei Hörnern?, in: KatBl 126 (2001) 37–38
– Was heißt ein Bild sehen und deuten?, in: Meditation 27 (2001) 9–12
– Ernst Barlach, Wiedersehen (Thomas und Christus), in: Jahresbericht »Landhaus am Heinberg e.V.«, Warburg-Germete 2001, 5
– Geburt Christi – schlicht und doch nicht ganz einfach, in: KatBl 126 (2001) 444–448
– »Mein Gott, warum ...?« Der Verlassenheitsschrei Jesu am Kreuz als bildgeschichtliches Problem – in praktisch-theologischer Absicht, in: Baldur Hermans (Hg.), »Ne Crux Evacuetur« (Festschrift Hubert Luthe), Essen 2002 (im Erscheinen)
– Vorstoßen zum Innersten Jesu: Longinus als Vorbild, in: KatBl 127 (2002) 42–47

Bildthemen – zugleich Beispiele für thematische Vernetzungen

Stimmen aus Bildtheologie und Bilderpraxis

Spanische Regionalsynode von Elvira-Granada, um 306, can. 36:

»Es dürfen in der Kirche keine Gemälde sein; es soll nichts auf die Wände gemalt werden, was verehrt und angebetet wird.«

Eusebius von Cäsarea, Brief an Kaiserin Konstantia, vor 339:

»Ich weiß nicht, was dich zu befehlen antreibt, ein Bild unseres Heilandes zu malen. Was für ein Bild Christi verlangst du? Das wahre und unveränderliche, das die Züge seiner wahren Natur trägt, oder das, welches er für uns annahm, indem er die Knechtsgestalt anlegte? ... Du forderst gewiss ein Bild der Knechtsgestalt ... Doch wir haben gelernt, dass auch dieses mit der Herrlichkeit der Gottheit vermischt und das Sterbliche vom Leben verschlungen ist (2 Kor 5,4) ... Wer auch immer könnte den hellen strahlenden Glanz solcher Würde und Herrlichkeit mit toten, unbeseelten Farben und Linien wiedergeben? ... So ist also auch die Knechtsgestalt völlig in sein unaussprechliches und unsagbares Licht verwandelt ... Wie könnte jemand von dieser so wunderbaren und unbegreiflichen Gestalt, wenn man überhaupt noch das göttliche und geistige Wesen Gestalt nennen darf, ein Bild malen?
Aber wenn du sagst, dass du nicht ein Bild der in Gott verwandelten Gestalt, sondern eines seines sterblichen Fleisches vor der Verwandlung von uns forderst, (so frage ich zurück:) ist dir allein verborgen geblieben, was zu lesen ist, dass Gott gebietet, kein Gleichnis zu machen ... (Ex 20,4; Dt 5,8)? Oder hast du selbst oder von einem anderen gehört, dass es in der Kirche derartiges gibt? Ist solches nicht vielmehr in der ganzen Welt von den Kirchen Christi verbannt worden?«

Epiphanius von Salamis, Testament an seine Gemeinde, kurz vor 403:

»Achtet auf euch und haltet die Traditionen, die ihr empfangen habt, weicht nicht zur Rechten oder zur Linken ab. Und seid dessen eingedenk, geliebte Kinder, keine Bilder (gr. Ikonen) in die Kirchen zu bringen und auch nicht auf Friedhöfe oder in Wohnhäuser, sondern habt durch das Gedächtnis Gott in euren Herzen. Denn es ist einem Christen nicht erlaubt, sich durch Augenreiz und Benebelung des Sinnes erregen zu lassen, viel mehr soll das auf Gott Bezügliche allen (innerlich) eingezeichnet und eingeformt sein.«
»Wer es unternimmt, das göttliche Bild des Gott-Logos mit Berufung auf seine Menschwerdung in irdischen Farben anzuschauen: anathema!«

Asterius von Amasea, Predigt über den Reichen und den armen Lazarus, um 400:

»Male Christus nicht! Denn es ist genug an seiner einmaligen Verdemütigung in der Menschwerdung, die er freiwillig um unsertwillen auf sich nahm. Trage vielmehr auf deiner Seele in geistiger Weise das unkörperliche Wort umher. Habe den Gichtbrüchigen nicht auf deinen Gewändern, sondern suche den daniederliegenden Kranken auf ... Versenke dich nicht in das Bild der Sünderin, die vor dem Herrn auf die Knie fällt, sondern sei zerknirscht über die eigenen Fehler und vergieße dicke Tränen. Male nicht den von den Toten erweckten Lazarus ... Trage nicht den Blinden auf dem Kleid herum ... Male nicht die Körbe mit dem übriggebliebenen Brot, sondern gib den Hungernden zu essen. Trage nicht auf den Kleidern die Wasserkrüge, die er zu Kanaa in Galiläa gefüllt hat, sondern gib den Dürstenden zu trinken.«

Leontius von Neapolis/Zypern, Gegen die Juden, 1. Drittel des 7. Jhs.:

»Der Gott, der Israel gebietet, keine Art von Plastik, Bild oder Nachbildung dessen zu machen, was im Himmel und auf der Erde ist, derselbe befiehlt dem Moses, plastische Lebewesen, die Cherubim, herzustellen, und auch dem Ezechiel zeigt Gott den Tempel voller Bilder und Nachbildungen plastischer Löwen, Palmen und Menschen. So entnahm auch Salomon das Vorbild dem Gesetz und füllte den Tempel mit erzenen, gehauenen und gegossenen Löwen, Stieren, Palmen und Menschen und wurde deswegen nicht von Gott getadelt. Wenn du nun mir wegen der Bilder Vorwürfe machen willst, mache zuerst Gott Vorwürfe, der solches anzufertigen befahl, damit wir seiner gedenken ...
Mit großer und unaussprechlicher Liebe zu ihm (Jesus Christus) verehren wir alles, wo er ging, saß, erschien, was er anfasste oder überhaupt irgendwie berührte, als Ort Gottes. Dabei ehren wir nicht den Ort, das Haus, das Dorf, die Stadt oder die Steine, sondern den, der dort wandelte und erschien ...: Christus, unseren Gott. Deswegen stelle ich Christus und die Leiden Christi in Kirchen, Häusern, auf Märkten, auf Bildtafeln und Tüchern, in Kammern, auf Gewändern und überall dar und male sie, damit ich dies beständig sehe, erinnert werde und es nicht vergesse, wie du (der Jude) immer den Herrn, deinen Gott, vergaßest.
Und wenn du das Gesetzbuch verehrst, dann verehrst du nicht die Natur der Häute und der Tinte, sondern die darin niedergelegten Worte Gottes. Ebenso verehre ich, wenn ich das Bild Christi verehre, nicht die Natur von Holz und Farben, keineswegs!, sondern indem ich die unbelebte Gestalt Christi verehre, meine ich durch sie ihn selbst zu halten und zu verehren ...
Auch wenn du deine Frau küsst, die doch wohl auch sündig und ganz und gar in Leidenschaften verstrickt ist, bist du nicht verwerflich, obwohl dir Gott nirgends das körperliche Küssen der Frau geboten hat. Wenn du aber siehst, dass ich das Bild Christi, seiner reinsten Mutter oder eines anderen Gerechten küsse, regst du dich sogleich auf, lästerst, wendest dich ab und nennst mich Götzendiener.«

Papst Gregor I., Brief an Bischof Serenus von Marseille, Oktober 600:

»Es ist etwas anderes, ein Bild anzubeten, als durch das, was das Bild erzählt, zu lernen, was anzubeten ist. Denn was für die, die lesen können, Schrift ist, das leistet für die schauenden Ungebildeten das Bild, weil in ihm Unkundige sehen, wonach sie trachten sollen, in ihm lesen, die die Buchstaben nicht kennen.« – In einem weiteren Brief Gregors – an den Einsiedler Secundinus – findet sich folgende (als Interpolation angesehene) Aussage: Die Betrachtung des Bildes unseres Erlösers wecke die Erinnerung (recordatio) an den Sohn Gottes und rege die Liebe zu ihm an. Dabei komme dem Bild keine kultische Verehrung zu, sondern wir beten Christus an, an dessen Geburt, Leiden oder Verherrlichung wir uns aufgrund der bildlichen Darstellung als Quasi-Schrift (ipsa pictura quasi scriptura) erinnern. Unser Herz wird in der erinnernden Vergegenwärtigung (memoria) an seine Auferstehung oder an seine Passion erfreut bzw. zum Mitleid angeregt.

»Quinisextum«, »Trullanische« Synode in Konstaninopel, 691/692, can. 82:

»Auf manchen verehrungswürdigen Bildern wird ein Lamm dargestellt, auf das der Vorläufer mit dem Finger hinweist. Dieses Lamm ist als Vorbild (gr. typos) der Gnade aufgefasst worden, das uns im Voraus unter dem Gesetz auf das wahre Lamm, Christus, unseren Gott, verweist. Obwohl wir die alten Vorbilder und Schatten, die der Kirche als Symbole und Vorzeichen der Wahrheit gegeben sind, hochschätzen, ehren wir doch mehr die Gnade und die Wahrheit und nehmen sie als Erfüllung des Gesetzes. Damit also das, was vollkommener ist, den Augen aller in Form und Farbe vor Augen dargestellt wird, geben wir die Weisung, dass künftig, anstelle der alten Symbolgestalt des Lammes, Christus ..., der die Sünden der Welt hinwegnimmt, in seiner menschlichen Gestalt auf den Bildern dargestellt wird. In diesem erschauen wir die Fallhöhe (gr. hypsos) der Erniedrigung des Gott-Logos und werden zum Gedenken seines Wandels im Fleisch, seines Leidens, seines heilsamen Todes und der dadurch gewirkten Erlösung der Welt geführt.«

Papst Gregor II., Brief an den ikonoklastischen Kaiser Leo III, 726–730 (?), jedenfalls 8. Jh.:

»Warum stellen wir Gott Vater ... nicht vor Augen und malen ihn? Weil wir nicht wissen, wer er ist und man die Natur Gottes weder sehen noch malen kann. Wenn wir ihn gesehen hätten oder kennen würden, ebenso wie seinen Sohn, so hätten wir auch ihn vor Augen stellen und malen können und du könntest auch sein Bild ein Idol nennen. Die Liebe Christi weiß es: Wenn wir die Kirche des Apostelfürsten betreten und das heilige gemalte Bild (lat. pictam imaginem) betrachten, sind wir innerlich getroffen (compunctione percellimur, vgl. Apg 2,37) und die Tränen brechen uns hervor wie der Regenguss aus nasser Wolke. Christus hat einst die Blinden sehend gemacht – du aber hast jene, die richtig sahen, geblendet ... Du hast sogar den Mut zum Beten genommen. Das schlichte Volk hielt früher Nachtwachen, ging fleißig zur Kirche, war voll Eifer für Gottes Sache: Du aber hast es (scil. mit der Abschaffung der Bilder) zu faulem Schlaf und

zu religiöser Sorglosigkeit verführt und schier kopflos gemacht.
Du sagst: ›Steine, Wände und Holzbretter betet ihr an!‹ Dem ist nicht so. Wir verehren die Bilder, weil sie uns Denkhilfe und Anregung sind und weil sie unser erdhaftes, sinnengebundenes Denken zur Höhe ziehen; deshalb haben sie ihre Namen und Gebetsinschriften und Formen. Aber wir beten sie nicht an als Götzenbilder ... Denn wir gründen unsere Hoffnung nicht auf sie, sondern wenn wir ein Bild des Herrn anschauen, beten wir: ›Herr Jesus Christus, Sohn Gottes, erbarme Dich unser und rette uns!‹ Und beim Anblick des Bildes seiner heiligen Mutter sagen wir: ›Heilige Gottesgebärerin, Mutter des Herrn, flehe du für uns bei deinem Sohn, unserem wahren Gott, dass er unsere Seelen rette!‹
Wieder beschwöre ich dich darum: Gib deine üblen Meinungen auf ... Es machen sich ja schon die Schulkinder lustig über dich. Geh doch einmal umher, wo immer Schule gehalten wird, und sage: ›Ich bin der Vernichter und der Verfolger der Heiligenbilder‹ – alsbald werden sie dir ihre Schreibtafeln an den Kopf schlagen, und was du von den Gelehrten nicht hast lernen wollen, das könnten dir die dummen kleinen Kinder beibringen.«

Germanus, Patriarch von Konstantinopel, ca. 730:

»Wenn wir die Figur des um unserer Erlösung willen menschgewordenen wahren Gottes betrachten, sind wir betroffen, denn wir erinnern uns mit Furcht an seine Anwesenheit auf Erden im Fleisch, die wegen seines großen Mitleids geschah ... Wenn wir auf die Ikone eines Heiligen schauen, bringen wir die Verehrung nicht der Tafel oder den Farben dar, sondern führen die Ehre der sichtbaren und frommen Figur zu.«

Johannes von Damaskus, Bilderreden (Florilegium), ca. 740:

»Wenn ich keine Bücher zur Verfügung, keine Muße zum Lesen habe, gehe ich zur Kirche, der öffentlichen Heilstätte der Seelen, weil ich von meinen Gedanken wie von Dornen gequält werde. Die bunte Pracht der Malerei zwingt mich zur Betrachtung, und wie der Anblick einer Wiese sättigt sie meinen Blick, und allmählich führt sie meine Seele zur Verherrlichung Gottes. Ich betrachte die Standhaftigkeit des Martyrers, die Belohnung mit Kränzen, und wie vom Feuer werde ich zum Eifer entflammt, und ich falle nieder und bete Gott an vermittels der Martyrer, und ich empfange das Heil.«

2. Konzil von Nizäa (7. ökumenisches Konzil), 23.10.787, Horos (Beschluss):

»In den heiligen Kirchen Gottes, auf den heiligen Geräten und Gewändern, Wänden und Tafeln, Häusern und Wegen (sind) ebenso wie die Darstellung des kostbaren und lebendigmachenden Kreuzes die ehrwürdigen und heiligen Bilder – seien sie aus Farben, Stein oder sonst einem geeigneten Material – anzubringen; (dies gilt) für das Bild unseres Herrn und Gottes und Erlösers Jesus Christus, unserer unbefleckten Herrin, der heiligen Gottesgebärerin, der ehrwürdigen Engel und aller heiligen und frommen Menschen.
Je häufiger sie nämlich durch eine bildliche Darstellung angeschaut werden, desto häufiger werden auch diejenigen, die diese be-

trachten, emporgerichtet zur Erinnerung an die Urbilder und zur Sehnsucht nach ihnen, und dazu, dass sie diesen einen Gruß und achtungsvolle Verehrung zuwenden, nicht jedoch die nach unserem Glauben wahre Anbetung, die allein der göttlichen Natur zukommt, sondern so, wie man der Darstellung des kostbaren und lebendigmachenden Kreuzes, den heiligen Evangelien und den übrigen geweihten Gegenständen Weihrauch und Lichter zu ihrer Verehrung darbringt, wie es auch bei den Alten fromme Gewohnheit gewesen ist. »Denn die Verehrung des Bildes geht über auf das Urbild«, und wer ein Bild verehrt (gr. proskynei), der verehrt die Wirklichkeit, die darauf dargestellt ist.«

»Wer die Auslegungen (gr. Exegesen) der Evangelien mit Hilfe von Bildern nicht zulässt, der sei mit dem Anathema belegt. Wer diese (Bilder), die den Namen des Herrn und seiner Heiligen tragen, nicht grüßt, der sei mit dem Anathema belegt.«

2. Konzil von Nizäa, aus dem Protokoll der vierten Sitzung, 1.10.787:

Es wird das Bekenntnis Gregors von Nyssa (4. Jh.) zitiert, er habe beim Anblick der Darstellung der Opferung Isaaks weinen müssen. Darauf vermerkt das Protokoll: »Welche Anteilnahme unseres Vaters Gregor an diesem Bild, dass er weinen musste!« (Kaiserliche Beamte, Laien). »Häufig las der Vater diese Geschichte, aber wohl ohne zu weinen; doch wenn er die bildliche Darstellung betrachtete, weinte er!« (Basilius von Ankyra). »Wenn schon einem solchen Gelehrten diese Darstellung Nutzen bringt und Tränen, um wie viel mehr muss sie den Ungebildeten und Schlichten nützlich sein und sie erschüttern!« (Johannes, Vertreter der orientalischen Patriarchate). »Wenn der heilige Gregor ... bei der Betrachtung der Abrahamszene in Tränen ausbrach, um wie viel mehr wird dann die gemalte Heilsveranstaltung im Fleische unseres Herrn Jesus Christus, der unseretwegen Mensch wurde, den Betrachtenden nützlich sein und ihnen zum Vergießen von Tränen Anlass geben!« (Theodor, Bischof von Catania). »Wenn wir ein Bild sähen, das den Herrn gekreuzigt zeigt, würden nicht auch wir in Tränen ausbrechen?« (Tarasius, Patriarch von Konstantinopel). Die Synode antwortet auf diese rhetorisches Frage ihres Moderators: »Und wie! Denn in ihm (d.h. im Kreuzigungsbild) erkennt man genau die Fallhöhe der Erniedrigung Gottes, der unseretwegen Mensch wurde.«

Bernhard von Clairvaux, Apologie für Wilhelm von St. Thierry, 1123–24:

»Es gibt eine Kunst, Gold zu säen, sodass es sich vervielfacht; man gibt es aus, damit es sich vermehrt, und das Ausstreuen bringt eine Menge ein. Durch den Anblick der kostspieligen, Bewunderung erregenden Eitelkeiten werden die Menschen mehr zum Geben angeregt als zum Beten ... Die Augen sind gefesselt von den mit Gold überzogenen Reliquienschreinen, und die Geldbeutel öffnen sich wie von selbst ... Man zeigt das Bild eines Heiligen oder einer Heiligen von herrlicher Gestalt, und je farbiger es ist, für umso heiliger wird es gehalten. Die Leute laufen herbei, um es zu küssen, werden eingeladen zu spenden, und mehr wird das Schöne bewundert als das Heilige verehrt (lat. magis mirantur pulchra, quam venerantur sacra) ... Die Kirche glänzt an ihren Mauern und lässt es bei den Armen an allem fehlen. Sie bekleidet die Steine mit Gold und ihre Kinder lässt sie nackt. Mit dem, was man für die Bedürftigen ausgeben müsste, dient man den Augen der Reichen. Die Neugierigen finden ihr Vergnügen und die Unglücklichen finden nicht einmal das zum Leben Notwendige.«

Abt Suger von St. Denis, Inschrift des Portals der Abteikirche, 1140:

»Wer immer du die Herrlichkeit dieser Tore zu preisen suchst:
Bewundere nicht das Gold und die Kosten, sondern die Mühe des Kunstwerks!
Vornehm ist das Werk, das hier glänzt, doch vornehm leuchtend möge das Werk
Die Geister erhellen, dass sie durch wahre Lichter gelangen
Hin zum wahren Licht, wo Christus die wahre Pforte ist.
Auf welche Weise es hier drinnen ist, lässt das goldene Tor erkennen.
Der schwache Geist steigt durch die Materie auf zur Wahrheit,
(lat. Mens hebes ad verum per materialia surgit)
Er, der früher untergetaucht war, steht auf beim Anblick dieses Lichts.«

Thomas von Aquin, Sentenzen-Kommentar III,1, um 1252:

Es gibt drei Gründe für die Einführung von Bildern in der Kirche: 1. Zur Unterweisung der Ungebildeten, die durch sie gewissermaßen wie durch Bücher belehrt werden; 2. damit das Geheimnis der Inkarnation und die Vorbilder der Heiligen besser im Gedächtnis haften bleiben, wenn sie täglich vor Augen gestellt werden; 3. um die Gefühle der Frömmigkeit anzuregen (lat. ad excitandum devotionis affectum), was wirksamer über das Sehen des Bildes als über das Hören des Wortes geschieht.

Erasmus von Rotterdam, Vorwort zur Ausgabe des Neuen Testaments, 1516:

Ein Standbild aus Holz oder Stein wird von den Gläubigen aus Liebe zu Christus mit Gold und edlen Steinen verziert. Sinnvoller wäre es aber, dasjenige mit den größten Kostbarkeiten auszuzeichnen, was uns Christus so viel näher bringt als ein schäbiges Bildchen (lat. illa imaguncula). Letzteres kann allenfalls seine körperliche Gestalt wiedergeben, wenn es überhaupt etwas wiedergibt. Die Bücher des Neuen Testaments dagegen teilen uns das lebendige Bild seines Geistes mit, den sprechenden, heilenden, sterbenden, auferstehenden, stets in geistiger Weise gegenwärtigen Christus. Damit sieht man von ihm mehr, als es mit körperlichen Augen möglich ist.

Martin Luther, Invokabitpredigten, 1522; Wider die himmlischen Propheten, 1525:

»Um die Bilder ist es so getan, dass sie unnötig, aber frei sind. Wir mögen sie haben oder nicht haben. Das Anbeten ist verboten und nicht das Machen ... Denn ich meine, es sei kein Mensch ..., der nicht den Verstand hätte (und sagte): Das Kruzifix, das da steht, ist mein Gott nicht, denn mein Gott ist im Himmel. Es ist nur ein Zeichen. Darum muss ich zugeben: Die Bilder sind weder so noch so, weder gut noch böse. Man mag sie haben oder nicht haben ... Es ist möglich, dass ein Mensch mag sein, der die Bilder auf rechte Weise gebrauchen kann.«

Wie Bibelillustrationen nicht schaden, so auch Wandbilder nicht: »um des Gedächtnisses und besseren Verstandes willen ... Es ist besser, dass man an die Wand male, wie Gott die Welt erschuf, Noah die Arche baute und was mehr guter Historien sind, als dass man sonst ein weltlich unverschämtes Ding malte. Wollte Gott, ich könnte die Herren und die Reichen dazu überreden, die ganze Bibel in- und auswendig an den Häusern für jedermanns Augen malen zu lassen. Das wäre ein christliches Werk. So weiß ich auch gewiss, dass Gott will, man solle seine Werke hören und lesen, besonders das Leiden Christi. Soll ichs aber hören oder gedenken, so ists mir unmöglich, davon in meinem Herzen kein Bild davon zu machen ... Wenn ich Christum höre, so entwirft sich in meinem Herzen eines Mannes Bild, das am Kreuz hängt ... Wenn es nun nicht Sünde, sondern gut ist, dass ich Christi Bild im Herzen trage, warum sollte es dann Sünde sein, wenn ich es in den Augen habe? Gilt doch das Herz mehr als die Augen ..., nämlich als der rechte Sitz ... Gottes.«

Albrecht Dürer, Widmung der »Unterweisung der Messung«, 1525:

»Bei uns und in unseren Zeiten ist die Malerei bei einigen sehr verachtet. Es wird gesagt, sie diene der Abgötterei. Ein Christenmensch wird jedoch durch ein Gemälde oder Bildwerk ebenso wenig zum Aberglauben verführt wie ein frommer Mann, der eine Waffe an seiner Seite trägt, zu einem Mord. Das muss wahrlich ein unverständiger Mensch sein, der Gemälde, Holz oder Stein anbeten wollte. Darum bringt ein Gemälde mehr Erbauung (besserung) als Ärgernis, wenn es ehrbar, kunstvoll und wohl gemacht ist.«

Konzil von Trient, 25. Sitzung, 3. Dezember 1563:

»Die Bilder Christi, der jungfräulichen Gottesgebärerin und anderer Heiliger sollen in den Kirchen ... beibehalten und ihnen die schuldige Ehre und Verehrung (lat. honorem et venerationem) erwiesen werden. Aber das geschehe nicht deswegen, weil man in ihnen eine göttliche Eigenschaft oder Kraft (divinitas vel virtus) sieht, deretwegen sie verehrt werden. Auch soll man in sie selber kein Vertrauen setzen, wie einst bei den Heiden, die ihre Zuversicht auf Idole richteten. Es geschehe vielmehr deshalb, weil die Ehre, die man den Bildern erweist, auf deren Urbilder (Prototypen) übertragen wird, die jene repräsentieren. So geschieht es, dass wir durch Bilder, die wir küssen, vor denen wir das Haupt entblößen oder das Knie beugen, Christus selbst anbeten (adoremus) und jene Heiligen verehren (veneremus), deren Bild (similitudinem) sie mit sich führen ...

Die Bischöfe mögen sorgsam lehren, dass das Volk durch Erzählungen (historias) der Mysterien unserer Erlösung, in Gestalt von Malereien oder Bildern anderer Art, in der Erinnerung an die Glaubensartikel und in ihrer Verehrung belehrt und gestärkt werde. So wird aus allen heiligen Bildern eine reiche Frucht erwachsen. Sie können das Volk an die Wohltaten und Geschenke mahnen, die ihm von Christus gewährt wurden, und den

Gläubigen die Wunder Gottes und die heilbringenden Beispiele vor Augen führen, die in den Heiligen wirksam wurden, so dass sie Gott für jene danken und ihr Leben und ihre Sitten auf die Nachahmung der Heiligen richten. Schließlich sollen (die Gläubigen durch die Bilder) zur Anbetung und Liebe Gottes angeleitet und in der Frömmigkeit unterwiesen werden. Wer aber lehrt, was diesen Beschlüssen zuwider ist: anathema sit. Es darf keine Bilder mehr geben, die ein falsches Dogma darstellen oder für die einfachen Leute Gelegenheit zu einem gefährlichen Irrtum bieten ... Aller Aberglaube möge in der Anrufung der Heiligen, der Verehrung der Reliquien und dem heiligen Gebrauch (sacro usu) der Bilder beseitigt werden (tollatur), jeder schändliche Gewinn eliminiert und endlich jeder mangelnde Anstand (lascivia) vermieden werden. Folglich soll man keine Bilder mehr mit verführerischer Schönheit (procaci venustate) malen ...«

Gabriele Kardinal Paleotti, Discorso intorno alle imagini sacre e profane, 1582:

»Wir teilen unseren Stoff ... in heilige und profane Bilder ein ... Die Unterschiede zwischen beiden Arten liegen einmal in den Werken selber, einmal beim Betrachter. Es ist möglich, dass ein Bild ... zu den heiligen Bildern zählt und doch beim Betrachter in einen anderen Kontext (in altro ordine) gerät ..., ja von einigen Toren zur profanen Kunst gezählt wird, die nur der Unterhaltung dient ... So stellt sich ein und dasselbe Bild ganz verschieden dar, je nach den Vorstellungen (concetti), die die Betrachter davon haben ...
(Auch beim heiligen Bild) dient die Darstellung einem Zweck. Um diesen zu untersuchen, muss man beim Maler den Künstler an sich (puro artefice) vom christlichen Künstler unterscheiden ... Der Zweck des Malers als Künstler besteht darin, mit dem Mittel seiner Kunst Gewinn zu machen ... und Lob zu erwerben ... Der Hauptzweck des christlichen Malers ... besteht darin, mittels seines Fleißes und seines Könnens die göttliche Gnade zu erlangen ... Im Falle des Werks ...ist der Zweck nicht mit der üblichen Ähnlichkeit abgetan ..., sondern dient dem höheren Ziel, in einem Tugendakt die ewige Herrlichkeit zu schauen, die Menschen von den Lastern abzulenken und zum wahren Kult Gottes zu bringen ..., wobei die Bilder als Gegenstand des äußeren Kults vom inneren Kult zu unterscheiden sind.«

Roberto Bellarmin SJ, De reliquiis et imaginibus (gegen Calvin), um 1590:

Der Nutzen der Bilder ist ein sechsfacher: 1. Information und Bildung: Das Bild ist ein besseres Lehrmittel als die Schrift; 2. Vermehrung der Liebe zu Gott und den Heiligen; 3.Anregung, das Dargestellte nachzuahmen; 4. die Bilder erhalten in uns das Andenken an Christus und die Heiligen und lehren uns im Falle der Not, dass wir Patrone haben, die wir anrufen können; 5. in der Verehrung der Bilder der Heiligen legen wir selbst ein Bekenntnis zu deren Glauben, Lehre und heiligem Leben ab und stellen uns gewissermaßen an deren Seite im Kampf gegen falsche Religion (lat. impietas) und Idololatrie; in der Gegenwart bedeutet das auch ein Zeugnis gegen die Neuerungen der Lutheraner und Calvinisten, wenn wir das fromm verehren, was sie in sakrilegischer Weise zerstören; 6. durch die Aufstellung von Statuen und Bildern werden Gott und die Heiligen geehrt; und dies war auch der vornehmliche Grund, weshalb die Christen anfingen, Bilder zu errichten.

Girolamo Kardinal Casanate, Gegen den Quietismus, Oktober 1682:

»Auch sollen sie (die Quietisten, resp. Mystiker) keine Bilder und Statuen – weder äußere noch innere – Christi des Herrn, seiner Seligsten Mutter, der Jungfrau Maria, und der übrigen Heiligen ... als für die Kontemplation unnütz von Geist und Augen entfernen; bisweilen jedoch, nur im Akt der Kontemplation und wenn unser Geist von himmlischen Geschenken durchströmt zur Betrachtung der göttlichen Dinge gezogen wird, mag es, damit die Seele nicht zerstreut werde, erlaubt sein, für diesen Zeitpunkt von Bildern Abstand zu nehmen.«

Vaticanum II, Konstitution über die hl. Liturgie, 4. Dezember 1963:

»Der Brauch, in den Kirchen den Gläubigen heilige Bilder zur Verehrung darzubieten, werde nicht angetastet. Doch sollen sie in mäßiger Zahl und rechter Ordnung aufgestellt werden, damit sie nicht die Verwunderung der Gläubigen erregen oder einer weniger gesunden Frömmigkeit Vorschub leisten ... Die Bischöfe sollen sich entweder persönlich oder durch geeignete Priester, die Sachverständnis und Liebe zur Kunst besitzen, um die Künstler kümmern, um sie mit dem Geist der sakralen Kunst und der Liturgie zu erfüllen ... Die Künstler aber, die, angetrieben von ihrer schöpferischen Begabung, danach streben, der Herrlichkeit Gottes in der heiligen Kirche zu dienen, mögen sich alle immerdar wohl bewusst sein, dass es dabei um ein Stück heiliger Nachahmung des Schöpfergottes geht und um Werke, die für den katholischen Gottesdienst, für die Auferbauung der Gläubigen wie auch zu deren Frömmigkeit und religiösen Unterweisung bestimmt sind.«

Für die Zusammenstellung der Zitate (und Zusammenfassungen) benutzte Literatur:

Hans Belting, Bild und Kult. Eine Geschichte des Bildes vor dem Zeitalter der Kunst, München 1990, Anhang 546–619; *Heinrich Denzinger/Peter Hünermann*, Kompendium der Glaubensbekenntnisse und kirchlichen Lehrentscheidungen, Freiburg [37]1991; *Gervais Dumeige*, Nizäa II, Mainz 1985, Texte 277–323; Helmut Feld, Der Ikonoklasmus des Westens, Leiden 1990; *Christian Hecht*, Katholische Bildertheologie im Zeitalter von Gegenreformation und Barock, Berlin 1997; *Hugo Rahner*, Kirche und Staat im frühen Christentum. Dokumente aus acht Jahrhunderten und ihre Deutung, München 1961; *Karl Rahner/Herbert Vorgrimler*, Kleines Konzilskompendium, Freiburg 1966; *Alex Stock*, Keine Kunst. Aspekte der Bildtheologie, Paderborn 1996; *Hans Georg Thümmel*, Die Frühgeschichte der ostkirchlichen Bilderlehre. Texte und Untersuchungen zur Zeit vor dem Bilderstreit, Berlin 1992.

Abkürzungsverzeichnis

Aurenhammer: Hans Aurenhammer, Lexikon der christlichen Ikonographie
Denzinger: Denzinger/Hünermann, Kompendium der Glaubensbekenntnisse und kirchlichen Lehrentscheidungen
EvTh: Evangelische Theologie
JbAC: Jahrbuch für Antike und Christentum
KatBl: Katechetische Blätter
KHM: Kinder- und Hausmärchen der Brüder Grimm
LCI: Lexikon der christlichen Ikonographie
LThK: Lexikon für Theologie und Kirche
LXX: Septuaginta (AT griechisch)
QD: Quaestiones Disputatae
rabs: Religionspädagogik an berufsbildenden Schulen
RAC: Reallexikon für Antike und Christentum
RBK: Reallexikon zur Byzantinischen Kunst
RDK: Reallexikon zur Deutschen Kunstgeschichte
RGG: Die Religion in Geschichte und Gegenwart
rhs: Religionsunterricht an höheren Schulen
ru: Ökumenische Zeitschrift für den Religionsunterricht
Schiller: Gertrud Schiller, Ikonographie der christlichen Kunst
TRE: Theologische Realenzyklopädie

Bildnachweis

1.1 u. 1.2: © VG Bild-Kunst, Bonn 2001
4.1: München, Bayer. Staatsbibliothek, Ms Cod. Monacens. Germ. 6406, fol. 68^r
5.2: Berlin, Deutsche Staatsbibliothek, Ms. Phill. 1926, 9^r
5.4: Berlin, Museum für Spätantike und byzantinische Kunst
5.6: Stuttgart, Württembergische Landesbibliothek, fol 172^v
5.7: Wien, Erzbischöfliches Dom- und Diözesanmuseum
5.9: Augsburg, Städt. Kunstsammlungen
5.10: Trient, Diözesan-Museum
5.11: C.P. Landon, Vies et œuvres des peintres les plus célèbres, Paris 1803
6.1: Utrecht, Museum Catharijnenkonvent, Inv. BMR s 2
6.2: Moskau, Tretjakov-Galerie
6.3 Aus: Konrad Onasch, Die Ikonenmalerei, Leipzig 1968, 67
6.5: Berlin, SMPK, Skulpturengalerie
6.7: München, Alte Pinakothek; Foto: Artothek, Blauel/Gnamm
6.8/9: Aus: Ernst Rebel, Albrecht Dürer: Maler und Humanist, München 1996 (nach Winzinger 1954 und Hess 1990).
6.11: Berlin, SMPK, Gemäldegalerie
6.12: Privatbesitz. © VG Bild-Kunst, Bonn 2001
7.1: Berlin, Museum für Spätantike und Byzantinische Kunst
7.3: Berlin, Museum für Spätantike und Byzantinische Kunst
8.1: Recklinghausen, Ikonen-Museum
9.1: Liverpool, The Walker Art Gallery
10.2: © VG Bild-Kunst, Bonn 2001
12.1: Paris, Louvre
12.2 u. 12.3: New York, Metropolitan Museum, The Cloisters
12.4: London, National Gallery
12.5: London, National Gallery
13.1: Regensburg, Museum Ostdeutsche Galerie
13.2: Wien, Kunsthistorisches Museum
13.3: Karlsruhe, Staatliche Kunsthalle

13.6: Mailand, Pinacoteca Brera
13.7: Florenz, Museo Nazionale (Bargello)
13.8: Rom, S. Maria Sopra Minerva
14.1: Baltimore, Walters Art Gallery
14.3: Paris, Bibliothèque Nationale, Ms. latin. 9471 fol 135
14.4: London, British Museum
14.5: Wien, Graphische Sammlung Albertina, Inv. It I,28 p. 21
15.1: München, Bayer. Staatsbibliothek, Clm 4454, fol 20 ^{v}
16.1: London, British Library, Inv. Nr. 1895-1-22-285
16.2: Kunstsammlungen der Veste Coburg, Inv. Nr. I, 408,34
17.1: München, Bayer. Staatsbibliothek, Clm 4454 fol 86^{v} (Ausschnitt)
17.2: Kassel, Murhardsche Bibliothek, 2^{0} Ms. theol. 60, fol. 2^{v}
17.3: Bibl. Apostol. Vaticana, Cod. lat. 9820
17.4: © VG Bild-Kunst, Bonn 2001
19.1: Hamburg, Ernst-Barlach-Haus
20.1: Wien, Erzbischöfliches Dom- und Diözesanmuseum
20.2: Darmstadt, Hessisches Landesmuseum
20.3: München, Alte Pinakothek
20.4: Stuttgart, Württembergische Landesbibliothek, HB II.24
21.1: Dresden, Sächsische Landesbibliothek, Msct. Dresd. A50, fol 68^{r}
21.3: Recklinghausen, Ikonen-Museum
22.1: Richard und Uli Seewald Stiftung, Zürich
22.3: Michael Prechtl/C.H. Beck Verlag
22.4: Philadelphia, Museum of Art
22.5: The Queen's Pictures. National Gallery Publications, London 1991
23.2: Recklinghausen, Ikonen-Museum
23.3: Berlin, Kupferstichkabinett
24.1: Frankfurt a. Main, Städelsches Kunstinstitut